数字新媒体营销产教融合型系列教材

数字海关报关实务

SHUZI HAIGUAN BAOGUAN SHIWU

主　编　胥洪娥
副主编　杨艳玲　周东梅

苏州大学出版社
Soochow University Press

图书在版编目(CIP)数据

数字海关报关实务 / 胥洪娥主编. --苏州：苏州大学出版社，2024.8. --(数字新媒体营销产教融合型系列教材). -- ISBN 978-7-5672-4900-4

Ⅰ．F752.5

中国国家版本馆 CIP 数据核字第 2024SD3145 号

书　　名：	数字海关报关实务
主　　编：	胥洪娥
责任编辑：	史创新
助理编辑：	赵默怡
封面设计：	刘　俊
出版发行：	苏州大学出版社(Soochow University Press)
社　　址：	苏州市十梓街1号　邮编：215006
印　　装：	苏州市古得堡数码印刷有限公司
网　　址：	www.sudapress.com
邮　　箱：	sdcbs@suda.edu.cn
邮购热线：	0512-67480030
销售热线：	0512-67481020
开　　本：	787 mm×1 092 mm　1/16　印张：19.75　字数：421千
版　　次：	2024年8月第1版
印　　次：	2024年8月第1次印刷
书　　号：	ISBN 978-7-5672-4900-4
定　　价：	58.00元

凡购本社图书发现印装错误，请与本社联系调换。服务热线：0512-67481020

数字新媒体营销产教融合型系列教材编委会

主　任　徐惠钢
副主任　许广举　施　杨
编　委　梁柏松　胡朝斌　尹自强
　　　　田　林　杨　帅　蔡瑞林
　　　　林志明　沈向东　施晓岚
　　　　徐金龙

Preface 前 言

为了提高通关时效，2017年海关实施全国通关一体化改革，海关总署成立了全国风险防控中心和税收征管中心，同时将"先审单再放行"模式改为"审单后置"模式，即申报环节中如果触及风控参数的申报信息，风险防控中心就直接对现场海关下达布控指令；而未触及的通关信息则直接放行，放行之后，税收征管中心对报关商品的编码进行核查。这种模式的优点是海关审单后置，通关速度快，缺点是企业需加强对申报规范的自我管控。因此，海关对企业报关的要求并没有降低，反而是对企业自身的关务风控能力提出了更高的要求。在此背景下，编写组通过对国务院、商务部、海关总署、市场监督管理总局等制定的相关法律法规、管理规范及相关政策的梳理，从企业报关的视角，编写了《数字海关报关实务》一书，以更好地体现海关数字化转型后的各项改革内容和规范要求。

为了使本教材真正切合应用型人才的培养目标，编写组走访了大量应用型本科院校、职业院校、报关企业、具有国际贸易业务的生产企业以及相关专业老师，掌握各地各高校专业人才培养的目标和课程特色，并明确用人单位的需求，从而为本教材的定位、选材、特色奠定了坚实的基础。本教材分为报关知识篇和报关实践篇，常熟理工学院胥洪娥老师主持教材的编写和协调工作，具体负责教材的构思、方案设计、校对等工作。报关知识篇总共分为8章，常熟理工学院周东梅老师负责编写第1章、第5章和第6章，常熟理工学院胥洪娥老师负责编写第2章、第3章和第4章，苏州市职业大学杨艳玲老师负责编写第7章和第8章；报关实践篇分为7章，每一章的实操案例都由相关合作企业提供，经过编写组老师仔细整理汇编而成，杨艳玲老师负责第1章和第5章，胥洪娥老师负责第2章、第3章和第7章，周东梅老师负责第4章和第6章。限于篇幅，报关实践篇以二维码的形式呈现。本教材另有数字资源（www.sudajy.com），主要为教材中"能力提升"板块的习题答案。

本教材可以作为高校物流管理、供应链管理、国际贸易与报关等专业培养报关、通关业务人才的实用教材，也可作为报关单位、报关从业人员和海关监管通关业务工作人员的参考书。

编写过程中，我们参考了相关专家、学者的著作，并得到潘武华老师、赵昌平老师、梁峰总经理和朱晓丰经理的大力支持，在此一并表示诚挚的感谢！由于编者业务、理论水平有限，书中难免存在不足和疏漏之处，敬请广大业界、学界专家和读者批评指正。

编 者

2024 年 3 月 18 日

Contents 目 录

报关知识篇

- **第 1 章 报关与海关管理** / 1
  - 1.1 全国通关一体化框架下的海关改革 / 1
  - 1.2 报关概述 / 4
  - 1.3 海关管理 / 8
  - 1.4 报关单位 / 15
  - 1.5 企业信用管理 / 18
  - 1.6 企业资质管理 / 22

- **第 2 章 进出口国家管制及相关制度** / 29
  - 2.1 进出口国家管制概述 / 30
  - 2.2 我国货物、技术进出口许可管理制度 / 35
  - 2.3 进出口商品合格评定制度 / 46
  - 2.4 其他贸易管制制度 / 48

- **第 3 章 进出口商品税则归类** / 58
  - 3.1 商品名称及编码协调制度 / 59
  - 3.2 我国海关进出口税则简介 / 61
  - 3.3 进出口货物商品归类的海关管理 / 64
  - 3.4 《协调制度》归类总规则 / 67
  - 3.5 商品归类的简易方法 / 75

- **第 4 章 关税及其他税费的计算** / 85
  - 4.1 进出口税费概述 / 85
  - 4.2 进出口货物完税价格的确定 / 99
  - 4.3 进出口货物原产地的确定与税率适用 / 114
  - 4.4 进出口税收的征收与减免 / 124

4.5 进出口关税及其他税费的计算案例 / 132

- 第5章 一般进出口货物通关改革与报关程序 / 141
  5.1 一般进出口货物及其通关作业规范 / 141
  5.2 一般进出口货物的报关程序 / 164
  5.3 一般进出口货物的报检程序 / 182

- 第6章 保税货物的报关程序 / 193
  6.1 保税加工货物报关程序 / 194
  6.2 保税物流货物的报关程序 / 206
  6.3 综合保税区货物报关 / 213

- 第7章 其他海关监管货物的报关程序 / 221
  7.1 特定减免税货物的报关程序 / 222
  7.2 暂时进出境货物的报关程序 / 227
  7.3 转关运输货物的报关程序 / 233
  7.4 跨境电商货物的报关程序 / 236
  7.5 其他海关监管货物的报关程序 / 242

- 第8章 进出口货物报关单的填制 / 260
  8.1 进出口货物报关单概述 / 260
  8.2 进出口货物报关单填制的信息来源 / 264
  8.3 进出口货物报关单的填制 / 267
  8.4 与进出口货物检验检疫关联栏目的填制 / 295

报关实践篇

报关知识篇

第1章 报关与海关管理

【导入案例】

2023年1月,天津邮局海关在对一件被风控系统布控命中、申报为"日用品玩具"的出境邮件进行查验时,发现其机检图像显示为多种规格金属和陶瓷制品,与申报品名明显不符。经开箱查验,邮件实际内容物为40件旧铜器、瓷器等,疑似文物。经天津市文化遗产保护中心鉴定,所查获物品中,包含宋代铜菩萨像1件、明代蟠螭纹铜镜1件、17—18世纪文物3件、民国文物2件,共7件。1月17日,天津邮局海关将7件限制出境文物移交海关缉私部门作进一步处理。

《中华人民共和国文物保护法》规定,文物出境,应当经国务院文物行政部门指定的文物进出境审核机构审核。经审核允许出境的文物,由国务院文物行政部门发给文物出境许可证,从国务院文物行政部门指定的口岸出境。任何单位或者个人运送、邮寄、携带文物出境,应当向海关申报,海关凭文物出境许可证放行。走私文物构成犯罪的,依法追究刑事责任;构成走私行为,尚不构成犯罪的,由海关依照有关法律、行政法规的规定给予处罚。

讨论题

1. 根据上述案例,请思考海关的任务是什么。
2. 海关监管的范围和对象是什么?

1.1 全国通关一体化框架下的海关改革

海关总署全面贯彻中央关于深化党和国家机构改革的部署,围绕全国通关一体化持续深化海关改革,以服务国内国际双循环相互促进的新发展格局,促进跨境贸易便利化，推动国际贸易创新发展。

2016年以来，海关推行了关检融合、两步申报、试点跨境电商监管模式等一系列改革措施。下面对海关实施新政以来的改革措施进行梳理、汇总，介绍和分析其中的一些重大举措。

1.1.1　全国通关一体化改革

我国通关改革经历了从通关无纸化到区域通关一体化再到全国通关一体化的过程。2012年，海关总署开始通关无纸化改革，将原先线下递交书面报关单及随附单证办理通关的方式，转变为线上递交电子报关单及随附单证办理通关方式。通关无纸化改革为通关一体化做了技术上的铺垫。

2014年9月，紧随京津冀区域一体化发展，上海、宁波、杭州等5个关区开始实施长三角区域一体化改革，随后这项改革扩大到南昌、武汉、重庆等长江经济带区域。在区域通关一体化的基础上，2017年7月，海关开始在全国实施通关一体化。此时，进出口企业可在全国任一海关办理通关手续，可实现同一监管口径、同一服务标准，极大地提高了通关效率，进出口企业也节省了经济和时间成本。在全国通关一体化之前，诸多不在口岸城市的进出口企业必须到口岸海关办理通关手续，全国通关一体化之后，它们在企业所在地的海关就可以办理。

通关一体化改革可以带来以下便利：一是进出口企业可以选择任意地点进行报关，消除了申报的关区限制；二是海关执法更统一，全国通关政策和规定在执行标准上更加一致；三是效率大大提高，简化了口岸通关环节的手续，缩短了口岸通关的时间。到2017年年底，海关所有业务现场可以像银行网点一样，"一窗通办"，让企业充分享受稳定、透明、可预期的通关便利，切实感受到"全国是一关，一关通天下"。

1.1.2　全国通关一体化框架下的海关重大改革措施

1. 关检融合

2018年3月，根据第十三届全国人民代表大会第一次会议批准的国务院机构改革方案，将国家质量监督检验检疫总局的出入境检验检疫管理职责和队伍划入海关总署。2018年4月20日，原国家质量监督检验检疫总局的出入境检验检疫管理职责和队伍正式并入海关总署，报关报检合二为一。

关检业务整合后，原先的"串联式"查验调拨流程优化为"并联式"，即原先的"两次申报、两次查验、两次放行"6个步骤简化为"一次申报、一次查验、一次放行"3个步骤，有效提升了效率，降低了企业操作成本。进出口企业一次申请就可以同时获得报关报检两个资质。

2. 开展进口货物"两步申报"

《关于开展"两步申报"改革试点的公告》（海关总署公告2019年第127号）第一

次在制度层面允许企业可以将百余个申报项目分为两步分别申报:第一步称为概要申报,企业只需凭提单填写为数不多的基本要素(商品编号也只需填写前6位),经海关同意即可先行提离货物;第二步称为完整申报,企业自运输工具申报进境之日起14日内完成完整申报,办理缴纳税款等其他通关手续。如果概要申报时选择不需要缴纳税款,完整申报时经确认为需要缴纳税款的,企业应当按照进出口货物报关单撤销的相关规定办理。

自2020年1月1日起,海关总署全面推广进口货物"两步申报"改革,优化口岸营商环境,促进外贸稳定发展,其成效主要体现在以下几个方面。

(1)通关更加便捷高效

这项改革解决了企业完成一次性全口径申报,需提前准备好105项信息和全部单证而导致耗时长、易出错的问题。企业凭提单填报最少9项信息即可进行提货申报,极大缩短了申报准备时间,加快货物口岸放行,缩短企业生产周期。以前浪进出口有限公司为例,进口商品申报至口岸提货平均时间仅26分钟,平均节约通关时间14小时,使整个生产周期缩短30%,降低口岸物流成本30%,提高资金周转速度近20%。

(2)推动新业态健康发展

"两步申报"改革优化跨境电商供应链,实现"先理货后报关",减少作业环节,降低企业境外理货、存储成本。针对跨境电商进口商品品种多、采购方式多、境外供货商多的"三多"情况,"两步申报"解决了进口企业必须在境外各国设置理货、仓储点而导致的"点多面广成本高"问题,跨境电商企业可逐步取消境外理货环节,在国内主要口岸集中设置物流中心和产业链管理中心,实现通关、理货、运输、仓储、交易等多环节高度集约化作业和数据云管理,大大节省企业运营成本。以宁波口岸跨境电商企业小红书为例,"两步申报"每年可为其节约成本2 700万元,提高运营效率50%。据此推算,整个宁波关区跨境电商每年可节约运营成本约3.8亿元。

(3)货物进口更可预期

概要申报后即可提离货物,使企业物流、仓储、销售以及订舱位、安排船期的时间更可预期。尤其对于市场价格波动幅度大的商品来说,"两步申报"改革可最大程度地缩短企业商品周转周期,增强企业抗风险能力。如森浪国际贸易有限公司进口的塑料粒子与原油期货价格挂钩,价格波动大,迟提货1天往往损失超百万元。"两步申报"能让企业提前确定提货期,货物到港3小时内可提货,不再因海关通关时间变化而重新调整销售价格,大大提高了公司的抗风险能力。

(4)促进企业规范申报

"两步申报"便利企业先收货再申报,提高企业申报准确率,特别是规格型号、价格构成复杂的商品,"两步申报"能使企业避免因申报错误而导致"退补税、删改单"甚至被处罚的风险。相较改革前,"两步申报"能进一步促进企业规范申报,精准应税缴纳,叠加"主动披露"制度的实施,不仅降低了海关监管成本,还能增强企业自我管理能力,增强企业守法自律性,降低企业报关成本。

3. 跨境电子商务监管模式试点

为贯彻落实中共中央、国务院关于加快跨境电商新业态发展的部署要求,充分发挥跨境电商稳外贸、保就业等积极作用,进一步促进跨境电商健康快速发展,海关总署决定自2020年7月1日起在北京海关、天津海关、南京海关、杭州海关、宁波海关、厦门海关、郑州海关、广州海关、深圳海关、黄埔海关开展跨境电商B2B(企业与企业之间)出口监管工作试点。从2021年7月1日起,在全国海关复制推广跨境电商B2B出口监管试点。跨境电商企业、跨境电商平台企业、物流企业等参与跨境电商B2B出口业务的境内企业,应当依据海关报关单位备案有关规定,向所在地海关办理备案。

【知识链接】

1. 海关总署:关检融合"整合申报项目"介绍_部门政务_中国政府网(https://www.gov.cn/xinwen/2018-07/31/content_5310821.htm)。

2. 海关总署推行"两步申报"改革 优化口岸营商环境(https://www.gov.cn/xinwen/2021-01//22/content_5581893.htm)。

3. 海关总署公告2020年第75号《关于开展跨境电子商务企业对企业出口监管试点的公告》(http://www.customs.gov.cn//customs/302249/302266/302267/3183118/index.html)。

4. 海关总署公告2021年第47号《关于在全国海关复制推广跨境电子商务企业对企业出口监管试点的公告》(http://www.customs.gov.cn//customs/302249/302266/302267/3737384/index.htm)。

 报关概述

1.2.1 报关的定义

《中华人民共和国海关法》(以下简称《海关法》)第八条规定:"进出境运输工具、货物、物品,必须通过设立海关的地点进境或出境。"由此可见,由设立海关的地点进出境并办理规定的海关手续是进出境运输工具、货物、物品进出境的基本原则,也是进出境运输工具负责人、进出口货物收发货人、进出境物品的所有人应履行的一项基

本义务。

根据《海关法》，报关是指进出境运输工具负责人、进出口货物收发货人、进出境物品的所有人或者他们的代理人向海关办理运输工具、货物或物品进出境手续及海关相关事务的过程。其中：① 进出口货物收发人、进出境运输工具负责人、进出境物品的所有人或者他们的代理人是报关行为的承担者，是报关主体，也就是报关人；② 报关的对象是进出境运输工具、货物和物品；③ 报关的内容是办理运输工具、货物、物品的进出境手续及相关海关手续；④ 海关是进出境的监督管理机关，是对报关人的报关行为进行监督和制约的国家行政执法机关。

1.2.2 报关的范围

1. 进出境运输工具

进出境运输工具主要包括用于载运人员、货物、物品进出境，并在国际上运营的各种境内或境外船舶、车辆、航空器和驮畜。

2. 进出境货物

进出境货物主要包括一般进出口货物，保税货物，暂准进出境货物，特定减免税货物，过境、转运和通运货物，以及其他进出境货物。此外，一些特殊形态的货物，如以货品为载体的软件或通用电缆、管道输送进出境的电和水等也属于报关的范围。

3. 进出境物品

进出境物品主要包括进出境的行李物品、邮递物品和其他物品。行李物品是指以进出境人员携带、托运等方式进出境的物品；邮递物品是指以邮递方式进出境的物品；其他物品主要是指享有外交特权和豁免权的外国机构或者人员的公务用品和自用物品等。

1.2.3 报关的分类

1. 按照报关对象分类

按照报关对象的不同，可分为运输工具报关、货物报关和物品报关。海关对进出境工具、货物、物品有不同的监管要求，所以报关也相应地分为运输工具报关、货物报关和物品报关三类。

进出境运输工具作为货物、人员及其携带物品的进出境载体，其报关主要是向海关直接交验随附的符合国际商业运输惯例，能反映运输工具进出境合法性及其所承运货物和物品情况的合法证件、清单和其他运输单证，其手续较为简单。

进出境货物的报关相对比较复杂，海关专门针对进出境货物的监管要求制定了一系列报关管理规范，并要求必须由具备一定专业知识和技能且经海关审核的专业人员代表报关单位专门办理。

进出境物品因其具有非贸易性质，且一般仅限于自用及合理数量，所以其报关手续也相对简单。

2. 按照报关目的分类

按照报关的目的不同，可分为进境报关和出境报关。海关对不同报关对象的进出境有不同的管理要求，运输工具、货物、物品根据进境和出境的目的分别形成了一套进境报关手续和出境报关手续，方式不同且报关步骤差别很大。

3. 按照报关的行为性质或报关活动的实施者分类

按照报关活动的实施者不同，可分为自理报关和代理报关。

自理报关是指由进出口货物收发货人自行办理报关业务。根据海关规定，进出口货物收发货人必须依法向海关备案后才能办理报关业务。

代理报关是指接受进出口货物收发货人的委托，代其办理报关业务的行为。

我国海关法律将有权接受他人委托办理报关业务的企业称为报关企业。报关企业必须依法取得报关企业备案登记许可并向海关备案登记后才能从事代理报关业务。

根据代理报关法律行为责任承担者的不同，代理报关又分为直接代理报关和间接代理报关。直接代理报关是指报关企业接受委托人的委托，以委托人的名义办理报关业务的行为。代理人代理行为的法律后果直接作用于被代理人。间接代理报关是指报关企业接受委托人的委托，以报关企业自身的名义向海关办理报关业务的行为。报关企业应当承担与进出口货物收发货人自己报关时所应当承担的相同的法律责任。目前，我国报关企业大多采用直接代理报关形式，经营快件业务的国际货物运输代理企业适用于间接代理报关。

1.2.4 报关的内容

报关的基本内容包括办理运输工具、货物、物品的进出境手续。由于进出境运输工具、货物、物品的性质不同，海关对其监管要求也不一样，因此报关的基本内容也有所区别。

1. 进出境运输工具报关的基本内容

我国《海关法》规定，所有进出我国关境的运输工具必须经由设有海关的港口、车站、机场、国界孔道、国际邮件互换局（交换站）及其他可办理海关业务的场所申报进出境。根据海关监管的要求，进出境运输工具负责人或其代理人在运输工具进入或驶离我国关境时均应如实向海关申报运输工具所载旅客情况，进出口货物情况，运输工具进出境的时间、航次、装卸时间等基本情况。此外，运输工具报关时还需提交运输工具从事国际合法性运输必备的相关证明文件，如船舶国籍证书、吨税证书、海关监管簿和签证簿等，必要时还需出具保证书或缴纳保证金。

2. 进出境货物报关的基本内容

进出境货物报关的基本内容包括：① 填制报关单，如实申报进出口货物的商品编码、实际成交价格、原产地及相关优惠贸易协定代码,并办理提交报关单证等与申报相关的事宜;② 申请办理缴纳税费、退税和补税事宜;③ 加工贸易合同备案、变更和核销及保税监管等事宜;④ 进出口货物减税、免税等事宜;⑤ 进出口货物的查验、结关等事宜,以及应当由报关单位办理的其他事宜。

海关对不同性质的进出境货物规定了不同的报关程序和要求。一般来说,进出境货物报关时有以下步骤:① 报关单位和报关人员应在进出口货物收发货人接到运输公司或邮递公司寄交的提货通知单,根据合同规定备齐进出口货物后,做好向海关办理货物报关的准备工作,或者签署委托代理协议,委托报关企业向海关报关;② 准备好报关单证,在海关规定的报关地点和报关时限内以书面或电子数据方式向海关如实进行申报;③ 经海关对报关电子数据和书面报关单证进行审核后,在海关认为必要时,报关人员要配合海关进行货物的查验;④ 属于应纳税、应缴费范围的进出口货物,报关单位应在海关规定的期限内缴纳进出口税费;⑤ 海关做出放行决定后,该进出境货物报关完成,报关单位可以安排提取或装运货物。

对于保税加工货物、减免税进出口货物、暂时进出口货物,除了上述工作外,在进出境前还需办理备案申请等手续,进出境后还需在规定时间内、以规定的方式向海关办理核销、结案等手续。

3. 进出境物品报关的基本内容

根据《海关法》的规定,个人携带进出境的行李物品、邮寄进出境的物品,应当以自用、合理数量为限。自用是指进出境旅客本人自用、馈赠亲友而非出售或出租;合理数量是指海关根据进出境旅客旅行目的和居留时间所规定的正常数量以及海关对进出境邮递物品规定的征免税限制。自用、合理数量原则是海关对进出境物品监管的基本原则,也是对进出境物品报关的基本要求。

(1) 进出境行李物品的报关

世界上大多数国家都规定对旅客进出境采用"红绿通道"制度,我国对进出境行李物品报关也采用"红绿通道"制度。绿色通道也称无申报通道或免验通道,是指旅客携带无须向海关申报的物品或只出示申报单或有关单证后即可放行的通道。红色通道也称申报通道,是指须经过海关履行检查和检验手续后方可放行的通道。选择红色通道的旅客,须向海关出示本人证件和《进出境旅客行李物品申报单》,在进出境地向海关做出书面申报。

我国海关规定,进出境旅客在向海关申报时可以在分别以红色和绿色作为标记的两种通道中进行选择。绿色通道用于携带物品在数量和价值上均不超过免税限额,且无国家限制或禁止进出境物品的旅客;红色通道用于携带上述绿色通道适用物品以外的其他物品的旅客。

进境旅客有下列情形之一的,须选择红色通道通关:① 携带海关限量管理及应征税的物品的；② 携带申请进口的物品的；③ 携带进境旅行自用物品超出海关规定范围的；④ 携带货样、展品、专业用品以及其他需办理进境验放手续的物品的；⑤ 另有分离运输行李、境内提货券及拟在境内购买外汇商品的。

出境旅客有下列情形之一的，须选择红色通道通关：① 携带文物、货物、货样以及其他需办理出境验放手续的物品的；② 未将应复带出境物品原物带出的；③ 携带外币、金银及其制品，但未取得有关出境许可或携带外币、金银及其制品数额超出原进境申报数额的；④ 携带出境物品超出海关规定的限量、限值或其他限制规定的；⑤ 携带有需复带进境的物品的；⑥ 对海关规定不明确或不知如何选择通道的。

进出境旅客有下列情形之一的，可以选择绿色通道通关，但须向海关出示本人证件和按规定填写的申报单证：① 持有中国主管部门给予外交、礼遇签证护照的外国国籍人员；② 海关给予免验礼遇的人员。

（2）进出境邮递物品的报关

进出境邮递物品的申报方式由其特殊的邮递运输方式决定。我国是《万国邮政公约》的签约国，根据《万国邮政公约》的规定，进出口邮包必须由寄件人填写报税单（小包邮件填写绿色标签），列明所寄物品的名称、价值、数量，向邮包寄达国家的海关申报。进出境邮递物品的报税单和绿色标签随同物品通过邮政企业或快递公司呈递给海关。

（3）进出境其他物品的报关

进出境其他物品主要包括暂时免税进出境物品、享有外交特权和豁免权的外国机构或者人员进出境物品等。

个人携带进出境的暂时免税进出境物品须由物品携带者在进境或出境时向海关作出书面申报，并经海关批准登记，方可免税携带进出境，而且应由本人复带出境或进境。

享有外交特权和豁免权的外国机构或者人员进出境公用、自用物品应当以海关核准的直接需用数量为限。使馆和使馆人员因特殊需要携运中国政府禁止或者限制进出境物品进出境的，应当事先获得中国政府有关主管部门的批准。

1.3 海关管理

1.3.1 海关概述

1. 海关的含义

海关是国家（或地区）依据本国（或地区）的海关法律、行政法规设立并行使进出口监督管理职权的国家行政机关。一国（或地区）为了在国际经济交往中保护本国（或地区）企业和公民的利益，同时维护良好、公平的进出境秩序，必然要对进出境活动进行管理。通常来说，国家（或地区）对进出境经济活动的管理有两种手段：经济手段和行政手段。经济手段主要有关税、汇率、利率等，行政手段则主要有进出口许可、出入境检验检疫等。

2．海关的作用

在世界贸易组织（World Trade Organization，WTO）框架制度下，除一般例外规定之外，关税是保护国内经济的唯一合法手段，而且各国（或地区）均由海关行使这一主权。从上述基本认识出发，国际上对海关的经济管理职能具有高度一致的认识。

1.3.2 海关的性质

《海关法》第二条规定："中华人民共和国海关是国家的进出关境（以下简称进出境）监督管理机关。海关依照本法和其他有关法律、行政法规，监管进出境的运输工具、货物、行李物品、邮递物品和其他物品，征收关税和其他税、费，查缉走私，并编制海关统计和办理其他海关业务。"

1．海关的性质

（1）海关是国家行政机关

我国的国家机关包括享有立法权的立法机关、享有司法权的司法机关和享有行政管理权的行政机关。国务院是我国最高行政机关，海关总署是国务院内设的直属机构。

（2）海关是国家进出境监督管理机关

海关履行国家行政制度的监督职能，是国家宏观管理的一个重要组成部分。海关依照有关法律、行政法规并通过法律赋予的权力，制定具体的行政规章和行政措施，对特定领域的活动开展监督管理，以保证其按国家的法律规范进行。

海关实施监督管理的范围是进出关境及与之有关的活动，监督管理的对象是所有进出关境的运输工具、货物、物品。

（3）海关的监督管理是国家行政执法活动

海关通过法律赋予的权力，对特定范围内的社会经济活动进行监督管理，并对违法行为依法实施行政处罚，以保证这些社会经济活动按照国家的法律规范进行。

海关执法的依据是《海关法》和其他有关法律、行政法规。海关事务属于中央立法事权，立法者为全国人大及其常务委员会和国务院。海关总署也可以根据法律和国务院的法规、决定、命令，制定规章，作为执法依据的补充。省、自治区、直辖市人民代表大会和人民政府不得制定海关法律规范，地方法规、地方规章不是海关执法的依据。

2．海关的任务

《海关法》明确规定海关有四项基本任务，即监管进出境的运输工具、货物、行李物品、邮递物品和其他物品，征收关税和其他税费，查缉走私和编制海关统计。

（1）海关监管

海关监管是指海关运用国家赋予的权力，通过一系列管理制度与管理程序，依法对进出境运输工具、货物、物品的进出境活动所实施的一种行政管理。海关监管是一项国家职能，其目的在于保证一切进出境活动符合国家政策和法律的规范，维护国家主权。海关监管不是海关监督管理的简称，海关监督管理是海关全部行政执法活动的统称。

海关监管作为海关四项基本任务之一，除了通过备案、审单、查验、放行、后续管理等方式对进出境运输工具、货物、物品的进出境活动实施监管外，还要执行或监督执行国家其他对外贸易管理制度的实施，如进出口许可制度、外汇管理制度、进出口商品检验检疫制度、文物管理制度等，从而在政治、经济、文化道德、公众健康等方面维护国家利益。

（2）海关征税

征税是海关的另一项重要任务。海关征税工作的基本法律依据是《海关法》《中华人民共和国进出口关税条例》以及其他有关法律、行政法规。征税工作包括征收关税和进口环节海关代征税。

进出口货物、物品在办理海关手续放行后，允许在国内流通，应与国内货物同等对待，缴纳应征的国内税。为了节省征税人力、简化征税手续、严密管理，进口货物、物品的国内税由海关代征，即我国海关对进口货物、物品征收关税的同时，还负责代其他机关征收若干种类的进口环节税。目前，由海关代征的进口环节税包括增值税和消费税。除此以外，海关还依法收取规费、监管手续费、滞报金及滞纳金等。

（3）查缉走私

查缉走私是海关为保证顺利完成监管和征税等任务，依照法律赋予的权力，在海关监管场所和海关附近的沿海沿边规定地区，为发现、制止、打击、综合治理走私活动而进行的一种调查和惩处活动。

走私是指进出境活动的当事人或相关人违反《海关法》及有关法律、行政法规，逃避海关监管，偷逃应纳税款，逃避国家有关进出境的禁止性或者限制性管理，非法运输、携带、邮寄国家禁止、限制进出境或者依法应当缴纳税款的货物、物品进出境，或者未经海关许可并且未缴应纳税款、未交验有关许可证件，擅自将保税货物、特定减免税货物以及其他海关监管货物、物品、进境的境外运输工具在境内销售的行为。

《海关法》规定："国家实行联合缉私、统一处理、综合治理的缉私体制。海关负责组织、协调、管理查缉走私工作。"这一规定从法律上明确了海关打击走私的主导地位以及与有关部门的执法协调。根据我国的缉私体制，除了海关以外，公安、工商、税务、烟草专卖等部门也有查缉走私的权力，但这些部门查获的走私案件，必须按照法律规定，统一处理。各有关行政部门查获的走私案件，应当给予行政处罚的，移送海关依法处理；涉嫌犯罪的，应当移送海关侦查走私犯罪公安机构或地方公安机关依据案件管辖分工和法定程序办理。

（4）海关统计

海关统计以实际进出口货物作为统计和分析的对象，通过搜集、整理、加工处理进出口货物报关单或经海关核准的其他申报单证，对进出口货物的品种、数（重）量、价格、国别（地区）、经营单位、境内目的地、境内货源地、监管方式、运输方式、关别等项目分别进行统计和综合分析，全面、准确地反映对外贸易的运行态势，及时提供统计信息和咨询，实施有效的统计监督，开展国际贸易统计的交流与合作，促进对外贸易的发展。我国海关的统计制度规定，实际进出境并引起境内物质存量增加或者减少的货物，列入海关统计；进出境物品超过自用、合理数量的，列入海关统计。对于部分不列入海关统计的货物和物品，则根据我国对外贸易管理和海关管理的需要，实施单项统计。

除了这四项基本任务以外，近几年国家通过有关法律、行政法规赋予了海关一些新的职责，比如知识产权海关保护、海关对反倾销及反补贴的调查等，这些新的职责也是海关的任务。随着国家改革开放的不断深化，对外贸易的迅速增长，海关新的职责还将不断出现。

1.3.3 海关的权力

海关权力是指国家为保证海关依法履行职责，通过《中华人民共和国海关法》和其他法律、行政法规赋予海关的对进出境运输工具、货物、物品的监督管理权能，属于公共行政职权，其行使受一定范围和条件的限制，并应当接受执法监督。

1. 行政许可权

行政许可权是指海关依据《海关法》、《行政许可法》及《海关实施＜中华人民共和国行政许可法＞办法》规定，对公民、法人组织或者其他组织的申请，经依法审查，准予其从事与海关进出境监督管理相关的特定活动的权力。

海关主要的行政许可事项有：报关企业注册登记（直属海关审批）；出口监管仓、保税仓库设立（直属海关审批）；免税商店设立（海关总署审批）；海关监管货物仓储（直属海关审批）；承运境内海关监管货物的运输企业、车辆注册（直属海关审批）；保税物流中心A、B型设立（海关总署审批）；长江驳运船舶转运海关监管货物的进出口货物（直属海关审批）等。

2. 税费征收权

税费征收权是指海关依据《海关法》《中华人民共和国进出口税则》《中华人民共和国进出口关税条例》及相关进出口货物管理办法的规定，对所有的进出境货物、物品和运输工具行使的征收税费的职权。

海关税费征收权的主要内容有：完税价格的审定；对进出口货物、物品属性存在质疑的有权提取货样进行化验鉴定；在法定期限内，对少征、漏征税款的进出口货物进行补征税、追征税款；依法对特定进出口货物、物品减免税。

3. 进出境监管权

进出境监管权是指海关依据《海关法》及有关法律、法规的规定，对运输工具、货物、物品进出境活动实施监管的职权。具体内容如下：

（1）检查权

海关有权检查进出境运输工具，检查有走私嫌疑的运输工具和有藏匿走私货物、物品嫌疑的场所，检查走私嫌疑人的身体。

海关对进出境运输工具的检查不受海关监管区域的限制；对走私嫌疑人身体的检查，应在海关监管区和海关附近沿海沿边规定地区内进行；对有走私嫌疑的运输工具和有藏匿走私货物、物品嫌疑的场所，在海关监管区和海关附近沿海沿边规定地区内，海关人员可直接检查，超出此范围，在调查走私案件时，须经直属海关关长或者其授权的隶属海关关长批准，才能进行检查，但不能检查公民住处。在特定情况下可以径行检查、扣留有走私嫌疑的货物、物品、运输工具；海关在履行检验检疫后续监管职责时，可以对进入国内市场的商品进行抽查，对进出口商品安全问题进行追溯调查，对企业遵守检验检疫法规状况进行检查。

（2）查阅、复制权

海关有权查阅、复制进出境人员的证件，查阅与进出境运输工具、货物、物品有关的合同、发票、账册、单据、记录、文件、业务函电、录音录像制品和其他的有关资料。

（3）查问权

海关有权对违反《海关法》或者其他有关法律、行政法规的嫌疑人进行查问，调查其违法行为。

（4）查验权

海关有权查验进出境货物、个人携带进出境的行李物品、邮寄进出境的物品。海关查验货物认为必要时，可以径行提取货样。

（5）查询权

海关调查走私案件时，经直属海关关长或者其授权的隶属海关关长批准，可查询案件涉嫌单位和涉嫌人员在金融机构、邮政企业的存款、汇款。

（6）稽查权

海关在法律规定的年限内，对企业进出境活动及与进出口货物有关的账务、记账凭证、单证资料等有权进行稽查和审计。

4. 行政强制权

海关行政强制权是指海关在行政管理过程中为制止违法行为、防止证据毁损、避免危害发生、控制危险扩大等情形，有权依法对公民的人身自由实施暂时性限制，或者对公民、法人或者其他组织的财务实施暂时性控制，包括海关行政强制措施和海关行政强制执行。

海关行政强制措施主要包括以下几类：

（1）扣留权

海关有权对违反《海关法》或者其他有关法律、行政法规的进出境运输工具、货物和物品以及与之有关的凭证和其他资料进行扣留。对涉嫌侵犯知识产权的货物，海关可以依法申请扣留；对走私犯罪嫌疑人，经直属海关关长批准，可以限时扣留审查。

（2）封存权

海关发现被稽查人的进出口货物有违反有关法律法规嫌疑的，经直属海关关长批准，可以封存有关进出口货物；发现被稽查人有可能篡改、转移、隐匿、毁弃账簿和单证等数据的，经直属海关关长批准，在不妨碍被稽查人正常的生产经营活动的前提下，可以暂时封存其账簿、单证等有关资料。

（3）税收保全

进出口货物纳税义务人不能在海关规定的期限内按要求提供担保的，经直属海关关长批准，海关可以采取相关税收保全措施书面通知纳税义务人开户银行或其他金融机构暂停支付纳税义务人相当于应纳税款的存款，扣留纳税义务人价值相当于应纳税款的货物或者其他财产。

（4）提货变卖

进口货物超过3个月未向海关申报，海关可以提取依法变卖处理；进口货物收货人或其所有人声明放弃的货物，海关有权提取依法变卖处理；海关依法扣留的货物、物品，不宜长期保留的，经直属海关关长批准，可以先行依法变卖。在规定期限内未向海关申报以及误卸或溢卸的不宜长期保留的货物，海关可以按照实际情况提前变卖处理。

（5）强制扣缴

对超过规定期限未缴纳税款的，经直属海关关长批准，海关可以通知其开户银行从其账户存款内扣缴税款，或将应税货物依法变卖，以变卖所得抵缴税款；还可查扣并依法变卖其价值相当于应纳税款的货物或者财产，以变卖所得抵缴税款。

5．其他海关权力

（1）行政处罚权

海关有权对不予追究刑事责任的走私行为和违反海关监管规定的行为及法律、行政法规规定由海关实施行政处罚的行为进行处罚。

（2）走私犯罪侦查

海关缉私部门有权侦查有走私犯罪嫌疑的人员、货物、物品和行为。

(3) 配备和使用武器

海关为履行职责，可以配备并使用武器。根据《海关工作人员使用武器和警械的规定》，海关使用的武器包括轻型枪支、电警棍、手铐以及其他经批准可使用的武器和警械；使用范围为执行缉私任务时；使用对象为走私分子和走私嫌疑人；使用条件必须是在不能制服被追缉逃跑的走私团体或遭遇武装掩护走私，不能制止以暴力掠夺查扣的走私货物、物品和其他物品，以及以暴力抗拒检查、抢夺武器和警械、威胁海关工作人员生命安全非开枪不能自卫时。

(4) 连续追缉权

海关对违反《海关法》逃逸的进出境运输工具或者个人，海关可以连续追缉至海关监管区和海关附近沿海沿边规定地区以外将其带回处理。这里所称的逃逸，既包括进出境运输工具或者个人违抗海关监管，自海关监管区和海关附近沿海沿边规定地区向内（陆地）一侧逃逸，也包括向外（海域）一侧逃逸。海关追缉时需保持连续状态。

(5) 其他行政处理权

包括行政裁定权、行政奖励权、行政立法权、行政复议权、行政命令权以及对与进出境货物相关的知识产权实施保护等。

1.3.4 海关的管理体制与组织机构

1. 海关的管理体制

《海关法》规定，"国务院设立海关总署，统一管理全国海关"，"海关依法独立行使职权，向海关总署负责"，确立了海关总署作为国务院直属机构的地位，进一步明确了海关机构的隶属关系，将海关集中统一的垂直领导体制以法律的形式予以确立。

《海关法》以法律的形式明确了海关的设关原则："国家在对外开放的口岸和海关监管业务集中的地点设立海关。海关的隶属关系，不受行政区划的限制。"

海关的工作方针：依法行政、为国把关、服务经济、促进发展。

海关的管理体制：海关事务属中央事权；采取集中统一的垂直领导体制，海关隶属关系不受行政区划的限制；海关依法独立行使职权，向海关总署负责。

2. 海关的组织机构

(1) 海关总署

海关总署是国务院直属机构，为正部级，在国务院领导下统一管理全国海关机构、人员编制、经费物资和各项海关业务，是海关系统的最高领导机构。海关总署下设广东分署，在上海和天津设有特派员办事处，作为其派出机构。

(2) 直属海关

直属海关是直接由海关总署领导，负责管理一定区域范围内海关业务的海关。目前我国共有42个直属海关，除香港、澳门、台湾地区外，分布在全国31个省、自治区、直辖市。直属海关就本关区内的海关事务独立行使职权，向海关总署负责。

（3）隶属海关

隶属海关是由直属海关领导，负责办理具体海关业务的海关，是海关进出境监督职能的基本执行单位。一般都设在口岸和海关业务集中的地点。

（4）海关缉私警察机构

海关总署、公安部联合组建缉私局，设在海关总署，实行海关总署和公安部双重领导、以海关领导为主的体制；在广东分署和各直属海关设立分局，直属海关缉私局下辖隶属海关缉私分局。

2018年4月20日，出入境检验检疫局正式并入海关总署，在通关作业方面，统一通过"单一单口"实现报关报检，对进出口货物实施一次查验，凭海关放行指令提离货物，实现一次放行。

1.4 报关单位

1.4.1 报关单位的概念

报关单位是指按照规定在海关进行备案的进出口货物收发货人和报关企业。《中华人民共和国海关报关单位备案管理规定》（海关总署令第253号）规定：自2022年1月1日起，进出口货物收发货人和报关企业由向海关注册登记改为向海关备案。取消了报关单位不得同时在海关备案为进出口货物收发货人和报关企业的限制，允许报关单位同时具有自主报关和代理报关两种资质，企业可拥有"双重身份"。

1.4.2 报关单位的类型

1. 进出口货物收发货人

进出口货物收发货人是指依法直接进口或者出口货物的中华人民共和国关境内的法人、其他组织或者个人。

2022年12月30日之前，进出口货物收发货人是指依法向商务主管部门办理备案登记的对外贸易经营者。从2022年12月30日起各地商务主管部门停止办理对外贸易经营者备案登记。这意味着企业从事进出口跨境贸易，不再需要到所在地商务部门办理对外贸易经营者备案登记。另外，按国家有关规定需要从事非贸易性进出口活动的单位，如境外企业、新闻单位、经贸机构、文化团体等依法在中国境内设立的常驻代表机构，少量货样进出境的单位，国家机关、学校、科研院所等组织机构，临时接受捐赠、礼品、国际援助的单位，国际船舶代理企业等，进出口货物时，海关也视其为进出口货物收发货人，属于临时报关单位。进出口货物收发货人是经济实体，要承担法律责任，一般具有进出口经营权，必须经海关备案才能报关。《中华人民共和国海关报关单位备案管理规定》取消了报关单位不得同时在海关备案为进出口货物收发货人和报关企业的限制，允许报关单位同时具有自主报关和代理报关两种资质，企业可拥有"双重身份"。

2. 报关企业

报关企业是指按照规定经海关准予备案管理，接受进出口货物收发货人的委托，以进出口货物收发货人的名义或者以自己的名义，向海关办理代理报关业务，从事报关服务的境内企业法人。

目前，我国从事报关服务的报关企业主要有两类：一类是主营国际货物运输代理等业务，兼营进出口货物代理报关业务的国际货物运输代理公司；另一类是主营代理报关业务的报关公司或报关行。报关企业是境内独立法人。

1.4.3 报关单位的备案管理

进出口货物收发货人、报关企业申请备案的，应当取得市场主体资格；其中进出口货物收发货人申请备案的，还应当取得对外贸易经营者备案。进出口货物收发货人、报关企业已办理报关单位备案的，其符合前款条件的分支机构也可以申请报关单位备案。

法律、行政法规、规章另有规定的，从其规定。

报关单位申请备案时，应当向海关提交《报关单位备案信息表》。

1. 报关单位备案办理

现在有四种方式可以办理海关报关单位备案。

（1）通过"多证合一"方式，申请人在市场监管部门进行市场主体登记时，根据企业经营需求可选报关单位备案，并补充相关备案信息。市场监管部门按照"多证合一"流程完成登记，并与海关数据共享，企业无须再向海关提交备案申请。海关在收到电子申请后主动完成审核。

（2）通过"卡介质"方式登录"互联网+海关"一体化平台（https://online.customs.gov.cn），或登录"中国国际贸易单一窗口"标准版应用"企业资质"子系统，向所在地海关提出申请并上传报关单位备案信息表加盖公章电子版。为本单位向海关提出申请并上传加盖申请人印章的《报关单位备案信息表》，可不提交纸质版《报关单位备案信息表》，海关在收到电子申请后主动完成审核。

（3）通过"账号登录"方式登录"互联网+海关"或者"中国国际贸易单一窗口"，向海关提交电子申请，并上传加盖单位公章的《报关单位备案信息表》扫描件或者照片的，可不再提交纸质版《报关单位备案信息表》，海关在收到电子申请后主动完成审核。

(4）通过其他方式向海关提出申请的，应向所在地海关提交加盖单位公章的《报关单位备案信息表》，具体提交方式可咨询所在地海关。

2. 报关单位备案状态查询

报关单位可以登录"中国海关进出口企业信用信息公示平台"查询企业公示状态，也可以登录"中国国际贸易单一窗口"或"互联网＋海关"一体化平台查询企业备案结果。

3. 报关单位备案证明获取

报关单位可以到注册地海关窗口打印《海关进出口货物收发货人备案回执》，也可以通过"中国国际贸易单一窗口"自行打印《海关进出口货物收发货人备案回执》。

下列单位按照国家有关规定需要从事非贸易性进出口活动的，应当办理临时备案：

（1）境外企业、新闻单位、经贸机构、文化团体等依法在中国境内设立的常驻代表机构；

（2）少量货样进出境的单位；

（3）国家机关、学校、科研院所、红十字会、基金会等组织机构；

（4）接受捐赠、礼品、国际援助或者对外实施捐赠、国际援助的单位；

（5）其他可以从事非贸易性进出口活动的单位。

办理临时备案的，应当向所在地海关提交《报关单位备案信息表》，并随附主体资格证明材料、非贸易性进出口活动证明材料。

经审核，备案材料齐全，符合报关单位备案要求的，海关应当在3个工作日内予以备案。备案信息应当通过"中国海关企业进出口信用信息公示平台"进行公布。

报关单位备案长期有效。临时备案有效期为1年，届满后可以重新申请备案。

报关单位名称、市场主体类型、住所（主要经营场所）、法定代表人（负责人）、单一窗口报关人员等《报关单位备案信息表》载明的信息发生变更的，报关单位应当自变更之日起30日内向所在地海关申请变更。报关单位因迁址或者其他原因造成所在地海关发生变更的，应当向变更后的海关申请变更。

4. 报关单位备案注销办理

报关单位有下列情形之一的，应当向所在地海关办理备案注销手续：① 因解散、被宣告破产或者其他法定事由终止的；② 被市场监督管理部门注销或者撤销登记、吊销营业执照的；③ 进出口货物收发货人对外贸易经营者备案失效的；④ 临时备案单位丧失主体资格的；⑤ 其他依法应当注销的情形。

报关单位办理备案注销前，应当办结海关有关手续。

报关单位在办理备案、变更和注销时，应当对所提交材料的真实性、有效性负责并且承担法律责任。

1.5 企业信用管理

1.5.1 海关对报关单位的信用管理

为了建立海关注册登记和备案企业信用管理制度，推进社会信用体系建设，促进贸易安全与便利，根据《中华人民共和国海关法》《中华人民共和国海关稽查条例》《企业信息公示暂行条例》《优化营商环境条例》以及其他有关法律、行政法规的规定，海关在2021年9月6日以海关总署令第251号公布制定《中华人民共和国海关注册登记和备案企业信用管理办法》，自2021年11月1日起实施。

海关注册登记和备案企业（以下简称"企业"）以及企业相关人员信用信息的采集、公示信用状况的认证、认定及管理等适用《中华人民共和国海关注册登记和备案企业信用管理办法》的，具体分为以下三类：

（1）海关根据企业申请，按照规定的标准和程序将企业认证为高级认证企业的，对其实施便利的管理措施。

（2）海关根据采集的信用信息，按照规定的标准和程序将违法违规企业认定为失信企业的，对其实施严格的管理措施。

（3）海关对高级认证企业和失信企业之外的其他企业实施常规的管理措施。

中国海关依据有关国际条约、协定以及《中华人民共和国海关注册登记和备案企业信用管理办法》，开展与其他国家或者地区海关的"经认证的经营者"（AEO）互认合作，并且给予互认企业相关便利措施。

AEO认证是世界海关组织积极倡导的海关商界合作项目，是为了实现《全球贸易安全与便利标准框架》目标，构建海关与商界之间的伙伴关系，实现贸易安全与便利目标而引入的管理制度。经认证的经营者，是指以任何一种方式参与货物的国际流通，符合《中华人民共和国海关企业信用管理办法》规定条件以及《海关高级认证企业标准》且通过海关认证的企业。

海关建立企业信用修复机制，依法对企业予以信用修复。海关建立企业信用管理系统，运用信息化手段提升海关企业信用管理水平。

海关对企业实施信用管理，按照"诚信守法便利、失信违法惩戒、依法依规、公正公开"原则进行。

1.5.2 信用信息采集和公示

海关可以采集反映企业信用状况的下列信息：①企业注册登记或者备案信息以及

企业相关人员基本信息；② 企业进出口以及与进出口相关的经营信息；③ 企业行政许可信息；④ 企业及其相关人员行政处罚和刑事处罚信息；⑤ 海关与国家有关部门实施联合激励和联合惩戒信息；⑥ AEO 互认信息；⑦ 其他反映企业信用状况的相关信息。

海关应当及时公示下列信用信息，并公布查询方式：① 企业在海关注册登记或者备案信息；② 海关对企业信用状况的认证或者认定结果；③ 海关对企业的行政许可信息；④ 海关对企业的行政处罚信息；⑤ 海关与国家有关部门实施联合激励和联合惩戒信息；⑥ 其他依法应当公示的信息。

公示的信用信息涉及国家秘密、国家安全、社会公共利益、商业秘密或者个人隐私的，应当依照法律、行政法规的规定办理。

自然人、法人或者非法人组织认为海关公示的信用信息不准确的，可以向海关提出异议，并且提供相关资料或者证明材料。

海关应当自收到异议申请之日起 20 日内进行复核。自然人、法人或者非法人组织提出异议的理由成立的，海关应当采纳。

1.5.3 高级认证企业的认证标准和程序

1. 高级认证企业的认证标准分为通用标准和单项标准

高级认证企业的通用标准包括内部控制、财务状况、守法规范和贸易安全等内容。

高级认证企业的单项标准是海关针对不同企业类型和经营范围制定的认证标准。

高级认证企业应当同时符合通用标准和相应的单项标准。通用标准和单项标准由海关总署另行制定并公布。

2. 企业申请成为高级认证企业的，应当向海关提交书面申请，并按照海关要求提交相关资料

海关依据高级认证企业通用标准和相应的单项标准，对企业提交的申请和有关资料进行审查，并赴企业进行实地认证。

海关应当自收到申请及相关资料之日起 90 日内进行认证并作出决定。特殊情形下，海关的认证时限可以延长 30 日。

经认证，符合高级认证企业标准的企业，海关制发高级认证企业证书；不符合高级认证企业标准的企业，海关制发未通过认证决定书。高级认证企业证书、未通过认证决定书应当送达申请人，并且自送达之日起生效。

海关对高级认证企业每 5 年复核一次。企业信用状况发生异常情况的，海关可以不定期开展复核。经复核，不再符合高级认证企业标准的，海关应当制发未通过复核决定书，并收回高级认证企业证书。

海关可以委托社会中介机构就高级认证企业认证、复核相关问题出具专业结论。

企业委托社会中介机构就高级认证企业认证、复核相关问题出具的专业结论，可以

作为海关认证、复核的参考依据。

企业有下列情形之一的，1年内不得提出高级认证企业认证申请：① 未通过高级认证企业认证或者复核的；② 放弃高级认证企业管理的；③ 撤回高级认证企业认证申请的；④ 高级认证企业被海关下调信用等级的；⑤ 失信企业被海关上调信用等级的。

1.5.4 失信企业的认定标准、程序和信用修复

企业有下列情形之一的，海关认定为失信企业：① 被海关侦查走私犯罪公安机构立案侦查并由司法机关依法追究刑事责任的；② 构成走私行为被海关行政处罚的；③ 非报关企业1年内违反海关的监管规定被海关行政处罚的次数超过上年度报关单、进出境备案清单、进出境运输工具舱单等单证（以下简称"相关单证"）总票数千分之一且被海关行政处罚金额累计超过100万元的；报关企业1年内违反海关的监管规定被海关行政处罚的次数超过上年度相关单证总票数万分之五且被海关行政处罚金额累计超过30万元的；上年度相关单证票数无法计算的，1年内因违反海关的监管规定被海关行政处罚，非报关企业处罚金额累计超过100万元、报关企业处罚金额累计超过30万元的；④ 自缴纳期限届满之日起超过3个月仍未缴纳税款的；⑤ 自缴纳期限届满之日起超过6个月仍未缴纳罚款、没收的违法所得和追缴的走私货物、物品等值价款，并且超过1万元的；⑥ 抗拒、阻碍海关工作人员依法执行职务，被依法处罚的；⑦ 向海关工作人员行贿，被处以罚款或者被依法追究刑事责任的；⑧ 法律、行政法规、海关规章规定的其他情形。

失信企业存在下列情形的，海关依照法律、行政法规等有关规定实施联合惩戒，将其列入严重失信主体名单：违反进出口食品安全管理规定、进出口化妆品监督管理规定或者走私固体废物被依法追究刑事责任的；非法进口固体废物被海关行政处罚金额超过250万元的。

海关在作出认定失信企业决定前，应当书面告知企业拟作出决定的事由、依据和依法享有的陈述、申辩权利。

海关依照规定将企业列入严重失信主体名单的，还应当告知企业惩戒措施提示、移出条件、移出程序及救济措施。

企业对海关拟认定失信企业决定或者列入严重失信主体名单决定提出陈述、申辩的，应当在收到书面告知之日起5个工作日内向海关书面提出。

海关应当在20日内进行核实，企业提出的理由成立的，海关应当采纳。

未被列入严重失信主体名单的失信企业纠正失信行为，消除不良影响，并且符合下列条件的，可以向海关书面申请信用修复并提交相关证明材料：因存在上述第②⑥项情形被认定为失信企业满1年的；因存在上述第③项情形被认定为失信企业满6个月的；因存在上述第④⑤项情形被认定为失信企业满3个月的。

经审核符合信用修复条件的，海关应当自收到企业信用修复申请之日起 20 日内作出准予信用修复决定。

失信企业连续 2 年未发生《中华人民共和国海关注册登记和备案企业信用管理办法》认定的失信企业情形的，海关应当对失信企业作出信用修复决定。已被列入严重失信主体名单的，应当将其移出严重失信主体名单并通报相关部门。法律、行政法规和党中央、国务院政策文件明确规定不可修复的，海关不予信用修复。

1.5.5 管理措施

高级认证企业是中国海关 AEO，适用下列管理措施：① 进出口货物平均查验率低于实施常规管理措施企业平均查验率的 20%，法律、行政法规或者海关总署有特殊规定的除外；② 出口货物原产地调查平均抽查比例在企业平均抽查比例的 20% 以下，法律、行政法规或者海关总署有特殊规定的除外；③ 优先办理进出口货物通关手续及相关业务手续；④ 优先向其他国家（地区）推荐农产品、食品等出口企业的注册；⑤ 可以向海关申请免除担保；⑥ 减少对企业稽查、核查频次；⑦ 可以在出口货物运抵海关监管区之前向海关申报；⑧ 海关为企业设立协调员；⑨ AEO 互认国家或者地区海关通关便利措施；⑩ 国家有关部门实施的守信联合激励措施；⑪ 因不可抗力中断国际贸易恢复后优先通关；⑫ 海关总署规定的其他管理措施。

失信企业适用下列管理措施：① 进出口货物查验率 80% 以上；② 经营加工贸易业务的，全额提供担保；③ 提高对企业稽查、核查频次；④ 海关总署规定的其他管理措施。

办理同一海关业务涉及的企业信用等级不一致，导致适用的管理措施相抵触的，海关按照较低信用等级企业适用的管理措施实施管理。

高级认证企业、失信企业有分立合并情形的，海关按照以下原则对企业信用状况进行确定并适用相应管理措施：① 企业发生分立，存续的企业承继原企业主要权利义务的，存续的企业适用原企业信用状况的认证或者认定结果，其余新设的企业不适用原企业信用状况的认证或者认定结果；② 企业发生分立，原企业解散的，新设企业不适用原企业信用状况的认证或者认定结果；③ 企业发生吸收合并的，存续企业适用原企业信用状况的认证或者认定结果；④ 企业发生新设合并的，新设企业不再适用原企业信用状况的认证或者认定结果。

高级认证企业涉嫌违反与海关管理职能相关的法律法规被刑事立案的，海关应当暂停适用高级认证企业管理措施。

高级认证企业涉嫌违反海关的监管规定被立案调查的，海关可以暂停适用高级认证企业管理措施。

高级认证企业存在财务风险，或者有明显的转移、藏匿其应税货物以及其他财产迹象的，或者存在其他无法足额保障税款缴纳风险的，海关可以暂停适用《中华人民共和国海关注册登记和备案企业信用管理办法》第三十条第五项规定"可以向海关申请免除担保"这一管理措施。

1.6 企业资质管理

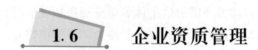

企业资质就是企业从事某种行业的经营时应该具有的资格及与此资格相适应的质量等级标准。在国家进出口管理中，海关按照中国的、进口国（地区）的，或与中国签有双边检疫议定书的国家（地区）的，或国际性的法规、标准的规定，对涉及部分重点进出口商品的境外供货商或者境内供货商的企业资质管理实行注册登记制或备案制。对于前者，海关总署需要组织评审，审定合格后才会给予注册；而后者只要材料齐全、符合法定条件，海关就核发备案证明。

1.6.1 出境商品的境内企业注册登记

1. 出境水果果园和包装厂的注册登记

我国与输入国家或地区签订的双边协议、议定书等明确规定，或者输入国家或地区法律法规要求对输入该国家或地区的水果（含冷冻水果）果园和包装厂实施注册登记的，海关应当按照规定对输往该国家或地区的出境水果果园和包装厂实行注册登记。

我国与输入国家或地区签订的双边协议、议定书未有明确规定，且输入国家或地区法律法规未明确要求的，出境水果果园、包装厂可以向海关申请注册登记。

2. 出境水生动物养殖场、中转场的注册登记

海关总署对出境水生动物养殖场、中转场实施注册登记制度。

申请注册登记的出境水生动物养殖场、中转场，出境食用水生动物非开放性水域养殖场、中转场，出境食用水生动物开放性水域养殖场、中转场，出境观赏用和种用水生动物养殖场、中转场，应当符合海关规定的相关条件，并向所在地直属海关申请注册登记。

3. 出境粮食加工、仓储企业的注册登记

输入国家或地区要求我国对向其输出粮食（包括稻谷、小麦、大麦、黑麦、玉米、大豆、油菜籽、薯类等）的出境生产加工企业注册登记的，直属海关负责组织注册登记，并向海关总署备案。

4. 出境种苗花卉生产经营企业的注册登记

海关对出境种苗花卉生产经营企业实行注册登记管理。从事出境种苗花卉生产经营

企业，包括种植基地和加工包装厂及储存库具备法律法规规定条件或者符合法律法规要求的，应向所在地海关申请注册登记。

对于已受理的行政许可申请，经审查认为申请人不具备法律法规规定条件或者不符合法律法规要求的，不予许可。

5. **出境烟叶加工、仓储企业的注册登记**

海关对出境烟叶加工、仓储企业实行注册登记管理。对于具备法律法规规定条件或者符合法律法规要求的出境烟叶加工企业、仓储企业，以及中转、暂存场所，海关准予注册登记。

6. **出境竹木草制品生产加工企业的注册登记**

海关对出境竹木草制品（包括竹、木、藤、柳、草、芒等）生产、加工、存放企业实行注册登记管理。对于具备法律法规规定条件或者符合法律法规要求的出境竹木草制品生产、加工、存放企业，海关准予注册登记。

7. **出境饲料、饲料添加剂生产、加工、存放企业的注册登记**

海关对出境饲料、饲料添加剂生产、加工、存放企业实行注册登记管理。对于具备法律法规规定条件或者符合法律法规要求的出境饲料、饲料添加剂的生产、加工、存放企业，海关准予注册登记。

8. **出境货物木质包装除害处理标识加施企业的注册登记**

海关对出境货物木质包装除害处理标识加施企业实行注册登记管理。对于具备热处理或熏蒸处理等除害设施的、符合法律法规规定条件和要求的出境货物木质包装除害处理标识加施企业，海关准予注册登记。

9. **供港澳活羊中转场，活牛育肥场、中转仓，活禽、活猪饲养场的注册登记**

海关对供港澳活羊中转场，活牛育肥场、中转仓，活禽、活猪饲养场实行注册登记管理。对于具备法律法规规定条件或者符合法律法规要求的供港澳活羊中转场，活牛育肥场、中转仓，活禽、活猪饲养场，海关准予注册登记。

10. **出境非食用动物产品生产加工、存放企业的注册登记**

海关对非食用动物产品生产、加工、存放企业实行注册登记管理。对于具备法律法规规定条件或者符合法律法规要求的出境非食用动物产品生产、加工、存放企业，海关准予注册登记。

11. **出境中药材生产企业的注册登记**

输入国家或地区要求对向其输出中药材的出境生产企业注册登记的，海关实行注册登记。出境中药材应当符合我国政府与输入国家或地区签订的检疫协议、议定书、备忘录等规定，以及进境国家或者地区的标准或者合同要求。出境生产企业应当达到输入国家或者地区法律法规的相关要求，并符合我国有关法律法规规定。

1.6.2 出口商品境内企业备案管理

1. 出口食品生产企业备案管理

为加强出口食品生产企业食品安全卫生管理，规范出口食品生产企业备案管理工作，国家实行出口食品生产企业备案管理制度。

出口食品生产企业未依法履行备案法定义务或者经备案审查不符合要求的，其产品不予出口。

2. 出口食品原料种植、养殖场备案管理

海关对出口食品原料种植、养殖场实施备案管理。出口食品原料种植、养殖场应当向所在地海关办理备案手续。

出口食品的原料列入目录的，应当来自备案的种植、养殖场。

3. 出口肉类产品的出口商或代理商备案管理

海关对我国境内出口肉类产品的出口商或代理商实施备案管理，并定期公布已经备案的出口商、代理商名单。

4. 出口肉类产品的生产企业备案管理

海关按照出口食品生产企业备案管理规定，对出口肉类产品的生产企业实施备案管理。输入国家或地区对我国出口肉类产品生产企业有注册要求，需要对外推荐注册企业的，按照海关总署相关规定执行。

出口肉类产品加工用动物应当来自经海关备案的饲养场。存放出口肉类产品的中转冷库应当经海关备案，并接受监督管理。

5. 出口水产品的出口商或代理商实施备案管理

海关对我国境内出口水产品的出口商或代理商实施备案管理，并定期公布已获准入资质的境外生产企业和已经备案的出口商、代理商名单。

6. 出口乳品生产企业备案管理

海关对我国境内出口乳品的生产企业实施备案管理，包括出口生乳的奶畜养殖场。

7. 供港澳蔬菜种植基地和供港澳蔬菜生产加工企业备案管理

海关对供港澳蔬菜种植基地和供港澳蔬菜生产加工企业实施备案管理，非备案基地的蔬菜不得作为供港澳食材的加工原料，另有规定的小品种蔬菜除外。

1.6.3 进境商品的境外企业注册登记

1. 进境粮食的境外生产加工企业注册登记

海关对进境粮食的境外生产加工企业实施注册登记制度。境外生产加工企业应当符合输出国家或地区法律法规和标准的相关要求，并达到中国有关法律法规和强制性标准的要求。

实施注册登记管理的进境粮食境外生产加工企业,经输出国家或地区主管部门审查合格后向海关总署推荐。海关总署收到推荐材料后进行审查确认,符合要求的国家或地区的境外生产加工企业,予以注册登记。

2. 进境中药材境外生产企业的注册登记

海关对向中国境内输出中药材的境外生产企业实施注册登记管理。确定需要实施境外生产、加工、存放单位注册登记的中药材品种目录,并实施动态调整。

境外生产企业应当符合输出国家或地区法律法规的要求,并符合中国国家技术规范的强制性要求。

输出国家或地区主管部门在境外生产企业申请向中国注册登记时,需对其进行审查,向海关总署推荐,并提交相关的中文或者中英文对照材料。

海关总署收到推荐材料并经书面审查合格后,经与输出国家或地区主管部门协商,可以派员到输出国家或地区对其监管体系进行评估,对申请注册登记的境外生产企业进行检查。

经检查符合要求的申请企业,予以注册登记。

3. 进口乳品的境外生产企业注册登记

海关对向中国出口乳品的境外生产企业实施注册制度。

境外生产企业应当经出口国家或地区政府主管部门批准设立,符合出口国家或地区法律法规相关要求。

境外生产企业应当熟悉并保证其向中国出口的乳品符合中国食品安全国家标准和相关要求,并能够提供中国食品安全国家标准规定项目的检测报告。境外生产企业申请注册时应当明确其拟向中国出口的乳品种类、品牌。

4. 进口食品(肉类)境外食品生产企业的注册登记

海关对向中国境内出口食品的境外食品生产、加工、储存企业实施注册制度。

5. 进口饲料、饲料添加剂的国家或地区的生产企业注册登记

海关对允许进口饲料、饲料添加剂的国家或地区的生产企业实施注册登记制度,进口饲料、饲料添加剂应当来自注册登记的境外生产企业。

境外生产企业应当符合输出国家或地区法律法规和标准的相关要求,并达到与中国有关法律法规和标准的等效要求,经输出国家或地区主管部门审查合格后向海关总署推荐,海关总署应当对推荐材料进行审查。审查不合格的,通知输出国家或地区主管部门补正。审查合格的,经与输出国家或地区主管部门协商后,海关总署派出专家到输出国家或地区对其饲料安全监管体系进行审查,并对申请注册登记的企业进行抽查。对抽查不符合要求的企业,不予注册登记,并将原因向输出国家或地区主管部门通报;对抽查符合要求的及未被抽查的其他推荐企业,予以注册登记。

6. 进口水生动物的养殖和包装企业的注册登记

海关对向中国输出水生动物的养殖和包装企业实施注册登记管理。

向中国输出水生动物的境外养殖和包装企业应当符合输出国家或地区有关法律法规输出国家或地区官方主管部门批准后向海关总署推荐。

海关总署应当对推荐材料进行审查。审查不合格的，通知输出国家或地区官方主管部门补正；审查合格的，海关总署可以派出专家组对申请注册登记企业进行抽查。对抽查不符合要求的企业不予注册登记；对抽查符合要求的及未被抽查的其他推荐企业，结合水生动物安全卫生控制体系评估结果决定是否给予注册登记。

7. 贸易性栽培介质的境外生产加工、存放单位的注册登记

海关对向我国输出贸易性栽培介质的境外生产、加工、存放单位实行注册登记制度。必要时，经输出国家或地区有关部门同意，派检疫人员赴产地进行预检、监装或者产地疫情调查。

8. 进境非食用动物产品境外生产加工企业注册登记

向中国输出非食用动物产品的境外生产加工企业应当符合输出国家或地区法律法规和标准的相关要求，并达到中国有关法律法规和强制性标准的要求。

实施注册登记管理的非食用动物产品境外生产加工企业，经输出国家或地区主管部门审查合格后向海关总署推荐。

海关总署收到推荐材料并经书面审查合格后，必要时经与输出国家或地区主管部门协商，派出专家到输出国家或地区对其监管体系进行评估或者回顾性审查，对申请注册登记的境外生产加工企业进行检查。

符合要求的国家或地区的境外生产加工企业，经检查合格的予以注册登记。

9. 进口棉花境外供货企业登记

进口棉花的境外供货企业按照自愿原则申请登记。符合条件的境外企业可以自行或可以委托代理人申请登记，提交相关书面材料后，经海关审核合格的，对境外供货企业予以登记，颁发"进口棉花境外供货企业登记证书"。

1.6.4 进口商品企业备案管理

1. 进口乳品相关企业备案管理

向我国境内出口乳品的出口商或者代理商、进口乳品的进口商应当向海关总署备案。

2. 进口食品相关企业备案管理

海关对我国境内出口食品的出口商或者代理商、进口食品的进口商实行备案管理。肉类进口商2年以上没有开展进口肉类业务的应重新备案。

3. 进口化妆品境内收货人备案管理

海关对进口化妆品的境内收货人实行备案管理。

4. 进境中药材定点加工、存放企业备案管理

需要进境检疫审批的进境中药材应当在检疫审批许可列明的指定企业中存放和加

工。拟存放、加工进口中药材的企业应向海关提交申请。海关受理备案申请后组织评审组完成评审工作，并出具评审报告。海关总署在网站上统一公布进口中药材存放、加工单位名单。

5. 进境肠衣定点加工、存放企业备案管理

进境肠衣定点加工、存放企业应事先获得出口食品生产企业备案资质，备案范围应包括肠衣产品。海关对进境肠衣定点加工、存放企业资格进行审核和公布。

6. 进口毛燕指定加工企业备案管理

进口毛燕指定加工企业是指以进口毛燕为原料加工成燕窝产品的毛燕指定加工企业。具有独立法人资格和符合相应防疫要求的企业可以作为申请人，向海关申请进口毛燕指定加工企业资质。对审核通过的企业，海关总署在网站上予以公布。

1.6.5 口岸卫生许可

每个具有独立固定经营场所的国境口岸食品生产、食品销售、餐饮服务、饮用水供应、公共场所经营单位应当作为一个卫生许可证发证单元，单独申请卫生许可。

从事国境口岸食品生产（含航空配餐）、食品销售（含入/出境交通工具食品供应）、餐饮服务的，从事饮用水供应的，从事国境口岸公共场所经营的单位或者个人，申请卫生许可时，可以当面提交或者通过信函、电报、电传、传真、电子数据交换和电子邮件等方式提交相关材料，并对材料的真实性负责。

海关应当对申请人提交的申请材料内容的完整性、有效性进行审查。申请材料经审查合格，确有必要的，需现场审查。对准予行政许可决定的，海关向申请人颁发卫生许可证。卫生许可证有效期为 4 年。

【能力提升】

一、简答题

1. 简要概述海关具有的权力。
2. 报关单位分为几种类型，有何差异？
3. 什么是企业资质？海关是如何进行企业资质管理的？
4. 关检融合后如何提升效率，降低成本？
5. 海关是如何依据信用情况对企业实施分类管理的？

二、单选题

1. （　　）负责办理具体的海关业务，是海关进出境监督管理职能的基本执行单位。

　　A. 海关总署　　　　　　　　　　　　B. 直属海关

C. 直属关区 D. 隶属海关

2. 海关在货物实际进出口前，应对外贸易经营者申请，对实际进出口活动有关海关事务做出具有普遍约束力的决定的行为是（　　）。

A. 海关稽查 B. 海关行政预裁定
C. 海关事务担保 D. 海关行政处罚

3. 海关的四项基本任务除了监督、缉私、统计外，还包括（　　）。

A. 查验 B. 审单
C. 征税 D. 认证

4. 隶属海关是由（　　）领导，负责办理具体海关业务的海关，是海关进出境监督职能的基本执行单位。一般都设在口岸和海关业务集中的地点。

A. 直属海关 B. 国务院
C. 海关总署 D. 地方政府

5. 报关范围包括（　　）。

A. 进出境运输工具 B. 进出境货物
C. 进出境物品 D. 以上都包括

三、论述题

1. 论述海关报关企业备案的方式及其主要流程。
2. 什么是行政强制权？具体行政强制措施包括哪些？

第2章 进出口国家管制及相关制度

【导入案例】

某信息技术有限公司在某电子商务平台开设网店，出售进口维生素胶囊食品。江某在该网店购买30瓶维生素胶囊食品，共支付货款8 000元。根据原食品药品监督管理总局《关于含非普通食品原料的食品定性等相关问题的复函》和《食品安全国家标准　食品添加剂使用标准》（GB2760—2014）的规定，该维生素胶囊食品违法添加了食品添加剂。江某遂以某信息技术有限公司在网店上出售的维生素胶囊食品违反我国食品安全国家标准为由，起诉该公司承担惩罚性赔偿责任。

人民法院受理后认为，虽然该进口食品已经过我国出入境检验检疫机构检验检疫，但这并不代表进口食品必然符合我国食品安全国家标准。原国家食品药品监督管理总局《关于含非普通食品原料的食品定性等相关问题的复函》和《食品安全国家标准　食品添加剂使用标准》（GB2760—2014）规定的相关食品添加剂的使用范围，并不包括该维生素胶囊食品。某信息技术有限公司亦不能举证证明行政主管部门已许可其在该进口食品上使用案涉添加剂。某信息技术有限公司销售的进口维生素胶囊食品在配料中使用案涉食品添加剂，该进口食品属于不符合我国食品安全国家标准的食品。某信息技术有限公司以其销售的进口食品经过我国出入境检验检疫机构检验检疫为由提出免责抗辩，对该抗辩法院不予支持。故对江某的诉讼请求，人民法院予以支持。

讨论题

1. 结合该案例，说说应海关该如何对进口食品实施合格评定。
2. 讨论：进口食品是否应该实施安全检验管理？
3. 你认为该信息技术有限公司是否应该承担相应的赔偿责任？作为报关员应该如何遵守进出口国家管制制度？

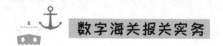

2.1 进出口国家管制概述

鉴于国家对不同商品的进出口管制有所差异，报关时需要向海关提交的单证种类也因商品的不同而有所差异。所以，报关员需要了解并熟知各种进出口国家管制制度及相关措施。

进出口国家管制是指一国政府从国家的宏观经济利益和国内外政策需要出发，在遵循国际贸易有关规则的基础上，对本国的对外贸易活动实施有效管理而实行的各种贸易制度或措施的总称，简称"贸易管制"。它是政府的一种强制性行政管理行为，体现国家意志并以国家强制力为后盾，不仅是各国政府的重要职能，也是国家对外经济政策的具体体现。我国对外贸的管制按管理的目的分为进口贸易管制和出口贸易管制；按管制手段分为关税措施和非关税措施；按管制对象分为货物进出口贸易管制、技术进出口贸易管制和国际服务贸易管制。

对外贸易经营者或代理人在报关活动中必须严格且无条件遵守进出口国家管制制度，按照相应的管理要求办理进出口手续。本章重点介绍我国进出口国家管制中有关货物、技术的管制制度和措施，以及执行这些进出口国家管制措施过程中所涉及报关规范的相关内容。

2.1.1 进出口国家管制的目的和特点

随着世界经济全球化、区域化的不断发展，各国之间的经济关系变得越来越紧密，相互的依存度也越来越高，各种区域经济合作和贸易协定应运而生，因此一国进出口国家管制政策在充分考虑本国经济状况的同时，还必须受到所加入的国际贸易协定规则的约束，必须在其规则允许范围内，按照规定的程序进行相对自主的管理。国际贸易政策环境也随着各国政府对外贸管制措施的改变而改变。尽管各国所实行的进出口国家管制措施在形式和内容上有许多差异，但是管制的目的是相同的，主要表现在以下几个方面。

1. 保护本国经济利益，发展本国经济

发展中国家实行进出口国家管制主要是为了保护本国的民族工业，建立与巩固本国的经济体系；通过进出口国家管制的各项措施，防止外国产品冲击本国市场而影响本国独立的经济结构的建立；同时，也是为了维护本国的国际收支平衡，使有限的外汇能有效地发挥最大的作用。发达国家实行进出口国家管制主要是为了确保本国在世界经济中的优势地位，避免国际贸易活动对本国经济产生不良影响，特别是要保持本国某些产品

或技术的国际垄断地位，保证本国各项经济发展目标的实现。因此，各国的进出口国家管制措施都与其经济利益紧密相联。各国的贸易管制措施是各国经济政策的重要体现。

2. 推行本国的外交政策

不论是发展中国家还是发达国家，往往出于政治或安全上的考虑，甚至不惜牺牲本国经济利益，在不同时期对不同国家或不同商品实行不同的进出口国家管制措施，以达到其政治上的目的或安全上的目标。因此，贸易管制往往成为一国推行其外交政策的有效手段。

3. 行使国家职能

一个主权国家，对其自然资源和经济行为享有排他的永久主权，国家进出口国家管制制度和措施的强制性是保护本国环境和自然资源、保障国民人身安全、调控本国经济而行使国家管理职能的重要保证。

从进出口国家管制的目的看，贸易管制政策是一国对外政策的体现，这是进出口国家管制的一个显著特点。正是为了实现上述目的，各国都要根据其不同时期的不同经济利益或安全和政治形势需要，随时调整进出口国家管制政策，因此，不同国家或同一国家的不同时期的贸易管制政策是各不相同的。这种因时间、形势而变化的特性是贸易管制的又一大特点。各国进出口国家管制的另一特点是以对进口的管制为重点，虽然贸易管制有效地保护了本国国内市场和本国的经济利益，但在一定程度上也阻碍了世界经济交流，抑制了国际贸易的发展。因此，如何充分发挥贸易管制的有利因素，尽量减少其带来的不利因素，变被动保护为主动、积极保护，是衡量一个国家管理对外贸易水平的标志。

2.1.2 我国进出口国家管制制度体系及相关法律法规体系

实行进出口国家管制是由我国社会制度与经济和技术发展需要所决定的，几十年的实践证明，实行进出口国家管制对我国的经济建设和对外贸易发展起到极其重要的作用。

实行进出口国家管制是维护国家安全和对外贸易秩序，促进对外经济贸易和科技文化交往，保障、保护和扶植我国的民族工业，建立与巩固我国社会主义经济体系，防止外国产品冲击国内市场等方面的有效手段；实行进出口国家管制可以集中力量对国际市场的价格波动及世界经济危机做出迅速反应，防止这些因素对我国经济建设产生不良影响；实行进出口国家管制有利于加强我国在国际市场中的竞争能力，增强我国在国际贸易中的谈判地位；实行进出口国家管制还有助于更好地实现国家职能，政府通过进出口国家管制，对外可以及时根据我国在国际竞争中的政策和策略，调整外贸结构和格局，全面发展与世界各国的贸易往来，为促进全球经济繁荣做出贡献，对内则可以达到维护正常的国内经济秩序，保障经济建设的顺利进行，不断提高人民生活水平，满足人民不断增长的物质文化生活需要的目的。

1. 进出口国家管制制度体系

我国进出口国家管制制度是一种综合管理制度，主要由海关监管制度、关税制度、对外贸易经营者管理制度、进出口许可制度、进出口商品合格评定制度、进出口货物收付汇管理制度以及贸易救济制度等构成。为保障贸易管制各项制度的实施，我国已基本建立并逐步健全了以《中华人民共和国对外贸易法》（以下简称《对外贸易法》）为核心的进出口国家管制的法律体系，并依照这些法律、行政法规、部门规章和我国履行国际公约的有关规定，自主实行进出口国家管制。

2. 相关法律法规体系

由于我国进出口国家管制是一种国家管制，因此其所涉及的法律渊源只限于宪法、法律、行政法规、部门规章以及相关的国际条约，不包括地方性法规、规章及各民族自治区政府的地方条例和单行条例。

（1）法律

我国现行的与进出口国家管制有关的法律主要有《中华人民共和国对外贸易法》《中华人民共和国海关法》《中华人民共和国固体废物污染环境防治法》《中华人民共和国食品安全法》（以下简称《食品安全法》）《中华人民共和国进出口商品检验法》（以下简称《进出口商品检验法》）《中华人民共和国进出境动植物检疫法》（以下简称《进出境动植物检疫法》）《中华人民共和国国境卫生检疫法》（以下简称《国境卫生检疫法》）《中华人民共和国野生动物保护法》《中华人民共和国药品管理法》《中华人民共和国文物保护法》等。

（2）行政法规

我国现行的与进出口国家管制有关的行政法规主要有《中华人民共和国货物进出口管理条例》《中华人民共和国技术进出口管理条例》（简称《技术进出口管理条例》）、《中华人民共和国野生植物保护条例》《中华人民共和国核出口管制条例》《中华人民共和国核两用品及相关技术出口管制条例》《中华人民共和国易制毒化学品管理条例》《中华人民共和国导弹及相关物项和技术出口管制条例》《中华人民共和国生物两用品及相关设备和技术出口管制条例》《中华人民共和国监控化学品管理条例》《中华人民共和国濒危野生动植物进出口管理条例》《中华人民共和国军品出口管理条例》《中华人民共和国进出口商品检验法实施条例》《中华人民共和国进出境动植物检疫法实施条例》《中华人民共和国外汇管理条例》《中华人民共和国反补贴条例》《中华人民共和国反倾销条例》《中华人民共和国保障措施条例》等。

（3）部门规章

我国现行的与进出口国家管制有关的部门规章很多，例如《货物进口许可证管理办法》《货物出口许可证管理办法》《货物自动进口许可管理办法》《出口收汇核销管理办法》《进口药品管理办法》《放射性药品管理办法》《两用物项和技术进出口许可证管理办法》《进出境转基因产品检验检疫管理办法》《进出口食品安全管理办法》《进口汽车检验管理办法》等。

(4) 国际条约、协定

各国在通过国内立法实施本国进出口贸易管制的各项措施的同时,必然要与其他国家协调立场,确定相互之间在国际贸易活动中的权利与义务关系,以实现其外交政策和对外贸易政策所确立的目标,因此,国际贸易条约与协定便成为各国之间确立国际贸易关系立场的重要法律形式。

我国目前所缔结或者参加的各类国际条约、协定,虽然不属于我国国内法的范畴,但就其效力而言可视为我国的法律渊源之一,这些主要有:加入世界贸易组织所签订的有关双边或多边的各类贸易协定、《关于简化和协调海关业务制度的国际公约》(亦称《京都公约》)、《濒危野生动植物种国际贸易公约》(亦称《华盛顿公约》)、《关于消耗臭氧层物质的蒙特利尔议定书》、关于麻醉品和精神药物的国际公约、《关于化学品国际贸易资料交换的伦敦准则》、《关于在国际贸易中对某些危险化学品和农药采用事先知情同意程序的鹿特丹公约》、《控制危险废物越境转移及其处置的巴塞尔公约》、《建立世界知识产权组织公约》、《实施卫生与植物卫生措施协定》(简称 SPS 协定)、《技术性贸易壁垒协定》(简称 TBT 协定)、《国际卫生条例(2005)》、《核安全公约》等。

2.1.3 进出口国家管制与海关监管

进出口国家管制是一种国家管制,任何从事对外贸易的活动者都必须无条件遵守。进出口国家管制的目标是以进出口国家管制法律、法规为保障,依靠有效的政府行政管理手段来实现的。

1. 海关监管是实现进出口国家管制的重要手段

《对外贸易法》将对外贸易划分为货物进出口、技术进出口和国际服务贸易。

货物进出口贸易及以货物为表现形式的技术进出口贸易,最终表现为进出境行为。海关作为进出关境监督管理机关,依据《海关法》所赋予的权力,代表国家在口岸行使进出境监督管理职能,这种特殊的管理职能决定了海关监管是实现贸易管制目标的有效行政管理手段,海关依据许可证件和相关批准文件或通过检验检疫等强制措施对实际进出口货物的合法性实施监督管理。

进出口国家管制作为一项综合制度,是建立在国家各行政管理部门之间合理分工的基础上,通过各尽其责的通力合作来实现的。《海关法》第二条规定:"中华人民共和国海关是国家的进出关境监督管理机关。海关依照本法和其他有关法律、行政法规,监管进出境的运输工具、货物、行李物品、邮递物品和其他物品,征收关税和其他税、费,查缉走私,并编制海关统计和办理其他海关业务。"国家贸易管制是通过国务院商务主管部门及其他政府职能主管部门依据国家贸易管制政策发放各类许可证件或者下发相关文件，最终由海关依据许可证件和相关文件，依照国家或国际标准，通过检验检疫等强制措施对实际进出口货物的合法性实施监督管理来实现的。缺少海关监管这一环节，任何进出口国家管制政策都不可能充分发挥其效力。

《海关法》第四十条规定："国家对进出境货物、物品有禁止性或者限制性规定的，海关依据法律、行政法规、国务院的规定或者国务院有关部门依据法律、行政法规的授权作出的规定实施监管。"该条款不仅赋予了海关对进出口货物依法实施监督管理的权力，还明确了进出口国家管制政策所涉及的法律、法规是海关对进出口货物监管工作的法律依据。根据我国行政管理职责的分工，与进出口国家管制相关的法律、行政法规、部门规章分别由全国人大、国务院及其所属各部、委（局）负责制定、颁发，海关则是贸易管制政策在货物进出口环节的具体执行机关。因此，海关对进出口货物实施监管或制定有关监管程序时，必须以国家贸易管制政策所涉及的法律、法规为依据，充分重视这些法律、法规与海关实际工作之间的必然联系，以准确贯彻和执行政策作为海关开展各项管理工作的前提和原则，制定合法、高效的海关监督管理程序，充分运用《海关法》赋予的权力，确保国家各项贸易管制目标的实现。

由于国家进出口贸易管制政策是通过国务院商务主管部门及其他政府职能主管部门依据国家贸易管制政策核签各类许可证件或者批准文件，最终由海关依据许可证件、相关文件及其他单证（报关单、提单、发票、合同等），依照国家或国际标准，通过检验检疫备强制措施对实际进出口货物的合法性实施监督管理来实现的，因此，海关执行贸易管制离不开"单"（包括报关单在内的各类报关单据及其电子数据）、"证"（各类许可证件、相关文件及其电子数据）、"货"（实际进出口货物）这三大要素。"单""证""货"相符是海关确认货物合法进出口的必要条件之一。对进出口受国家贸易管制的货物，只有在确认达到"单单相符""单货相符""单证相符""证货相符"，并符合检验检疫出入境合格标准的情况下，海关才可放行。

随着互联网技术的发展普及及应用，通关无纸化已成为提高通关效率的必经之路，2018年通关无纸化已全面铺开并进入了实质运作阶段。为顺应通关无纸化要求，海关总署积极推进与许可证件主管部门的电子数据联网工作，已实现进出口许可证、两用物项和技术进出口许可证、有毒化学品进出口环境管理放行通知单、农药进出口登记管理放行通知单、自动进口许可证、民用爆炸物品进口审批单、进口药品通关单、药品进出口准许证、精神药物进出口准许证、麻醉药品进出口准许证、进口广播电影电视节目带（片）提取单、赴境外加工光盘进口备案证明、音像制品（成品）进口批准单、古生物化石出境批件、野生动植物进出口证书、进口兽药通关单、人民币调运证明、黄金及黄金制品进出口准许证等电子数据联网，实现了进出口许可证件和两用物项和技术进出口许可证从申领发证、验证、到核查、核销的无纸化，为实现通关无纸化作业创造了基础条件。

2. 报关是海关确认进出口货物合法性的先决条件

《海关法》第二十四条规定:"进口货物的收货人、出口货物的发货人应当向海关如实申报,交验进出口许可证件和有关单证。国家限制进出口的货物,没有进出口许可证件的,不予放行,具体处理方法由国务院规定。"海关通过审核"单""证""货"这三要素来确认货物进出口的合法性。而这三要素中的"单"和"证"是报关中申报环节向海关提交的;同时配合海关依据《食品安全法》《国境卫生检疫法》《进出境动植物检疫法》《进出口商品检验法》等,在通关过程中对进出口货物实施检验检疫等强制措施,是收发货人办理进出口货物海关手续时应履行的法律义务。因此,报关不仅是进出口货物收发货人或其代理人必须履行的手续,也是海关确认进出口货物合法性的先决条件。

3. 海关进出口国家管制的执法手段

海关执行的部分贸易管制措施通过细化、分解贸易管制商品目录,在海关通关系统中对7 500多项商品设置了30余种监管证件代码,对禁止进出口及大部分许可证件设定了相应的监管证件代码,并与监管方式相对应,通关系统根据"监管方式证件表"中监管方式及监管证件的对应关系,在通关过程中对所需的监管证件进行提示,并对联网许可证件电子数据实现系统自动比对、自动核扣,大大提高了海关贸易管制政策执行的有效性和准确性。

2.2 我国货物、技术进出口许可管理制度

进出口许可管理制度是指国家根据《中华人民共和国货物进出口管理条例》《中华人民共和国技术进出口管理条例》《中华人民共和国对外贸易法》《中华人民共和国行政许可法》等相关法律、行政法规,对进出口贸易所实行的一种行政管理制度。货物、技术进出口许可管理制度是我国进出口许可制度的主体和核心内容,是国家对外贸易管制中极其重要的管理制度。其管理范围包括禁止进出口的货物和技术、限制进出口的货物和技术、自由进出口的货物和技术以及自由进出口中部分实行自动许可管理的货物。

国家对部分货进出口货物和技术实行限制和禁止管理的目的,主要有以下几点。

(1) 为维护国家安全、社会公共利益或者公共道德,需要限制或者禁止进口或者出口的;

(2) 为保护人的健康或者安全,保护动物、植物的生命或者健康,保护环境,需要限制或者禁止进口或者出口的;

(3) 为实施与黄金或者白银进出口有关的措施,需要限制或者禁止进口或出

口的；

（4）国内供应短缺或者为有效保护可能用竭的自然资源，需要限制或者禁止出口的；

（5）输往国家或者地区的市场容量有限，需要限制出口的；

（6）出口经营秩序出现严重混乱，需要限制出口的；

（7）为建立或者加快建立国内特定产业，需要限制进口的；

（8）对任何形式的农业、牧业、渔业产品有必要限制进口的；

（9）为保障国家国际金融地位和国际收支平衡，需要限制进口的；

（10）依照法律、行政法规的规定，其他需要限制或者禁止进口或者出口的；

（11）根据我国缔结或者参加的国际条约、协定的规定，其他需要限制或者禁止进口或者出口的。

2.2.1 进出口货物管制手段——配额管理和许可证管理

进出口货物管制根据管制手段的不同，分为关税管制和非关税管制，进出口许可管理制度属于非关税管制，是世界各国管理进出口贸易的一种常见手段，在国际贸易中长期存在并广泛使用。由于世贸组织倡导贸易自由化，各成员国关税纷纷下调，非关税管制成为主要管制手段。非关税管制措施可以进一步分为配额管理和许可证管理两种。

1. 配额管理和许可证管理的定义

配额管理指的是一国政府在一定时期内，对于某些商品的进出口数量或金额直接加以限制的管理措施。在规定的期限和配额以内的货物可以进出口，超过了的不准进出口。许可证管理指的是对外贸易经营者进口或者出口国家规定限制进出口的货物，必须事先征得国家的许可，取得进口或者出口许可证。许可证是国家许可对外贸易经营单位进口或者出口某种货物的证明，也是海关对进出境货物监管的重要依据。

配额管理和许可证管理是国家对进出口货物进行宏观管理的一种行政手段。通过配额或许可证管理，国家可以直接控制某类商品的进出口总量，从而维护正常的进出口秩序，保护和促进国内生产，协调出口，防止低价竞销。世界上大多数国家对一些商品的进出口都制定有配额或许可证管制措施。从各国的情况看，配额与许可证这两种限制措施既可单独使用，也可以结合在一起使用。长期以来，我国采取了配额与许可证相结合的做法，即配额许可证管理措施，需要配额管理的商品需先向发展改革委或商务部申请获得配额后，再申领中华人民共和国出口许可证。

在成为世贸组织的正式成员以后，我国对限制进出口货物的管理方式发生了不同程度的调整与变化。自 2005 年 3 月起，我国取消了进口货物的数量限制，这意味着我国过去曾经长期采用的配额与许可证相结合的管理模式已经结束，现行的管理方式主要是许可证件管理，少数货物采用关税配额和绝对配额管理。许可证件管理既是对外贸易管理的根本性措施，也是海关进行实际监督管理的主要依据。《海关法》第二十四条规定："进口货物的收货人、出口货物的发货人应当向海关如实申报、交验进出口许可证和有关单证。"进出口货物许可证是海关监管验放进出口货物的重要依据，报关员在向海关申报之前，首先要了解所申报的货物是否属于实行许可证管理范围的进出口商品。属于许可证管理范围的进出口货物，其收、发货人必须申领进出口许可证，才能向海关报关。对属于许可证管理范围而没有申领许可证的进出口货物，海关不接受申报，当然也不予放行。实行许可证管理的商品目录，由商务部统一调整、公布和解释。

目前，我国的配额管理主要针对部分限制出口货物。对于这些受配额管理的出口货物，要求申请者取得配额证明后，到商务部及其授权发放许可证的机关，凭配额证明申领出口货物许可证，凭此办理出口通关、外汇核销等手续。

2. 我国实行进口配额或许可证管理的商品

进口许可证管理按管理方式可分为进口配额管理和进口非配额管理。由于进口配额管理已取消，目前只剩下进口非配额管理，即许可证管理。我国实行进口许可证管理的商品是指国务院授权机关根据《中华人民共和国对外贸易法》关于对限制进口货物实行配额或许可证管理的规定，会同有关部门制定公布的实行进口配额或许可证管理的商品。

为了进一步开放市场和兑现加入世贸组织的承诺，我国已多次削减进口许可证管理的商品。2005年起全部取消，仅保留对监控化学品、易制毒化学品和消耗臭氧层物质3种特殊商品的进口许可证管理。2006年，进一步取消进口许可证管理的货物，仅剩消耗臭氧层物质类。2009年起实行进口许可证管理的货物调整为2种，为重点旧机电产品和消耗臭氧层物质，商务部负责签发重点旧机电产品的进口许可证，地方发证机构负责签发消耗臭氧层物质的进口许可证。

3. 我国实行出口配额或许可证管理的商品

出口许可证管理按管理方式可分为出口配额管理和出口非配额管理。国家实行出口配额或许可证管理的商品是指国家授权商务部根据《中华人民共和国对外贸易法》关于对限制出口货物实行配额或许可证管理的规定，会同海关总署等有关部门制定公布的实行出口许可证管理的商品。2024年实行出口许可证管理的43种货物，分别实行出口配额许可证或出口许可证管理。实行出口配额许可证管理的货物有17种：活牛（输往港澳）、活猪（输往港澳）、活鸡（输往港澳）、小麦、小麦粉、玉米、玉米粉、大米、大米粉、棉花、煤炭、药料用人工种植麻黄草、甘草及甘草制品、蔺草及蔺草制品、原油、成品油（不含润滑油、润滑脂、润滑油基础油）、锯材。其中，出口玉米、大米、煤炭、棉花、白银、钨及钨制品、锑及锑制品、原油、成品油等9种属于出口国营贸易管理货物的，需先向商务部申请取得出口国营贸易经营资格或非国营贸易允许量，再按规定申领出口许可证。出口甘草及甘草制品、蔺草及蔺草制品的，凭配额招标中标证明文件申领出口许可证；其余6种出口需凭配额证明文件申领出口许可证。

实行出口许可证管理的货物有26种：活牛（对港澳以外市场）、活猪（对港澳以外市场）、活鸡（对港澳以外市场）、牛肉、猪肉、鸡肉、天然砂（含标准砂）、矾土、磷矿石、镁砂、滑石块（粉）、萤石（氟石）、稀土、锡及锡制品、钼及钼制品、焦炭、石蜡、部分金属及制品、硫酸二钠、碳化硅、消耗臭氧层物质、柠檬酸、铂金（铂或白金）、铟及铟制品、摩托车（含全地形车）及其发动机和车架、汽车（包括成套散件）及其底盘。其中，消耗臭氧层物质的货样广告品需凭出口许可证出口。企业以一般贸易、加工贸易、边境贸易和捐赠贸易方式出口汽车、摩托车产品，需按规定的条件申领出口许可证；企业以工程承包方式出口汽车、摩托车产品，凭对外承包工程项目备案回执或特定项目立项函、中标文件等相关证明材料申领出口许可证；企业以上述贸易方式出口非原产于中国的汽车、摩托车产品的，需凭进口海关单据和货物出口合同申领出口许可证。

进出口配额或许可证管理的商品目录每年由商务部统一对外公布，并根据国家的经济政策和对外经济贸易发展的需要以及国内外市场变化情况进行调整。

2.2.2 进出口货物管制程度

进出口货物非关税管制根据管制程度的不同，又分为禁止进出口的货物、限制进出口的货物、自由进出口的货物。

1. 禁止进出口管理

为维护国家安全和社会公共利益，保护人民的生命健康，履行中华人民共和国所缔结或者参加的国际条约和协定，国务院商务主管部门会同国务院其他有关部门，依照《中华人民共和国对外贸易法》第十七条的规定，制定、调整并公布禁止进出口货物、技术目录。海关依据国家相关法律、法规对禁止进出口目录商品实施监督管理，对列入该目录的商品及其他明令禁止或停止进出口的商品，任何企业不得经营参与进出口。

（1）禁止进口的货物与技术

目前，我国公布的禁止进口货物目录共9个，即《禁止进口货物目录》第一批、第二批、第三批、第四批、第五批、第六批、第七批、第八批、第九批。第一批涉及国家禁止进口属破坏臭氧层物质的四氯化碳及属世界濒危物种管理范畴的犀牛角、麝香和虎骨等；第二批均为旧机电产品类，是国家对涉及生产安全（压力容器类），人身安全（电器、医疗设备类）和环境保护（汽车、工程及车船机械类）的旧机电产品所实施的禁止进口管理；第三批、第四批、第五批涉及的是对环境有污染的固体废物类，如城市垃圾、医疗废物、含铅汽油淤渣、废动物产品及废动植物油脂等13类废物；第六批涉及危险化学品、农药以及持久性有机污染物，如长纤维青石棉、二噁英等；在2020—2023年之间，商务部又陆续公布了第七批、第八批和第九批。国家法律、法规还明令禁止下列货物进境：动植物病源（菌种、毒种等）、害虫及其他有害生物；动植物疫情流行国家或地方的相关动植物、动植物产品等；动物尸体；土壤。此外，国家停止进口以二氟二氯甲烷为制冷工质的汽车及汽车空调压缩机，停止进口属右置方向盘的汽车，停止进口旧服装、Ⅷ因子制剂等血液制品等。

（2）禁止出口的货物与技术

目前，我国公布的禁止出口货物目录共有八批，第一批和第三批涉及国家禁止出口属破坏臭氧层物质的四氯化碳及属世界濒危物种管理范畴的犀牛角、麝香和虎骨；禁止出口有防止沙漠化作用的发菜和麻黄草等植物；第二批涉及国家为保护我国匮乏的森林资源、防止乱砍滥伐禁止出口的木炭；第四批主要包括硅砂、石英砂等天然砂；第五批主要包括森林凋落物、泥炭等物质；第六批主要包括汞及汞化合物；第七、八批主要涉及持久性有机物，如三氯杀螨醇、多氯萘等。国家有关法律还明令禁止出口有药用价值的野生植物及禁止出口劳改产品、原料血浆及属商业性出口的野生红豆杉及其部分和产品等。

2. 限制进出口管理

对于限制进出口货物的管理，我国《货物进出口管理条例》中的相关条款作了明确规定，国家规定有数量限制的进出口货物，实行配额管理；其他限制进出口货物，实行许可证件管理。下面分别从进口和出口两个方面进行介绍。

（1）限制进口管理

① 限制进口货物管理

目前，我国限制进口货物管理按照限制手段分为进口配额管理和许可证管理。

进口配额管理是指一国政府在一定时期内，对某些商品的进口数量或金额加以直接限制，在规定的期限内，配额以内的货物可以进口，超过配额的不准进口，或者征收较高的关税后才能进口。进口配额管理是许多国家实行进口数量限制的重要手段之一。进口配额管理主要有绝对配额和关税配额两种形式。

绝对配额是指在一定时期内，对某些商品的进口数量或金额规定一个最高限额，在这个数额内允许进口，达到这个配额后，便不准进口。绝对配额按照其实施方式的不同，又分为全球配额、国别配额两种形式。

全球配额是一种世界范围内的绝对配额，对某种商品的进口规定一个总的限额，对来自任何国家（或地区）的商品一律适用。具体做法是一国（或地区）的主管当局在公布的总配额之内，通常按进口商的申请先后顺序或过去某一时期的实际进口额批给一定的额度，直至总配额发完为止，超过总配额就不准进口。

国别配额是在总配额内按国别（或地区）分配给固定的配额，超过规定的配额便不准进口。为了区分来自不同国家（或地区）的商品，通常进口国规定进口商必须提交原产地证明书。实行国别配额可以使进口国家根据它与有关国家（或地区）的政治经济关系分配给予不同的额度。

关税配额是一种征收关税与进口配额相结合的限制进口的措施。它对商品进口的绝对数额不加限制，而是在一定时期内（一般是公历年度内有效），对部分商品的进口制定关税配额税率并规定该商品进口数量总额。实行关税配额管理的进口货物，其目录由国务院外经贸主管部门会同国务院有关经济管理部门制定、调整并公布。在规定配额以内的进口商品，给予低税、减税或免税待遇；对超过配额的进口商品则征收较高的关税，或征收附加税或罚款。一般情况下，关税配额税率优惠幅度很大，如小麦关税配额税率与最惠国税率相差达65倍。国家通过这种行政管理手段对一些重要商品，以关税这个成本杠杆来实现限制进口的目的，因此关税配额管理是一种相对数量的限制。

进口许可证管理是指在一定时期内根据国内政治、工业、农业、商业、军事、技术、卫生、环保、资源保护等领域的需要，以及履行我国所加入或缔结的有关国际条约的规定，以经国家行政许可并签发许可证件的方式来实现各类限制的进口措施。其管理形式为非配额限制管理。非配额管理主要涉及对货物品种的限制，国家对这类货物主要通过许可证件而不是通过配额来进行管理。非配额限制管理是我国目前进口许可制度限制进口管理中范围最大、涉及管理部门及管理证件最多的管理。我国进口非配额管理主要包括进口许可证、两用物项进口许可、濒危物种进口、可利用废物进口、进口药品、进口音像制品、黄金及其制品进口等管理。

国务院商务主管部门或者国务院有关部门在各自的职责范围内，根据国家有关法律、行政法规的规定签发上述各项管理所涉及的各类许可证件，申请人凭相关许可证办理海关手续。

② 限制进口技术管理

限制进口技术实行目录管理。根据《对外贸易法》《技术进出口管理条例》《禁止进口限制进口技术管理办法》的有关规定，国务院商务主管部门会同国务院有关部门，制定、调整并公布限制进口的技术目录。属于目录范围内的限制进口的技术，实行许可证管理，未经国家许可，不得进口。

进口属于限制进口的技术，应当向国务院商务主管部门提出技术进口申请。国务院商务主管部门收到技术进口申请后，应当会同国务院有关部门对申请进行审查。技术进口申请经批准的，由国务院商务主管部门发给"中华人民共和国技术进口许可意向书"，经营者取得技术进口许可意向书后，可以对外签订技术进口合同。进口经营者签订技术口合同后，应当向国务院商务主管部门申请技术进口许可证。经审核符合发证条件的，国务院商务主管部门颁发"中华人民共和国技术进口许可证"，企业持证向海关办理进通关手续。

目前，列入《中国禁止进口限制进口技术目录》中属限制进口的技术包括生物技术、化工技术、石油炼制技术、石油化工技术、生物化工技术和造币技术等。经营限制进口技术的经营者在向海关办理申报进口手续时，必须主动递交技术进口许可证，否则将承担由此造成的一切法律责任。

(2）限制出口管理

① 限制出口货物管理

目前，我国限制出口货物管理按照限制手段分为出口配额管理和出口许可证管理。

出口配额管理是指在一定时期内为建立公平竞争机制、增强我国商品在国际市场的竞争优势、保障最大限度的收汇、保护我国产品的国际市场利益，国家对部分商品的出口数量直接加以限制的措施。在我国出口配额限制有两种管理形式，即出口配额分配管理和出口配额招标管理。

出口配额分配管理是国家对部分商品的出口，在一定时期内（一般是1年）规定数量总额，采用按需分配的原则，经国家批准获得配额的允许出口，否则不准出口的配额管理措施。出口配额分配管理是国家通过行政管理手段对一些重要商品以规定绝对数量的方式来实现限制出口的目的。这种配额分配管理是通过直接分配的方式，由国务院商务主管

进口许可证

部门或者国务院有关部门在各自的职责范围内根据申请者需求结合其进出口实绩、能力等条件，按照效益、公正、公开和公平竞争的原则进行分配（配额的分配方式和办法由国务院规定），国家各配额主管部门对经申请有资格获得配额的申请者发放各类配额证明。申请者取得配额证明后，到国务院商务主管部门及其授权发证机关，凭配额证明申领出口货物许可证（参见二维码），凭此办理出口通关、外汇核销等出口手续。

出口配额招标管理是国家对部分商品的出口，在一定时期内（一般是1年）规定数量总额，采取招标分配的原则，经招标获得配额的允许出口，否则不准出口的配额管理措施。出口配额招标管理是国家通过行政管理手段对一些重要商品以规定绝对数量的方式来实现限制出口的目的。

国家各配额主管部门对中标者发放各类配额证明。中标者取得配额证明后，到国务院商务主管部门及其授权发证机关，凭配额证明申领出口货物许可证（参见二维码），凭以办理通关、外汇核销等出口手续。

出口许可证

许可证管理主要包括出口许可证、濒危物种出口、两用物项出口、黄金及其制品出口等许可管理。

② 限制出口技术管理

根据《对外贸易法》《技术进出口管理条例》《中华人民共和国生物两用品及相关设备和技术出口管制条例》《中华人民共和国核两用品及相关技术出口管制条例》《中华人民共和国导弹及相关物项和技术出口管制条例》《中华人民共和国核出口管制条例》《禁止出口限制出口技术管理办法》等有关规定，限制出口技术实行目录管理，国务院商务主管部门会同国务院有关部门制定、调整并公布限制出口的技术目录。属于目录范围内的限制出口的技术，实行许可证管理，未经国家许可不得出口。

目前，我国限制出口的技术目录主要有《两用物项和技术进出口许可证管理目录》

和《中国禁止出口限制出口技术目录》等，涉及农、林、牧、渔、农副食品加工、饮料制造、纺织、造纸、化学原料制造、医药制造、橡胶制造、金属冶炼及压延、非金属矿物制造、金属制造、通用及专用设备制造、电气机械及器材制造等几十个行业领域的上百项技术。出口属于上述限制出口的技术，应当向国务院商务主管部门提出技术出口申请，经国务院商务主管部门审核批准后取得技术出口许可证件，企业持证向海关办理出口通关手续。经营限制出口技术的经营者在向海关办理申报出口手续时必须主动递交相关技术出口许可证件，否则将承担由此而造成的一切法律责任。

上述各项管理所涉及的各类许可证由国务院商务主管部门或者国务院有关部门在各自的职责范围内，根据国家有关法律法规及国际公约的有关规定制定并调整各自的许可证件审批和发放程序以及资格条件。我国《货物进出口管理条例》规定，实行许可证管理的限制进出口货物，进出口经营者应当向国务院外经贸主管部门或者国务院有关部门提出申请。进出口许可证管理部门应当自收到申请之日起30天内决定是否许可；进出口经营者凭进出口许可证管理部门发放的进出口许可证，向海关办理报关验放手续。

3. 自由进出口管理

除上述国家禁止、限制进出口货物和技术外的其他货物，均属于自由进出口范围。这类货物本身不属于国家限制进出口的范围，但基于监测进出口情况的需要，国家对部分属于自由进出口的货物实行自动进出口许可管理，对自由进出口的技术实行技术进出口合同登记管理。

（1）货物自动进出口的许可管理

自动进出口许可管理是在任何情况下对进出口申请一律予以批准的进口许可制度。这种进出口许可实际上是一种在进口前的自动登记性质的许可制度，通常用于国家对这类货物的统计和监督。它是我国进出口许可管理制度中的重要组成部分，是目前被各国普遍使用的一种进口管理制度。例如，进口属自动进口许可管理的货物，经营者应在报关前，向有关主管部门提交自动进口许可证申请表（参见二维码），主管部门在收到申请后，立即发放自动进口许可证明，在特殊情况下，最长不得超过10天，经营者凭此向海关办理报关验放手续。

自动进口许可证

自动进口许可证是我国自动进口制度中具有法律效力、用来证明对外贸易经营者经营某些商品合法进口的证明文件，是海关验放该类货物的重要依据。近年实行自动进口许可管理的货物目录包括非机电类和机电类两类产品。非机电类产品由商务部或者省级地方商务主管部门签发自动进口许可证，涵盖牛肉、猪肉、羊肉、鲜奶、奶粉、木薯、大麦、高粱、大豆、油菜子、食糖（关税配额外）、玉米酒糟、豆粕、烟草、原油、成品油（除燃料油外）、化肥（氯化钾）、二醋酸纤维丝束、肉鸡、植物油、铁矿石、铜精矿、煤、成品油（燃料油）、钢材等商品；机电类产品一部分由商务部签发自动进口许可证，涵盖烟草机械、移动通信产品、卫星广播电视设备及关键部件、汽车产品、飞机、船舶等种商品；另一部分由地方、部门机电产品进出口办公室签发自动进口许可证，涵盖工程机械、印刷机械、纺织机械、金属冶炼及加工设备、金属加工机床、电气设备、汽车产品、飞机、船舶、医疗设备等商品。

自 2016 年 2 月 1 日起，在全国范围内实施自动进口许可证通关作业无纸化，有效范围为实施自动进口许可"一批一证"管理的货物（原油、燃料油除外），且每份进口货物报关单仅适用一份自动进口许可证。2018 年 10 月扩大到全部自动许可管理和进口许可证管理货物，实现全部证书状态。

对满足条件的企业可依据《货物进出口许可证电子证书申请签发使用规范》申请电子许可证，根据海关相关规定采用无纸方式向海关申报，无须交验纸质自动进口许可证。海关将通过自动进口许可证联网核查方式验核电子许可证，不再进行纸面签注。因海关和商务部门审核需要、计算机管理系统故障、其他管理部门需要验凭纸质自动许可证等原因，可以转为有纸报关作业或补充提交纸质自动进口许可证。

（2）技术进出口合同登记管理

进出口属于自由进出口的技术，应当向国务院商务主管部门或者其委托的机构办理合同备案登记。国务院商务主管部门应当自收到规定的文件之日起 3 个工作日内，对技术进出口合同进行登记、颁发技术进出口合同登记证，申请人凭技术进出口合同登记证，办理外汇、银行、税务、海关等相关手续。

2.2.3 进出口许可证的申请、签发

进出口许可证的审核和签发由商务部统一负责，并实行分级管理。申领进出口许可证要按照国家《进出口许可证管理货物分级发证目录》的规定，向其指定的发证机构办理。具体办法如下：

中央、国务院各部委及其所属企业，由其主管部门向商务部配额许可证事务局申领；

商务部授权该部驻各地特派员办事处，签发沿海开放城市及在其联系地区内有关部门的部分进出口许可证；

商务部授权各省、自治区、直辖市、计划单列市的商务厅（局），签发本地区部分出口货物许可证和部分进口货物许可证。申领进口或出口许可证，应按照商务部规定的要求填写"进口许可证申请表"或者"出口许可证申请表"，在申请表中写明申请单位名称、进口或出口商品名称、进口或出口成交价格、贸易方式、进口国别（地区）或输往国别（地区）、出运或到运口岸等内容。申领国家配额限制商品的进出口许可证，必须向许可证发证机构提供有关主管部门核发的进出口配额证明。发证机构自收到符合规定的申请之日起 3 个工作日内发放进出口许可证，特殊情况下，进口许可证最多不超

过 10 个工作日。进口重点旧机电产品的，商务部应在正式受理后 20 日内决定是否批准进口许可证申请，如需征询行业协会意见的，则应在 35 日内决定是否批准。发证机构凭加盖经营者公章的申请表取证联和领证人本人身份证发放进出口许可证。经营者凭证向海关办理报关验放手续。各发证机构要严格按照进出口分级发证范围目录签发进出口许可证，严禁越权、无批件或超配额发证。

申领许可证可通过网上和窗口两种形式。企业网上申领许可证的系统通过网络技术，连接各级配额管理机关、许可证发证机构、海关及进出口企业，对进出口配额的分配、进出口许可证网上申领、审批、同海关的联网核查等整个进出口业务和管理的各环节实现全面监管，形成全国进出口配额许可证管理闭合网络。该系统减少了办证流程，提高了办证效率，降低了办证成本，完善了发证管理，强化了监控手段，同时也将进一步增强许可证签发管理工作的公开性和透明度，促进签证工作的规范化、标准化和科学化。

根据商务部的要求，网上申领许可证企业必须进入由商务部统一管理的进出口许可证网上申领系统（中国国际电子商务网）。凡已经取得电子钥匙的企业，经正确安装和调试，可直接点击"在线申请进出口许可证"。还未办理电子钥匙的企业，首先须申请电子钥匙。凡符合规定的申请，发证机构自进出口商网上申领之日起 3 个工作日内签发进出口许可证。对确因特殊原因不能按期签发的，应向进出口商说明理由。进口许可证网上申领流程如图 2-1 所示。

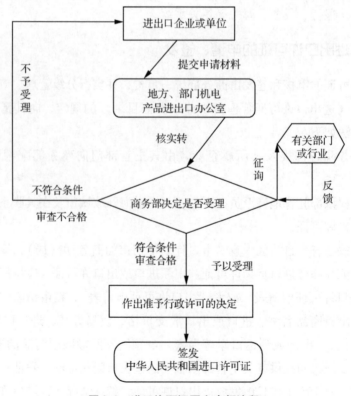

图 2-1　进口许可证网上申领流程

进出口许可证管理的货物若属国家实施其他进出口管制的，如商品检验、动植物检疫等。在进出口通关时，还应向海关提交授权发证机关签发的其他进出口证件。

2.2.4 许可证的使用规范

1. 进出口许可证

进口许可证的有效期为 1 年，当年有效，特殊情况需要跨年度使用时，有效期最长不得超过次年 3 月 31 日；除供港澳鲜活冷冻商品的出口许可证有效期仍为 1 个月外，其他商品的出口许可证有效期一律为 6 个月，其有效期与自然年度保持一致，截止时间不得超过当年 12 月 31 日，发证机构可自当年 12 月 10 日起，签发下一年度出口许可证，有效期自下一年度 1 月日起。进出口许可证应当在有效期内使用，逾期自行失效，出口许可证货物数量视为配额持有者自动放弃。进出口许可证不得擅自更改证面内容，如需更改，经营者应当在许可证有效期内提出更改申请，并将许可证交回原发证机构重新换发许可证。

进出口许可证管理实行"一证一关"（指进出口许可证只能在一个海关报关）管理；一般情况下，进出口许可证为"一批一证"（指进出口许可证在有效期内一次报关使用）。如要实行"非一批一证"（指进出口许可证在有效期内可多次报关使用），应当同时在进出口许可证备注栏内打印"非一批一证"字样，但最多不超过 12 次，由海关在许可证背面"海关验放签注栏"内逐批签注核减进出口数量。

对实行"一批一证"进出口许可证管理的大宗、散装货物，其溢装数量在货物总量 3% 以内的原油、成品油予以免证，其他货物溢装数量在货物总量 5% 以内的予以免证。对不实行"一批一证"制的大宗、散装货物，在每批货物进、出口时，按其实际进出口数量进行核扣，最后一批货物进出口时，其溢装数量按该许可证实际剩余数量并在规定的溢装上限 5%（原油、成品油在溢装上限 3%）内计算免证数额。

2. 自动进口许可证

自动进口许可证有效期为 6 个月，但仅限公历年度内有效。自动进口许可证项下货物原则上实行"一批一证"管理，对于确实不能一次性清关的部分货物也可实行"非一批一证"管理。对实行"非一批一证"管理的，在有效期内可以分批次累计报关使用，但累计使用不得超过 6 次；海关在自动进口许可证原件"海关验放签注栏"内批注后，海关留存复印件，最后一次使用后，海关留存正本。同一进口合同项下，收货人可以申请并领取多份自动进口许可证。海关对散装货物溢短装数量在货物总量正负 5% 以内的予以免证验放；对原油、成品油、化肥、钢材四种大宗散装货物溢短装数量在货物总量正负 3% 以内予以免证验放。对"非一批一证"进口实行自动进口许可管理的大宗散装商品，每批货物进口时，按其实际进口数量核扣自动进口许可证额度数量；最后一批货物进口时，其溢装数量按该自动进口许可证实际剩余数量并在规定的允许溢装上限内计算免征数额。

自我国加入世界贸易组织（WTO）以来，越来越多的原进口许可证或配额证管理的商品转为自动进口许可管理。自动进口许可管理商品所涉走私违规案件数量呈上升趋势，特别是在通关环节，自动进口许可商品申报不实的情形时有发生。现行处罚条例对涉及自动进口许可管理货物申报不实的行为作出了处理规定，但由于许多进出口经营单位对上述规定缺乏清晰理解和认识，既不能正确对待海关依法作出的处理决定，也不能采取适当措施妥善解决有关问题，给海关执法工作造成了困难，对企业自身权益也产生了不利影响。

2.3 进出口商品合格评定制度

进出口商品合格评定制度是指海关依据我国有关法律和行政法规，以及我国政府所缔结或者参加的国际条约和协定，对出入境的货物、物品及其包装物，交通运输工具，运输设备和出入境人员实施检验检疫监督管理的法律依据和行政手段的总和。其国家主管机关是海关总署。

进出口商品合格评定制度是我国贸易管制制度的重要组成部分，属于非关税措施之一。随着我国与世界经济的不断融合，以及 WTO 等各类贸易协定的限制，许可证管理等非关税措施将逐渐趋于弱化，而被世界各国普遍运用的进出口商品合格评定制度在众多国际公认标准的依托下将成为我国未来重要的非关税措施。其目的是维护国家声誉和对外贸易有关当事人的合法权益，保证国内生产的正常开展，促进对外贸易的健康发展，保护我国的公共安全和人民生命财产安全等。这是国家主权的具体体现。

2.3.1 进出口商品合格评定制度范围

我国进出口商品合格评定制度实行目录管理，即海关总署根据对外贸易需要，公布并调整《海关实施检验检疫的进出境商品目录》（简称《法检目录》）。《法检目录》所列明的商品称为法定检验商品，即国家规定实施强制性检验的进出境商品。

实行入境检验检疫管理的货物主要包括五类：列入《法检目录》的进境货物；进口可用作原料的固体废物；进口旧机电产品；进口捐赠的医疗器械；其他未列入《法检目录》但国家有关法律、行政法规规定实施检验检疫的入境货物及特殊物品等。实行出境检验检疫管理的货物主要包括三类：列入《法检目录》的出境货物；对外经济技术援助物资及人道主义紧急救灾援助物资；其他未列入《法检目录》，但国家有关法律、行政法规规定实施检验检疫的出境货物及特殊物品等。

对关系国计民生、价值较高、技术复杂或涉及环境和卫生、疫情标准的重要进出口商品，收货人应当在对外贸易合同中约定，在出口国装运前进行预检验、监造或监装，以及保留到货后最终检验和索赔的条款。

2.3.2 进出口商品合格评定制度的组成

我国进出口商品合格评定制度内容包括国境卫生监督制度、进出境动植物检疫制度、进出境食品安全检验制度及进出口商品检验制度。

1. 国境卫生监督制度

国境卫生监督制度是指海关根据《中华人民共和国国境卫生检疫法》及其实施细则，以及其他相关卫生法律法规和标准，在进出口岸对出入境的交通工具、货物、运输容器，以及口岸辖区的公共场所、环境、生活设施、生产设备所进行的卫生检查、鉴定、评价和采样检验的制度。

我国实行国境卫生监督制度是为了防止传染病由国外传入或者由国内传出，保护人体健康。其监督职能主要包括进出境检疫、国境传染病检测、进出境卫生监督等。

2. 进出境动植物检疫制度

进出境动植物检疫制度是根据《中华人民共和国进出境动植物检疫法》及其实施条例的规定，海关对进出境动植物、动植物产品的生产、加工、存放过程实行动植物检疫的进出境监督管理制度。

我国实行进出境检验检疫制度是为了防止动物传染病，寄生虫病，植物危险性病虫、杂草，以及其他有害生物传入、传出国境，保护农、林、牧、渔业生产和人体健康，促进对外经济贸易的发展。

实施动植物检疫监督管理的方式有实行注册登记、疫情调查、检测和防疫指导等。其内容主要包括进境检疫、出境检疫、过境检疫、进出境携带和邮寄物检疫，以及出入境运输工具检疫等。

3. 进出境食品安全检验制度

进出境食品安全检验制度是指海关根据《食品安全法》及其实施条例，《进出口商品检验法》及其他的卫生法律法规和国家标准，对进口的食品、食品添加剂及与食品相关产品是否符合我国食品安全国家标准实施的检验；对出口食品、食品添加剂及与食品相关产品是否符合进口国（地区）的标准或者合同要求实施监督抽检的口岸监督管理制度。

我国实行进出境食品安全检验制度旨在保证食品安全，保障公众身体健康和生命安全。其监督职能主要包括对进口食品安全检验、对境外食品安全情势监控预警、对出口食品安全抽验，以及评估和审查向我国出口食品的国家（地区）出口品安全管理体系和食品安全状况等。

4. 进出口商品检验制度

进出口商品检验制度是根据《进出口商品检验法》及其实施条例的规定，海关对进出口商品所进行的品质、质量检验和监督管理的制度。

我国实行进出口商品检验制度是为了保证进出口商品的质量，维护对外贸易有关各方的合法权益，促进对外经济贸易关系的顺利发展。商品检验机构实施进出口商品检验的内容包括商品的质量、规格、数量、重量、包装，以及是否符合安全、卫生的要求。我国商品检验的种类分为四种，即法定检验、合同检验、公证鉴定和委托检验。对法律、行政法规、部门规章规定有强制性标准或者其他必须执行的检验标准的进出口商品，依照法律、行政法规、部门规章规定的检验标准检验；对法律、行政法规、部门规章未规定有强制性标准或者其他必须执行的检验标准的，依照对外贸易合同约定的检验标准检验。

2.4 其他贸易管制制度

2.4.1 对外贸易经营者管理制度

对外贸易经营者是指依法办理工商登记或者其他执业手续，依照《对外贸易法》和其他有关法律、行政法规、部门规章的规定从事对外贸易经营活动的法人、其他组织或者个人。为了鼓励对外经济贸易的发展，发挥各方面的积极性，保障对外贸易经营者的对外营自主权，国家制定了一系列法律、行政法规、部门规章，对对外贸易经营活动中涉及的相应内容进行规范，对外贸易经营者在进出口经营活动中必须遵守相应的法律、行政法规、部门规章。这些法律、行政法规、部门规章构成了我国的对外贸易经营者管理制度。对外贸易经营者管理制度是我国对外贸易管理制度之一。

作为对外贸易经营者的一个重要标志就是已取得对外贸易经营权。中国在加入世界贸易组织时承诺3年内放开外贸经营权，即在加入世界贸易组织的3年后，从2004年12月11日放开外贸经营权。也就是说，中国对外贸易法应参照国际惯例，规定除在特定的贸易领域内从事国有贸易的专营权或特许权外，所有在中国依法注册登记的企业在向国务院商务主管部门备案登记后都可以享有外贸经营权。为履行国际承诺，促进对外贸易发展，我国对对外贸易经营者的管理由先前的核准制转为实行备案登记制，再到目前全国取消备案登记制。2022年12月30日，第十三届全国人大常委会第三十八次会议经表决，通过了关于修改对外贸易法的决定，删去《中华人民共和国对外贸易法》第九条关于对外贸易经营者备案登记的规定。根据决定，自2022年12月30日起，各地商务主管部门停止办理对外贸易经营者备案登记。对于申请进出口环节许可证、技术进出口合同登记证书、配额、国营贸易资格等相关证件和资格的市场主体，有关部门不再要求其提供对外贸易经营者备案登记材料。这是外贸经营管理领域重大改革举措，是中国政府坚定推进贸易自由化便利化的重要制度创新，有利于进一步优化营商环境，释放外贸增长潜力，推进贸易高质量发展和高水平对外开放。

为对关系国计民生的重要进出口商品实行有效的宏观管理，国家可以对部分货物的进出口实行国有贸易管理。实行国有贸易管理的货物的进出口业务只能由经授权的企业经营，但国家允许部分数量的国有贸易管理的货物的进出口业务由非授权企业经营的除外。实行国有贸易管理的货物和经授权经营企业的目录，由国务院商务主管部门会同国务院其他有关部门确定、调整并公布。未经批准擅自进出口实行国有贸易管理的货物，海关不予放行。

目前，我国实行国有贸易管理的商品主要有玉米、大米、煤炭、原油、成品油、棉花、锑及锑制品、钨及钨制品、白银等。

2.4.2 货物贸易外汇管理制度

对外贸易经营者在对外贸易经营活动中，应当依照国家有关规定结汇、用汇。国家外汇管理局依据国务院《中华人民共和国外汇管理条例》及其他有关规定，对包括经常项目外汇业务、资本项目外汇业务、金融机构外汇业务、人民币汇率的生成机制和外汇市场等领域实施监督管理。

1. 我国货物贸易外汇管理制度概述

为完善货物贸易外汇管理，大力推进贸易便利化，进一步改进货物贸易外汇服务和管理，我国自 2012 年 8 月 1 日起在全国实施货物贸易外汇管理制度改革，国家外汇管理局对企业的贸易外汇管理方式由现场逐笔核销改变为非现场总量核查，也就是国家外汇管理局通过货物贸易外汇监测系统，全面采集企业货物进出口和贸易外汇收支逐笔数据，定期比对、评估企业货物流与资金流总体匹配情况，一方面便利合规企业贸易外汇收支，另一方面对存在异常的企业进行重点监测，必要时实施现场核查。

国家对贸易项下国际支付不予限制，出口收入可按规定调回境内或存放境外。从事对外贸易机构（以下简称企业）的贸易外汇收支应当具有真实、合法的交易背景，与货物进出口应当一致。企业应当根据贸易方式、结算方式及资金来源或流向，凭海关进出口报关单外汇核销专用联等相关单证在金融机构办理贸易外汇收支。海关进出口报关单外汇核销专用联可在进出口货物海关放行后向海关申请取得。金融机构应当对企业提交的交易单证的真实性及其与贸易外汇收支的一致性进行合理审查。国家外汇管理局及其分支机构，依法对企业及经营结汇、售汇业务的金融机构进行监督检查。由此可见，我国货物贸易外汇管理制度的运行主要靠三个方面来完成：企业自律、金融机构专业审查和国家外汇管理局的监管。

企业的贸易外汇收支活动应当自觉遵守国家法律法规，按照"谁出口谁收汇，谁进口谁付汇"原则办理贸易外汇收支业务。企业应当根据真实贸易方式、结算方式和资金来源或流向在金融机构办理贸易外汇收支，并按相关规定向金融机构如实申报贸易外汇收支信息。代理进口、出口业务，应当由代理方付汇、收汇。代理进口业务项下，委托方可凭委托代理协议将外汇划转给代理方，也可由代理方购汇。代理出口业务项下，代理方收汇后可凭委托代理协议将外汇划转给委托方，也可结汇将人民币划转给委托方。对超过规定期限的预收货款、预付货款、延期收款及延期付款等影响贸易外汇收支与货物进出口匹配信息的，企业应当在规定期限内向国家外汇管理局报告。

金融机构应当对企业提交的交易单证的真实性及其与贸易外汇收支的一致性在专业层面进行合理审查，并负责向国家外汇管理局报送相关贸易外汇收支信息。

国家外汇管理局建立进出口货物流与收付汇资金流匹配的核查机制，依法对企业贸易外汇收支进行非现场总量核查和监测。在此基础上，对存在异常或可疑情况的企业进行现场核查。对金融机构办理贸易外汇收支业务的合规性与报送相关信息的及时性、完整性、准确性实施非现场和现场核查。通过核查结果实施差别化管理。当国际收支出现或者可能出现严重失衡时，国家可以对贸易外汇收支采取必要的保障、控制等措施。

2. 国家外汇管理局对货物外汇的主要监管方式

（1）企业名录登记管理

企业依法取得对外贸易经营权后，应当持有关材料到国家外汇管理局办理名录登记手续才能在金融机构办理贸易外汇收支业务。国家外汇管理局将登记备案的企业统一向金融机构发布名录，金融机构不得为不在名录内的企业办理贸易外汇收支业务。国家外汇管理局可根据企业的贸易外汇收支业务状况及其合规情况注销企业名录。

（2）非现场核查

国家外汇管理局对企业在一定期限内的进出口数据和贸易外汇收支数据进行总量比对，核查企业贸易外汇收支的真实性及其与进出口的一致性。非现场核查是国家外汇管理局的常规监管方式。

（3）现场核查

国家外汇管理局可对企业非现场核查中发现的异常或可疑的贸易外汇收支业务实施现场核查，也可对金融机构办理贸易外汇收支业务的合规性与报送信息的及时性、完整性和准确性实施现场核查。国家外汇管理局实施现场核查时，被核查单位应当配合国家外汇管理局进行现场核查，如实说明情况，并提供有关文件、资料，不得拒绝、阻碍和隐瞒。

3. 分类管理

国家外汇管理局根据企业贸易外汇收支的合规性及其与货物进出口的一致性，将企业分为 A、B、C 三类。A 类企业进口付汇单证简化，可凭进口报关单、合同或发票等任何一种能够证明交易真实性的单证在银行直接办理付汇，出口收汇无须联网核查，银行办理收付汇审核手续相应简化。对 B、C 类企业在贸易外汇收支单证审核、业务类型、结算方式等方面实施严格监管，B 类企业贸易外汇收支由银行实施电子数据核查，C 类企业贸易外汇收支须经国家外汇管理局逐笔登记后办理。国家外汇管理局根据企业在分类监管期内遵守外汇管理规定的情况，对企业类别进行动态调整。

2.4.3 不可靠实体清单制度

为了维护国家主权、安全、发展利益，维护公平、自由的国际经贸秩序，保护中国企业、其他组织或者个人的合法权益，根据《中华人民共和国对外贸易法》《中华人民共和国国家安全法》等有关法律，国家建立不可靠实体清单制度，即对列入不可靠实体清单的相关外国实体（包括外国企业、其他组织或者个人）的国际经贸及相关活动采取相应禁止或限制措施。

1. 列入不可靠实体清单的范围

（1）危害中国国家主权、安全、发展利益的外国实体。

（2）违反正常的市场交易原则，中断与中国企业、其他组织或者个人的正常交易，或者对中国企业、其他组织或者个人采取歧视性措施，严重损害中国企业、其他组织或者个人合法权益的外国实体。

2. 不可靠实体清单制度的实施原则

坚持独立自主的对外政策，坚持互相尊重主权、互不干涉内政和平等互利等国际关系基本准则，反对单边主义和保护主义，坚决维护国家核心利益，维护多边贸易体制，推动建设开放型世界经济。

3. 不可靠实体清单制度的工作机制

（1）国家建立中央国家机关有关部门参加的工作机制（以下简称工作机制），负责不可靠实体清单制度的组织实施。工作机制办公室设在国务院商务主管部门。

（2）工作机制依职权或者根据有关方面的建议、举报，决定是否对有关外国实体的行为进行调查；决定进行调查的，予以公告。

（3）工作机制对有关外国实体的行为进行调查，可以采取询问有关当事人，查阅或者复制相关文件、资料，以及其他必要的方式。调查期间，有关外国实体可以陈述、申辩。

（4）工作机制可以根据实际情况决定中止或者终止调查；中止调查决定所依据的事实发生重大变化的，可以恢复调查。

（5）工作机制根据调查结果，综合考虑以下因素，作出是否将有关外国实体列入不可靠实体清单的决定，并予以公告：

① 对中国国家主权、安全、发展利益的危害程度；
② 对中国企业、其他组织或者个人合法权益的损害程度；
③ 是否符合国际通行的经贸规则；
④ 其他应当考虑的因素。

(6) 有关外国实体的行为事实清楚的，工作机制可以直接作出是否将其列入不可靠实体清单的决定；决定列入的，予以公告。

(7) 将有关外国实体列入不可靠实体清单的公告中可以提示与该外国实体进行交易的风险，并可以根据实际情况，明确该外国实体改正其行为的期限。

(8) 有关外国实体被限制或者禁止从事与中国有关的进出口活动，中国企业、其他组织或者个人在特殊情况下确需与该外国实体进行交易的，应当向工作机制办公室提出申请，经同意可以与该外国实体进行相应的交易。

(9) 工作机制根据实际情况，可以决定将有关外国实体移出不可靠实体清单；有关外国实体在公告明确的改正期限内改正其行为并采取措施消除行为后果的，工作机制应当作出决定，将其移出不可靠实体清单；有关外国实体也可以申请将其移出不可靠实体清单，工作机制根据实际情况决定是否将其移出。

4. 处理措施

(1) 限制或者禁止其从事与中国有关的进出口活动。
(2) 限制或者禁止其在中国境内投资。
(3) 限制或者禁止其相关人员、交通运输工具等入境。
(4) 限制或者取消其相关人员在中国境内工作许可、停留或者居留资格。
(5) 根据情节轻重给予相应数额的罚款。
(6) 其他必要的措施。

对于将有关外国实体列入不可靠实体清单的公告中明确有关外国实体改正期限的，在期限内不对其采取处理措施；有关外国实体逾期不改正其行为的，对其采取处理措施。

2.4.4 口岸核生化监测制度

核生化监测的对象包括放射性物质、生物有害因子、化学有害因子。

《国际卫生条例（2005）》16号决议规定核生化引起的健康危害属于公共卫生问题，并要求各成员加强监测能力、信息共享和技术合作。《中华人民共和国反恐怖主义法》第四十条规定："海关、出入境边防检查机关发现恐怖活动嫌疑人员或者涉嫌恐怖活动物品，应当依法扣留，并立即移送公安机关或者国家安全机关。"《中华人民共和国放射性污染防治法》第五十八条规定："向中华人民共和国境内输入放射性废物和被放射性污染的物品，或者经中华人民共和国境内转移放射废物和被放射性污染的物品的，由海关责令退运该放射性废物和被放射性污染的物品。"《放射性同位素与射线装置安全和防护条例》第十八条规定："海关验凭放射性同位素进口许可证办理有关进口手续。"《放射性物品运输安全管理条例》第六十条规定："在邮寄或运输进境物品中发现放射性物品的，由海关依照有关法律、行政法规的规定处理。"

为落实总体国家安全观，履行国家赋予海关的法定职责，防范放射性物质、生物有害因子、化学有害因子非法出入境，维护国际贸易供应链安全，及时防范、发现和控制口岸核辐射、生物、化学涉恐事件，保障国门安全，保护人民健康，海关对出入境人员、运输工具、货物、行李物品、邮递物品、快件和其他物品开展可能携带放射性物质、生物有害因子、化学有害因子的监测、检测、排查、初步处置等工作。海关核辐射监测工作整体流程包括口岸监测、复查确认后续处置、信息报告与追踪等。

对确认的放射性超标物质，符合《放射性物质安全运输规程》且能提供合法运输及进出口证明文件的核材料放射源，经严密铅防护（中子放射源用水或石蜡封存）可予以登记放行。对未能提供合法运输及进出口证明文件的放射性超标物质或申报内容与海关检测结果不一致的，或查获放射性废物和被放射性污染的，应立即停止通关，并采取相应处置措施。对于现场排查、结果判定能排除生物、化学涉恐事件的，或能提供有关部门准许进口证明等合法手续，包装完整、用途明确的生物、化学制剂，转入海关一般作业流程。

经结果判定对不能排除核生化涉恐事件的，海关按照规定开展初步处置，并立即报公安（反恐）部门开展进一步排查处置。

2.4.5 对外贸易救济措施

我国于2001年年底正式成为世界贸易组织成员，世界贸易组织允许成员方在进口产品倾销、补贴和过激增长等给其国内产业造成损害的情况下，使用反倾销、反补贴和保障措施手段来保护国内产业不受损害。

反补贴、反倾销和保障措施都属于贸易救济措施。反补贴和反倾销措施针对的是价格歧视这种不公平贸易行为，保障措施针对的则是进口产品激增的情况。

为充分利用世界贸易组织规则，维护国内市场上的国内外商品的自由贸易和公平竞争秩序，我国依据世界贸易组织《中华人民共和国反倾销协议》《中华人民共和国补贴与反补贴措施协议》《中华人民共和国保障措施协议》及我国《对外贸易法》的有关规定，制定颁布了《中华人民共和国反补贴条例》《中华人民共和国反倾销条例》《中华人民共和国保障措施条例》。

1. 反倾销措施

反倾销措施包括临时反倾销措施和最终反倾销措施。

（1）临时反倾销措施

临时反倾销措施是指进口方主管机构经过调查，初步认定被指控产品存在倾销，并对国内同类产业造成损害，据此可以依据世界贸易组织所规定的程序进行调查，在全部调查结束之前，采取临时性的反倾销措施，以防止在调查期间国内产业继续受到损害。

临时反倾销措施有两种形式：一是征收临时反倾销税；二是要求提供保证金、保函或者其他形式的担保。

征收临时反倾销税，由商务部提出建议，国务院关税税则委员会根据其建议作出决定，商务部予以公告；要求提供保证金、保函或者其他形式的担保的，由商务部作出决定并予以公告。海关自公告规定实施之日起执行。

临时反倾销措施实施的期限，自临时反倾销措施决定公告规定实施之日起，不超过4个月；在特殊情形下，可以延长至9个月。

（2）最终反倾销措施

最终反倾销措施是指进口方主管机构在全部调查结束后，有充分的证据证明被调查的产品存在倾销，国内生产同类产品的产业受到损害，且倾销与损害之间有因果关系，终裁决定采取的反倾销措施。

对终裁决定确定倾销成立并由此对国内产业造成损害的，可以征收反倾销税。征收反倾销税应当符合公共利益。

征收反倾销税，由商务部提出建议，国务院关税税则委员会根据其建议作出决定，商务部予以公告。海关自公告规定实施之日起执行。

2. 反补贴措施

反补贴措施与反倾销的措施相同，也分为临时反补贴措施和最终反补贴措施。

（1）临时反补贴措施

初裁决定确定补贴成立并由此对国内产业造成损害的，可以采取临时反补贴措施。临时反补贴措施有两种形式：一是征收临时反倾销税；二是要求提供保证金、保函或者其他形式的担保。采取临时反倾销税形式，由商务部提出建议，国务院关税税则委员会根据其建议作出决定，商务部予以公告。采取提供保证金、保函或者其他的担保形式，由商务部作出决定并予以公告。海关自公告规定实施之日起执行。

临时反补贴措施实施的期限，自临时反补贴措施决定公告规定实施之日起，不超过4个月。

（2）最终反补贴措施

在为完成磋商的努力没有取得效果的情况下，终裁决定确定补贴成立并由此对国内产业造成损害的，可以征收反补贴税。征收反补贴税应当符合公共利益。

征收反补贴税，由商务部提出建议，国务院关税税则委员会根据其建议作出决定，商务部予以公告。海关自公告规定实施之日起执行。

3. 保障措施

保障措施分为临时保障措施、最终保障措施及特别保障措施。

（1）临时保障措施

临时保障措施是指在有明确证据表明进口产品数量增加，将对国内产业造成难以补救的损害的紧急情况下，进口国与成员国之间可不经磋商而作出初裁决定，并采取临时性保障措施。临时保障措施的实施期限，自临时保障措施决定公告规定实施之日起，不得超过 200 天，并且此期限计入保障措施总期限。

临时保障措施采取提高关税的形式，如果事后调查不能证实进口激增对国内有关产业已经造成损害的，已征收的临时关税应当予以退还。

（2）最终保障措施

最终保障措施可以采取提高关税、数量限制等形式。但保障措施应当限于防止、补救严重损害并便利调整国内产业所必要的范围内。

保障措施的实施期限一般不超过 4 年，在此基础上如果继续采取保障措施则必须同时满足四个条件：对于防止或者补救严重损害仍有必要；有证据表明相关国内产业正在进行调整；已经履行有关对外通知、磋商的义务；延长后的措施不严于延长前的措施。保障措施全部实施期限（包括临时保障措施期限）不得超过 10 年。

（3）特别保障措施

特别保障措施是世界贸易组织成员方利用特定产品过渡性保障机制，是针对来自特定成员的进口产品采取的措施，即在 WTO 体制下，在特定的过渡期内，进口国（地区）政府为防止来源于特定成员的进口产品对本国（地区）相关产业造成损害而实施的限制性保障措施。

【能力提升】

一、单选题

1. 某报关企业接到客户关于以一般贸易方式进口旧汽车有关政策咨询，下列答复正确的是（　　）。

   A. 申领进口许可证　　　　　　　　B. 申请商品检验

   C. 申领商品合格评定　　　　　　　D. 禁止进口

2. WTO 规则允许成员方使用贸易救济手段来保护国内产业不受损坏，其中（　　）既可以提高关税，也可以采取数量限制。

   A. 反倾销　　　　　　　　　　　　B. 反补贴

   C. 保障措施　　　　　　　　　　　D. 关税配额

3. 进口许可证有效期为（　　），特殊情况需要跨年度使用的，有效期最长不得超过次年的（　　）。

   A. 1 年；3 月 31 日　　　　　　　 B. 6 个月；2 月底

C. 3个月；3月31日 　　　　　　　　D. 9个月；3月31日

4. 为保障贸易管制各项制度的实施，我国已基本建立并逐步健全了以（　　）为核心的进出口国家管制的法律体系。

A. 对外贸易法 　　　　　　　　　　B. 宪法

C. 安全法 　　　　　　　　　　　　D. 海关法

5. 自动进口许可证有效期为（　　），但仅限公历年度内有效。自动进口许可证项下货物原则上实行（　　）管理。

A. 6个月；一批一证 　　　　　　　B. 6个月；非一批一证

C. 3个月；一批一证 　　　　　　　D. 1年；一批一证

二、多选题

1. 进出口货物非关税管制根据管制程度的不同，可分为（　　）。

A. 禁止进出口的货物 　　　　　　　B. 限制进出口的货物

C. 自由进出口的货物 　　　　　　　D. 自动进出口的货物

2. 进出口货物管制根据管制手段的不同，可分为（　　）。

A. 关税管制 　　　　　　　　　　　B. 非关税管制

C. 自由进出口的货物 　　　　　　　D. 自动进出口的货物

3. 以下属于非关税管制的是（　　）。

A. 配额管理 　　　　　　　　　　　B. 许可证管理

C. 反倾销 　　　　　　　　　　　　D. 反补贴

4. 以下（　　）属于国家救济措施。

A. 保障措施 　　　　　　　　　　　B. 许可证管理

C. 反倾销 　　　　　　　　　　　　D. 反补贴

5. 以下哪些货物或技术禁止进口（　　）。

A. 旧汽车 　　　　　　　　　　　　B. 四氯化碳

C. 麝香 　　　　　　　　　　　　　D. 旧服装

6. 以下属于非关税管制的是（　　）。

A. 配额管理 　　　　　　　　　　　B. 许可证管理

C. 反倾销 　　　　　　　　　　　　D. 反补贴

三、简答题

1. 简要阐释实施进出口国家管制的目的及其特点。

2. 简要阐释进出口国家管制制度及其内容。

3. 简要阐释进出口国家管制所涉及的相关法律法规。

4. 简要阐释进出口商品合格评定制度的组成。

5. 简要说明商务部对外贸易经营权管理的变化，并进一步解释该转变的意义。

四、案例讨论题

2022年8月31日，在拱北海关所属湾仔海关关员的监管下，一批净重44.57吨的"洋垃圾"经珠海西域码头被正式退运出境。

此前，海关关员在现场检查佛山某公司以一般贸易方式申报进口的再生铜原料时，发现其中含有密封胶带、橡胶、塑料等夹杂物，关员研判其存在较大的固体废物嫌疑，随即取样作固体废物属性检测。后经专业机构鉴定，确认该批货物混有大量未完全拆解的黄铜部件且含有超占比的非金属夹杂物，属于国家禁止进口固体废物。湾仔海关根据相关规定，依法责令涉案企业将该批涉案货物退运出境，坚决拒"洋垃圾"于国门之外。

问题：

1. 海关将这些"洋垃圾"退运出境的法律依据是什么？
2. 讨论我国为什么要坚决拒"洋垃圾"于国门之外？
3. 该佛山某公司以一般贸易方式申报进口企图蒙混过关，你对这种行为如何评价？

第 3 章 进出口商品税则归类

【导入案例】

2021年1—10月，黄埔海关累计签发归类预裁定决定书111份，涉及73个品目的100余种商品。"黄埔海关将推广归类预裁定作为服务企业、促进贸易安全与便利的重要举措，有针对性地加强宣传和指导，引导企业用好归类预裁定制度。"黄埔海关关税处负责人介绍，"我们充分考虑到疑难商品归类涉及资料多、专业性强的特点，如果企业提交的'商品描述'和随附资料无法满足预裁定需求，在发回补正前会通过电话直接联系申请人进行指导，避免因重复删补资料造成的时效延误。同时还注重发挥归类业务专家优势，结合我关关税专业技术小组工作制度，针对不同性质的'专精特新'行业相关商品开展专项研讨，保证归类预裁定的准确性。"

"海关的归类预裁定真是帮我们解决了大问题。"某信息电子材料有限公司关务经理看着海关反馈的归类预裁定决定书高兴地说，"今年下半年，我们公司计划引进偏光片用保护膜的生产线，所需原材料基本上都是化学品，确定商品归类的专业性太强，我们自己不好把握，如果申报时发现商品编码错误将大大影响通关效率。黄埔海关所属穗东海关对属地纳税人企业开展政策宣传，让我们了解到，可以通过在电子口岸和'互联网+海关'申请商品归类预裁定，拿到权威的归类结论。"

目前海关归类预裁定的申请、补正、审核、查询已经完全实现了无纸化，全国海关预裁定信息也已经实现互联共享，有效期内的归类预裁定决定在全国海关均可适用。对于行业内的新材料、新商品，用好归类预裁定可以帮助企业提前确定涉税要素，降低违规申报的风险，有效评估贸易成本，提高通关效率。

讨论题
1. 根据上述案例，请思考如何确定商品编码，商品编码不正确会带来哪些影响。
2. 预归类的好处有哪些？
3. 报关员如何正确把握海关货物归类，帮助企业提高报关的正确率？
4. 报关员如何正确认识报关工作对国家和企业的重要性？

3.1 商品名称及编码协调制度

中华人民共和国海关进出口货物商品归类管理规定所称的商品归类,是指在《商品名称及编码协调制度公约》商品分类目录体系下,以《中华人民共和国进出口税则》为基础,按照《进出口税则商品及品目注释》《中华人民共和国进出口税则本国子目注释》以及海关总署发布的关于商品归类的行政裁定、商品归类决定的规定,确定进出口货物商品编码的行为。进出口商品归类是海关监管、海关征税及海关统计的基础,归类的正确与否与报关人员的切身利益也密切相关,因此报关员必须掌握该项技能。

3.1.1 协调制度的产生

《商品名称及编码协调制度》是世界海关组织(WCO)主持制定的一部供国际贸易各方共同使用的商品分类编码体系。在国际贸易领域曾经采用过两套国际通用的商品分类编码体系:一套是联合国统计委员会制定的《国际贸易标准分类目录》(简称SITC),一套是欧洲海关同盟研究小组制定的《海关合作理事会商品分类目录》(简称CCCN),它们对简化国际贸易程序、提高工作效率起到了积极的推动作用。但是两类体系同时采用,使得商品国际贸易往来中因分类方法不同而需要重新对应分类、命名和编码。这些问题的存在阻碍了信息的传递,降低了贸易效率,增加了贸易成本,并且不同贸易体系下的贸易统计资料难以进行比较分析,同时也给利用计算机等现代化手段处理外贸单证及信息带来很大的困难。因此,从1973年5月开始,海关合作理事会成立了协调制度临时委员会,以CCCN和SITC为基础,以满足海关进出口管理、关税征收和对外贸易统计,以及生产、运输、贸易等方面的需要为目的,编制一套国际通用的协调统一商品分类目录。经过多年努力,终于在1983年6月通过了《商品名称及编码协调制度国际公约》及其附件《商品名称及编码协调制度》,统一了CCCN和SITC两大编码体系。《商品名称及编码协调制度》(Harmonized Commodity Description and Coding System,以下简称《协调制度》或HS)正式诞生,并于1988年1月1日正式实施。这使得世界各国在国际贸易领域中所采用的商品分类和编码体系第一次得到了前所未有的统一。为适应贸易及科技的发展,《协调制度》一般五年进行一次全面修订。自1988年生效以来,《协调制度》共进行了7次修订,形成了1988年、1992年、1996年、2002年、2007年、2012年、2017年和2022年共8个版本。

我国加入《商品名称及编码协调制度国际公约》后,采取了直接适用的方法。为履行《协调制度公约》缔约方的义务和适应国际贸易的发展,世界海关每组织一次修订,我国都按时进行了相应的中文修订。

3.1.2 HS的基本结构与特点

1. HS的基本结构

HS是科学、系统的国际贸易商品分类体系。HS的总体结构包括三大部分:归类规则;类、章及子目注释;按顺序编排的目与子目编码及条文。这三部分是HS的法律性条文,具有严格的法律效力和严密的逻辑性。

为了保证国际上对HS使用和解释的一致性,使得某一特定商品能够始终如一地归入一个唯一编码,HS首先列明六条归类总规则,规定了使用HS对商品进行分类时必须遵守的分类原则和方法。

HS的许多类和章在开头均列有注释(类注、章注或子目注释),严格界定了归入该类或该章中的商品范围,阐述HS中专用术语的定义或区分某些商品的技术标准及界限。

HS采用6位数编码,把全部国际贸易商品分为21类、97章(其中第77章为保留章),章下再分为目和子目。商品编码的前两位数代表"章",三、四位数代表"目",五、六位数代表"子目"。HS的"类"基本上是按经济部门划分的,如食品、饮料和烟酒在第4类,化学工业及其相关工业产品在第6类,纺织原料及制品在第11类,机电设备在第16类,运输设备在第17类,武器、弹药在第19类等。"章"基本按两种方法分类:一是按商品原材料的属性分类,相同原料的产品一般归入同一章。章内按产品的加工程度从原料到成品顺序排列,如第52章棉花,按原棉—已梳棉—棉纱—棉布顺序排列。二是按商品的用途或性能分类。制造业的许多产品很难按其原料分类,尤其是可用多种材料制作的产品或由混合材料制成的产品(如第64章鞋、第65章帽、第95章玩具)及机电仪器产品等,HS按其功能或用途分为不同的章,而不考虑其使用何种原料,章内再按原料或加工程度排列出目或子目。

2. HS的特点

《协调制度》商品分类目录的特点是通过协调,适合与国际贸易有关的各个方面需要,成为国际贸易商品分类的一种"标准语言"。其优点是完整、系统、通用、准确。

"完整"是由于它将目前世界上国际贸易主要品种全都分类列出;同时,为了适应各国关税、统计等商品目录全方位的要求和将来技术发展的需要,还在各类、章列有起"兜底"作用的"其他"子目,使任何进出口商品,即使是目前无法预计的新产品,都能在这个分类体系中找到自己适当的位置。

"系统"是因为它的分类原则既遵循了一定的科学原理和规则,将商品按人们所了解的生产部类、自然属性和不同用途来分类排列;又照顾了商业习惯和实际操作的可行性,把一些进出口量较大而又难以分类的商品(灯具、活动房屋等)专门列目,因而容易理解，易于归类便于查找。

"通用"一方面指它在国际上有相当大的影响，已为 100 多个国家使用，这些国家的海关税则及外贸统计商品目录可以相互对应转换，具有可比性；另一方面，它既适用于海关税则目录，又适用于作对外贸易统计目录，还可供国际运输、生产部门作为商品目录使用，其通用性超过以往任何一个商品分类目录。

"准确"则是指它的各个项目范围清楚明了，绝不交叉重复，除了目录条文本身说明外，还有归类总规则、类注、章注和一系列的辅助刊物加以说明限定，使得其项目范围准确无误。

除了《协调制度》本身的优点以外，作为一个国际上政府间公约的附件，国际上有专门的机构、人员对其进行维护和管理，技术上的问题还可利用世界上各国专家的力量帮助解决。各国也可通过制定或修订《协调制度》，争取本国的经济利益，施加本国的影响。这些不是一个国家的力量所能办到的，也不是其他国际上采用的商品分类目录所能比拟的。

正是以上这些优点使 HS 成为目前世界上最广泛采用的商品分类目录，目前已有 180 多个国家或地区使用 HS，全球贸易总量 98% 以上的货物都是以 HS 分类的。

3.2 我国海关进出口税则简介

3.2.1 我国海关进出口税则概况

《中华人民共和国进出口税则》（简称《进出口税则》）是《中华人民共和国进出口关税条例》（简称《关税条例》）的组成部分，主要包括进口税则、出口税则、规则与说明等。该税则商品分类目录采用《商品名称及编码协调制度》。税目税率表设置序号、税则号列、货品名称、最惠国税率、协定税率、特惠税率、普通税率等，自左到右排列，共分为 7 栏。它是海关对进出口货物征收关税的依据，是根据我国的关税政策，通过一定的立法程序制定和公布实施的，具有法律效力。

我国海关税则目录于 1985 年 3 月采用了欧洲海关同盟研究小组制定的《海关合作理事会商品分类目录》。1987 年将 HS 译成了中文，并着手开展对原海关税则目录和海关统计商品目录向 HS 的转换工作。1992 年 1 月 1 日，我国海关正式采用 HS 并制定了以 HS 为基础的《进出口税则》。自 2007 年 1 月 1 日起，我国采用 2007 年版《协调制度》。根据《协调制度公约》的规定，中华人民共和国海关全部采用 HS 的项目（即 6 位数子目），不作任何增添删改，全部采用 HS 的归类总规则和类、章、子目的注释，不更改其分类范围并遵守 HS 的编号顺序。《协调制度公约》还规定，在 6 位数子目不变的情况下，各国可在 HS 的子目项下加列适合各国国情的更加具体细目，即 7 位数、8 位数等细目。现以 0301.9210 鳗鱼苗为例说明如下：

鳗鱼苗	编码：	03	01	9	2	1	0
	位数：	1 2	3 4	5	6	7	8
	含义：	章号	品目	1 级子目	2 级子目	3 级子目	4 级子目

《协调制度》中的编码只有 6 位，第 7、8 位是我国根据实际情况加入的"本国子目"，从以上可以看出：第 5 位数码代表 1 级子目，表示它所在税（品）目下所含商品 1 级子目的顺序，第 6 位数码代表 2 级子目，表示它在 1 级子目下所含商品 2 级子目的顺序号，第 7、8 位依次类推。需要指出的是，若第 5—8 位上出现数字"9"，则它并不一定代表在该级子目的实际顺序号，而是通常情况下代表未具体列名的商品，即在"9"的前面一般留有空序号，以便用于将来修订时增添新商品。

如编码 04070029 中第 8 位的"9"并不代表实际顺序号（不用"4"，而是代表除鸡蛋、鸭蛋、鹅蛋以外未具体列名的其他禽蛋。其中 3—9 的空序号可以用于将来增加新的商品。在商品编码表中的商品名称前分别用"–""– –""– – –""– – – –"代表 1 级子目、2 级子目、3 级子目、4 级子目。

《海关进出口税则》商品目录在 HS 商品分类目录基础上增加了第 22 类、第 98 章，并加列 7 位数子目 1794 个，8 位数子目 320 个。为满足中央及国务院各主管部门对海关监管工作的要求，提高海关监管的计算机管理水平，在 8 位数分类编码的基础上，根据实际工作需要对部分税号又进一步分出了第 9、10 位数编码。具体说来，我国加列的子目主要有以下几种情况：

为贯彻国家产业政策和关税政策，保护和促进民族工业顺利发展，需制订不同税率的商品加列子目，如临时税率商品；

对国家控制或限制进出口的商品加列子目，包括许可证、配额管理商品和特定商品；

为适应国家宏观调控、维护外贸出口秩序、加强进出口管理的需要，对有关主管部门重点监测的商品加列子目，包括进出口商会为维护出口秩序或组织反倾销应诉要求单独列目的商品（电视机分规格、电风扇、自行车分品种等）；

出口应税商品；

在我国进口或出口中所占比重较大、需分项进行统计的商品，包括我国传统大宗出口商品（罐头、中药材及中成药和编结材料制品等）；

国际贸易中发展较快，且我国有出口潜力的一些新技术产品。

近年来，商务部与海关总署合作，将许可证商品纳入 HS 目录管理，实现了联网传输海关统计数据，正在试行配额许可证联网核销管理；海关总署与国际机电管理部门和机电产品进出口商会合作制定了机电产品商品目录，并根据商会对有关机电产品加强管理的要求加列了本国子目；与国家税务总局合作以 HS 编码为基础加强对出口退税商品的核销管理；与外汇管理部门合作加强了对出口结汇、进口付汇管理等。HS 编码正在我国外经贸工作中发挥特别积极的作用。

3.2.2 我国海关《进出口税则》中税率的规定

我国海关《进出口税则》是根据以下原则制订税率的：

对进口国内不能生产或供应不足的动植物良种、粮食、肥料、饲料、药剂、精密仪器仪表、关键机械设备等，制订低税率或免税率；

原料的进口税率，比半成品、成品低；

国内不能生产或质量未过关的零件、部件，进口税率比整机低；

国内能生产的物品、奢侈品，制订高税率；

国内需保护的产品或内外差价大的产品，制订更高税率；

对绝大多数出口商品不征出口税，仅对需要限制出口的极少数原料、材料和半成品征收适当的出口税。

无论是进口税还是出口税，都用一个税则商品目录，并在进口税率栏同时列出各栏高低不同的税率，由于原产地的不同，其适用的进口关税税率也不同。从 2002 年 1 月 1 日起，《中华人民共和国进出口税则》的适用税率执行四档税率，即最惠国税率、协定税率、特惠税率和普通税率，进口货物均按原产地规定确定适用的税率。在《进出口税则》中，税率是核心。

中华人民共和国第一部税则的算术平均税率为 52.9%。1985 年，我国海关采用 CCCN 税则目录，并且对税率进行了重大调整，形成中华人民共和国第二部税则。20 世纪 90 年代以来，为了适应各国经济、贸易发展的新格局和实现"入世"的目标，我国多次对关税政策进行了较大调整。1992 年 12 月，我国降低了 3371 个税号的关税，平均税率降至 39.9%，同时，取消了进口调节税。1993 年 12 月，再次调整 2898 个税目的进口关税，使关税平均水平降至 36.9%。1994 年，我国进一步对 234 种商品降低税率，实行进口暂定税率，使税率降至 35.9%。1995 年又对烟、酒和录像带等进口关税作了进一步下调。1996 年 4 月 1 日起对 4900 多个税号大幅度降低进口关税，关税总水平降至 23%，1997 年 10 月 1 日再次下调至 17%。"入世"后，为履行承诺，我国关税税率不断调低，2005 年我国平均关税水平调整为 10% 左右，2010 年关税总水平与 2009 年相同，为 9.8%；其中，农产品平均税率 15.2%，工业品平均税率 8.9%。调整后的关税基本上形成了资源类产品—原材料—零部件—半成品—制成品由低到高的梯形税制结构。目前，大部分商品都免税出口，仅对小部分商品征出口税，目的是限制这些商品出口,保证国内市场供应或者控制其盲目出口。

西方发达国家以及大部分发展中国家的关税制度均十分复杂,设置有法定税率、优惠税率、特惠税率、普惠税率、最惠国税率等多栏税率。目前,我国进口税则使用五种税率,分别为:最惠国税率、协定税率、特惠税率、普通税率和关税配额税率。最惠国税率适用原产于与中华人民共和国共同适用最惠国待遇条款的世界贸易组织成员方的进口货物,或原产于与中华人民共和国签订有相互给予最惠国待遇条款的双边贸易协定的国家或地区的进口货物;协定税率适用原产于中华人民共和国加入的含有关税优惠条款的区域性贸易协定各有关缔约方的进口货物;特惠税率适用原产于与中华人民共和国签订有特殊优惠关税协定的国家或地区的进口货物;普通税率适用原产于上述国家或地区以外的国家或地区的进口货物;按照国家规定实行关税配额管理的进口货物,关税配额内的,适用关税配额税率,关税配额外的,适用普通税率,如小麦关税配额税率为1%,最惠国税率为65%,普通税率为180%。除进出口税则中规定的税率外,我国对部分货物还实行进出口关税暂定税率。例如,进口关税中有暂定最惠国税率,出口关税中有暂定出口税率,在具体实施过程中,暂定税率优先于税则税率执行。但进口暂定最惠国税率只适用最惠国待遇的国家或地区,按普通税率征税的进口货物,不适用进口暂定最惠国税率。适用协定税率、特惠税率的进口货物有暂定税率的,应当从低适用税率。

 进出口货物商品归类的海关管理

为了规范进出口货物的商品归类,保证商品归类结果的准确性和统一性,根据《海关法》《关税条例》,海关总署令第 158 号发布了《中华人民共和国海关进出口货物商品归类管理规定》。

3.3.1 归类的依据

进出口货物的商品归类应当遵循客观、准确、统一的原则。具体来说,对进出口货物进行商品归类的依据是《进出口税则》《进出口税则商品及品目注释》《中华人民共和国进出口税则本国子目注释》以及海关总署发布的关于商品归类的行政裁定、商品归类决定的规定。

3.3.2 归类的申报要求

为了规范进出口企业申报行为,提高申报数据质量,促进贸易便利化,海关总署制

定了《中华人民共和国海关进出口商品规范申报目录》（以下简称《规范申报目录》），并每年根据情况修订。《规范申报目录》按照我国海关进出口商品分类目录的品目顺序编写，并根据需要在品目级或子目级列出了申报要素。申报要素包括归类要素、价格要素和其他要素。

依据《规范申报目录》（2023年版），举例说明品目2204下各子目的申报要素如下：

2204.1000－汽酒：① 品名（中文及外文名称）；② 种类（汽酒）；③ 酒精浓度；④ 级别；⑤ 年份；⑥ 产区（中文及外文名称）；⑦ 酒庄名（中文及外文名称）；⑧ 葡萄品种（中文及外文名称）；⑨ 包装规格；⑩ 品牌（中文或外文名称）。

2204.2000－其他酒；加酒精抑制发酵的酿酒葡萄汁：① 品名（中文及外文名称）；② 进口方式（原液区内加工、原液区外加工、原瓶有品牌、国内贴品牌）；③ 酒精浓度；④ 级别；⑤ 年份；⑥ 产区（最小子产区中文及外文名称）；⑦ 酒庄名（中文及外文名称）；⑧ 葡萄品种（中文及外文名称）；⑨ 包装规格（包装规格×每项单位数、升/桶或升/集装箱罐）；⑩ 品牌（中文或外文名称）。

2204.3000－其他酿造葡萄汁：① 品名（中文及外文名称）；② 种类（酿酒葡萄汁）；③ 包装规格；④ 品牌（中文或外文名称）。

收发货人或者其代理人应当按照法律和行政法规规定以及海关要求如实、准确申报进出口货物的商品名称、规格型号等，并且对其申报的进出口货物进行商品归类，确定相应的商品编码。收发货人或者其代理人向海关提供的资料涉及商业秘密，要求海关予以保密的，应当事前向海关提出书面申请，并且具体列明需要保密的内容，海关应当依法为其保密。收发货人或者其代理人不得以商业秘密为理由拒绝向海关提供有关资料。

海关在审核收发货人或者其代理人申报的商品归类事项时，可以依照《海关法》和《关税条例》的规定行使下列权力，收发货人或者其代理人应当予以配合。

① 查阅、复制有关单证、资料；

② 要求收发货人或者其代理人提供必要的样品及相关商品资料；

③ 组织对进出口货物实施化验、检验，并且根据海关认定的化验、检验结果进行商品归类。

海关可以要求收发货人或其代理人提供确定商品归类所需的资料，必要时可以要求收发货人或者其代理人补充申报。收发货人或者其代理人隐瞒有关情况，或者拖延、拒绝提供有关单证、资料的，海关可以根据其申报的内容依法审核确定进出口货物的商品编码。

3.3.3 归类修改

收发货人或者其代理人申报的商品编码需要修改的,应当按照《中华人民共和国海关进出口货物报关单修改和撤销管理办法》等规定向海关提出申请。海关经审核认为收发货人或者其代理人申报的商品编码不正确的,可以根据《中华人民共和国海关进出口货物征税管理办法》(以下简称《征管办法》)有关规定,按照商品归类的有关规则和规定予以重新确定,并且根据《中华人民共和国海关进出口货物报关单修改和撤销管理办法》等有关规定通知收发货人或者其代理人对报关单进行修改、删除。

3.3.4 商品归类管理

商品归类是一项技术性、专业性较强的工作,正确认定货物的商品归类有赖于对货物的全面了解和对《进出口税则》等相关归类法律依据的准确适用。为了提高通关时效,2017年海关实施全国通关一体化改革,海关总署启用了全国风险防控中心和税收征管中心,同时将"先审单再放行"模式改为"审单后置"。各区域通关一体化审单中心不再办理相关业务,海关总署2018年第14号公告第十二条也取消了原商品预归类服务。改革后的"审单后置"通关模式要求企业自身具有更高的关务能力,需要不断加强对申报规范的控制。

下面介绍几种常见的海关预归类管理、适用范围及其依据。

1. 行政裁定

行政裁定是企业对于拟进出口的商品,提前60日向直属海关提出申请,由海关总署以公告形式做出的商品归类结论。行政裁定由海关总署作出,其效力等同于海关规章,全国范围内有效,但是申请资料的要求较高,流程较长。该项裁定的依据是海关总署令第92号《中华人民共和国海关行政裁定管理暂行办法》和海关总署令第158号《中华人民共和国海关进出口货物商品归类管理规定》。

2. 预裁定(商品归类)

预裁定是企业对于拟进出口的商品,提前3个月向直属海关提出申请,由直属海关作出的商品归类结论。公告中虽未对其效力做出明确说明,但各海关是予以认可的。该裁定的依据是海关总署公告2018年第14号《关于实施〈中华人民共和国海关预裁定管理暂行办法〉有关事项的公告》。

3. 商品预归类

商品预归类分为两种情况:一种是企业对于拟进出口的商品,提前45天向直属海关提出申请,由直属海关作出的商品归类决定,其效力仅在直属关区范围内有效。目前海关总署2018年第14号公告第十一条的规定取消了该项业务。

另一种是指"进出口商品预归类单位"受在海关注册登记的进出口货物经营单位

的委托，对其拟进出口货物预先确定商品归类，并出具预归类服务意见书的活动。此服务出具的书面归类意见书以商品为单元，并上传至海关总署 H2010 系统，为企业通关提供便利。该项活动的依据是《进出口货物预归类服务行业管理暂行办法》和《进出口货物预归类服务操作规范》。

4. 归类问答（归类指导意见）

这与前面的各项预归类都不同，是现场海关对于商品归类有疑问的时候，通过海关内网经由直属海关向税管中心（原来是归类分中心）提出申请，根据分管原则由相应税管中心作出的归类指导意见。其申请主体是现场海关（企业无法申请），原则上没有法律效力，但是现场海关在操作的时候都会参考该指导意见作出判断。

3.4 《协调制度》归类总规则

税则归类是指对应税的进出口商品，在税则中找出其相应的税目，它是征税工作的重要环节。进出口商品种类繁多、性质复杂，且商品变化日新月异，要将世界上所有商品浓缩在几百页的税则上，将数以万计的商品在几千条子目中找到最适当的税目，具有一定的难度。因此，税则归类是一项政策性和技术性很强的工作，每一票货物的归类正确与否，不但关系到国家税政策贯彻执行的好坏，而且直接影响到企业的经济效益。

要进行正确的税则归类，就要牢牢掌握归类总规则，并且在使用时必须注意以下两点：

一是要按顺序使用每一条规则，当规则一不合适时才用规则二，规则二不合适时才用规则三，依次类推；

二是在实际使用规则二、三、四时要注意条件，即是否有类注、章注或税目有特别的规定或说明。如有特别规定，应按税目或注释的规定归类而不能使用规则二、三、四。

下面详细介绍归类总规则。

3.4.1 规则一

1. 条文内容

类、章及分章的标题，仅为查找方便而设；具有法律效力的归类，应按税目条文和有关类注或章注确定，如果税目、类注或章注无其他规定，按以下规则确定。

2. 条文解释

此规则说明了类、章及分章的标题不是归类的依据，并不具有法定的约束力。如

15类的标题为"贱金属及其制品",但许多贱金属制品,如铜纽扣归入96.06(18类),类似的例子还很多。因此,归类的真正依据为:第一层次是税目条文、类注和章注,第二层次是规则二、三、四,并应按顺序依次使用。规则一应用举例如下。

如冻牛胃,根据规则一,具有法律效力的归类,应按税(品)目条文和有关类注或章注确定。牛胃属于牛杂碎,按0206的税(品)目条文"鲜、冷、冻牛、猪、绵羊、山羊、马、驴、骡的食用杂碎"似乎可归入0206,但归类时还要看类注或章注,根据第二章章注二可知,本章不包括动物的肠、膀胱、胃或动物血,所以该商品应归入05040029。

如冷藏的苹果,按照08.08的税目条文"鲜的苹果、梨及榅桲",而没有冷藏的,查看类注、章注,发现第八章注释二规定了"鲜的"包括了"冷藏的",因此可将冷藏的苹果归入08.08。

如牛尾毛,查看第五章其他动物产品,0511税目中未提到牛尾毛,仔细查阅第五章注,发现章注四规定"马毛"是指马科、牛科动物的鬃毛和尾毛,因此归入马毛及废马毛税号0511.9940。

> 规则一使用提示:
> 正确的归类应该是依据税(品)目条文和类注、章注及规则一以下的各条规则。不可因为某货品符合某一类、章及分章的标题,就确定归入该类、章及分章。
> 如"针织女式胸衣",如果看标题,似乎符合第六十一章的标题"针织或钩编的服装及衣着附件"而可以归入六十一章,但由于标题不是归类依据,所以应根据税(品)目条文、类注和章注来确定。按六十一章章注二(一)、六十二章章注一和6212税(品)目条文,此商品应归入6212。

3.4.2 规则二

1. 条文内容

(1)税目所列货品,应包括该项货品的不完整品或未制成品,只要在进口或出口时该项完整品或未制成品具有完整品或制成品的主要特征;还应包括该项货品的完整品或制成品进口或出口时的未组装件或拆散件。

(2)税目中所列材料或物质,应视为包括该种材料或物质与其他材料或物质混合或组合的货品。税目所列某种材料或物质构成的货品,应视为包括全部或部分由该种材料或物质构成的货品。由一种以上材料或物质构成的货品,应按规则三归类。

2. 条文解释

规则二(1)有两层意思:一是扩大税号的商品范围,不仅包括它的整机、完整品或制成品,而且包括它的非完整品、非制成品,还包括它的拆散件;二是在使用这条规则时，应具备条件，即非完整品、未制成品一定要具有整机特征；拆散件主要是为了运输、包装上的需要。如一辆车缺个门或轮子，虽不完整，但已具备了车辆的主要特征，因此可归入整车税号。又如，已加工成型但未装配的卧室木家具板，还缺少五金件，这是一种不完整品（缺少五金件）的未组装件（未装配），由于缺少的仅是次要的零部件，因此该不完整品具有完整品的基本特征，根据规则二（1），应按完整的卧室木家具归类，可归入 94034000。

规则二（2）也有两层意思：第一，税号中所列某种材料包括该种材料的混合物或组合物，也就是对税目所列范围的扩大；第二，其适用条件是加进去的东西或组合起来的东西不能失去原来商品的特征，也就是说不存在看起来可归入两个以上税号的问题。如加糖牛奶，还是按牛奶归类，因其虽是一种混合物，但它并不改变鲜牛奶的基本特征和性质，所以仍按鲜牛奶归类。又如涂有石蜡的软木塞，是一种主要由软木构成的组合货品，它应按其主要材料归入天然软木制品的税号中。

> **规则二使用提示：**
> 1. 税（品）目所列货品范围的扩大是有条件的，即不管是"缺少"[规则二（1）]还是"增多"[规则二（2）]，都必须保持"基本特征"。
> 2. "基本特征"的判断有时是很困难的，例如缺少了多少零部件的电视机仍具有电视机的基本特征，仍可以按电视机归类。对于不完整品而言，核心是看其关键部件是否存在，如果压缩机、蒸发器、冷凝器、箱体这些关键部件如果存在，则可以判断为具有冰箱的基本特征；对于未制成品而言，主要看其是否具有制成品的特征，如齿轮的毛坯，如果其外形基本上与齿轮制成品一致，则可以判断为具有齿轮的基本特征；对未组装件或拆散件而言，主要看其是否通过简单组装即可装配起来。
> 3. 规则二（1）一般不适用于第一至第六类的商品。
> 4. 只有在规则一无法解决时，方能运用规则二。

3.4.3 规则三

1. 条文内容

不论何种原因，货品看起来可归入两个或两个以上税目时，应按以下规则归类：

（1）列名比较具体的税目，优先于列名一般的税目；

（2）混合物、不同材料构成或不同部件组成的组合物以及零售的成套货品，如果不能按照规则三（1）归类时，在可适用本款条件下，应按构成货品基本特征的材料或部件归类；

（3）货品不能按照规则三（1）或（2）归类时，应按号列顺序归入其可归入的最末一个税目中。

2. 条文解释

规则三（1）包含三层意思：第一，商品的具体名称与商品的类别名称相比，当然前者更具体，因此，按商品具体名称列目的税号优先于按商品类别列目的税号。比如进口电子表用的集成电路，税则上有两个税号与其有关，一个是税号8521，是按微电子电路这个具体的商品名称列目；另一个是9111，是按钟表零件这样一类商品名称列目。显然，微电子电路的税号更具体，应归入8521。又如紧身胸衣是一种女士内衣，有两个税号与其有关，一个是6208女式内衣，一个是6212妇女紧身胸衣。前一个是类名称，后一个是具体商品名称，故应归入6212。如果两个税号属同一商品，可比较它的内涵和外延，一般说来内涵越大，外延越小，就越具体。

第二，如果一个税目所列名称更为明确地包括某一货品，则该税目要比所列名称不完全包括该货品的其他税目更为具体。比如汽车用电动刮雨器，看起来可归入两个税号，一个是汽车零件（第八十七章），一个是电动工具（第八十五章），查阅这两章注释没有说明，便按这一规则选择说明最明确的税目，8512用于汽车、摩托车、电动刮雨器，8708用于汽车零件及附件，因此，此商品应归入前者。

第三，与有关商品最为密切的税号应优先于与其关系间接的税号。如进口汽车柴油机的活塞，有关的税号一个是柴油机专用零件8406，另一个是汽车专用零件8706，活塞是柴油机的零件，柴油机是汽车的零件，那么活塞就是汽车零件的零件，但上述两个零件是不同层次的，活塞与汽车是间接关系，因此，此商品应归入8406。但是，如果两个或两个以上税目都仅述及混合或组合货品所含的某部分材料或物质，或零售成套货品中的某些货品，即使其中某个税目比其他税目对该货品描述得更为全面、详细，这些货品在有关税目的列名也应视为同样具体。在这种情况下，货品应按规则三（2）或（3）的规定进行归类。

规则三（2）解释：这里与规则二的混合物、组合物是有区别的，此时混合物、组合物已改变了原来的特征，难以确定是原来的商品。其中，对于由几个不同部件构成的组合货品，这些部件可以是各自独立的，但它们必须功能上互相补充，共同形成一个新的功能，从而构成一个整体。如放在皮盒内出售含有电动理发推子、剪子、梳子、刷子、毛巾的成套理发用具应如何归类？查阅类及章注，并未提到这类成套货品归何税号，而按此规则，其成套货品中具有主要特征的货品是电动理发推子，因此归入其税号8510。

使用本规则的关键是确定货品的主要特征。一般来说可根据商品的外观形态、使用方式、主要用途、购买目的、价值比例、贸易习惯、商业习惯、生活习惯等诸因素进行综合考虑分析来确定。

规则三（3）解释：此规则明确，按规则三的上述两规则都不能解决的归类问题，则在几个认为同等可归的税号中，归入排列最后的税号，这是一条"从后归类"的原则。如一种多用途的阅读复印机具有两种功能，既能缩微阅读，又能复印，有两个税号9009和9010，根据本条规则应从后归入税号9010。

规则三的三条规定应按照其在本规则的先后次序加以运用，且在税目条文、类注、章注未作其他规定时才能施行。总结规则三，其优先权的次序为：具体列名；基本特征；从后归类。

> 规则三使用提示：
>
> 1. 只有规则一与规则二解决不了时，才能运用规则三。如豆油70%、花生油20%、橄榄油10%的混合食用油，不能因为是混合物，且豆油含量最大，构成基本特征，从而运用规则三（2），按豆油归入1507，而是应该首先运用规则一，由1517的税（品）目条文确定归入1517。
>
> 2. 在运用规则三时，必须按其中（1）（2）（3）款的顺序逐条运用。
>
> 3. 规则三（2）中的零售成套货品，必须同时符合下列三个条件：① 由至少两种可归入不同税（品）目的不同物品构成；② 为了某项需求或某项专门活动而将几件产品或物品包装在一起；③ 其包装形式适于直接销售而货物无须重新包装。
>
> 不符合以上三个条件时，不能看成是规则三（2）中的零售成套货品。例如"包装在一起的表与打火机"，由于不符合以上第二个条件，所以只能分开归类。

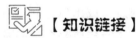

【知识链接】

成套散件及零件类归类

1. 成套散件归类。对于成套散件，一个前提是必须成套，比如一台计算机应该由一个机箱、一个显示器、一个键盘、一个电源等组成。另一个前提是进口状态必须是散件形式，并未组装。在上述前提下，当出口的成套散件价值占整机比例达到60%以上，则视同整机出口，按整机税号归类，相反则按零件单独列名来申报。如部分成套，则成套部分按整机归，其余按实际情况单独归类。

2. 零件类归类。在报关归类过程中，对于机器零件，尤其当零件品名数量较多时，归类往往比较复杂。一般情况下，如果零件出口数量较大且成套，则按成套散件方式归类，如不成套则必须单独申报，一般还是按照有具体列名按具体列名归类，无具体列名的则还是按整机零件归类。

3.4.4 规则四

1. 条文内容

根据上述规则无法归类的货品，应归入与其最相类似的货品所适用的税目中。

2. 条文解释

本规则明确对不能归入税则分类目录中任何一个税号的物品，应归入最相类似物品的税号。归类时，第一步将拟进口的货品与其相近似的货品逐一比较，从而确定与其最相近似的货品。第二步确定该项类似物品最为适用的税号，然后将进口物品即归入该税号。由于物品的类似性由许多因素决定，如物品的名称、性质、用途等，实际应用中往往难以统一认识，所以这条规则不常使用。

> 规则四使用提示：
> 本条规则是为了使整个规则制定得更严密，实践中一般很少运用。

3.4.5 规则五

1. 条文内容

除上述规则外，本规则适用于下列货品的归类：

（1）制成特殊形状仅适用于盛装某个或某套物品并适合长期使用的照相机套、乐器盒、枪套、绘图仪器盒、项链盒及类似容器，如果与所装物品同时进口或出口，并通常与所装物品一同出售的，应与所装物品一并归类。但本款不适用于本身构成整个货品基本特征的容器。

（2）除本规则（1）中规定的以外，与所装货品同时进口或出口的包装材料或包装容器，如果通常是用来包装这类货品的，应与所装货品一并归类。但明显可重复使用的包装材料和包装容器可不受本款限制。

2. 条文解释

规则五（1）是一条关于包装物归类的专门条款，仅适用于同时符合以下各条规定的容器：制成特定形状或形式，专门盛装某一物品或某套物品的；适合长期使用的；与所装物品一同进口或出口，不论其是否为了运输方便而与所装物品分开包装（单独进口或出口的容器应归入其他应归入的税目）；通常与所装物品一同出售的；包装物本身并不构成整个货品基本特征的，即包装物本身无独立使用价值。

如装有茶叶的银质茶叶罐，银罐本身价值昂贵，已构成整个货品的基本特征，应按银制品归入税号7114；又如，装有糖果的成套装饰性瓷碗，应按瓷器品归类；与所装电动剃须刀一同报验的电动剃须刀的皮套，由于符合以上条例，因此应与电动剃须刀一并归入品目8510。

规则五（2）仅适用于同时符合以下各条规定的包装材料及包装容器：规则五（1）以外的；通常用于包装有关货品的；与所装物品一同报验的（单独报验的包装材料及包装容器应归入其所应归入的品目）。

规则五使用提示：

本规则要解决的是包装材料或包装容器何种情况下单独归类，何种情况下可与所装物品一并归类的问题。重点注意包装材料或包装容器与所装物品一并归类的条件——与所装货品同时进口或出口。

如单独进口的某香水专用的玻璃瓶，尽管该玻璃瓶是香水专用的，也不能按香水归类，只能按玻璃瓶归入 7013。

又如与数字照相机一同进口的照相机套，由于符合规则五（1）的条件，所以应与照相机一并归入数字照相机的税（品）目 8525，而不能按 4202 的"照相机套"的列名归类。

由于 HS 税则出现了 5 位数级、6 位数级子目，这与 CCCN 税则只有 4 位数级税目不同，因此，有必要对 5、6 位数级子目的归类规则作出规定，这便产生了规则六。

3.4.6 规则六

1. 条文内容

货品在某一税目项下各子目的法定归类，应按子目条文或有关的子目注释以及以上各条规则来确定，但子目的比较只能在同一数级上进行。除本税则目录另有规定的以外，有关的类注、章注也适用于本规则。

2. 条文解释

本规则表明只有在货品归入适当的 4 位数级税目后，方可考虑将它归入合适的 5 位数级或 6 位数级子目，并且在任何情况下，应优先考虑 5 位数级子目后再考虑 6 位数级的范围或子目注释。此外，规则六注明只属同一级别的子目才可比较，以决定哪个子目较为合适，比较方法为同级比较，层层比较。

如税号 52.08 棉机织物，其 5 位数级子目按未漂白、漂白、染色、色织、印花来分，而 6 位数级子目又是按坯布每平方米重量来分，如在税号 5208.4 的色织布中，色织布又按每平方米重量是否超过 100 克分出两个 6 位数子目，即超过 100 克的归入税号 5208.42，不超过 100 克的归入税号 5208.41。也就是说，税号 5208 机织物中的色织布，还要按其每平方米重量进行比较后归入各自对应的 6 位数级子目中。

又如紫檀木制办公桌，该商品的归类主要是子目问题（规则六），不能因为紫檀木属于红木而直接找三级子目 94036010 红木制，应该先确定一级子目办公室用木家具，所以应归 94033000。

> **规则六使用提示：**
> 1. 确定子目时，一定要按先确定一级子目，再二级子目，然后二级子目，最后四级子目的顺序进行。
> 2. 确定子目时，应遵循同级比较的原则，即一级子目与一级子目比较，二级子目与二级子目比较，依次类推。
>
> 如中华绒毛蟹种苗，在归税（品）目0306项下子目时，应按以下步骤进行：
> 首先确定一级子目，即将两个一级子目"冻的"与"未冻的"进行比较而归入"未冻的"；
> 再确定二级子目，即将二级子目"龙虾""大螯虾""小虾及对虾""蟹""其他"进行比较而归入"蟹"；
> 最后确定三级子目，即将两个三级子目"种苗"与"其他"进行比较而归入"种苗"。
> 所以正确的归类结果是03062410。
> 注意，不能将三级子目"种苗"与四级子目"中华绒毛蟹"进行比较而归入03062410"中华绒毛蟹"。因为二者不是同级子目，不能比较。

按照归类总规则及其归类方法归类，每一种商品都能找到一个最合适的税目。如果有些新产品或特殊商品按照这个归类规则和方法，确定其应归税目确有困难时（首先要对该商品做全面了解），可向海关总署请示、咨询。

【知识链接】

商品编码归类经验谈

1. 完整归类。一个成品货物在归类时，首先按照其完整名称归类，报关企业和海关称这种归类叫具体列名归类，即货品的名称正好和商品编码体系中品目或子目的条文列名完全一致或者基本一样，例如冻牛舌就对应0206品目：鲜、冷、冻牛、猪、绵羊、山羊……，一杠子目为冻牛杂碎，二杠子目为舌，因此货品对应的编码为062100。工具类编码书，不可能囊括世界上所有的商品名称，而且同样的货物各自的叫法还不尽相同，所以只给货物名称叫别人去查编码，无异于叫别人去大海里捞针。千万记住，提供名称的时候，把它的用途、使用方法、成分、材料等资料提供得越多越好。

2. 用途归类。如果某个货物的名称并没有明确对应的编码时，则立刻考虑它的用途和功能，按照这个用途去找对应的归类。例如格力分体2匹空调，属于机器类的，就到84章去找，然后到8415空气调节器里面找，找到8415.1021（制冷量<4千大卡/时

分体式空调)。这样的情况占了进出口货物的很大比例,一般很少能找到第一种情况所说的具体对应的编码。

3. 混合归类(又叫成分归类)。如果某个成品里面有几种成分组成,而且没有一个对应的编码正好和这个成品名称对应,就要按照构成这个成品基本特征的材料或部件归类。例如铁制晒衣架,没有具体对应的编码,从用途上也找不到这种具体的用途,只有从材料上入手,钢铁制品73章,其他钢铁制品7326,用73262090(非工业用钢铁丝制品)或者73269090(其他非工业用钢铁制品)都可以。这样的情况也占了进出口货物的很大一部分比例,因此企业在提供信息的时候,尽量连材料、成分也提供清楚,电器类产品说明电压、功率,汽车类产品说明是什么汽车用的、汽车排量等情况。

4. 靠后归类。当第3种情况中根据材料分有2个或者几个编码都合适的时候,优先选择编码靠后的,如上面举的铁衣架的例子,应该选择73269090。

5. 模糊归类,(又叫最接近归类法)。随着科技的日新月异,大量的新型产品不断出现,经常有无从下手的感觉,只好先根据用途找最接近的,再按照材料找最接近的。遇到这种问题,无论是进出口商或者报关公司甚至海关、都无法敢说自己是完全正确的,最好有丰富报关经验的专业报关公司利用其丰富的报关知识和良好的社会关系,报关时才能省事。

关于归类还经常出现很多纠纷和麻烦,这种情况实际上是由于进出口公司业务员或者报关公司相关员工甚至海关关员工各自对于商品归类的理解不一样而造成的。如某种产品是个玻璃制的带有刻度的玻璃杯,外面包裹着6条不锈钢制的钢条起固定作用,钢条上连着一个塑料的把手,把水装进玻璃杯里烧开冲咖啡用或者连咖啡带水一起烧。首先按照具体列名原则归类,找不到完全一致的编码;然后按照用途也无法找到具体列明的归类;最后按照成分,在玻璃制品里发现有个70139900[其他玻璃制餐桌、厨房用玻璃器皿(杯子、玻璃陶瓷制的除外)],这个归类既符合成分归类法,又符合用途归类法,于是报关,但被海关关员退单,理由玻璃外面还有不锈钢条,而不锈钢条的价值高于玻璃,应该归入餐桌、厨房等家用不锈钢器具73239300。

3.5 商品归类的简易方法

根据《协调制度》中所包含的"归类总规则"的规定,各类的注释及各章的章注释和部分章中的子目注释内容,以及其特定意义,本节提供一种简易的归类方法,并对每一种归类方式的特定含义、采用顺序、使用技巧及应用实例进行介绍,以便读者能够尽快将所需归类的商品转化为与《进出口税则》相吻合的商品归类语言。

3.5.1 列名优先原则——有列名归列名

本书所述"有列名"是指《进出口税则》中税（品）目条文或者子目条文中列名具体或比较具体的商品名称，即商品表现出的特征与商品归类的语言基本吻合。例如：

- 已冲洗并已配音的供教学用的 35 毫米电影胶片（税号 3706.1010）；
- 规格及形状适于安装在船舶舷窗上的安全玻璃（税号 7007.1110）；
- 功率为 80 瓦的吊扇（税号 8414.5110）。

这其中包括"归类总规则"规则二（1）所示的：在进出口时具有完整品或制成品的基本特征的，该项商品的不完整品或未制成品，例如：

- 缺少四个轮子的高尔夫球车（税号 8703.1000）；
- 缺少鞍座的山地自行车（税号 8712.0030）；
- 未喷漆的自行车架（税号 8714.9100）；
- 缺少螺钉的塑料制眼镜架（税号 9003.1100）；

已剪裁成型未缝制的机织面料分指手套（税号 6216.0000）。

以及这些商品的拆散件及成套散件（SKD-成套部件，CKD-成套散件），例如：

- 高速摄影机成套散件（税号 9007.1910）；
- 机动游览船成套部件（税号 8901.1010）；
- 尚未焊接装配的成套心电图记录仪（税号 9018.1100）。

还包括《归类总规则》规则二（2）所示的：某种材料或物质与其他材料或物质混合或组合的物品，但不得改变原来材料或物质构成货品的基本特征的。例如：

- 加碘的食用盐（税号 2501.0011）；
- 加糖的牛奶（税号 0402.9900）；
- 加有着色剂的砂糖（税号 1701.9910）；
- 皮革制分指手套、口上镶有兔毛皮装缘条（税号 4203.2990）。

通过上述例子，我们不难理解"有列名"是由品目条文及子目条文所组合而成的商品名称，已完整或者基本描绘出我们进行归类的进出口商品的特征，商品列名已经具体显示出实际商品的特征。由此，根据"归类总规则"规则三（1）所示，列名比较具体的税（品）目，优先于列名一般的税（品）目，即本书所称的"列名优先原则"。列名优先原则是进出口商品归类的第一原则，也是首选的归类方法。

因此，在我们进行商品归类时，首先要根据所归类商品的特征，如商品的主要成分（材料）、加工方式、规格、用途、等级、包装方式、功能作用等进行综合分析，再根据分析结果找出其相适合的品目，最后以"列名优先"的原则进行归类：

例 1 纯棉妇女用针织紧身胸衣，归类步骤如下：

1. 商品分析

成分：纯棉

用途：妇女用

加工方式：针织

品名：紧身胸衣

2. 品目归类

根据对成分及加工方式的分析，可能会轻易地将该项商品归入第六十一章"针织或钩编的服装及衣着附件"但仔细阅读第六十一章章注释二（一），可以发现本章不包括62.12品目的商品（62.12品目条文"胸罩、束腰带、紧身胸衣、吊裤带、吊袜带……"）因此，可以初步将"紧身胸衣"归入62.12品目。

3. 简易方法适用

根据"列名优先"的原则，查看62.12品目中所包含的子目6212.3090，可以看出，该税号符合所需归类商品的特定意义——棉制（不是其他材料制）束腰胸衣（即紧身胸衣）。因此，"纯棉妇女用针织紧身胸衣"应归入税号6212.3090。

例2 人工肾，归类步骤如下：

1. 商品分析

功能作用：人工肾，显然是指能够起到替代人体肾脏功能的液体过滤、分离的机器，即肾脏的透析设备，因此，应属于医疗器械、设备类。

2. 品目归类

根据该设备的特点，查阅《进出口税则》，第九十章标题为"……医疗或外科用仪器及设备……"，应该在本章内查找适当品目。90.18品目条文为"医疗、外科、牙科或兽医用仪器及器具……"。因此，可以将该商品归入此品目。

3. 简易方法适用

根据"列名优先"的原则进行查找，子目9018.9040税目条文所述内容为"肾脏透析设备（人工肾）"，"人工肾"即归入此税号。

例3 葵花子油渣饼，归类步骤如下：

(1) 商品分析

成分：葵花子

商品特征：葵花子油渣饼，即葵花子榨油后所剩残渣压成的饼状货品

品名：油渣饼

(2) 品目归类

根据该商品的特点，葵花子油渣饼，显然仅是由葵花子经榨取油后所剩的残渣构成，葵花子中其他有用成分并未提取。所以，其油渣仍具有利用价值。通观《进出口税则》，第二十三章标题为"食品工业的残渣及废料……"。而葵花子榨取葵花油的加工过程，亦符合食品工业的范畴，因此，可初步将"油渣饼"归入本章。查阅本章各品

目，品目 23.06 所示"税目 23.04 或 23.05 以外的提炼植物或微生物油所得的油渣饼及其他固体残渣……"因此，"葵花子油渣饼"应归入本品目。

（3）简易方法适用

根据"列名优先"的原则，子目 2306.3000 条文为"葵花子的"，应将其归入本税号。

3.5.2 没有列名归用途

所谓没有列名，是指所需归类商品的语言不能与《进出口税则》中品目、子目条文所列名的内容相吻合。在这种情况下，应将归类方法顺序转为第二种方法——按用途归类的方法，即按照该商品的主要用途进行归类。该归类方法应从对商品的用途分析入手，使之产生《进出口税则》所认可的语言。这种方法特别适用所归类商品已构成商品的基本特征的各类商品，如动植物类机器、电气、仪器仪表类。

例 1 盥洗用醋（美容盥洗用，带香味），归类步骤如下：

（1）商品分析

成分：醋、香味剂。

用途：盥洗用。

（2）品目归类

根据成分和用途，该种醋可能会被归入税号 2209.0000："醋及用醋酸制得的醋代用品"。根据海关总署关税征管司编写的《进出口税则商品及品目注释》（2022 年版）注释：醋及其代用品可用于食物的调味和腌制……也可用调味香料增加香味。同时注明：本品目不包括品目 33.04 的"洗用醋"。显然，盥洗用醋应当归入品目 33.04。

（3）简易方法适用

查阅品目 33.04 条文，并没有具体的"盥洗用醋"列名。此时，应当按照没有列名归用途的方法进行归类。根据该商品最大的用途特征为：盥洗用，也就是保护皮肤用，将其归入"护肤品"，即税号 3304.9900。

例 2 弦乐乐器弦（羊肠线制），归类步骤如下：

（1）商品分析

成分：羊肠线。

用途：由羊肠线制成的，弦乐乐器用的琴弦。

（2）品目归类

根据对成分及用途的分析，可知羊肠线的用途非常广泛。其可以编织羽毛球、网球球拍，也可以制成机器零件，以及弦乐乐器用的琴弦、外科缝合线等。查阅品目 42.06，"肠线"已有具体列名。若我们所需归类的商品仅为"肠线"，因其归类语言与子目条文非常吻合，即可按列名优先的原则，归入税号 4206.0000。但是，现在我们需要归类的商品是"由羊肠线制成的弦乐乐器用的琴弦",而不是"肠线",也就是子目4206.0000条文与商品归类语言不相吻合,所以,不能将"由羊肠线制成的弦乐乐器用的琴弦"归入税号4206.0000。根据第四十二章章注释一(一)、(九)所示,该商品按用途归入品目92.09。

(3)简易方法适用

根据没有列名归用途的归类方法,将其归入子目9209.3000。子目9209.3000条文虽然仅表现为"乐器用的弦",但是其中包括各类材料制成的乐器用弦,如羊肠线、丝、钢丝、合金丝、化学纤维单丝等。因此,应将羊肠线制成的弦乐乐器的琴弦归入税号9209.3000。

该例题说明,第四十二章及第九十二章均有"肠线""乐器用的弦"等具体列名,但是前者与需要归类的商品,即商品归类语言不相吻合,因此,不能将羊肠线制成的弦乐乐器用的琴弦归入第四十二章。第九十二章包括的"乐器用的弦",在表面上看似与需要归类的商品归类语言不完全吻合,但是根据列名具体优先于列名一般的原则,"乐器用的弦"已经比"肠线"更加具体,也就是商品归类语言与子目条文基本吻合。

例3 含有中草药的牙膏,归类步骤如下:

(1)商品分析

成分:含有中草药的原药或者提取的有效成分。

特征:比普通牙膏增加了护齿、洁齿功能。

(2)品目归类

通过对该商品的分析可以得知,虽然该种牙膏比普通牙膏增加了中草药的成分,但是其主要的成分及其功能并没有发生改变,仍然为护齿、洁齿品。因此,尽管该种牙膏增加了中草药的成分,也不可能具备医疗功能,则不能将其归入药品类,而只能根据其基本的用途归入相应品目。第三十三章为"……芳香料制品及化妆盥洗品"。牙膏应属于"盥洗品"类,所以应在该章查找出相应的品目。品目33.06为"口腔及牙齿清洁剂……",牙膏应属于"牙齿清洁剂"类,所以应归入该品目。

(3)简易方法适用

虽然品目33.06显示为"口腔及牙齿清洁剂……",但是,在其所包含的子目中并没有明确列名"含有中草药的牙膏",根据没有列名归用途的归类方法,在品目33.06中查找相适应的子目,"含有中草药的牙膏"归入税号3306.1010。不能根据该商品的"成分",将其错误地归入第三十章。

例4 卫生纸巾(用肥皂、医用酒精浸渍;零售包装,每包20片),归类步骤如下:

(1)商品分析

成分:纸、肥皂、酒精。

加工方式：用肥皂、医用酒精浸渍。

包装方式：零售包装，每包20片。

用途：可以清洁人体及其他物品。

(2) 品目归类

通过以上分析得知，该商品虽然是以纸为主要成分的纸巾，但它不同于一般的餐巾纸、卫生纸、口纸等纸制品。其主要原因是该商品的加工方式是在已形成一定规格的纸制品的基础上，增加了清洁、消毒功能。在消毒剂的选用上，采用了适用于人体的医用酒精，在包装上采用零售形式包装。故不应当将该商品简单地归入第四十八章"纸及纸板；纸浆、纸或纸板制品"。而应从其特定的用途入手，将其归入带有清洁、消毒，并且可以不通过水冲洗即可达到清洁、消毒目的的商品。根据《进出口税则》，第三十四章为"肥皂、有机表面活性剂、洗涤……"，该商品中含有肥皂成分，可以在该章内查找与之相适应的品目，其中品目34.01为"肥皂……用肥皂或洗涤剂浸、涂面或包覆的纸"。品目34.01条文所包含的内容与该商品的归类语言基本吻合，所以应将其归入该品目。

(3) 简易方法适用

"卫生纸巾"在《进出口税则》34.01品目或其他品目中均没有具体列名，根据没有列名归用途的归类方法，以该商品的主要用途特征，在品目34.01中查找相适应的子目，"卫生纸巾"可归入税号3401.3000。根据商品成分和用途，不得将其归入第四十八章。

例5 汽车水温表，归类步骤如下：

(1) 商品分析

用途：测量汽车冷却循环水温度专用的仪表

商品特征：在汽车显著位置采用指针方式显示变化的温度

(2) 品目归类

根据对仪表的分析得知，该仪表的安装目的是显示汽车冷却循环水的变化温度，使用范围为各种汽车。很显然，该仪表是安装在车身上的仪表，因此，初学者很容易将其归入汽车的零配件中。但是，通过对该商品的分析得知，该商品自身的特征已完整地表现出温度仪表的基本特征，其主要功能是测量温度并显示出对应的温度值，已经属于通用型仪表。因此，不可将其归入汽车的零配件中。《进出口税则》第九十章为"光学……计量、检验、医疗或外科用仪器及设备……"，"汽车水温表"属于仪表范畴，所以应当归入本章。查找本章各品目，品目90.25为"……温度计、高温计……"，因此，应将其归入本品目。

(3) 简易方法适用

"汽车水温表"在《进出口税则》90.25品目或其他品目中均没有具体列名，根据没有列名归用途的归类方法,以该商品的主要用途、功能特征,在品目90.25中查找相适应的子目,"汽车水温表"归入税号9025.1100。根据商品特征和用途,不得将其归入第八十七章。

3.5.3 没有用途归成分

成分一般是指化合物或组合物中所含有物质(元素或化合物)的种类。"没有用途归成分"的归类方法,是指当某种商品的归类语言无法与《进出口税则》相吻合,既没有具体列名,用途特征也不明显时,应依顺序按其主要"成分"归类。也就是要按照"归类总规则"二(2)、三(3)所示规则进行归类,并且应当按照"列名""用途""成分"归类方法的先后顺序归类。

按照"成分"归类时,应充分理解"归类总规则"中关于材料或物质的定义。"税目中所列材料或物质,应视为包括该种材料或物质与其他材料或物质混合或组合的物品。税目中所列某种材料或物质构成的货品,应视为包括全部或部分由该种材料或物质构成的货品。""混合物,不同材料构成或不同部件组成的组合物以及零售的成套货品,如果不能按照规则三(1)归类时,在本款可适用的条件下,应按构成货品基本特征的材料或部件归类。"

在实际操作中,可以按照成分归类的商品基本分为两大类:

其一,由某种材料制的商品。如针叶木制、阔叶木制、钢铁制、铝制、铜制、塑料制、纸制、化学纤维制、天然动物纤维制、天然植物纤维制等,对于这一类的商品,应当理解为完全由该类物质加工而成,或以该类物质占有绝对比例的物质构成,如木制门窗、钢铁制螺母、塑料制螺母、铝制牛奶桶、化纤制香烟过滤嘴等。

其二,按重量计含有某种材料与其他材料混合的制成品。如:

女式针织毛衣(按重量计,含羊毛70%、兔毛20%、腈纶10%);

含铅99.9%、含银0.01%、含其他金属0.09%的精炼铝;

按重量计含棉90%、含化学短纤维10%的棉纱线。

但是,在运用该方法归类时,不可乱"列名""用途""成分"三者的先后顺序,而应按序使用。也就是在"列名""用途"的归类方法无法找到正确答案时,才能使用按"成分"的方法归类,而不可将按"成分"的归类方法,优先于其他两种方法使用。如塑料制中国象棋,若未按先后顺序选择使用归类方法,而优先选择按材料归类,即会产生错误的商品归类语言,误将其归入第三十九章"塑料制品"。正确方法应按"列名优先"的原则,将其归入税号9504.9030。又如不锈钢制外科手术用锯,经对其分析得知,该商品的最大特征是外科手术时所使用的锯。虽然结构与普通钳工所使用的锯相同,但其加工工艺材料又不同于普通钳工锯。若按序列一"列名优先"的原则进行选择时,很可能会归入税号8202.1000。但是,税号8202.1000条文显示的是"手工锯",

与需要归类的商品不相吻合，也就是子目条文与商品归类语言不相吻合。若按序列三"归成分"的方法进行选择时，仍会将其错误归入税号8202.1000。若按序列二"归用途"的方法进行选择时，会将其正确归入税号9018.9090。从而可知，简易商品归类方法的适用，必须按照"列名""用途""成分"的先后顺序进行，千万不可颠倒。否则，将无法产生正确的归类，也就是无法产生子目条文与商品归类相吻合的语言。

例1 一次性纸制厨师帽，归类步骤如下：

（1）商品分析

成分：纸。

特征：一次性使用

品目：厨师帽。

（2）品目归类

通过对商品的分析得知，该项商品是由纸制成的，并且是供厨师一次性使用的专用帽子。《进出口税则》中包含各种帽类的章分别是第四十八章的"纸制衣着附件"、第六十三章的"旧帽类"、第六十八章的"石棉制的帽类"及第九十五章的"玩偶帽类或狂欢节用的帽类"。"一次性纸制厨师帽"在以上各章均无具体列名，所以不能依序列一"列名优先"的方法归类。依次按序列二"按用途"归类。由于该商品的用途特征仅为"厨师用的帽子"，显然已经显示出该商品的专用性特征，但其中缺少"成分"内容，所以，并未完全表达出需要归类的商品全部定义，也就是归类语言不完整。再依次按第三顺序"按成分"归类。该商品的成分为纸，这时商品归类语言可以表述为用纸制成的厨师用的帽子。我们需要归类的商品是"一次性纸制厨师帽"，其与"用纸制成的厨师用的帽子"之间的区别，仅仅在于是否是一次性使用。一次性使用或者多次性使用，只是使用方法问题，并且"归类总规则"中并没有关于商品进出口后使用方式的限定，因此，应当忽略不计。根据"一次性纸制厨师帽"的特定含义可知，该帽子应该是与厨师的职业服装同时使用的，因此，应将其归入纸制的衣着附件类。根据第四十八章章注释二（十一）：本章不包括第六十四章或第六十五章的物品，可以在第四十八章中查找与之相适应的品目，即品目48.18"纸……制的……衣服及衣着附件"。因此，"一次性纸制厨师帽"应该归入该品目。

（3）简易方法适用

根据"列名""用途""成分"的先后顺序，"一次性纸制厨师帽"应该以其成分归类，归入纸制品类。查找品目48.18，"一次性纸制厨师帽"应归入税号4818.5000。

例2 混纺毛华达呢（按重量计含精梳羊毛95%、涤纶短纤纤维5%，每平方米重185克）归类步骤如下：

（1）商品分析

成分：精梳羊毛95%、涤纶短纤纤维5%。

规格:每平方米重 185 克。

品名:混纺毛华达呢。

(2) 品目归类

通过对商品的分析得知,该商品的主要成分是天然动物纤维——精梳羊毛,化学纤维——涤纶短纤纤维仅占次要成分。前面已述,对于纺织品的归类非常适合按"成分"进行归类的方法,也就是纺织品或者纺织制成品的归类,应以其成分或原材料为主要归类依据,然后再选择与之相适应的章、品、子目进行归类。根据"混纺毛华达呢"的主要成分是精梳羊毛的这一特征,应将其归入第五十一章"羊毛、动物细毛或粗毛;马毛纱线及其机织物"。然后,选择品目 51.12 "精梳羊毛或精梳动物毛的机织物"。

(3) 简易方法适用

采用按"成分"归类的方法,依据对商品的上述分析及初步品目归类的结果,根据该商品的规格特征——每平方米重 185 克,成分特征——精梳羊毛 95%、涤纶短纤纤维 5%,查阅品目 51.12,可以发现与该商品有关的子目如下。其一,一杠子目:按重量计羊毛或动物细毛含量在 85% 及以上;其二,该一杠子目下的二杠子目:每平方米重量不超过 200 克。从表面上看,"混纺毛华达呢(按重量计含精梳羊毛 95%、涤纶短纤纤维 5%,每平方米重 185 克)"应归入税号 5112.1100。但是,我们可以通过如下分析得知该答案是错误的。上述"一杠子目"所包含的内容有两个:① 按重量计羊毛或动物细毛含量在 85% 及以上,并且与其他纺织材料(但化学纤维长丝、短纤除外,因为其均有本身的一杠子目权码进行限定)混纺的机织物;② 每平方米重量不超过 200 克或其他克重。根据"归类总规则"的规定,该一杠子目权码所限定的内容不能取缔其他两个一杠子目权码所限定的内容。同时,根据列名具体优先于列名一般的归类原则,子目 5112.3000 "其他,主要或仅与化学纤维短纤混纺",明显具体于子目 5112.1000。因此,上述答案是错误的,应将其正确归入税号 5112.3000。

总之,进出口商品归类可以遵循以下的简单原则:有列名归列名;没有列名归用途;没有用途归成分;没有成分归类别;不同成分比多少,相同成分要从后。

【能力提升】

一、简答题

1. HS 制度协调了哪两套国际通用的商品分类编码标准?它有什么优点?
2. 我国《进出口税则》中,税率的确定遵循哪些原则?
3. 在使用归类总规则的时候应特别注意哪两点?
4. 归类总规则具体包括哪几条规则?

二、案例讨论题

进出口货物归类实践

一般来说,一套自动控制设备由三个部分组成,即感应部分、主机部分、执行部分。感应部分用于获取外部的实际数据,并传回主机,一般由一些传感器组成,主机部分用于对数据进行分析并和设定值比较,发出指令。执行部分对主机发出的指令进行具体操作,往往是一些马达、阀门等。当一套自动控制设备整体出口时,应归在9032当中,如上述部分单独出口,感应部分应归在自动控制设备的零件中,主机部分还是归在整机当中,而执行部分按其实际情况,马达按马达归类,阀门按阀门归类,等等。

在归类当中还有一些常用的经验。一般来说,像化工品出口,如果出口货物为纯净物的,则按具体成分来归类,但如果已制成化学制剂或制品,即使当中某种成分占比非常高,一般也是按照用途将其归入第三十八章相对应的化学制品税号。对于一些零售包装物品,税则书上一般对零售包装物品都有特别列名,像胶黏剂,零售包装的不论其成分全部归在3506.1000当中,而非零售包装的才按其成分归在3506的其他税号中。

正确对产品进行海关编码归类是个不断积累和学习的过程。相信只要我们认真学习、不断积累、扩大知识面,做到海关HS编码的基本准确归类还是可以的。

问题:

1. 本案例中"主机部分还是归在整机当中,而执行部分按其实际情况,马达按马达归类,阀门按阀门归类",这里运用了哪一项归类规则?为什么?
2. 根据上述归类实践案例,你认为报关员需要做哪些工作,才能准确归类?

第4章 关税及其他税费的计算

【导入案例】

国内某公司于2021年3月2日（周二）成功申报了一批进口西班牙产散装葡萄酒，经海关审核其成交价格总值为（CIF）到岸价境内某口岸32 640欧元，设1欧元=7.783元人民币，海关于当日填发了税款缴款书，纳税义务人于3月22日缴纳了税款。分别计算关税、消费税、增值税、滞纳金。

讨论题

1. 关税、消费税、增值税、滞纳金分别应如何计算？
2. 海关为什么要对进口货物征收关税、代征增值税、消费税？
3. 报关员在申报进口这批散装葡萄酒时应遵循哪些职业道德？

4.1 进出口税费概述

进出口税费是指在进出口环节中，依据《海关法》《关税条例》及其他有关法律、行政法规，由海关征收的关税、消费税、增值税、船舶吨税等税费。

4.1.1 关税

1. 关税的含义

关税是由海关代表国家，按照国家制定的关税政策和公布实施的税法及进出口税则，对进出关境的货物和物品征收的一种流转税。

关税是国家税收的重要组成部分，是国家中央财政收入的重要来源，也是世界贸易组织允许缔约方保护其境内经济的一种手段。

关税的起征点为人民币 50 元，低于 50 元的免征。

2．关税的要素

关税征税主体：行使征收关税职能的国家机关是中华人民共和国海关。

关税征收对象：进出一国关境的货物或物品。

关税纳税义务人：进口货物的收货人、出口货物的发货人、进出境物品的所有人是关税的纳税义务人。跨境电子商务零售进口商品，消费者（订购者）为纳税义务人。

3．关税的分类

关税可以按照不同的划分依据来进行分类。目前关税的划分依据主要包括货物的流向、计征标准或计税方法、是否施惠和是否根据《进出口税则》征收四种。

（1）按照货物的流向，可分为进口关税、出口关税和过境关税；

（2）按照计征标准或计税方法，可分为从价税、从量税、复合税、滑准税。

从价税：

关税税额 = 完税价格 × 从价关税税率

进口关税税额 = CIF × 进口从价关税税率

＝［CFR（成本加运费）/（1 − 保险费率）］× 进口从价关税税率

出口关税税额 =［FOB（离岸价格）/（1 + 出口关税税率）］× 出口关税税率

我国对进出口货物主要采用从价税计征。

从量税：

关税税额 = 完税数（重）量 × 进（出）口从量关税税率

复合税：

关税税额 = 完税价格 × 进口关税税率 + 完税数（重）量 × 进口从量关税税率

我国仅对少数进口货物采用复合税。

滑准税：

$Ri = 9.45/Pi + 2.6\% \times Pi - 1$

目前，滑准税仅适合于关税配额外的棉花，当进口棉花完税价格 ≥ 15.000 元/千克时，按 0.300 元/千克计征从量税；当进口棉花完税价格 < 15.000 元/千克时，按上述公式计算暂定从价税率，计算结果保留 3 位小数，最高值取值 40%。

（3）按照是否施惠，可分为普惠税率、优惠关税。优惠关税一般有最惠国待遇关税、协定优惠关税、特定优惠关税、普遍优惠关税四种。我国是发展中国家，对进口货物不存在普惠税率。

（4）按照是否根据《进出口税则》征收，分为正税和附加税。正税是按照关税税则中法定的税率征收的进口税。附加税包括反倾销税、反补贴税、保障措施关税、报复性关税等。我国目前征收的进口附加税主要是反倾销税，征收的税额不超出倾销幅度。

4．关税税率设置

（1）进口关税税率

我国对进口关税设置最惠国税率、协定税率、特惠税率、关税配额税率、普通税率等。

① 从价方式税率设置，包括最惠国税率、协定税率、特惠税率、关税配额税率、普通税率、暂定税率以及附加关税税率。附加关税税率包括反倾销税率、反补贴税率、保障措施关税率、报复性关税率、紧急关税率等。

② 从量方式税率设置，包括目前我国对整鸡及鸡产品、啤酒、石油原油、胶片等进口商品征收从量税。

③ 复合关税税率设置，仅针对进口货物。我国目前对进口价格高于 2 000 美元的磁录像机、磁带放像机，对进口价格高于 5 000 美元的非特种用途电视摄像机、非特种用途数字照相机、非特种用途摄录一体机等进口商品设置了复合计征关税方式。

（2）出口关税税率

国家对少数出口货物征收出口关税，在正常的出口关税税率基础上，对其中部分出口物还施行暂定出口税率，有暂定税率的优先执行暂定税率。

我国目前对出口货物均以从价方式计征关税。

4.1.2 进口环节代征税

进口货物、物品在办理海关手续放行后，进入国内流通领域，与国内货物同等对待，需缴纳应征的国内税。进口货物、物品的国内税依法由海关在进口环节征收。目前，进口环节海关代征税主要有增值税、消费税两种，其中增值税征收采用从价计征方式，消费税征收采用从价、从量、复合三种计征方式，不同的应征消费税商品的计税方式均有明确的规定。多数进口商品仅仅涉及关税及进口环节增值税，少数特定范围的商品同时征收消费税。同一种商品同时征收关税及进口环节增值税和消费税，先计算关税（如有附加关税也先于进口环节代征税计算），后计算进口环节消费税，最后计算进口环节增值税。

1. 进口环节增值税

（1）含义

增值税是以商品的生产、流通和劳务服务各个环节所创造的新增价值为课税对象的一种流转税。进口环节增值税是在货物、物品进口时，由海关依法向进口货物的法人或自然人征收的一种增值税。

我国采用并全面推行国际通行的增值税制，有利于促进专业分工与协作，体现税负的公平合理性，稳定国家财政收入，同时也有利于出口退税的规范操作。

（2）征纳规定

进口环节增值税由海关（租赁进口飞机增值税征收除外）依法向进口货物的法人或自然人征收，其他环节的增值税由税务机关征收。在中华人民共和国境内销售货物或者提供加工、修理修配劳务及进口货物的单位或者个人,为增值税的纳税义务人,应当依照《中华人民共和国增值税暂行条例》,为增值税的纳税义务人。进口货物由纳税义务人(进口人或者其代理人)向海关申报纳税。进口环节增值税税率的调整及增值税的免税、减税项目由国务院规定,任何地区、部门不得规定免税、减税项目。进口环节增值税的起征点为人民币50元,低于50元的免征进口环节增值税,适用关税征收管理的规定。

进口环节增值税组成计税价格中包含关税税额和消费税税额(不征收消费税的,消费税为零)。

应纳税额＝增值税组成计税价格×增值税税率

其中:

增值税组成计税价格＝关税完税价格＋关税税额＋消费税税额

(3) 征收税率及其范围

在我国境内销售货物(销售不动产或免征的除外)或提供加工、修理修配劳务以及进口货物的单位和个人,都要依法缴纳增值税。在我国境内销售货物,是指所销售的货物启运地和所在地都在我国境内。

我国增值税的征收原则是中性、简便、规范,采取基本税率再加一档低税率的征收模式。适用基本税率(13%)的范围是指纳税人销售或者进口除适用低税率的货物以外的货物,以及提供加工、修理修配劳务。

适用低税率(9%)的范围是指纳税人销售或者进口下列货物:农产品(含粮食)、自来水、暖气、石油液化气、天然气、食用植物油、冷气、热水、煤气、居民用煤炭制品、食用盐、农机、饲料、农药、农膜、化肥、沼气、二甲醚、图书、报纸、杂志、音像制品、电子出版物。

2. 进口环节消费税

(1) 含义

消费税是以消费品或消费行为的流转额作为课税对象而征收的一种流转税。我国是在对货物普遍征收增值税的基础上,选择少数消费品再予征收的税。消费税的目的是调节我国的消费结构,引导消费方向,确保国家财政收入。进口环节消费税是在货物、物品进口时,由海关依法向进口货物的法人或自然人征收的一种消费税。

(2) 征纳规定

在中华人民共和国境内生产、委托加工和进口《中华人民共和国消费税暂行条例》(以下简称《消费税暂行条例》)规定的消费品(以下简称应税消费品)的单位和个人以及国务院确定的销售《消费税暂行条例》规定的消费品的其他单位和个人,为消费税纳税义务人。我国的消费税由税务机关征收,进口的应税消费品的消费税由海关代征,纳税义务人(进口人或者其代理人)在报关进口时向报关地海关申报纳税。进口环节消费税的税目、税率,依照《消费税暂行条例》所附的"消费税税目税率表"执行。消费税税目、税率的调整,由国务院决定。进口环节消费税的起征点为人民币50元,低于50元的免征。进口环节消费税的征收管理,适用关税征收管理的规定。进口至我国的应税消费品的消费税,根据商品的不同有从价定率、从量定额及从价定率和从量定额的复合计税三种计征方式,计算时需要根据具体的应税商品选择正确的计税方法。不属于应征消费税征收范围的,无须进行消费税计算。

① 从价定率方式计算公式

消费税应纳税额 = 消费税组成计税价格 × 消费税比例税率

其中:

消费税组成计税价格 = 关税完税价格 + 关税税额 + 消费税税额
　　　　　　　　　= (关税完税价格 + 关税税额) ÷ (1 - 消费税比例税率)

② 从量定额方式计算公式

消费税应纳税额 = 应征消费税进口数量 × 消费税定额税率

目前,我国对啤酒、黄酒、成品油、生物柴油等进口商品实行从量计征方式。

③ 复合计税方式计算公式

消费税应纳税额 = 消费税组成计税价格 × 消费税比例税率 + 应征消费税进口数量 × 消费税定额税率

其中:

消费税组成计税价格 = (关税完税价格 + 关税税额 + 应征消费税进口数量 × 消费税定额税率) ÷ (1 - 消费税税率)

目前,我国对香烟及白酒、威士忌、白兰地等烈性酒等进口商品实行复合计税方式。应缴税款是从价定率与从量定额方式应缴税款的总和。

(3) 征收范围

消费税的征收范围,主要是根据我国经济社会发展现状和现行消费政策、人民群众的消费结构以及财政需要,并借鉴国外的通行做法确定的。消费税的征收仅限于少数消费品。应税消费品大体可分为以下四种类型:

① 一些过度消费会对人的身体健康、社会秩序、生态环境等方面造成危害的特殊消费品,如烟、酒、鞭炮、焰火、电池、涂料等;

② 奢侈品、非生活必需品,如贵重首饰及珠宝玉石、化妆品等;

③ 高能耗消费品,如小轿车、气缸容量250毫升以上的摩托车等;

④ 不可再生和替代的资源类消费品,如汽油、柴油等。

4.1.3　船舶吨税

按照《中华人民共和国船舶吨税法》的规定,自中华人民共和国境外港口进入境内港口的船舶，应当缴纳船舶吨税。

1. 含义

船舶吨税（简称吨税）是由海关在设关口岸对自中华人民共和国境外港口进入境内港口的船舶征收的一种使用税，是对船舶使用港口助航设施征收的税款。征收吨税的目的是用于航道设施的建设。

2. 征收规定

（1）计征规定

吨税按照船舶净吨位（船舶吨位证明书上标明的净吨位）和吨税执照期限（按照公历年、日计算的期间，分1年、90天与30天期缴纳三种）征收。应税船舶负责人在每次申报纳税时，可以自行选择申领一种期限的吨税执照。定期班轮选择1年期吨税期限为宜，单航程租船运输多选择30天期限缴纳吨税。

吨税纳税义务发生时间为应税船舶进入港口的当日。其中，进境后抵达锚地的，以船舶抵达锚地之日起计算；进境后直接靠泊的，以靠泊之日起计算。应税船舶在吨税执照期满后尚未离开港口的，应当申领新的吨税执照，自上一次执照期满的次日起续缴吨税。应税船舶在吨税执照有效期间进入境内其他港口的，免于缴纳吨税。

（2）税率设置

吨税的税目、税率依照"吨税税目税率表"执行，如表4-1所示。吨税设置普通税率和优惠税率。中华人民共和国国籍的应税船舶，船籍国（地区）与中华人民共和国签订含有相互给予船舶税费最惠国待遇条款的条约或者协定的应税船舶，适用优惠税率。其他应税船舶，适用普通税率。

表4-1 吨税税目税率表

税目 （按船舶净吨位划分）	税率(元/净吨)						备注
	普通税率 （按执照期限划分）			优惠税率 （按执照期限划分）			
	1年	90天	30天	1年	90天	30天	
不超过2 000净吨	12.6	4.2	2.1	9.0	3.0	1.5	1. 拖船按照发动机功率每千瓦折合净吨位0.67吨； 2. 无法提供净吨位证明文件的游艇，按照发动机功率每千瓦折合净吨位0.05吨； 3. 拖船和非机动驳船分别按相同净吨位船舶税率的50%计征税款。
超过2 000净吨，但不超过10 000净吨	24.0	8.0	4.0	17.4	5.8	2.9	
超过10 000净吨，但不超过50 000净吨	27.6	9.2	4.6	19.8	6.6	3.3	
超过50 000净吨	31.8	10.6	5.3	22.8	7.6	3.8	

选用适用税率时根据"吨税税目税率表"中船舶净吨位与 1 年期、90 天期和 30 天期对应的优惠税率或普通税率交叉点确定。应税船舶在吨税执照期限内,因税目税率调整或者船籍改变而导致适用税率变化的,吨税执照继续有效。因船籍改变而导致适用税率变化的,应税船舶在办理出入境手续时,应当提供船籍改变的证明文件。

(3) 计税公式

船舶吨税税额 = 船舶净吨位 × 适用税率(元/净吨)

其中,船舶净吨位按照船舶吨位证明书上标明的净吨位确定。适用税率按照"吨税税目税率表"确定。

特殊情形下的净吨位确定:

(1) 应税船舶在吨税执照期限内,因修理、改造导致净吨位变化的,吨税执照继续有效。应税船舶办理出入境手续时,应当提供船舶经过修理、改造的证明文件。

(2) 应税船舶为拖船或无法提供净吨位证明文件的游艇的,应税船舶负责人还应提供发动机功率(千瓦)等相关材料。其中,对申报为拖船的,应按照发动机功率每 1 千瓦折合净吨位 0.67 吨进行折算;对申报为游艇的,按照发动机功率每 1 千瓦折合净吨位 0.05 吨进行折算。

3. 吨税执照申领

应税船舶负责人应通过"互联网+海关""国际贸易单一窗口"等海关一体化网上办事平台登录"海关船舶吨税执照申请系统",录入并向海关发送船舶吨税执照申请信息,如实填写"船舶吨税执照申请书",同时应当交验如下证明文件:船舶国籍证书或者海事部门签发的船舶国籍证书收存证明,船舶吨位证明。由海关审核确定吨税金额。

在吨税执照有效期内的应税船舶,应税船舶负责人可选择申请验核船舶吨税执照电子信息。选择验核执照电子信息的,海关运输工具管理系统将予以自动验核;未选择验核吨税执照电子信息的,应税船舶负责人需要提交纸质船舶吨税执照。海关确认无误的,免于缴纳吨税。

4. 税款缴纳

吨税的缴款期限为自海关填发海关船舶吨税专用缴款书之日起 15 日内。缴款期限届满日遇周末等休息日或者法定节假日的,顺延至休息日或者法定节假日之后的第一个工作日。国务院临时调整休息日与工作日的,按照调整后的情况计算缴款期限。未按期缴纳税款的,从滞纳税款之日起,按日加收滞纳税款 0.5‰的滞纳金。吨税税款、滞纳金以人民币计算。

5. 免征吨税

免征吨税的情形如下:

(1) 应纳税额在人民币 50 元以下的船舶;

(2) 自境外以购买、受赠、继承等方式取得船舶所有权的初次进口到港的空载船舶;

（3）吨税执照期满后24小时内不上下客货的船舶；

（4）非机动船舶（不包括非机动驳船）；

（5）捕捞、养殖渔船；

（6）避难、防疫隔离、修理、终止运营或者拆解，并不上下客货的船舶；

（7）军队、武装警察部队专用或者征用的船舶；

（8）警用船舶；

（9）依照法律规定应当予以免税的外国驻华使领馆、国际组织驻华代表机构及其有关人员的船舶；

（10）国务院规定的其他船舶。

对于符合上述第（2）~（4）项免征吨税规定的应税船舶，应税船舶负责人应当向海关提供书面免税申请，申明免税的依据和理由。

对于符合上述第（5）~（10）项规定的船舶，应税船舶负责人应当向海关提供海事部门、渔业船舶管理部门或机构出具的具有法律效力的证明文件或者使用关系证明文件，申明免税的依据和理由。

6. 延长吨税执照期限

在吨税执照期限内，应税船舶发生下列情形之一的，海关按照实际发生的天数批注延长吨税执照期限：

（1）避难、防疫隔离、修理、改造，并不上下客货；

（2）军队、武装警察部队征用。

应税船舶负责人应当向海关提供海事、渔业船舶管理等部门或机构出具的具有法律效力的证明文件或者使用关系证明文件申请延长吨税执照期限。

7. 办理担保

（1）办理担保情形

① 申请先行申报。应税船舶到达我国境内港口前，应税船舶负责人经海关核准，可办理先行申报手续。

② 申请先行签发吨税执照。应税船舶负责人在缴纳船舶吨税前可申请先行签发船舶吨税执照。

以上情形，均应当向海关提供与其依法履行吨税缴纳义务相适应的担保。

（2）担保期限

船舶吨税担保期限一般不超过6个月，特殊情况需要延期的，应当经主管海关核准。应税船舶负责人应当在海关核准的船舶吨税担保期限内履行纳税义务。

（3）担保的财产、权利

① 人民币、可自由兑换货币；

② 汇票、本票、支票、债券、存单；

③ 银行、非银行金融机构的保函；
④ 海关依法认可的其他财产、权利。

8. 船舶吨税的补征和退还

海关发现少征或者漏征税款的，应当自应税船舶应当缴纳税款之日起 1 年内，补征税款。但因应税船舶违反规定造成少征或者漏征税款的，海关可以自应当缴纳税款之日起 3 年内追征税款，并自应当缴纳税款之日起按日加征少征或者漏征税款 0.5‰ 的滞纳金。

海关发现多征税款的，应当在 24 小时内通知应税船舶办理退还手续，并加算银行同期活期存款利息。应税船舶发现多缴税款的，可以自缴纳税款之日起 3 年内以书面形式要求海关退还多缴的税款并加算银行同期活期存款利息。应税船舶负责人或其代理人向海关申请退还税款及利息时，应当提交退税申请书及原船舶吨税缴款书和可以证明应予退税的材料。海关自受理退税申请之日起 30 日内查实并通知应税船舶办理退税手续或者不予退税的决定。应税船舶负责人或其代理人应当自收到海关准予退税的通知之日起 3 个月内办理退税手续。

4.1.4 跨境电子商务零售进口税

为促进跨境电子商务零售进口行业的健康发展，营造公平竞争的市场环境，海关总署依据相关法律法规以及相关政策规定，2018 年推出了海关总署第 194 号公告《关于跨境电子商务零售进出口商品有关监管事宜的公告》，对跨境电商海关监管事宜进行了进一步规范。同年，海关总署、税务总局发布《关于完善跨境电子商务零售进口税收政策的通知》，并于次年发布了 2019 年第 96 号《关于调整扩大跨境电子商务零售进口商品清单的公告》等政策文件。这些持续发布的相关公告或政策不断完善了跨境电子商务零售进口行业的规范要求。

1. 含义

跨境电子商务零售进口税是指海关对个人通过跨境电商平台购入《跨境电子商务零售进口商品清单》内且在限值以内的进口商品所征收的个人交易税额，是将关税、进口环节增值税和消费税进行合并征收。

纳入跨境电商进出口值统计的商品应当符合以下条件：

（1）跨境交易：中华人民共和国关境内与境外的企业或个人之间的交易。

（2）在线订单：订单为通过跨境电商交易平台（包括自建自营平台如独立站、第三方平台、综合平台等）达成并完成交易。跨境电商交易平台应当支持开放注册用户，可浏览展示商品，并下单购买。通过电话、传真或邮件方式订购的货物不属于在线订单范围。

（3）跨境物流：货物通过海关跨境电商进出口统一版系统、H2018 通关管理系统、快件通关管理系统申报放行，或通过邮递渠道进出境，实际跨境运输。

2. 征收规定

对跨境电子商务零售进口商品，海关按照国家关于跨境电子商务零售进口税收政策征收关税和进口环节增值税、消费税，完税价格为实际交易价格，包括商品零售价格、运费和保险费。跨境电子商务零售进口商品消费者（订购人）为纳税义务人。在海关注册登记的跨境电子商务平台企业、物流企业或申报企业作为税款的代收代缴义务人，代为履行纳税义务，并承担相应的补税义务及相关法律责任。代收代缴义务人应当如实、准确地向海关申报跨境电子商务零售进口商品的商品名称、规格型号、税则号列、实际交易价格及相关费用等税收征管要素。海关对符合监管规定的跨境电子商务零售进口商品按时段汇总计征税款，代收代缴义务人应当依法向海关提交足额有效的税款担保。海关放行后30日内未发生退货或修撤单的，代收代缴义务人在放行后第31日至第45日内向海关办理纳税手续。

跨境零售进口商品个人单笔交易限值人民币5 000元，个人年度交易限值人民币26 000元。在限值以内，关税税率暂设为零，进口环节增值税、消费税按法定应纳税额的70%征收；完税价格超过5 000元单次交易限值但低于26 000元年度交易限值，且订单下仅一件商品时，可以自跨境电商零售渠道进口，按照货物税率全额征收关税和进口环节增值税、消费税，交易额计入年度交易总额，但年度交易总额超过年度交易限值的，应按一般贸易管理。

3. 计算公式

跨境电商综合税计算公式如下：

跨境电商综合税 = 关税 + 进口环节增值税 + 消费税

以上这个公式不具备完全适用性，因为跨境电商综合税有限额优惠，限额内和限额外税额计算方式有所差异。

（1）优惠限额内

消费者单次购买商品的完税价格不超过5 000元限值，年度累计购买额在26 000万元以内时，采用以下公式计算：

跨境电商综合税 = 关税×0% +（进口环节增值税 + 消费税）×70%

例1　小明通过某跨境电子商务平台购买了4 800元的手表，小明应该缴纳的税额是多少？

小明购买的手表没有超过5 000元限额，免征关税，同时手表也不在消费税征收范围，因此消费税为零。

应缴税额 = 4 800 × 跨境电商综合税
　　　　 = 4 800 × 13% × 70%
　　　　 = 436.8元

（2）超过优惠限额

消费者单次购买商品的完税价格超过5 000元单次交易限值，但累加后低于26 000元年度交易限值，且订单下仅一件商品时，可以自跨境电商零售渠道进口，按照货物税率全额征收关税和进口环节增值税、消费税；完税价格超过5 000元单次交易限值，且累加后超过26 000元年度交易限值，且订单下仅一件商品时，应按一般贸易方式全额征收。均采用以下公式计算：

跨境电商综合税＝完税价格×关税税率＋法定计征增值税＋消费税

4.1.5 行邮税

1. 含义

行邮税是指海关对入境旅客携带《进境物品归类表》内的行李物品和个人邮递物品中，超出规定的数量但仍可被海关认定为个人自用的物品所征收的进口税。

自2016年4月8日起，我国开始实施跨境电子商务零售（企业对消费者，即B2C）进口税收政策，并同步调整行邮税政策。在该项政策实施之前，个人自用、合理数量的跨境电子商务零售进口商品在实际操作中按照邮递物品征收行邮税。行邮税针对的是非贸易属性的进境物品，将关税和进口环节增值税、消费税三税合并征收，税率普遍低于同类进口货物的综合税率。跨境电子商务零售进口商品虽然通过邮递渠道进境，但不同于传统非贸易性的文件票据、旅客分离行李、亲友馈赠物品等，其交易具有贸易属性，全环节仅征收行邮税，总体税负水平低于国内销售的同类一般贸易进口货物和国产货物的税负，形成了不公平竞争。为此，该政策将对跨境电子商务零售进口商品按照货物征收关税和进口环节增值税、消费税，同时对行邮税也做了调整。这两项政策的实施有利于支持新兴业态与传统业态、国外商品与国内商品公平竞争，提高市场效率，促进共同发展。

2. 征收规定

为了扩大进口和促进消费，更好地体现以人民为中心的发展理念，满足人民美好生活需要，经国务院批准，国务院关税税则委员会对进境物品进口税（俗称行邮税）进行了多次调整，依据2019年版《中华人民共和国进境物品进口税税率表》，行邮税税率分为三档，分别为13%、20%和50%。

适用于13%的物品包括书报、食品、金银、家具、玩具和药品。

适用于20%的物品包括运动用品（不含高尔夫球及球具）、钓鱼用品、纺织品及其制成品、电器等。

适用于50%的物品包括烟、酒、贵重首饰及珠宝玉石、高档手表、高档化妆品。

进境居民旅客携带在境外获取的个人自用、合理数量进境物品，总值不超过人民币5 000元（非居民旅客为2 000元），海关予以免税放行。如购买的物品价值超过人民币

5 000 元（非居民为 2 000 元），则对超出部分按行邮税征税。对不可分割的单件物品，全额征税。

3. 计算公式

行邮税 = 行李物品超出规定数量的物品（可分割）以外部分的完税价格 × 行邮税税率

行邮税 = 行李物品超出规定数量的物品（不可分割）的完税价格 × 行邮税税率

行邮税的起征点为人民币 50 元，低于 50 元的免征。

4. 税费计算例题

进出口货物完税价格、关税、进口环节代征税、滞纳金、船舶吨税、跨境电商综合税、行邮税一律以人民币计，采用四舍五入法计算至分。

以外币计价的完税价格，海关按照该货物适用税率之日所适用的计征汇率折合为人民币计算。

例 1 见导入案例讨论题 1。

计算程序：

（1）按照归类原则确定税则归类，将应税货物归入适当的税号；

（2）根据有关规定，确定应税货物的税率种类、计算方法和所适用的税率；

（3）根据审定完税价格办法的有关规定，确定应税货物的完税价格（进口 CIF 价进行调整）；

（4）根据汇率适用规定，将外币折算成人民币（完税价格）；

（5）按照计算公式正确计算关税税款；

（6）按照计算公式正确计算消费税税款、增值税税款；

（7）按照计算公式正确计算滞纳金。

解答：

（1）确定税则号列，葡萄酒归类在 2204.2100；

（2）西班牙产葡萄酒适用最惠国关税率 14%，消费税率 10%，增值税率为 13%；

（3）审定葡萄酒完税价格为 32 640 欧元；

（4）将外币折算为人民币，完税价格为 254 037.12 元（32 640 欧元 × 7.783）；

（5）计算关税税额

应征关税税额 = 关税完税价格 × 关税税率 = 254 037.12 × 14%

= 35 565.20（元）

（6）计算消费税税额

应征消费税税额 = [（关税完税价格 + 关税税额）÷（1 − 消费税税率）] × 消费税税率

= [（254 037.12 + 35 565.20）÷（1 − 10%）] × 10%

= 32 178.04（元）

应征增值税税额＝[（关税完税价格＋关税税额）÷（1－消费税税率）]×增值税税率

$$= [(254\ 037.12 + 35\ 565.20) \div (1 - 10\%)] \times 13\%$$
$$= 41\ 831.45（元）$$

或者，应征增值税税额＝（关税完税价格＋关税税额＋消费税税额）×增值税税率

$$=(254\ 037.12 + 35\ 565.20 + 32\ 178.04) \times 13\%$$
$$= 321\ 780.36 \times 13\%$$
$$= 41\ 831.45（元）$$

（7）计算滞纳金金额

滞纳天数＝3月22日（周一）－（3月2日＋15天）
　　　　＝3月22日（周一）－3月17日（周三）
　　　　＝5天

关税滞纳金金额＝滞纳关税税额×0.5‰×滞纳天数
　　　　　　　＝35 565.20×0.5‰×5
　　　　　　　＝88.91（元）

消费税滞纳金金额＝滞纳消费税税额×0.5‰×滞纳天数
　　　　　　　　＝32 178.04×0.5‰×5
　　　　　　　　＝80.44（元）

增值税滞纳金金额＝滞纳增值税税额×0.5‰×滞纳天数
　　　　　　　　＝41 831.45×0.5‰×5
　　　　　　　　＝104.58（元）

应缴纳的滞纳金金额＝关税滞纳金金额＋消费税滞纳金金额＋增值税滞纳金金额
　　　　　　　　　＝88.91＋80.44＋104.58
　　　　　　　　　＝273.93（元）

例2 2021年4月28日，某企业出口锡精矿100吨，每吨FOB（离岸价格）广州价190 000元，计算该企业应缴纳的出口税。

计算程序：

（1）按照归类原则确定税则归类，将应税货物归入适当的税号；

（2）根据有关规定，确定应税货物的出口税率；

（3）根据审定完税价格办法的有关规定，确定应税货物的完税价格（出口FOB价进行调整）；

（4）根据汇率适用规定，将外币折算成人民币（完税价格），按照计算公式正确计算关税税款。

解答：

(1) 确定税则号列，锡精矿归类在2609.0000；

(2) 查找出口税率50%，出口暂定税率20%，选择暂定税率；

(3) 审定锡精矿完税价格：

完税价格 = FOB 价 / (1 + 出口税率)
　　　　= 100 × 190 000 / (1 + 20%) = 15 833 333.33（元）；

(4) 计算出口税额：

出口税额 = 完税价格 × 出口税率 = 15 833 333.33 × 20% = 3 166 666.67（元）。

例3 小明在京东海外旗舰店给儿子（1岁半）买了罐配方奶粉，购买价格为280元，计算缴纳进口环节跨境电商综合税为多少？

计算程序：

(1) 按照归类原则确定税则归类，将应税货物归入适当的税号；

(2) 确定属于《跨境电子商务零售进口商品清单》内的商品，并确定应税货物的税率种类和所适用的跨境电商综合税率；

(3) 根据审定完税价格办法的有关规定，确定应税货物的人民币完税价格（购入价格）；

(4) 按照计算公式正确计算跨境电商综合税。

解答：

(1) 确定税则号列，零售配方奶粉税号为1901.1010；

(2) 配方奶粉属于《跨境电子商务零售进口商品清单》内的商品，增值税为13%，没有消费税，则跨境电商综合税率 = 13% × 70% = 9.1%；

(3) 购入价格为280元人民币；

(4) 跨境电商综合税 = 280 × 9.1% = 25.48（元）。

例4 小明（居民）进境携带境外获取的行李超出了5 000元限值，超出部分为6罐奶粉（每罐1千克），应缴纳多少行邮税？

计算程序：

(1) 查找《中华人民共和国进境物品完税价格表》，确定其税号、完税价格及税率；

(2) 计算行邮税。

解答：

(1) 查找《中华人民共和国进境物品完税价格表》，配方奶粉归类在0101.0700，每千克完税价格人民币200元，适用的税率为13%；

(2) 行邮税 = 200 × 6 × 13% = 156（元）。

例5 A国和我国签订了相互给予船舶税费最惠国待遇条款的协议，2020年2月，自 A 国港口进入我国港口船舶两艘,一艘净吨位为 10 000 吨的货轮,一艘为发动机功率为 4 000 千瓦的拖船,这两艘船舶的执照期限均为 1 年。根据船舶吨税的相关规定,应缴纳船舶吨税多少元。

解答:

(1) 查找《吨税税目税率表》,对于来自 A 国的适用优惠税率的货轮,净吨位 10 000 吨,按执照 1 年期限,适用税率为 17.4 元/净吨。

(2) 拖船按发动机功率每千瓦折合净吨位 0.67 吨折合为 4 000 × 0.67 = 2 680 净吨,适用税率为 17.4 元/净吨。

(3) 船舶吨税 = 10 000 × 17.4 + 2 680 × 17.4 × 50% = 174 000 + 23 316 = 197 316 (元)。

4.2 进出口货物完税价格的确定

我国海关税收征管主要使用从价税计税方式,即以货物的价格为基础确定纳税义务人需向海关缴纳的税款。从价征税首先必须确定应税货物的完税价格,才能准确依据税率计征。审定完税价格是海关依据《海关法》《关税条例》《中华人民共和国海关审定进出口货物完税价格办法》(以下简称《进出口货物审价办法》)《中华人民共和国海关审定内销保税货物完税价格办法》等相关法律、法规以及部门规章,确定进出口货物海关计税价格的过程。准确认定进出口货物完税价格是贯彻关税政策的重要环节,也是海关依法行政的重要体现。

4.2.1 进口货物完税价格的审定

1. 一般进口货物完税价格的审定

海关依次使用六种估价方法确定进口货物的完税价格,如图 4-1 所示。纳税义务人向海关提供有关资料后,可以申请颠倒倒扣价格法和计算价格法的适用次序。

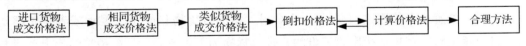

图 4-1 进口货物完税价格估价方法

(1) 进口货物成交价格估价方法

① 成交价格

进口货物的完税价格,由海关以该货物的成交价格为基础审查确定,并应包括货物运抵中华人民共和国境内输入地点卸前的运输及相关费用、保险费。"相关费用"主要是指与运输有关的费用,如装卸费、搬运费等属于广义运费范围内的费用。

进口货物的成交价格，是指卖方向中华人民共和国境内销售该货物时买方为进口该货物向卖方实付、应付的，并按有关规定调整后的价款总额，包括直接支付的价款和间接支付的价款。

② 调整项目及其条件

海关以成交价格为基础审查确定进口货物完税价格时，货物价款中未包括在该货物实付、应付价格中的费用或者价值应当计入完税价格；进口货物价款中单独列明的税收、费用，不计入完税价格中。计入项目、扣减项目及其相关条件如表 4-2 所示。

表 4-2　成交价格的调整项目及条件

调整方向	调整项目	计入条件
计入项目	1. 除购货佣金以外的佣金和经纪费	1. 由买方负担； 2. 未包括在进口货物的实付或应付价格中； 3. 有客观量化的数据资料。
	2. 与进口货物作为一个整体的容器费	
	3. 包装材料费用和包装劳务费用	
	4. 协助的价值（买方免费或低于成本价向卖方提供了一些货物或服务的价值，如包含的材料、部件、零件和类似货物，生产中使用的工具、模具和类似货物，生产中消耗的材料，在境外提供的工程设计、技术研发、工艺及制图等相关服务）	
	5. 特许权使用费（专利权、商标权、专有技术、著作权、分销权或者销售权）	
	6. 返回给卖方的转售收益	
扣减项目	1. 厂房、机械或者设备等货物进口后发生的建设、安装、装配、维修或者技术援助费用，但是保修费用除外	1. 已包括在进口货物的实付、应付价格中； 2. 费用分列且有客观量化的资料； 3. 应在合理范围内。
	2. 货物运抵境内输入地点起后发生的运输及其相关费用保费	
	3. 进口关税、进口环节代征及其他国内税	
	4. 为在境内复制进口货物而支付的费用	
	5. 境内外技术培训费及境外考察费用	
	6. 符合一定条件的利息费用（为购买进口货物而融资、有书面的融资协议、利息费用单列明、利率不高于通常的水平）	

③ 成交价格法的适用条件

对买方处置或者使用进口货物不予限制。如进口货物只能用于展示或者免费赠送的、进口货物只能销售给指定第三方的、进口货物加工为成品后只能销售给卖方或者指定第三方的、其他经海关审查后认定买方对进口货物的处置或者使用受到限制的，但是法律、行政法规规定实施的限制、对货物销售地域的限制和对货物价格无实质性影响的限制除外；

进口货物的价格不得受到使该货物成交价格无法确定的条件或者因素的影响，如进口货物的价格是以买方向卖方购买一定数量的其他货物为条件而确定的、进口货物的价格是以买方向卖方销售其他货物为条件而确定的、其他经海关审查后认定货物的价格受到使该货物成交价格无法确定的条件或者因素影响的；

卖方不得直接或者间接获得因买方销售、处置或者使用进口货物而产生的任何收益，或者虽然有收益但能够依据《进出口货物审价办法》相关规定能够被合理确定的；

买卖双方之间没有特殊关系，或者虽然有特殊关系但未对成交价格产生影响。

有下列情形之一的，应当认为买卖双方存在特殊关系：

买卖双方为同一家族成员的；

买卖双方互为商业上的高级职员或者董事的；

一方直接或者间接地受另一方控制的；

买卖双方都直接或者间接地受第三方控制的；

买卖双方共同直接或者间接地控制第三方的；

一方直接或者间接地拥有、控制或者持有对方5%以上（含5%）公开发行的有表决权的股票或者股份的；

一方是另一方的雇员、高级职员或者董事的；

买卖双方是同一合伙的成员的。

买卖双方在经营上相互有联系，一方是另一方的独家代理、独家经销或者独家受让人，如果符合上述八种情形之一的，也应当视为存在特殊关系。

（2）相同或类似货物成交价格估价方法

进口货物成交价格法是海关估价中使用最多的一种估价方法，但是货物的进口非因销售引起或销售不能符合成交价格须满足的条件，就不能采用成交价格法，而应依次采用相同及类似进口货物的成交价格法，即依次采用与被估货物同时或大约同时向中华人民共和国境内销售的相同货物及类似货物的成交价格作为被估货物完税价格的依据。

相同货物，是指与进口货物在同一国家或者地区生产的，在物理性质、质量和信誉等所有方面都相同的货物，但是表面的微小差异允许存在。类似货物，是指与进口货物在同一国家或者地区生产的，虽然不是在所有方面都相同，却具有相似的特征、相似的组成材料、相同的功能，并且在商业中可以互换的货物。其中的"同时或大约同时"是指在进口货物接受申报之日的前后各45天以内。

上述两种估价方法在运用时，首先应使用和进口货物处于相同商业水平、大致相同数量的相同或类似货物的成交价格，只有在上述条件不满足时，才可采用以不同商业水平和不同数量销售的相同或类似进口货物的价格，但不能将上述价格直接作为进口货物的价格，还须对由此而产生的价格方面的差异作出调整。

此外，对进口货物与相同或类似货物之间由于运输距离和运输方式不同而在成本和其他费用方面产生的差异应进行调整；而且，上述调整都必须建立在客观量化的数据资料的基础上。

同时还应注意，在采用相同或类似货物成交价格法确定进口货物完税价格时，首先应使用同一生产商生产的相同或类似货物的成交价格，只有在没有同一生产商生产的相同或类似货物的成交价格的情况下，才可以使用同一生产国或地区不同生产商生产的相同或类似货物的成交价格。如果有多个相同或类似货物的成交价格，应当以最低的成交价格为基础估定进口货物的完税价格。相同货物与类似货物的成交价格估价法的比较，具体如表 4-3 所示。

表 4-3 相同货物与类似货物成交价格估价方法比较

类别	相同货物	类似货物
定义	与进口货物在同一国家或者地区生产的，在物理性质、质量和信誉等所有方面都相同的货物，但是表面的微小差异允许存在。	与进口货物在同一国家或者地区生产的，具有相似的特征、相似的组成材料、相同的功能，并且在商业中可以互换的货物。
比较时间	海关接受申报之日的前后各 45 天以内。	
成交价格调整	优先使用和进口货物处于相同商业水平、大致相同数量的成交价格，前提是以客观量化的数据资料，对由于运输距离和运输方式不同而在成本和其他费用方面产生的差异进行调整；其次才可采用以不同商业水平和不同数量销售的价格，条件是以客观量化的数据资料，对因商业水平、进口数量、运输距离和运输方式不同而在价格、成本和其他费用方面产生的差异做出调整。	
成交价格选择	首先使用同一生产商生产的相同或者类似货物的成交价格；其次使用同一生产国或地区其他生产商生产的相同或者类似货物的成交价格；如果有多个成交价格的，应当以最低的成交价格为基础审查确定进口货物的完税价格。	

(3) 倒扣价格估价方法

倒扣价格估价方法是指海关以进口货物、相同或者类似进口货物在境内第一环节的销售价格为基础，扣除境内发生的有关费用后，审查确定进口货物完税价格的估价方法。上述"第一环节"是指有关货物进口后进行的第一次转售，且转售者与境内买方之间不能有特殊关系。

① 用以倒扣的销售价格应同时符合以下条件：在被估货物进口的同时或大约同时，将该货物、相同或类似进口货物在境内销售的价格；按照该货物进口时的状态销售的价格；在境内第一销售环节销售的价格；向境内无特殊关系方销售的价格；按照该价格销售的货物合计销售总量最大。

② 核心要素。按进口时的状态销售：必须首先以进口货物、相同或类似进口货物按进口时的状态销售的价格为基础。如没有按进口时的状态销售的价格，应纳税义务人要求，可以使用经过加工后在境内销售的价格作为倒扣的基础。

时间要素：必须是在被估货物进口时或大约同时转售给国内无特殊关系方的价格。"或大约同时"为在进口货物接受申报之日的前后各 45 天以内。如果进口货物、相同或者类似货物没有在海关接受进口货物申报之日前后 45 天内在境内销售，可以将在境内销售的时间延长至接受货物申报之日前后 90 天内。

合计的货物销售总量最大：必须使用被估的进口货物、相同或类似进口货物售予境内无特殊关系方合计销售总量最大的价格为基础估定完税价格。

③ 倒扣价格法的倒扣项目。确定销售价格以后，在使用倒扣价格法时，需要扣除一些费用，包括以下四项：

一是该货物的同级或同种类货物在境内第一环节销售时通常支付的佣金及利润和一般费用；

二是货物运抵境内输入地点起卸后的运输及其相关费用、保险费；

三是进口关税、进口环节海关代征税及其他国内税；

四是加工增值额，如果以货物经过加工后在境内转售的价格作为倒扣价格的基础，必须扣除上述加工增值部分。加工增值额应当依据与加工成本有关的客观量化数据资料，该行业公认的标准、计算方法及其他的行业惯例计算。

按照上述规定确定扣除的项目时，应当使用与国内公认的会计原则相一致的原则和方法。

（4）计算价格估价方法

计算价格估价方法既不是以成交价格，也不是以在境内的转售价格作为基础，它是以发生在生产国或地区的生产成本作为基础的价格。

计算价格估价方法是指海关以构成生产成本各项目的总和为基础，审查确定进口货物完税价格的估价方法，其中构成生产成本的项目包括：

① 生产该货物所使用的料件成本和加工费用。"料件成本"是指生产被估货物的原料成本，包括原材料的采购价值及原材料投入实际生产之前发生的各类费用。"加工费用"是指将原材料加工为制成品过程中发生的生产费用，包括人工成本、装配费用及有关间接成本；

② 向境内销售同等级或者同种类货物通常的利润和一般费用（包括直接费用和间接费用）；

③ 该货物运抵境内输入地点起卸前的运输及相关费用、保险费。

按照上述方法确定有关价值或者费用时，应当使用与生产国或者地区公认的会计原则相一致的原则和方法。此外，海关在征得境外生产商同意并提前通知有关国家或者地区政府后，可以在境外核实该企业提供的有关资料。

（5）合理方法

合理方法是指以上五种方法均不适用时，海关根据公平、统一、客观的估价原则，以客观量化的数据资料为基础审查确定进口货物完税价格的估价方法。

合理方法本身不是一种具体的估价方法，实际运用时，应按顺序合理、灵活使用成交价格估价方法、相同货物成交价格估价方法、类似货物成交价格估价方法、倒扣价格估价方法和计算价格估价方法。例如，使用相同或类似货物成交价格估价方法估价时，必须采用与被估货物同一原产地的货物价格，依次使用合理方法时就可采用与被估货物国家发展程度相当的其他国家相同或类似货物价格估定。又如使用倒扣价格估价方法时有时间要素的要求限制，不得采用被估货物进口前后 90 天外的价格作为倒扣价格的基础，按照合理方法，只要不违背客观、公平、统一的海关估价原则，这个期限就可以突破。

在运用合理方法估价时，禁止使用以下六种价格：
① 境内生产的货物在境内的销售价格；
② 可供选择的价格中较高的价格；
③ 货物在出口地市场的销售价格；
④ 以计算价格法规定之外的价值或者费用计算的相同或者类似货物的价格；
⑤ 出口到第三国或地区货物的销售价格；
⑥ 最低限价或武断、虚构的价格。

2. 特殊进口货物完税价格的审定

（1）出境修理复运进境货物的估价方法

在海关规定的期限内复运进境的出境修理货物，海关以境外修理费和料件费审查确定完税价格。出境修理货物复运进境超过海关规定期限的，由海关按照一般进口货物完税价格的规定审查确定完税价格。

（2）出境加工复运进境货物的估价方法

在海关规定期限内复运进境的出境加工货物，海关以境外加工费和料件费以及该货物复运进境的运输及其相关费用、保费审查确定完税价格。出境加工货物复运进境超过海关规定期限的，由海关按照一般进口货物完税价格的规定审查确定完价格。

（3）暂时进境货物的估价方法

应当缴纳税款的暂时进境货物，由海关按照一般进口货物完税价格的规定审查确定完价格。

经海关批准留购的暂时进境货物，以海关审查确定的留购价格作为完税价格。

（4）租赁进口货物的估价方法

① 以租金方式支付的租赁货物，以海关审定的该货物的租金作为完税价格，利息予以计入。

② 留购的租赁货物，以海关审定的留购价格作为完税价格。

③ 申请一次性纳税款的，可以选择申请按照规定估价方法确定完税价格或按照海关审查确定的租金总额作为完税价格。

(5) 减免税货物的估价方法

特定减免税货物在监管年限内经过海关批准可以出售、转让而需要征税的,海关以审定的该货物原进口时的价格,扣除折旧部分价值作为完税价格。

完税价格 = 海关审定的该货物原进口时价格 × [1 – 补税时实际已进口时间(月)/监管年限×12]

"补税时实际已进口的时间"按月计算,不足1个月但超过15日的,按1个月计算;不超过15日的,不予计算。

(6) 无成交价格货物的估价方法

以易货贸易、寄售、捐赠、赠送等不存在成交价格的方式进口的货物,海关按照相同货物成交价格估价法、类似货物成交价格估价法、倒扣价格估价法、计算价格估价法及合理方法审查确定完税价格。

(7) 软件介质的估价方法

除含有美术、摄影、声音、录像、影视、游戏、电子出版物的介质外,进口载有专供数据处理设备用软件的介质,以介质本身的价值或者成本为基础审查确定完税价格,适合于介质本身的价值或者成本与所载软件的价值分列,或未分列但纳税义务人能够提供介质本身的价值或者成本的证明文件或能提供所载软件价值的证明文件。

(8) 跨境电子商务零售进口商品的估价方法

海关按照包括零售价格、运费和保险费在内的实际交易价格作为货物完税价格。

3. 进口货物完税价格中的运输及其相关费用、保险费的计算

(1) 运费及其相关费用的计算标准

进口货物的运费及其相关费用,按照实际支付或应当支付的费用计算。如果进口货物的运费及其相关费用无法确定,海关应当按照该货物进口同期的正常运输成本审查确定。运输费用已包含在向海关申报的货物价格中的,不再重复计算。

利用自身动力进境的作为进口货物的运输工具,海关在审查确定完税价格时,不再另行计入运输及其相关费用。

(2) 保险费的计算标准

进口货物的保险费,按照实际支付的费用计算。如果进口货物的保险费无法确定或者未实际发生,海关按照"货价加运费"两者总额的3‰计算的保险费,其计算公式:

保险费 = (货价 + 运费) ×3‰。

保险费用已包含在向海关申报的货物价格中的,不再重复计算。

(3) 邮运货物运费计算标准

邮运进口的货物,以邮费作为运输及其相关费用、保险费。邮运进口的商品因超过一定的价值而按货物属性进行管理的,其实际支付的邮费即为运保费。若邮费已包含在向海关申报的货物价格中,不再重复计算。

4.2.2 内销保税货物完税价格的审定

内销保税货物,包括因故转为内销需要征税的加工贸易货物、海关特殊监管区域的内货物、保税监管场所内的货物和因其他原因需要按照内销征税办理的保税货物,但不包括以下项目:海关特殊监管区域、保税监管场所内生产性的基础设施建设项目所需的机器、设备和建设所需的基建物资;海关特殊监管区域、保税监管场所内企业开展生产或综合物流服务所需的机器、设备、模具及其维修用零配件;海关特殊监管区域、保税监管场所内企业和行政管理机构自用的办公用品、生活消费用品和交通运输工具。

《中华人民共和国海关审定内销保税货物完税价格办法》(海关总署令第211号)规定,内销保税货物的完税价格,由海关以该货物的成交价格为基础审查确定。保税加工货物内销的估价涉及两个问题:一是制成品按料件还是按制成品征税;二是计税的价格是内销价格还是进口价格。

1. 非海关特殊监管区域(保税监管场所)内加工贸易企业内销货物一般估价方法

非海关特殊监管区域内加工贸易企业货物内销分为五种情形(表4-4),相应的估价方法具体如下。

(1)进料加工进口料件或者其制成品(包括残次品)内销时,海关以料件原进口成交价格为基础审查确定完税价格。该贸易方式下,当料件分批进口,并且内销时不能确定料件原进口对应批次的,海关可按照同项号、同品名和同税号的原则,以其合同有效期内或电子账册核销周期内已进口料件的成交价格计算所得的加权平均价为基础审查确定完税价格;当合同有效期内或电子账册核销周期内已进口料件的成交价格加权平均价难以计算或者难以确定的,海关以客观可量化的当期进口料件成交价格的加权平均价为基础审查确定完税价格。

(2)来料加工进口料件或者其制成品(包括残次品)内销时,因来料加工料件在原进口时没有成交价格,所以海关以接受内销申报的同时或者大约同时进口的与料件相同或者类似的保税货物的进口成交价格为基础审查确定完税价格。需注意,前述情形下确定完税价格时,不能采用相同或者类似货物一般贸易价格作为进口成交价格。

(3)加工企业在加工过程中产生的边角料或者副产品内销时,以其内销价格为基础审查确定完税价格。副产品并非全部使用保税料件生产所得的,海关以保税料件在投入成本核算中所占比重计算结果为基础审查确定完税价格。边角料、副产品经海关允许采用拍卖方式内销时,海关以其拍卖价格为基础审查确定完税价格。

(4)按照规定需要以残留价值征税的受灾保税货物内销时,海关以其内销价格为基础审查确定完税价格。按照规定应折算成料件征税的,海关以各项保税料件占构成制成品(包括残次品)全部料件的价值比重计算结果为基础审查确定完税价格。按照规定需要以残留价值征税的受灾保税货物经海关允许采用拍卖方式内销时,海关以其拍卖价格为基础审查确定完税价格。

（5）深加工结转货物内销时，海关以该结转货物的结转价格为基础审查确定完税价格。结转价格是指深加工结转企业间买卖加工贸易货物时双方订立的价格，是深加工结转转入企业为购买加工贸易货物而向深加工结转转出企业实际支付或者应当支付的全部价款。

表4-4　非海关特殊监管区域内加工贸易企业货物内销情形及相应的估价方法

内销情形	完税价格的审定
进料加工进口料件或者其制成品（含残次品）内销	以料件原进口成交价格为基础审定
来料加工进口料件或者其制成品（含残次品）内销	以同时或者大约同时进口的与料件相同或者类似的保税货物的进口成交价格为基础审定
加工过程中产生的边角料或者副产品内销	以边角料或者副产品的内销价格为基础审定
	拍卖方式内销时，以其拍卖价格为基础审定
有残留价值的受灾保税货物内销	以其内销价格为基础审定
	以料件征税的，以各项保税料件占制成品（包括残次品）全部料件的价值比重计算结果为基础审定
	拍卖方式内销时，以其拍卖价格为基础审定
深加工结转货物内销	以该结转货物的结转价格为基础审定

2. 非普通区域（海关特殊监管区域及保税监管场所）内销货物一般估价方法

（1）海关特殊监管区域保税加工货物内销估价办法。

① 保税区内保税加工企业内销进口料件或者其制成品。保税区内企业内销的保税加工进口料件或者其制成品，海关以其内销价格为基础审查确定完税价格。保税区内企业内销的保税加工制成品中，如果含有从境内采购的料件，海关以制成品所含从境外购入料件的原进口成交价格为基础审查确定完税价格。保税区内企业内销的保税加工进口料件或者其制成品的完税价格依据前述两种方法不能确定的，海关以接受内销申报的同时或者大约同时内销的相同或者类似的保税货物的内销价格为基础审查确定完税价格。

② 除保税区以外海关特殊监管区域内保税加工企业内销进口料件或者其制成品。除保税区以外的海关特殊监管区域内保税加工企业内销的保税加工料件或者其制成品，以其内销价格为基础审查确定完税价格。上述内销价格不能确定的，海关以接受内销申报的同时或者大约同时内销的相同或者类似的保税货物的内销价格为基础审查确定完税价格。前述与企业内销的保税加工制成品、相同或者类似的保税货物内销价格不能确定的，海关以生产该货物的成本、利润和一般费用计算所得的价格为基础审查确定完税价格。

③ 海关特殊监管区域内保税加工企业内销边角料、废品、残次品和副产品。海关特殊监管区域内企业内销的保税加工过程中产生的边角料、废品、残次品和副产品，以

其内销价格为基础审查确定完税价格。经海关允许采用拍卖方式内销的边角料、废品、残次品和副产品，海关以其拍卖价格为基础审查确定完税价格。拍卖价格是指国家注册的拍卖机构对海关核准参与交易的保税货物履行合法有效的拍卖程序，竞买人依拍卖规定获得拍卖标的物的价格。需注意，上述边角料、废品、残次品和副产品估价办法无须区分保税区内外。具体如表4-5所示。

表4-5　海关特殊监管区域保税加工货物内销情形及估价方法

内销情形	完税价格的审定
保税区内进口料件或者其制成品内销	以其内销价格为基础审定
	上述方法不能确定的，以同时或者大约同时内税的相同或者类似的保税货物的内销价格为基础审定
保税区内含有从境内采购料件的制成品的内销	以制成品所含从境外购入料件的原进口成交价格为基础审定
	上述方法不能确定的，以同时或者大约同时进口的相同或者类似的保税货物的内销价格为基础审定
保税区外保税加工料件或者其制成品内销	以其内销价格为基础审定
	上述方法不能确定的，以同时或者大约同时内销的相同或者类似的保税货物的内销价格为基础审定
	上述方法仍不能确定的，以生产成本、利润和一般费用计算所得的价格为基础审定
边角料、废品、残次品和副产品内销	以其内销价格为基础审定
	拍卖方式内销时，以其拍卖价格为基础审定

（2）保税物流货物

海关特殊监管区域、保税监管场所内企业内销的保税物流货物，海关以该货物运出海关特殊监管区域、保税监管场所时的内销价格为基础审查确定完税价格，该内销价格包含仓储费和运输及其能够单独列明的在海关特殊监管区域、保税监管场所内发生的保险费、相关费用，不计入完税价格。

（3）研发货物，检测、展示货物

海关特殊监管区域内企业内销的研发货物，检测、展示货物，海关以其内销价格为基础审查确定完税价格。

上述内销价格是指向国内企业销售保税货物时买卖双方订立的价格，是国内企业为购买保税货物而向卖方（保税企业）实际支付或者应当支付的全部价款，但不包括关税和进口环节海关代征税。

3．其他估价方法

内销保税货物完税价格不能依照以上估价方法确定时，应依次按照下列价格估定其完税价格：相同货物的成交价格、类似货物的成交价格、倒扣价格、计算价格、合理方法。

（1）与该货物同时或者大约同时向中华人民共和国境内销售的相同货物的成交价格。

（2）与该货物同时或者大约同时向中华人民共和国境内销售的类似货物的成交价格。

（3）与该货物进口的同时或者大约同时，将该进口货物、相同或者类似进口货物在第一级销售环节销售给无特殊关系买方最大销售总量的单位价格，但应当扣除以下项目：

① 同等级或者同种类货物在中华人民共和国境内第一级销售环节销售时通常的利润和一般费用及通常支付的佣金；

② 进口货物运抵境内输入地点起卸后的运输及其相关费用、保险费；

③ 进口关税及国内税收。

（4）按照下列各项总和计算的价格：生产该货物所使用的料件成本和加工费用，向中华人民共和国境内销售同等级或者同种类货物通常的利润和一般费用，该货物运抵境内输入地点起卸前的运输及其相关费用、保险费。

（5）以合理方法估定的价格。

纳税义务人向海关提供有关资料后，可以申请选择倒扣价格法和计算价格法的适用次序。

4.2.3 出口货物完税价格的审定

出口货物的完税价格由海关以该货物的成交价格为基础审查确定，包括货物运至中华人民共和国境内输出地点装载前的运输及其相关费用、保险费。

1. 成交价格估价方法

出口货物成交价格估价方法是《进出口货物审价办法》规定的第一种出口估价方法。出口货物的成交价格是指该货物出口销售时卖方为出口该货物应当向买方直接收取和间接收取的价款总额。

判断出口货物申报价格是否符合成交价格的要求，需考虑以下两个方面：

（1）出口销售是否符合《进出口货物审价办法》的规定

出口销售是确定出口货物是否存在成交价格的前提条件。交易是否符合销售定义，应根据以下三项标准作出判断：

① 所有权是否发生转移，是否由该交易的卖方转移给买方；

② 买方是否为了获得该货物支付对价；

③ 货物的风险是否发生了转移，包括货物灭失的风险和货物损益的风险。

如果一项交易不能导致前述三个条件同时发生，则销售不存在，因此也就不能使用成交价格方法估价，而应采用其他方法估价。

（2）直接收取和间接收取是否符合《进出口货物审价办法》的规定

出口货物的成交价格应包括我国卖方向国外买方直接收取和间接收取的款项总额，其中直接收取是指我国卖方直接向国外买方收取款项，而间接收取是指国外买方根据我国卖方的要求，将货款全部或部分支付给第三方，或冲抵买卖双方之间的其他资金往来。通常情况下，我国卖方会要求国外买方直接向其支付款项。但是，如果卖方出于某种考虑，要求买方将全部或部分款项支付给第三方，只要上述支付义务是买方为了购买被估的出口货物而必须承担的，则无论买方根据我国卖方的要求将货款支付给谁，均应以买方应支付的全部款项确定完税价格。

但应注意：① 需征收出口关税的货物销售价格中多包含了出口关税税额，按照相关规定，确定完税价格时应将出口货物价格中包含的出口关税税额予以扣除；② 货物价款中单独列明的货物运至中华人民共和国境内输出地点装载后的运输及其相关费用、保险费也应扣除，但前述费用如未单独列明或无法证明的各段费用则不予扣除；③ 卖方自己承担的销售佣金也应当扣除。

2. 其他估价方法

其他估价方法具体为：相同货物的成交价格法、类似货物的成交价格法、计算价格法、合理方法。

在审查出口单位合同或发票金额中，包括但不限于以下情况，则不能使用成交价格估价方法确定完税价格，应在磋商后依次使用其他估价方法进行确定。一是申报价格不符合出口货物成交价格的定义，例如出口货物不存在成交价格，我国出口商将货物交付给国外卖方时，不要求对方承担付款义务；二是海关对申报价格的真实性或准确性有怀疑，启动质疑程序，出口商不能作出合理的解释，或者未能在法定的期限内作出合理解释的。其他估价方法具体为：

（1）同时或者大约同时向同一国家或者地区出口的相同货物的成交价格。

（2）同时或者大约同时向同一国家或者地区出口的类似货物的成交价格。

（3）根据境内生产相同或者类似货物的成本、利润和一般费用（包括直接费用和间接费用）、境内发生的运输及其相关费用、保险费计算所得的价格。

（4）按照合理方法估定的价格。

操作层面，我国出口货物完税价格以 FOB 价格为基础审核确定，如出口货物采用其他术语成交，均需视情况将其他术语转换为 FOB 术语价格，并且按照规定，需将出口货物价格中包含的出口关税税额扣除，故出口货物完税价格 = FOB（中国境内口岸）价格 − 出口关税，其中出口关税 = 出口货物完税价格 × 出口关税税率，由此得到：出口货物完税价格 = FOB/（1 + 出口关税税率）。

出口货物以其他贸易术语成交时,如在 CIF 术语下成交时,出口货物完税价格 = (CIF - 国际运输及相关费用、保险费)/(1 + 出口关税税率),在 EXW(工厂交货)术语下成交时,出口货物完税价格 = (EXW + 国内运输及相关费用、保险费)/(1 + 出口关税税率)。

4.2.4 进出口货物完税价格的计算

1. 常见成交价格的进口货物完税价格的计算

(1) 以我国口岸到岸价格 CIF 成交的,可直接以此价格作为完税价格,即

完税价格 = CIF

(2) 以境外口岸 FOB 价成交的,应加上该项货物从境外发货或交货口岸运到我境内口岸以前所实际支付的运费和保险费作为完税价格,即

$$完税价格 = \frac{FOB + 运费}{1 - 保险费率}$$

(3) 以我国口岸 CFR 价成交的,应当另加保险费作为完税价格,即

$$完税价格 = \frac{CFR}{1 - 保险费率}$$

2. 出口货物完税价格的计算

(1) 以我国口岸 FOB 价成交的,其出口货物完税价格的计算公式为

$$完税价格 = \frac{FOB}{1 + 出口税率}$$

(2) 以境外口岸 CFR 价成交的,应先扣除离开我国口岸后的运费,再按规定扣除出口税后计算完税价格,即

$$完税价格 = \frac{CFR - 运费}{1 + 出口税率}$$

(3) 以境外口岸 CIF 价成交的,应先扣除离开我国口岸后的运费、保险费,再按规定扣除出口税后计算完税价格,即

$$完税价格 = \frac{CIF - 保险费 - 运费}{1 + 出口税率}$$

(4) 当成交价格为 CIFC 境外口岸时,其佣金 C 应和运费、保险费同时扣除。有两种情况:

佣金 C 为给定金额,则出口货物完税价格的公式为

$$完税价格 = \frac{CIFC - 保险费 - 运费 - 佣金}{1 + 出口税率}$$

佣金 C 为百分比,则出口货物完税价格的公式为

$$完税价格 = \frac{CIFC(1-C) - 保险费 - 运费 - 佣金}{1 + 出口税率}$$

4.2.5 价格质疑与磋商程序

1. 价格质疑程序

在确定完税价格过程中，海关对进出口单位申报价格的真实性或准确性有疑问，或有理由认为买卖双方的特殊关系可能影响到成交价格时，将向纳税义务人或其代理人制发《中华人民共和国海关价格质疑通知书》，将质疑的理由书面告知。纳税义务人或者其代理人应自收到价格质疑通知书之日起 5 个工作日内，以书面形式提供相关资料或者其他证据，证明其申报价格真实、准确或者双方之间的特殊关系未影响成交价格。纳税义务人或者其代理人确有正当理由无法在规定时间内提供资料的，可以在规定期限届满前以书面形式向海关申请延期。除特殊情况外，延期不得超过 10 个工作日。

价格质疑程序的履行是为了核实成交价格的真实性、准确性和完整性，如进出口货物没有成交价格的，或申报明显不符合成交价格条件的，包括卖方以免费提供方式交由买方进口的货物、易货贸易货物、寄售货物等情况，海关可直接进入价格磋商程序。海关无须履行价格质疑程序，可直接进入价格磋商程序。

2. 价格磋商程序

价格磋商是指海关在使用除成交价格以外的估价方法时，在保守商业秘密的基础上，与纳税义务人交换彼此掌握的用于确定完税价格的数据资料的行为。

海关通知纳税义务人进行价格磋商时，纳税义务人需自收到《中华人民共和国海关价格磋商通知书》之日起 5 个工作日内与海关进行价格磋商。纳税义务人未在规定的时限内与海关进行磋商的，视为其放弃价格磋商的权利，海关可以直接按照规定的方法审查确定进出口货物的完税价格。

海关制发价格质疑通知书后，有下列情形之一的，海关应进行价格磋商程序：

（1）纳税义务人未在海关规定期限内，提供进一步说明的；

（2）海关经审核其所提供的资料、证据后仍有理由怀疑申报价格的真实性、准确性的；

（3）海关经审核其所提供的资料、证据后仍有理由认为买卖双方之间的特殊关系影响成交价格的。

海关与纳税义务人进行价格磋商时，将制作《中华人民共和国海关价格磋商记录表》，将价格磋商中相互提交的价格信息等内容书面记录并双方签字。

3. 特殊情形

对符合下列情形之一的，经纳税义务人书面申请，海关可以直接依法审查确定进出口货物的完税价格。

（1）同一合同项下分批进出口的货物、海关对其中一批货物已经实施估价的；

（2）进出口货物的完税价格在人民币 10 万元以下或者关税及进口环节代征税总额

在人民币 2 万元以下的；

（3）进出口货物属于危险品、鲜活品、易腐品、易失效品、废品、旧品等的。

海关径行审定货物完税价格有严格的作业规范要求，主要包括：申报货物属于上述三种情形之一，申报价格低于海关掌握的同类商品价格，经进出口企业书面提出申请海关可不经质疑和磋商程序。不满足上述任何情形的，则不会发生海关径行审定完税价格情形。

4. 价格质疑和磋商程序数字化

为配合全国海关通关一体化改革，进一步提高通关效率，海关总署已于 2018 年年初在全国海关推广审价作业单证无纸化。进口货物纳税义务人可通过"海关事务联系系统"接收和反馈海关价格质疑通知书、价格磋商通知书、价格磋商记录表等审价文书及随附单证资料的电子数据，并可接收和查看估价告知书。在无纸化模式下，每天与企业之间互相发送电子文书的发送时间即视为对方接收时间，相关电子文书上生成的海关和进口货物纳税义务人经办人员信息即视为且有法律效力的电子签名。随附单证资料的电子扫描或转换文件格式标准参照海关总署公告 2014 年第 69 号相关规定执行。

海关根据管理需要要求提供纸质单证资料的，进口货物纳税义务人应积极配合并按要求提供。进口货物纳税义务人需要纸本盖章文书的，可打印电子文书后到海关盖章。

4.2.6 纳税义务人在海关审定完税价格时的权利和义务

1. 权利

（1）要求具保放行货物的权利，即在海关审查确定进出口货物的完税价格期间，纳税义务人可以在依法向海关提供担保后，先行提取货物。

（2）估价方法的选择权，即如果纳税义务人向海关提供有关资料后，可以提出申请，颠倒倒扣价格估价方法和计算价格估价方法的适用次序。

（3）对海关如何确定进出口货物完税价格的知情权，即纳税义务人可以提出书面申请，要求海关就如何确定其进出口货物的完税价格作出书面说明。

（4）对海关估价决定的申诉权，即依法向上一级海关申请行政复议，对复议决定不服的，可以依法向人民法院提起行政诉讼。

（5）获得救济的权利。

2. 义务

（1）如实提供单证及其他相关资料的义务，即纳税义务人向海关申报时，应当按照《进出口货物审价办法》的有关规定，向海关如实提供发票、合同、提单、装箱清单等单证。根据海关要求，纳税义务人还应当如实提供与货物买卖有关的支付凭证，以及证明申报价格真实、准确的其他商业单证、书面资料和电子数据。

（2）如实申报及举证的义务，即货物买卖中发生《进出口货物审价办法》规定中所列的价格调整项目的，纳税义务人应当如实向海关申报。价格调整项目如果需要分摊计算的，纳税义务人应当根据客观量化的标准进行分摊，并同时向海关提供分摊的依据。

（3）举证证明特殊关系未对进口货物的成交价格产生影响的义务，即虽然买卖双方之间存在特殊关系，但是纳税义务人认为特殊关系未对进口货物的成交价格产生影响时，应提供相关资料，以证明其成交价格符合《进出口货物审价办法》的规定。

4.2.7 价格预裁定

进出口货物的收发货人，应当在货物拟进出口3个月前通过单一窗口"海关事务联系系统"或"互联网+海关"提交《中华人民共和国海关预裁定申请书》及规定的所需资料，向其注册地直属海关提出进出口货物完税价格相关要素或估价方法的预裁定申请。进出口货物完税价格相关要素主要包括特殊关系、特许权使用费、运保费、佣金、其他与审定完税价格有关的要素。

海关将自收到预裁定申请书及相关材料之日起10日内作出是否受理的决定，如决定受理的，自受理之日起60日内制发预裁定决定书，并送达申请人，自送达之日起在全国关境内生效，但对决定下发前已经进出口的货物，没有溯及力。已作出价格预裁定决定的货物，自预裁定生效之日起3年内申请人进出口预裁定合同项下的进出口货物，应按预裁定决定向海关申报。

海关经审核其实际进出口的货物与预裁定决定所述情形不相符的，海关应当重新审核确定该进出口货物的估价方法及相关完税价格要素。

预裁定属于海关的具体行政行为，仅对申请人有效，但除涉及商业秘密情形外，海关可以将预裁定决定对外公开，为从事进出口相关贸易活动的从业者提供借鉴参考。

4.3 进出口货物原产地的确定与税率适用

原产地是指货物生产的国家（地区），就是货物的"国籍"。随着世界经济一体化和生产国际化的发展，准确认定进出口货物的"国籍"就显得非常重要。因为进口货物的"国籍"决定了其依照进口国的贸易政策所适用的关税和非关税待遇，不同原产地决定了进口商品所享受的不同待遇。

4.3.1 原产地规则概述

1. 含义

为适应国际贸易的需要，并为执行本国关税及非关税方面的贸易措施，进口国必须对进出口商品的原产地进行认定。为此，各国以本国立法形式制定出其鉴别货物"国籍"的标准，这就是原产地规则。

世界贸易组织《原产地规则协议》中将原产地规则定义为：一国（地区）为确定货物的原产地而实施的普遍适用的法律、法规和行政决定。

2. 类别

从是否适用优惠贸易协定来分，原产地规则分为两大类：一类为优惠原产地规则，另一类为非优惠原产地规则。

（1）优惠原产地规则

优惠原产地规则是指一国为了实施国别优惠政策而制定的法律、法规，是以优惠贸易协定通过双边、多边协定形式或者是由本国自主制定的一些特殊原产地认定标准，也称为协定原产地规则。优惠原产地规则具有很强的排他性。

优惠原产地规则主要有以下两种实施方式：一是通过自主方式授予，如欧盟普惠制（GSP）、中国对最不发达国家的特别优惠关税待遇；二是通过协定以互惠性方式授予，如《亚太贸易协定》《北美自由贸易协定》《中华人民共和国与东南亚国家联盟全面经济合作框架协议》（以下简称《中国-东盟自由贸易协定》）等。由于优惠原产地规则是用于认定进口货物有无资格享受比最惠国更优惠待遇的依据，因此其认定标准通常会与非优惠原产地规则不同，其宽或严完全取决于成员方。进口国为了防止此类优惠措施被滥用或规避，一般都制定了货物直接运输的条款。

我国加入世界贸易组织后，为了进一步改善所处的贸易环境，推进市场多元化进程，与世界多个国家或地区签订了的优惠贸易协定。其中《亚太贸易协定》适用国家包括韩国、印度、斯里兰卡、孟加拉国和老挝，从2021年1月1日起，新增原产于蒙古国的部分进口商品适用《亚太贸易协定》税率；《中国-东盟自由贸易协定》适用国家包括越南、泰国、新加坡、马来西亚、印度尼西亚、文莱、缅甸、老挝、柬埔寨和菲律宾。《区域全面经济伙伴关系协定》适用国家包括文莱、柬埔寨、老挝、新加坡、泰国、越南、日本、新西兰和澳大利亚。

（2）非优惠原产地规则

非优惠原产地规则是一国根据实施其海关税则和其他贸易措施的需要，由本国立法自主制定的，也称为自主原产地规则，其实施必须遵守最惠国待遇原则。按照WTO的规定，适用于非优惠性贸易政策措施的原产地规则，其实施必须遵守最惠国待遇原则，即必须普遍地、无差别地适用于所有原产地为最惠国的进口货物。它包括实施最惠国待遇、反倾销、反补贴、保障措施、原产地标记管理、国别数量限制、关税配额等非优惠性贸易措施以及进行政府采购、贸易统计等活动而认定的标准。《WTO协调非优惠原产地规则》正由各国进行磋商，待谈判达成一致并正式实施后，世界贸易组织成员将实施统一的协调非优惠原产地规则，以取代各国自主制定的非优惠原产地规则。

3. 原产地认定的标准

在认定货物的原产地时，会出现以下两种情况：一种是货物完全是在一个国家（地区）获得或生产制造，另一种是货物由两个或两个以上国家（地区）生产或制造。目前世界各国（地区）原产地规则，无论是优惠原产地规则还是非优惠原产地规则，都包含以下两种货物的原产地认定标准。

（1）完全获得标准

对于完全在一国（地区）获得的产品，如农产品或矿产品，各国的原产地认定标准基本一致，即以产品的种植、开采或生产国为原产国，这一标准通常称为完全获得标准。

世界海关组织《京都公约》规定可视为完全获得产品的情况有以下几种：

① 在该国土地、领水或海床开采的矿产品；
② 在该国收获或采集的植物产品；
③ 在该国出生和饲养的活动物及其所得产品；
④ 在该国狩猎或捕捞所得产品；
⑤ 海上捕捞所得产品及该国船只在海上得到的其他产品；
⑥ 由该国加工船完全使用上述产品加工制得产品；
⑦ 在该国领水以外的海洋积土或底土开采的产品，只要该国对这些海洋积土或底土拥有单独开发权；
⑧ 在该国收集并只适于原材料回收的、在制造或加工过程中得到的废碎料及废旧物品；
⑨ 在该国完全使用上述第①项至第⑧项的产品生产而制得的货物。

在确定货物是否在一个国家（地区）完全获得时，为运输、储存期间保存货物而做的加工或者处理、为货物便于装卸而进行的加工或者处理，为货物销售而进行的包装等加工或者处理等，不予考虑。

（2）实质性改变标准

对于经过几个国家（地区）加工、制造的产品，各国多以最后完成实质性加工的国家为原产国，这一标准通常称为实质性改变标准。实质性改变标准包括税则归类改变标准、从价百分比标准（或称增值百分比标准、区域价值成分标准等）、加工工序标准、混合标准等。

① 税则归类改变标准是指在某一国家（地区）对非该国（地区）原产材料进行加工、制造后，所得货物在《协调制度》中的某位数级税目归类发生了变化。
② 从价百分比标准是指在某一国家（地区）对非该国（地区）原产材料进行加工、制造后的增值部分超过了所得货物价值的一定比例。
③ 加工工序标准是指在某一国家（地区）进行的赋予制造、加工后所得货物基本

特征的主要工序。

④ 混合标准是指将上述两种或两种以上标准结合起来制定货物的原产地标准。

另外，在国际通行的原产地规则中，除了原产地标准外，还包括一些补充或辅助规则以确保原产地规则的完整性。补充规则或辅助规则主要分为累积规则、微小加工及处理规则、微小含量规则等。累积规则主要用于优惠原产地规则当中。

为保障缔约各方的优惠贸易利益，目前大多数国家的优惠原产地规则中都规定了直接运输规则条款。

4.3.2 我国优惠原产地管理

为了正确确定优惠贸易协定项下进出口货物的原产地，规范海关对优惠贸易协定项下进出口货物原产地管理，根据《中华人民共和国海关法》《中华人民共和国进出口关税条例》《中华人民共和国进出口货物原产地条例》（以下简称《原产地条例》），海关总署于2009年1月发布了《中华人民共和国海关进出口货物优惠原产地管理规定》（以下简称《优惠原产地管理规定》）。该规定与各项自由贸易协定和优惠贸易安排项下的原产地管理办法，初步构成我国优惠原产地管理的基本框架。

1. 适用范围

《优惠原产地管理规定》适用于对优惠贸易项下进出口货物原产地管理。

2. 原产地标准

《优惠原产地管理规定》就优惠贸易项下对于完全在一国（地区）获得或者生产的货物，适用完全获得标准；对于非完全在一国（地区）获得或者生产的货物，适用实质性改变标准。

（1）完全获得标准

完全获得，即从优惠贸易协定成员国或者地区（以下简称成员国或者地区）直接运输进口的货物是完全在该成员国或者地区获得或者生产的，这些货物是指：

① 在该成员国或者地区境内收获、采摘或者采集的植物产品；

② 在该成员国或者地区境内出生并饲养的活动物；

③ 在该成员国或者地区领土或者领海开采、提取的矿产品；

④ 其他符合相应优惠贸易协定项下完全获得标准的货物。

原产于优惠贸易协定某一成员国或者地区的货物或者材料在同一优惠贸易协定另一成员国或者地区境内用于生产另一货物，并构成另一货物组成部分的，该货物或者材料应当视为原产于另一成员国或者地区境内。

为便于装载、运输、储存、销售进行的加工、包装、展示等微小加工或者处理，不影响货物原产地确定。

（2）实质性改变标准

对于非完全在一国（地区）获得或者生产的货物，适用实质性改变标准。实质性改变标准主要分税则归类改变标准、区域价值成分标准、制造加工工序标准、其他标准等种类。

① 税则归类改变是指原产于非成员国或者地区的材料在出口成员国或者地区境内进行制造、加工后，所得货物在《协调制度》中税则归类发生了变化。

② 区域价值成分是指出口货物船上交货价格（FOB）扣除该货物生产过程中该成员国或者地区非原产材料价格后，所余价款在出口货物船上交货价格（FOB）中所占的百分比。

区域价值成分 ＝ ［货物的出口价格（FOB）－非原产材料价格（CIF）］÷货物的出口价格（FOB）×100%

③ 制造加工工序是指赋予加工后所得货物基本特征的主要工序。

④ 其他标准是指除上述标准之外，成员国或者地区一致同意采用的确定货物原产地的其他标准。

3. 直接运输规则

直接运输规则是指优惠贸易协定项下进口货物从该协定成员国或者地区直接运输至中国境内，途中未经过该协定成员国或者地区以外的其他国家或者地区。该规则要求不得在中途转卖或者进行实质性的加工。

原产于优惠贸易协定成员国或者地区的货物，经过其他国家或者地区运输至中国境内，不论在运输途中是否转换运输工具或者作临时储存，同时符合下列条件的，视为"直接运输"：

（1）该货物在经过其他国家或者地区时，未作除使货物保持良好状态所必须处理以外的其他处理；

（2）该货物在其他国家或者地区停留的时间未超过相应优惠贸易协定规定的期限；

（3）该货物在其他国家或者地区作临时储存时，处于该国家或者地区海关监管之下。

不同协定框架下的优惠原产地规则均包含"直接运输"规则。为便利各优惠贸易安排中"直接运输"条款的实施，对于经香港或澳门之外的第三方中转的自贸协定项下货物，进口单位申报适用协定税率或特惠税率时向海关提交符合要求的运输单证；对经香港或澳门中转的货物，可提交中转确认书或符合规定的运输单证，海关可不再要求提交中转地海关出具的证明文件。

4. 原产地证书及签证机构

原产地证书是证明产品原产地的书面文件，是受惠国的产品出口到给惠国时享受关税优惠的重要凭证。进口原产地证书进口申报时必须提供指定机构签发的原产地证书。

另外，部分自由贸易协定项下进口货物规定了可凭规定格式的原产地声明代替原产地证书。对低于一定金额的货物，部分自由贸易协定还规定了可免于提交原产地证书或原产地声明。

按照规定，我国海关、中国国际贸易促进会及其地方分会有权签发优惠贸易协定项下出口货物原产地证书。

5. 申报及审核要求

（1）申报要求

货物申报进口时，进口货物收货人或其代理人作为进口人填制"进口货物报关单"向海关申报，申明适用协定税率或者特惠税率。

① 选择"通关无纸化"方式申报

对尚未实现原产地电子信息交换的优惠贸易协定项下进口货物，通过"优惠贸易协定原产地要素申报系统"填报原产地证据文件电子数据和直接运输规则承诺事项，在申报进口时以电子方式扫描上传原产地证据文件。

对已实现原产地电子信息交换的优惠贸易协定项下进口货物，无须填报原产地证据文件电子数据和直接运输规则承诺事项，也无须以电子方式上传原产地证据文件。海关认为有必要时，进口人应当补充提交原产地单证正本。

② 选择"有纸报关"方式申报

进口人仍按现行规定提交原产地单证纸质文件及提交符合直接运输规则的证明文件。

我国货物申报出口时，出口货物发货人应填制"出口货物报关单"，并向海关提交原产地证书电子数据或者原产地证书正本的复印件。

（2）审核要求

进口人向海关提交的原产地证书，应当符合相应优惠贸易协定关于证书格式、填制内容、签章、提交期限等规定，并与商业发票、报关单等单证的内容相符。

一份报关单对应一份原产地证书；一份原产地证书对应同一批次进口货物。"同一批次"进口货物指由同一运输工具同时运抵同一口岸，并且属于同一收货人，使用同一提单的进口货物。

6. 补充申报及保证金收取

进口申报时未按规定提交原产地证书或原产地声明的，进口人应就货物是否具备原产地资格进行补充申报。按照规定补充申报的，海关可根据申请，按照协定税率或特惠税率收取等值保证金后放行货物。保证期限内提交相应原产地证书或原产地声明的，正常核销结案；超过保证期限的，海关将不准予适用协定税率计征税款。

7. 原产地标记

优惠贸易协定项下进出口货物及其包装上标有原产地标记的，其原产地标记所标明的原产地应当与依照《优惠原产地管理规定》有关规定确定的货物原产地一致。

8. 货物查验

按照规定，为确定货物原产地是否与进出口货物收发货人提交的原产地证书及其他单证相符，海关可以对进出口货物进行查验，通过验核原产地标记、规格型号、品质、货柜号码及封志，必要时采取取样化验等方式判定货物原产地。

9. 原产地核查

海关认为需要对进口人提交的原产地证书的真实性、货物是否原产于优惠贸易协定成员国或者地区进行核查的，应当按照该货物适用的最惠国税率、普通税率或者其他税率收取相当于应缴税款的等值保证金后放行货物。

海关认为必要时，可以对优惠贸易协定项下出口货物原产地进行核查，以确定其原产地。应优惠贸易协定成员国或者地区要求，海关可以对出口货物原产地证书或者原产地进行核查，并应当在相应优惠贸易协定规定的期限内反馈核查结果。

10. 不适用协定或特惠税率情形

（1）进口货物收货人或其代理人在货物申报进口时没有提交有效原产地证书、原产地声明，也未就进口货物是否具备原产地资格向海关补充申报的；

（2）进口货物收货人或其代理人未提供商业发票、运输单证等其他商业单证，也未提交其他证明文件的；

（3）经查验或原产地核查，确认货物原产地与申报内容不符，或者无法确定货物真实原产地的；

（4）未按补充申报相关规定，在货物申报进口之日起 1 年内补交有效的原产地证书的；

（5）我国海关已要求优惠贸易协定有关成员方签证机构或原产地主管机构开展核查，在规定期限内未收到核查反馈结果的。

11. 原产地预裁定

进出口货物的收发货人，应当在货物拟进出口 3 个月前通过单一窗口"海关事务联系系统"或"互联网＋海关"提交《中华人民共和国海关预裁定申请书》及规定的所需资料，向其注册地直属海关提出原产地或原产资格预裁定申请。

海关将自收到预裁定申请书及相关材料之日起 10 日内作出是否受理的决定；决定受理的，自受理之日起 60 日内制发预裁定决定书，并送达申请人，自送达之日起在全国关境内生效，但决定下发前已经进出口的货物，没有溯及力。已作出原产地预裁定决定的货物，自预裁定生效之日起 3 年内实际进出口时，申请人进出口预裁定列明的同一厂商使用相同材料生产的同一型号货物，应按原产地预裁定决定向海关申报。经海关审核其实际进出口的货物与预裁定决定书所述货物不相符的，海关应当重新审核确定该进出口货物的原产地。

4.3.3 我国非优惠原产地管理

国务院颁布的《原产地条例》适用于实施最惠国待遇、反倾销和反补贴、保障措施、原产地标记管理、国别数量限制、关税配额等非惠性贸易措施,以及进行政府采购、贸易统计等活动对进出口货物原产地的确定。依据《原产地条例》,海关总署发布了《关于非优惠原产地规则中实质性改变标准的规定》(以下简称《实质性改变标准规定》),与《原产地条例》同时实施,初步构成了我国非优惠进出口货物原产地管理的法制框架。

1. 原产地认定标准

(1) 完全获得标准

适用于完全在一个国家(地区)获得的货物。符合以下条件的,视为在一国(地区)完全获得,以该国(地区)为原产地。

① 在该国(地区)出生并饲养的活的动物;

② 在该国(地区)野外捕捉、捕捞、收集的动物;

③ 从该国(地区)的活的动物获得的未经加工的物品;

④ 在该国(地区)收获的植物和植物产品;

⑤ 在该国(地区)采掘的矿物;

⑥ 在该国(地区)获得的上述第①—⑤项范围之外的其他天然生成的物品;

⑦ 在该国(地区)生产过程中产生的只能弃置或者回收用做材料的废碎料;

⑧ 在该国(地区)收集的不能修复或者修理的物品,或者从该物品中回收的零件或者材料;

⑨ 由合法悬挂该国旗帜的船舶从其领海以外海域获得的海洋捕捞物和其他物品;

⑩ 在合法悬挂该国旗帜的加工船上加工上述第⑨项所列物品获得的产品;

⑪ 从该国领海以外享有专有开采权的海床或者海床底土获得的物品;

⑫ 在该国(地区)完全从上述第①—⑫项所列物品中生产的产品。

(2) 实质性改变标准

实质性改变标准规定适用于非优惠性贸易措施项下两个及以上国家(地区)所参与生产货物原产地的确定,确定时以最后一个对货物进行实质性改变的国家(地区)作为原产地。

实质性改变标准以税则归类改变为基本标准,税则归类改变不能反映实质性改变的,以制造或者加工工序、从价百分比等为补充标准。

税则归类改变标准,是指在某一国家(地区)对非该国(地区)原产材料进行制造加工后,所得货物在《进出口税则》中的 4 位级税目归类发生了改变。

制造或者加工工序标准,是指在某一国家(地区)进行的赋予制造、加工后所得货物基本特征的主要工序。

从价百分比标准，是指在某一国家（地区）对非该国（地区）原产材料进行制造、加工后的增值部分超过了所得货物的30%。用公式表示如下：

$$\frac{工厂交货价 - 非该国（地区）原产材料价值}{工厂交货价} \times 100\% \geqslant 30\%$$

上述"工厂交货价"是指支付给制造厂所生产的成品的价格；"非该国（地区）原产材料价值"以其进口的成本、保险费加运费价格（CIF价）计算。

以上述"制造或者加工工序"和"从价百分比"作为标准来判定实质性改变的货物在《实质性改变标准规定》所附的"适用制造或者加工工序及从价百分比标准的货物清单"中具体列明。对未列入上述清单货物的，其实质性改变的判定，应当适用税则归类改变标准。

2. 原产地预裁定

非优惠原产地预裁定，在程序方面与我国优惠原产地管理中内容一致，但货物原产地预裁定的依据有所不同。

3. 原产地证书申领

非优惠原产地项下，出口货物发货人应根据进口方的要求在货物出运前向相应的签证机构申请办理并领取出口货物原产地证书。

申请人申请原产地证书应提交：

（1）按规定填制的"中华人民共和国非优惠原产地证书"；

（2）出口货物商业发票；

（3）属于异地生产的货物，应提交货源地签证机构出具的异地货物原产地调查结果；

（4）对含有两个以上国家（地区）参与生产或者签证机构需核实原产地真实性的货物，申请人应当提交"产品成本明细单"。

一批货物只能申领一份原产地证书。签证机构应当在受理签证申请之日起2个工作日内完成审核。审核合格的，按照国家有关规定收取费用后签发证书。原产地证书自签发之日起有效期为1年。

4. 原产地核查

海关可以要求进口货物的收货人提交该进口货物的原产地证书，并予以审验；必要时，可以请求该货物出口国（地区）的有关机构对该货物的原产地进行核查。

应进口国（地区）有关机构的请求，海关、签证机构可以对出口货物的原产地情况进行核查，并及时反馈核查情况。

4.3.4 税率的适用

1. 税率适用的原则

税率适用是指进出口货物在征税、补税、追税或退税时选择适用的各种税率。

对于关税正税,我国实行复式进口税则。进口税则设最惠国税率、协定税率、特惠税率、普通税率、关税配额税等,一定期限内可实行暂定税率。出口税则按进口税则列目方式确定出口税则税目,对部分出口商品实行暂定出口税。

（1）进口税率

2021年以来,我国的进口关税总水平降至7.4%。对于同时适用多种税率的进口货物,在选择适用的税率时,基本遵循"从低适用"原则,特殊情况除外,具体见表4-6进出口货物适用税率的选择。

（2）出口税率

对于出口货物,在计算出口关税时,出口暂定税率的执行优于出口税率。

表4-6　进出口货物适用税率的选择

货物类型	可选用的税率	适用税率的确定
进口货物	同时适用最惠国税率、进口暂定税率	适用暂定税率
	同时适用最惠国税率、减征税率	适用减征税率
	同时适用减征税率、进口暂定税率、协定税率、特惠税率	从低适用税率
	适用普通税率、进口暂定等税率	适用普通税率
	适用关税配额税率、其他税率	配额内的,适用关税配额税率,有暂定税率的,适用暂定税率；配额外的,从低适用不同税率
	同时适用协定税率、反倾销税率	协定税率 + 反倾销税率
	同时适用协定税率、反补贴税率	协定税率 + 反倾销税率
	同时适用协定税率、保障措施	中止、撤销、修改关税减让义务后所确定的适用税率
	同时适用正税、报复性关税税率	正税 + 报复性关税税率
出口货物	同时适用出口税率、出口暂定税率	适用出口暂定税率

2. 税率的实际运用

《关税条例》规定,进出口货物应当按海关接受该货物申报进口或者出口之日实施的税率征税。实际运用时应区分以下情况：

（1）进口货物到达前,经海关核准先行申报的,应当适用装载该货物的运输工具申报进境之日实施的税率。

（2）进口转关运输货物,应当适用指运地海关接受该货物申报进口之日实施的税率；货物运抵指运地前，经海关核准先行申报的，应当适用装载该货物的运输工具抵达指运地之日实施的税率。

（3）出口转关运输货物，应当适用启运地海关接受该货物申报出口之日实施的税率。

（4）经海关批准，实行集中申报的进出口货物，应当适用每次货物进出口时海关接受该货物申报之日实施的税率。

（5）因超过规定期限未申报而由海关依法变卖的进口货物，其税款计征应当适用装载该货物的运输工具申报进境之日实施的税率。

（6）因纳税义务人违反规定需要追征税款的进出口货物，应当适用违反规定的行为发生之日实施的税率；行为发生之日不能确定的，适用海关发现该行为之日实施的税率。

（7）已申报进境并放行的保税货物经批准不复运出境的、保税仓储货物转入国内市场销售的、减免税货物经批准转让或者移作他用的、租赁进口货物分期缴纳税款、已进出境放行的暂时进出境货物经批准不复运出境或者进境的等情形，应当适用海关接受纳税义务人再次填写报关单申报办理纳税及有关手续之日实施的税率。

4.4 进出口税收的征收与减免

4.4.1 税收征缴

1. 征缴方式

（1）税费征收方式

税费征收方式是指海关确定关税纳税义务具体内容的方式。

① 自报自缴方式

"自主申报、自行缴纳"以企业诚信管理为前提，企业自主申报报关单的涉税要素，自行完成税费金额的核算，自行完成税费缴纳后，货物即可放行（放行前如需查验则查验后放行）。海关在放行后根据风险分析结果对纳税义务人申报的价格、归类、原产地等税收要素进行抽查审核。

② 审核纳税方式

审核纳税方式，是指海关在货物放行前对纳税义务人申报的价格、归类、原产地等税收要素进行审核，并进行相应的查验（如需要），确定货物的完税价格后核定应缴税款，纳税义务人缴纳税款后货物方予放行。

（2）税费缴纳方式

按照不同角度，缴纳海关税费可有不同区分方式：

① 以支付方式区分，可分为柜台支付方式、电子支付方式；

② 以缴纳额度区分，可分为逐票缴纳方式、汇总征税缴纳方式。

以海关电子缴税方式缴纳税款的，进出口企业、单位可以通过"互联网＋海关"一体化网上办事平台或国际贸易"单一窗口"标准版下载并打印电子《海关专用缴款书》；以柜台支付方式缴纳税款的，进出口企业、单位到窗口领取并签收海关填发的税款缴款书，然后通过银行缴纳税款后，应当及时将盖有证明银行已收讫税款的业务印章的税款缴款书送交填发海关验核。在通关一体化改革框架下，海关正在推广电子税单自助打印。

2．纳税期限

纳税义务人应当自海关填发税款缴款书之日起 15 日内向指定银行缴纳税款。

纳税义务人因不可抗力或者国家税收政策调整不能按期缴纳税款的，依法提供税款担保后，可以直接向海关办理延期缴纳税款手续。延期期限为自货物放行之日起最长不超过 6 个月，超过期限的，海关征收滞纳金，并在必要时采取税收保全和税收强制措施。

3．滞纳金减免

下列情形，直属海关可以依法审核相关资料后减免税款滞纳金：纳税义务人确因经营困难，自海关填发税款缴款书之日起在规定期限内难以缴纳税款，但在规定期限届满后 3 个月内补税款的；因不可抗力或者国家政策调整导致纳税义务人自海关填发税款缴款书之日起在规定期限内无法缴纳税款，但在相关情形解除后 3 个月内补税款的；货物放行后，纳税义务人通过自查发现少缴或漏缴税款并主动补缴的；经海关总署认可的其他特殊情形。

4.4.2 进出口税费的减免

减免税制度是根据法律、法规和国家进出口税收优惠政策的规定，针对规定范围内的进出口货物予以减征或者免征关税、进口环节税的税收制度。

进出口税收减免可分为三大类：法定减免税、特定减免税和临时减免税。

1．法定减免税

法定减免税是指依据《海关法》《关税条例》，以及其他法律、法规所实施的减免税，除外国政府、国际组织无偿赠送的物资外，其他法定减免税货物一般无须办理减免税审批手续。海关对法定减免税货物一般不进行后续管理。

法定减免税的范围：

（1）关税税额在人民币 50 元以下的一票货物；

（2）无商业价值的广告品和货样；

（3）外国政府、国际组织无偿赠送的物资；
（4）在海关放行前遭受损坏或者损失的货物；
（5）进出境运输工具装载的途中必需的燃料、物料和饮食用品；
（6）中华人民共和国缔结或者参加的国际条约规定减征、免征关税的货物和物品；
（7）法律规定减征、免征关税的其他货物、物品。

进口环节增值税或消费税税额在人民币50元以下的一票货物也应免征。

2. 特定减免税

特定减免税和临时减免税都属于政策性减免税范围，两者并无明显的区别。

特定减免税是指海关根据国家规定，对特定地区、特定用途和特定企业给予的减免关税和进口环节海关代征税的优惠，也称政策性减免税。

目前实施特定减免税的项目主要有：

（1）外商投资项目投资额度内进口自用设备

外商投资企业所投资的项目符合《外商投资产业指导目录》中鼓励类或《中西部地区外商投资优势产业目录》的产业条目，除《外商投资项目不予免税的进口商品目录》《进口不予免税的重大技术装备和产品目录》所列商品外的自用设备，免征关税，进口环节增值税照章征收。

（2）外商投资企业自有资金项目

投资项目符合《外商投资产业指导目录》鼓励类条目的外商投资企业，利用投资总额以外的自有资金进口的在《国内投资项目不予免税的进口商品目录》《进口不予免税的重大技术装备和产品目录》所列商品外的设备及配套技术、配件、备件，可以免征进口关税，进口环节增值税照章征收。

（3）国内投资项目进口自用设备

符合《产业结构调整指导目录》鼓励类范围的国内投资项目单位，在投资总额内进口的自用设备及随设备进口的技术及配套件、备件，除《国内投资项目不予免税的进口商品目录》《进口不予免税的重大技术装备和产品目录》所列商品外，免征进口关税，进口环节增值税照章征收。

（4）贷款项目进口物资

外国政府贷款和国际金融组织贷款项目，在项目额度或投资总额内进口的自用设备，以及随设备进口的技术及配套件、备件，除《外商投资项目不予免税的进口商品目录》《进口不予免税的重大技术装备和产品目录》所列商品外，免征进口关税。

对贷款项目进口自用设备，经确认按有关规定增值税进项税额无法抵扣的，除以上两个目录外所列商品，同时免征进口环节增值税。

对贷款项目进口自用设备涉及污水处理厂、再生水项目（不包括自来水项目）等项目的，无需确认增值税进项税额是否抵扣，同时免征关税和进口环节增值税。

（5）重大技术装备

对经认定符合规定条件的国内企业为生产国家支持发展的重大技术装备和产品进口规定范围的关键零部件、原材料商品，免征关税和进口环节增值税。

（6）支持科技创新税收优惠政策

对科学研究机构、技术开发机构、学校等单位进口国内不能生产或性能不能满足需要的科学研究、科技开发和教学用品，免征进口关税和进口环节增值税、消费税；对出版物进口单位为科研院所、学校，进口用于科研、教学的图书、资料等，免征进口环节增值税。

（7）救灾捐赠物资

对外国民间团体、企业、友好人士和华侨、港澳居民和台湾同胞无偿向我国境内受灾地区捐赠的直接用于救灾的物资，在合理数量范围内，免征关税和进口环节增值税、消费税。

（8）扶贫慈善捐赠物资

对境外捐赠人（指关境外的自然人、法人或者其他组织）无偿向受赠人捐赠的直接用于慈善事业的物资，免征进口关税和进口环节增值税。

（9）残疾人专用品

进口国内不能生产的残疾人专用物品，免征进口关税和进口环节增值税、消费税。

（10）集成电路项目进口物资

对在中国境内设立的线宽小于 0.25 微米或者投资额超过 80 亿元、线宽小于 0.5 微米（含）的集成电路生产企业进口自用生产性原材料、消耗品，净化室专用建筑材料、配套系统，集成电路生产设备零、配件，免征进口关税及进口环节增值税。

（11）海上石油、陆上石油项目进口物资

在我国海洋进行石油（天然气）开采作业的项目，进口开采作业的设备、仪器、零附件、专用工具，在规定的免税进口额度免征进口关税和进口环节增值税。

在我国领土内的沙漠、戈壁荒漠进行石油（天然气）开采作业的自营项目，进口用于物探、开发作业的设备、仪器、零附件、专用工具，在规定的免税进口额度内，免征进口关税。

在我国领土内的沙漠、戈壁荒漠进行石油（天然气）开采作业的中外合作项目，进口用于物探、开发作业的设备、仪器、零附件、专用工具，在规定的免税进口额度内，免征进口关税和进口环节增值税。

（12）远洋渔业项目进口自捕水产品

对获得农业农村部"远洋渔业企业资格证书"的远洋渔业企业在公海或者按照有关协议规定，在国外海域捕获并运回国内销售的自捕水产品（及其加工制品），不征收进口关税和进口环节增值税。

（13）无偿援助项目进口物资

无偿援助项目进口物资，指外国政府、国际组织无偿赠送及我国履行国际条约规定减免税进口的物资。其减免税范围包括：根据中国与外国政府、国际组织间的协定或协议由外国政府、国际组织直接无偿赠送的物资或者由其提供无偿赠款，由我国受赠单位按照协定或协议规定用途自行采购进口的物资；外国地方政府或民间组织受外国政府委托无偿赠送进口的物资；国际组织成员受国际组织委托无偿赠送进口的物资；我国缔结或者参加的国际条约规定减征、免征关税的货物和物品。

无偿援助项目进口物资，性质上属于法定减免税范畴，但是按照特定减免税货物管理。

（14）科技重大专项进口

对承担《国家中长期科学和技术发展规划纲要（2021—2035年）》的项目承担单位使用中央财政拨款、地方财政资金、单位自筹资金及其他渠道获得的资金进口项目（课题）所需国内不能生产的关键设备（含软件工具及技术）、零部件原材料，免征进口关税和进口环节增值税。

（15）新型显示器件生产企业

对新型显示器件生产企业进口规定范围内的自用生产性（含研发用）原材料和消耗品，免征进口关税，照章征收进口环节增值税；进口建设净化室所需的规定范围内的配套系统，免征进口关税和进口环节增值税；在经核定的年度进口金额内，进口维修规定范围内的进口生产设备所需零部件，免征进口关税和进口环节增值税；对符合国内产业自主化发展规划的彩色滤光膜、偏光片等属于新型显示器件产业上游的关键原材料、零部件的生产企业进口国内不能生产的自用生产性原材料（含研发用）、消耗品，免征进口关税。

（16）勘探开发煤层气

勘探开发煤层气项目单位在我国境内进行煤层气勘探开发项目，进口用于勘探开发作业的设备、仪器、零附件、专用工具，免征进口关税和进口环节增值税。

（17）种子种源

取得农业农村部、国家林业和草原局出具的"中华人民共和国农业农村部动植物苗种进（出）口审批表""国家林业和草原局种子苗木（种用）进口许可表""国家濒危办进口种用野生动植物种源确认表"的企业，以及取得主管部门出具的证明有关工作犬和工作犬精液及胚胎属于免税品种范围的说明文件的部门，进口与农林业生产密切相关，并直接用于或服务于农林业生产的种子（苗）、种畜（禽）和鱼种（苗）（简称种畜种苗），野生动植物种源，警用工作犬及其精液和胚胎，免征进口环节增值税。

（18）中储粮

在一定时期内，对中国储备粮管理总公司及其子公司（包括中储粮油脂有限公司等）为实现中央储备粮油年度轮换、转储备及履行政府承诺而组织进口的粮油，免征进口环节增值税。

（19）公益收藏

列入财政部会同国务院有关部门审定并以公告形式发布的省级以上国有公益性收藏单位名单内国有文物收藏单位，以从事永久收藏、展示和研究等公益性活动为目的，通过接受境外捐赠、归还、追索和购买等方式进口的藏品，免征关税和进口环节增值税、消费税。

（20）国内航空公司进口飞机

对国内从事航空运输业的航空公司购买进口的空载重量在 25 吨以上的客货运飞机减按 5% 征收进口环节增值税。

（21）动漫开发生产用品

在一定时期内，经国务院有关部门认定的动漫企业自主开发、生产动漫直接产品，确需进口的商品可享受免征进口关税及进口环节增值税的政策。

3. 临时减免税

临时减免税是指法定减免税和特定减免税以外的其他减免税。国务院根据某个单位、某类商品、某个时期或某批货物的特殊情况和需要，给予特别的临时性减免税优惠。

4.4.3 税款退还、追补

1. 税款退还

纳税义务人按照规定缴纳税款后，因误征、溢征及其他国家政策调整应予退还的税款可由海关依法退还（与出口退税不同）。

（1）多征税款退税

海关发现非政策调整因素导致多征税款的，应立即通知纳税义务人办理退税手续。纳税义务人应当自收到海关通知之日起 3 个月内办理退税手续。

纳税义务人发现多征税款的，自缴纳税款之日起 1 年内，可以向海关申请退还多缴的税款并加算银行同期活期存款利息。

（2）品质或者规格原因退税

已缴纳税款的进口货物，因品质或者规格原因原状退货复运出境的，纳税义务人自缴纳税款之日起 1 年内，可以向海关申请退税。

已缴纳出口关税的出口货物，因品质或者规格原因原状退货复运进境并已重新缴纳因出口而退还的国内环节有关税收的，纳税义务人自缴纳税款之日起 1 年内，可以向海关申请退税。

（3）退关退税

已缴纳出口关税的货物，因故未装运出口申报退关的，纳税义务人自缴纳税款之日起 1 年内，可申请退税。

（4）短装退税

散装货物发生短装并已征税放行的，如该货物发货人、承运人、保险人已对短装部分退还或者赔偿相应货款，纳税义务人自缴纳税款之日起 1 年内，可申请退还短装部分的税款。

（5）赔偿退税

因进出口货物残损、品质不良、规格不符等原因或发生上述散装货物短装以外的货物短少情形，由进出口货物的发货人、承运人或保险公司赔偿相应货款的，纳税义务人自缴纳税款之日起 1 年内，可申请退还赔偿货款部分的相应税款。

上述申请退税情形，海关应当自受理退税申请之日起 30 日内查实并通知纳税义务人办理退还手续。纳税义务人应当自收到通知之日起 3 个月内办理有关退税手续。

退税必须在原征税海关办理。

进口环节增值税已予抵缴的，除国家另有规定外不予退还。已征收的滞纳金不予退还。

2. 税款追补

（1）补税

进出口货物放行后，海关发现少征税款，应当自纳税义务人缴纳税款之日起 1 年内，由海关补征。

海关发现漏征税款，应当自货物放行之日起 1 年内，向纳税义务人补征漏征的税款。

（2）追税

因纳税义务人违反规定导致海关对进出口货物少征或漏征税款的，少征的海关应当自缴纳税款之日起 3 年内、漏征的应当自该货物放行之日起 3 年内追征税款。因纳税义务人违反规定造成海关监管货物少征或漏征税款的，海关应当自纳税义务人应缴纳税款之日起 3 年内追征税款。

应缴纳税款之日是指纳税义务人违反规定的行为发生之日，该行为发生之日不能确定的，应当以海关发现该行为之日作为应缴纳税款之日。

少征或漏征的税款涉及滞纳金的应一并征收。补征关税、进口环节代征税、滞纳金起征点均为 50 元。

4.4.4 税款担保

税款担保是海关事务担保的一种，是指纳税义务人以法定形式向海关承诺在一定期限内履行其纳税义务的行为。

1. 办理税款担保的情形

纳税义务人针对以下情形要求海关先放行货物的，应当按照海关初步确定的应缴税款向海关提供足额税款担保：

（1）海关尚未确定商品归类、完税价格、原产地等征税要件的；

（2）正在海关办理减免税审核确认手续的；

（3）正在海关办理延期缴纳税款手续的；

（4）暂时进出境的；

（5）进境修理和出境加工的，按保税货物实施管理的除外；

（6）因残损、品质不良或规格不符，以无代价抵偿货物申报进口或者出口时，原进口货物尚未退运出境或者尚未放弃交由海关处理的，或者原出口货物尚未退运进境的；

（7）其他按照有关规定需要提供税款担保的。

2. 担保期限及方式

除另有规定外，税款担保期限一般不超过6个月。

一般采用保证金、银行及非银行金融机构出具连带责任保证保函方式。保证金担保采取逐票方式；保函担保可采取逐票方式，也可采取办理汇总征税及循环担保方式。

银行类金融机构均可办理汇总征税担保，经批准的保险公司类机构也可办理汇总征税担保，已经在部分直属海关成功试点采用经同意的企业财务公司参与总担保备案；增加可以用于担保的财产和权利种类，允许企业以汇票、本票、支票、债券、存单等海关认可的财产、权利提供担保。

4.4.5 税收保全与强制措施

1. 保全措施

纳税义务人不能在海关规定的期限内按照海关要求提供担保的，经直属海关关长或者其授权的隶属海关关长批准，海关应当采取税收保全措施：暂停支付存款；暂扣货物或财产。

2. 强制措施

纳税义务人、担保人自规定的纳税期限届满之日起超过3个月未缴纳税款，或经总署批准延期缴纳税款的，自延期届满之日起超过3个月仍未缴纳税的，经直属海关关长或其授权的隶属海关关长批准，依次采取下列强制措施：

（1）书面通知金融机构从其存款中扣税款；

（2）将应税货物依法变卖，以变卖所得抵缴税款；

（3）扣留并依法变卖其价值相当于应纳税款的货物或者其他财产，以变卖所得抵缴税款。

海关采取强制措施时，对纳税义务人未缴纳的税款滞纳金同时强制执行。

变卖所得不足以抵缴税款的，海关继续采取强制措施抵缴税款的差额部分；变卖所得抵缴税款及扣除相关费用后仍有余款的，应当发还纳税义务人、担保人。

无法采取税收保全措施、强制措施，或者无法足额征收税款的，海关依法向人民法院申请强制执行。

纳税义务人、担保人对海关采取税收保全措施、强制措施不服的，可以依法申请行政复议或者提起行政诉讼。

4.4.6　纳税争议及解决

纳税争议包括对海关确定纳税义务人、完税价格、商品归类、原产地及计征税率或汇率、减征或免征税款、补税、退税、征收滞纳金、计征方式及纳税地点等行政行为不服而发生的争议。

关税强制措施、税收保全措施不属于纳税争议，而应当视为不服海关其他行政行为的行政争议。

解决纳税争议实行行政复议前置原则，对海关行政复议不服的，再向人民法院提起行政诉讼。

4.5　进出口关税及其他税费的计算案例

海关征收的关税、进口环节增值税、进口环节消费税、船舶吨税、滞纳金等税费一律以人民币计征，完税价格、税额采用四舍五入法计算至分。关税以及进口环节增税、进口环节消费税、船舶吨税、滞纳金等税费的起征点为人民币50元。

进出口货物的价格及有关费用以外币计价的，海关按照该货物适用税率之日所适用的计征汇率折合为人民币计算完税价格。海关每月使用的计征汇率为上一个月第三个星期三（第三个星期三为法定节假日的，顺延采用第四个星期三）中国人民银行公布的外币对人民币的基准汇率（即美元对人民币的汇率）；以基准汇率币种以外的外币计价的，采用同一时间中国银行公布的现汇买入价和现汇卖出价的中间值（人民币元后采用四舍五入法保留4位小数）。如果上述汇率发生重大波动，海关总署认为必要时，可另行规定计征汇率，并对外公布。

4.5.1　关税的计算

进出口货物经过税则归类、适用税率、完税价格的审定和确定后，便进入应征税款的计算。税款一经确定，海关即可作出具有强制性的征税决定，纳税义务人必须按时履行，在规定期限内向海关缴纳。目前我国海关工作数字化，接受申报、计征关税等工作已使用计算机联网处理，但作为专职报关员应能熟练掌握关税的基本理论和知识，掌握关税税款的计算方法及计算公式。

海关计算税款的一般程序为：

（1）按照归类原则确定税则归类，将应税货物归入恰当的税目税号。

（2）若为进口，需要根据原产地规则和税率使用原则，确定应税货物所适用的税率。

（3）根据完税价格审定办法和规定，确定进口应税货物的 CIF 价格，出口应税货物的 FOB 价格。

（4）根据汇率使用原则和税率使用原则，将外币折算成人民币。

（5）按照计算公式正确计算应征进出口关税税款。

以下举几个例子（税率和汇率均为方便计算而假设）。

例1　上海五金矿产进出口公司向新加坡出口黑钨砂5吨，成交价格为 CIF 新加坡 USD 3 000，其中运费为 USD 400，保险费为 USD 30，求关税。

① 确定税率：钨矿砂归入税号2601，出口税率为20%

② 外币折成人民币：适用汇率设为1美元 = 6.8元人民币。

CIF = 3 000 × 6.8 = 20 400 元人民币

运费 = 400 × 6.8 = 2 720 元人民币

保险费 = 30 × 6.8 = 204 元人民币

③ 求 FOB 价：20 400 − 2 720 − 204 = 17 476 元人民币

④ 计算完税价格：$\dfrac{17\,476}{1+20\%}$

⑤ 计算出口关税：$\dfrac{17\,476}{1+20\%} \times 20\% = 2\,912.67$ 元人民币

例2　中南建筑材料厂自香港购进美国纽约产钢铁盘条80 000千克，成交价格为 FOB 纽约 USD10 000，另付港商佣金3%，求关税、增值税。（单位运费为 USD 50/吨）

① 确定税率：钢铁盘条归入税号7310，税率假设为15%，增值税税率为14%

② 外币折成人民币：适用汇率为1美元 = 6.8元人民币

FOB 价加上佣金折成人民币：10 000 × （1 + 3%） × 6.8 = 70 040 元人民币

③ 计算运费并折成人民币：50 × 80 × 6.8 = 27 200 元人民币

④ 求完税价格：保险费率设为0.20%

$\dfrac{70\,040 + 27\,200}{1 - 0.20\%} = 97\,434.869\,739\,4 \approx 97\,434.87$ 元人民币

⑤ 计算关税：97 434.87 × 15% = 14 615.23 元人民币

⑥ 计算增值税：参见本节第三部分海关代征税的计算

(97 434.87 + 14 615.23) ×14% = 15 687.01 元人民币

例3 国内某公司从日本购进该国企业生产的广播级电视摄像机40台，其中20台成交价格为 CIF 境内某口岸 4 000 美元/台，其余 20 台成交价格为 CIF 境内某口岸 5 200 美元/台，已知适用汇率 1 美元 =6.8 元人民币，计算应征进口关税额。

① 确定税则归类，该批摄像机归入税号 8525.8012。

货物原产国为日本，关税税率适用最惠国税率，经查关税税率为，完税价格不高于 5 000 美元/台的，关税税率为单一从价税率 35%；完税价格高于 5 000 美元/台的，关税税率为 3%，加 12 960 元从量税从价税。

② 确定成交价格分别为：

20 ×4 000 = 80 000 美元 = 544 000 元人民币；20 ×5 200 = 104 000 美元 = 707 200 元人民币

③ 分别计算进口关税：

单一从价进口关税税额 = 完税价格 × 进口关税税率
$$= 544\ 000 \times 35\% = 190\ 400\ 元人民币$$

复合进口关税税额 = 货物数量 × 单位税额 + 完税价格 × 关税税率
$$= 20 \times 12\ 960 + 707\ 200 \times 3\% = 280\ 416\ 元人民币$$

合计进口关税税额 = 从价进口关税税额 + 复合进口关税税率
$$= 190\ 400 + 280\ 416 = 470\ 816\ 元人民币$$

4.5.2 关税减免的计算

我国对进出口货物关税减免的方式有以下几种。

1. 全额免税

全额免税即对应纳税款全部免征。

2. 减半征税

减半征税其计算公式为：

实征关税税额 = 完税价格 × 原关税税率 × 50%

3. 按实际复出口部分减免关税（如对进料加工的进口料件）

进料加工的进口料件，对其实际复出口部分免征关税。这些进口料件属于保税物品，一般可按保税办法由海关在进、出口时予以核销监管（进口时暂缓征税）。加工后复出口部分免税，内销（不出口）部分予以征税。

4. 按原税率比例减免征税或减按指定的（低）税率征税

实征关税税额 = 完税价格 × 实征关税税率

按一般情况，减免关税的货物应代征的国内税同样给予减免税待遇。

5. 关税减免的计算例题

国内某远洋渔业企业向美国购进国内性能不能满足需要的柴油船用发动机 2 台，成交价格合计为 CIF 境内目的地口岸 680 000 美元。经批准该发动机进口关税税率减按 1% 计征。已知适用中国银行的外汇折算价为 1 美元 = 6.8 元人民币，计算应征进口关税（原产国美国适用最惠国 5%，减按 1% 计征）。

① 确定税则归类，该发动机归入税号 8404.1000；
② 原产国美国适用最惠国税率 5%，减按 1% 计征；
③ 确定货物的完税价格，即确定货物的 CIF 报价：审定 CIF 价格为 680 000 美元；
④ 根据汇率适用原则将外币计算为人民币 4 624 000 元；
⑤ 计算应该征收的税款：

关税税额 = 完税价格 × 减按进口关税税率 = 4 624 000 × 1% = 46 240 元人民币

4.5.3 海关代征税的计算

根据国务院颁布的《中华人民共和国增值税暂行条例》和《中华人民共和国消费税暂行条例》的有关规定，我国从 1994 年 1 月 1 日起，对进口货物由原来的征收产品税、增值税、工商统一税和特别消费税改为征收增值税和消费税。为统一税收政策，便于海关征收工作，对进口的应税产品一律按组成计税价格计征海关代征税，即海关代征税 = 组成计税价格 × 代征税税率。公式中的代征税税率，如征增值税，则为增值税税率，如征消费税，则为消费税税率。

1. 进口货物增值税的计算

(1) 对于进口货物，如果不属于应征消费税范围的货物，其组成计税价格公式为：

组成计税价格 = 进口商品完税价格 + 关税税额

增值税应纳税额 = (进口商品完税价格 + 关税) × 增值税税率

(2) 如属应征消费税范围的进口货物，其计税公式为：

组成计税价格 = 进口商品完税价格 + 关税税额 + 消费税税额

增值税应纳税额 = (进口商品完税价格 + 关税 + 消费税) × 增值税税率

2. 进口货物消费税的计算

消费税实行从价定率或从量定额的办法计算应纳税额。

(1) 实行从价定率时，其公式为：

组成计税价格 = (进口商品完税价格 + 关税税额) ÷ (1 − 消费税比例税率)

消费税应纳税额 = 消费税组成计算价格 × 消费税比例税率

(2) 实行从量定额时，其公式为：

消费税应纳税额 = 应征消费税进口数量 × 消费税定额税率

(3) 实行从价定率和从量定额复合计税办法计算纳税的组成计税价格，其公式为：

消费税应纳税额 = 消费税组成计算价格 × 消费税比例税率 + 应征消费税进口数量 × 消费税定额税率

其中：

组成计税价格 = （关税完税价格 + 关税税额 + 进口数量 × 消费税定额税率）÷ （1 - 消费税税率）

3. 海关代征税的计算例题

例 1 某公司自日本进口圆钢 500 吨，申报价格为 FOB 大阪 380 美元/吨，已知申报运费人民币 200 元/吨，保险费率为 0.27%，适用汇率为 1 美元 = 6.8 元人民币，求应征进口增值税是多少？

（1）求完税价格：圆钢进口税率为 10%

$$完税价格 = \frac{FOB + 运费}{1 - 保险费率} = \frac{6.8 \times 190\,000 + 200 \times 500}{1 - 0.27\%}$$

$$= 1\,395\,768.58 \text{ 元人民币}$$

（2）求关税：

关税 = 完税价格 × 税率 = 139 576.86 元人民币

（3）求增值税的组成计税价格：

组成计税价格 = 完税价格 + 关税

= 1 395 768.58 + 139 576.86

= 1 535 345.44 元人民币

（4）求海关代征的增值税：圆钢的增值税税率为 17%

增值税 = 组成计税价格 × 增值税率 = 1 535 345.44 × 17% = 261 008.72 元人民币

例 2 某公司从德国进口奔驰豪华小轿车 1 辆（排气量超过 3 000 CC），其成交价格为每辆 CIF 天津新港 25 000 美元，求海关应征消费税多少？（外汇牌价同上）

计算方法：

（1）求完税价格与关税：小轿车进口税率为 120%

完税价格 CIF = 6.8 × 25 000 = 170 000 元人民币

关税 = 170 000 × 120% = 204 000 元人民币

（2）求消费税的组成计税价格：排气量超 3 000 CC 的小轿车消费税税率为 8%

$$组成计税价格 = \frac{170\,000 + 204\,000}{1 - 8\%} = 406\,521.74 \text{ 元人民币}$$

（3）求消费税：

消费税 = 406 521.74 × 8% = 32 521.74 元人民币

例 3 国内某公司于 2018 年 12 月申报进口英国产某品牌香烟 10 标准箱（1 标准箱 = 250 标准条，1 标准条 = 200 支），成交价格为 CIF 国内某口岸 2 200 英镑/标准箱。设 1 英镑 = 8.75 元人民币，关税税率 25%，计算应征的进口环节消费税税款。

计算方法:
(1) 确定税则归类,香烟归入税号 2402.2000。
(2) 香烟征收复合消费税:每标准条进口完税价格≥70 元人民币时,按 56% 从价税率 +150 元/标准箱从量税征收;每标准条进口完税价格<70 元人民币时,按 36% 从价税率 +150 元/标准箱从量税征收。
(3) 计算完税价格:2 200 英镑 ×10 标准箱 ×8.75 =192 500.00 元人民币。
(4) 每标准条完税价格:192 500.00 元 ÷10 箱 ÷250 条 =77.00 元/条。
(5) 适用消费税税率为 56% +150 元/标准箱。
(6) 按照公式计算进口环节消费税:

关税 =192 500.00 ×25% =48 125.00 元人民币

从量消费税 =10 ×150 =1 500 元人民币

消费税组成计税价格 =(关税完税价格 + 关税税额 + 应征消费税进口数量 × 消费税定额税率) ÷(1 - 消费税税率)

$$= (192\ 500.00 + 48\ 125.00 + 1\ 500) \div (1 - 56\%)$$

$$= 550\ 284.09\ 元人民币$$

消费税应纳税额 = 消费税组成计税价格 × 消费税比例税率 + 应征消费税进口数量 × 消税定额税率

$$= 550\ 284.09 \times 56\% + 10 \times 150$$

$$= 309\ 659.09\ 元人民币$$

4.5.4 滞纳金

1. 含义

滞纳金是指纳税义务人应自海关填发税款缴款书之日起 15 日内向指定银行缴纳税款,逾期缴纳的,海关依法在原应纳税款的基础上,按日加收滞纳税款 0.5‰的款项。

2. 征收规定

按照规定,海关征收的关税、进口环节增值税和消费税、船舶吨税,进出口货物的纳税义务人应当自海关填发税款缴款书之起 15 日内缴纳税款;如纳税义务人逾期缴纳税款的,由海关自缴款期限届满之日起至缴清税款之日止,按日加收滞纳税款 0.5‰的滞纳金。

纳税义务人应该自海关填发滞纳金缴款书之日起 15 日内向指定的银行缴纳滞纳金。在实际计算纳税期限时,应从海关填发税款缴款书之日的第二天起计算,当天不计入。即最后那天(到期日)是填发滞纳金缴款书之日 +15 即可。

缴纳期限的最后一日(到期日)是星期六、星期天或法定节假日,则关税缴纳期限顺延至周末或法定节假日过后的第一个工作日,但税款缴纳期限内含有的星期六、星期天或法定节假日不予扣除。滞纳天数从缴纳期限最后一日的第二天起（即到期日不算在内），按照实际滞纳天数计算（实际交税那天也要算），其中的星期六、星期天或法定节假日一并计算。

滞纳金按每票货物的关税、进口环节增值税和消费税单独计算，起征点为人民币50元。

另外，海关总署令第124号《中华人民共和国海关进出口货物征税管理办法》对一些特殊情况下滞纳金的征收都做了详细的规定，如因纳税义务人违反规定造成海关少征或漏征税款的、租赁进口货物，分期支付租金的、暂时进出境货物未在规定期限内复运出境/进境的、纳税义务人按照规定缴纳税款后，因误征、溢征及其他国家政策调整应予退还的税款等。

3. 计算公式及其例题

（1）计算公式

关税滞纳金金额 = 滞纳关税税额 × 0.5‰ × 滞纳天数

消费税滞纳金金额 = 滞纳消费税税额 × 0.5‰ × 滞纳天数

增值税滞纳金金额 = 滞纳增值税税额 × 0.5‰ × 滞纳天数

（2）计算例题

国内某公司向香港购进日本皇冠轿车10辆，已知该批货物应征关税税额为人民币352 793.52元，应征进口环节消费税为人民币72 860.70元，进口环节增值税税额为人民币247 726.38元。海关于2009年2月5日填发《海关专用缴款书》。该公司于2009年3月3日缴纳税款。现计算应征的滞纳金。

① 首先确定滞纳天数，然后再计算应缴纳的关税、进口环节消费税和增值税的滞纳金。

用原来的日期加15天算出：税款缴纳的到期日为2009年2月20日（星期五），2月21日至3月3日为滞纳期，共滞纳11天。

② 按照计算公式分别计算进口关税、进口环节消费税和增值税的滞纳金。

关税滞纳金 = 滞纳关税税额 × 0.5‰ × 滞纳天数

= 352 793.52 × 0.5‰ × 11

= 1 940.36 元人民币

进口环节消费滞纳金 = 进口环节消费税税额 × 0.5‰ × 滞纳天数

= 72 860.70 × 0.5‰ × 11

= 400.73 元人民币

进口环节增值税滞纳金 = 进口环节增值税税额 × 0.5‰ × 滞纳天数

= 247 726.38 × 0.5‰ × 11

= 1 362.50 元人民币

【能力提升】

一、简答题

1. 关税的计征方法有哪些？
2. 海关对进口货物完税价格的审定方法有哪些？使用原则是什么？
3. 如何认定买卖双方有特殊关系？
4. 谈谈企业特殊关系如何影响成交价格以及海关如何处理此种情况。
5. 进出口完税价格的确定有何差异？
6. 谈谈报关人员了解与掌握海关估价准则带来的益处。
7. 简要阐述原产地规则的含义、意义及其认定标准。

二、计算题

1. 某进口商在货物进口后的45天内按不同的价格分8批销售200个单位的货物，具体情况如下表所示：

批次	价格	数量	批次	价格	数量	批次	价格	数量
1	100	40	4	95	45	7	90	30
2	90	30	5	105	25	8	100	10
3	100	15	6	100	5			

请问：此批进口货物倒扣的销售价格应为多少元？

2. 国内某公司于2019年1月7日申报进口加拿大产扫雪机1台，申报价格为CIF境内某口岸90 000美元。设1美元=6.85元人民币，计算应征增值税税额。

3. 国内某公司于2019年1月7日申报进口西班牙产散装葡萄酒一批，经海关审核其成交价格总值为CIF境内某口岸32 640欧元。已知该批货物的关税税率为20%，消费税税率为10%，增值税税率为16%，设1欧元=7.85元人民币，计算应征增值税税额。

4. 苏州某医疗公司从德国进口了一批医疗器械，货物于2023年4月10日在上海浦东机场入境。委托相关公司以全国通关一体化的方式，在吴中海关办理进口申报手续。该批货物监管方式为一般贸易（0110），货物清单如下表所示：

序号	商品编码	商品名称	数量/个	金额/欧元
1	9018903090	内窥镜用钳	4	1253.48
2	9018903090	内镜用注射针	11 000	166265.98
3	9018903090	乳头切开刀	500	34691.33

续表

序号	商品编码	商品名称	数量/个	金额/欧元
4	9018903090	推进导管	50	2106.39
5	9018903090	胆汁引流管	15 22	70609.76
6	9018903090	取石球囊导管	470	37125.18
7	9018903090	扩张球囊导管	52	7154.83
8	9018909919	导丝	4 202	392876.8

已知2023年4月欧元的外汇折算率为7.3703,商品编码9018903090进口关税率0%,增值税率13%;商品编码9018909919进口关税率4%,增值税率13%。成交方式为CFR,保费率0.3%,无运费杂费,计算完税价格。

5. 苏州某公司从斯洛文尼亚进口了一批货物,于2023年5月18日在上海浦东机场(进境关别代码2233)入境。委托报关公司以全国通关一体化的方式,在苏州园区海关(申报地海关代码2314)办理进口申报手续。监管方式为一般贸易(0110),进口货物清单如下表所示:

序号	商品编码	商品名称	数量/个	金额/美元	关税率/%	增值税率/%
1	8536300000	浪涌保护器	150	2 625	0	13
2	3926901000	塑料锁扣	16 000	580.8	10	13
3	8533400000	压敏电阻	200	886	0	13
4	8533400000	压敏电阻	100	472	0	13
5	7320209000	弹簧	6 000	506.34	8	13
6	3926901000	透明塑料保护壳	10 000	209	10	13
7	4819100000	纸箱	200	7.77	5	13
8	3926901000	塑料壳	10 000	1675	10	13
9	3926901000	塑料指针	10 000	410	10	13
10	3926901000	电压指针	10 000	80.3	10	13
11	8536300000	浪涌保护器	7	279.23	0	13
12	7415339000	螺母	3 000	51.3	8	13
13	3926901000	塑料壳	4 400	956.56	10	13
14	8533400000	压敏电阻	100	589	0	13

已知2023年5月美元的外汇折算率为6.8731,欧元的外汇折算率为7.5436,成交方式为FOB,运费1076.6欧元,保费率0.3%,无杂费,计算完税价格和增值税。

第5章 一般进出口货物通关改革与报关程序

【导入案例】

泉城海关实施优先查检和预约查验，保障特殊物品通关"零延时"

面对目前较为严峻的国际贸易形势和国内外贸易环境，海关在支持外贸促稳提质，助企纾困降成本方面出台了很多措施。例如，泉城海关为了发挥职能作用持续优化营商环境，实施"7×24"小时预约通关模式，叠加"两步申报""提前申报"等通关便利化措施，将整体通关时间控制在合理区间，提供稳定的通关预期。设立鲜活易腐农产品属地查检"绿色通道"，实施优先查检和预约查验，保障特殊物品通关"零延时"、查验"零等待"。积极推进跨境电商海关监管新模式，实现跨境电商企业备案、海外仓备案全程网办，办理时限缩短至1个工作日以内，全力助推跨境电商新兴业态发展。开展信用赋能"暖企"三年行动，培育AEO（经认证经营者）高级认证企业数量同比增长15%，使其享受国际通关便利。

讨论题

1. 根据上述案例，请思考海关是如何给企业提供通关便利的。
2. 企业对一般进出口货物如何进行海关申报？

5.1 一般进出口货物及其通关作业规范

5.1.1 一般进出口货物海关监管制度

1. 一般进出口监管制度的含义

一般进出口监管制度，是指货物应在实际进出境阶段（这里所指进出境阶段指海关办理货物进境或出境手续的进出境通关作业阶段）如实申报、交验单证、接受海关检查、完纳进出口税费，经海关放行，进口货物可以在境内自行处置，出口货物运离关境，可以自由流通的监管规程或准则。

适用一般进出口监管制度办理进出境手续的货物可称为一般进出口货物。"一般"一词是海关监管业务中的一种习惯用语，意指正常适用进出口税收与贸易管制制度。一般进出口监管制度作为一种程序性监管制度的标志，主要是易于与适用进出口保税或免税管理以及实施有限贸易管制的其他程序性监管制度相区别。

2. 一般进出口货物的范围

海关监管货物按货物进境、出境后是否复运出境、复运进境，可以分为两大类：一类是进境、出境后不再复运出境、复运进境的货物，称为实际进出口的货物；另一类是进境、出境后还将复运出境、复运进境的货物，称为非实际进出口的货物。

实际进出口的货物，除特定减免税货物外，都属于一般进出口货物的范围，主要有以下几类：

（1）一般贸易进口货物；

（2）一般贸易出口货物；

（3）转为实际进口的保税货物、暂时进境货物，转为实际出口的暂时出境货物；

（4）易货贸易、补偿贸易进口货物；

（5）不批准保税的寄售代销贸易货物；

（6）承包工程项目实际进出口货物；

（7）外国驻华商业机构进出口陈列用的样品；

（8）外国旅游者小批量订货出口的商品；

（9）随展览品进境的小商品；

（10）免费提供的进口货物，如外商在经济贸易活动中赠送的进口货物，外商在经济贸易活动中免费提供的试车材料等，我国在境外的企业、机构向国内单位赠送的进口货物。

3. 一般进出口货物的管理规定

（1）进出境时缴纳进出口税费

一般进出口货物的当事人应当按照《海关法》和其他有关法律、行政法规的规定，在货物进出境时向海关申报，并按规定缴纳税费。

（2）进出口时提交相关的许可证件

货物进出口时，受国家法律、行政法规管制并需要申领进出口许可证件的，进出口货物当事人应当向海关提交相关的进出口许可证件。

（3）进出口时应接受检验检疫

货物进出口时，须受国家进出境检验检疫管理的，进出口货物当事人应当向海关报检，提交相关的随附单证。

一般进口货物在当事人办结所有必要的海关手续，完全履行了法律规定的与进口有关的义务后，可以直接进入生产和消费领域流通。一般出口货物在报关单位完全履行了法律规定的与出口有关的义务后，可以运出境外。

5.1.2 进出境货物通关作业改革

1. 全国海关通关一体化作业机制与作业模式

全国通关一体化改革以"两中心（局）、三制度"为结构支撑，实现海关监管管理体制改革，确保海关全面深化改革的系统性、整体性、协同性。

（1）"两中心（局）"

"两中心（局）"即风险防控中心与税收征管中心（现已改为风险防控局与税收征管局），是全国通关一体化主体架构的重要组成部分。通过建立通关管理的实体局，实现全国海关关键业务统一执法，集中指挥，把安全准入、税收征管等方面的风险防控要求以具体指令形式直接下达到现场一线。通过"三制度"为"两中心（局）"协同运作提供保障，确保"两中心（局）"职责分工相对分离，监管时空得以延伸。改革后，归类、估价、原产地确定等税收要素审核由集中在通关现场环节扩展至全过程，同时根据新的作业流程实现不同海关做不同的事，配不同的机构和人力，从"百关一面"向"百关多面、百关一体"转变。

① 风险防控中心（局）

由海关总署一级和直属海关二级风险防控局组成。根据全国通关一体化改革框架方案，海关总署在上海、青岛、黄埔设立一级风险防控局，在42个直属海关设立二级风险防控局。风险防控局的核心职责是安全准入风险防范及管控。

风险防控局设置舱单分析岗和风险处置岗。

② 税收征管中心（局）

海关总署在上海、广州、京津设立3个税收征管局。税收征管局的核心职责是税收征管。3个税收征管局按照商品和行业分类，集约海关税收专业资源，推动税收风险协同治理，形成职责清晰、协同联动、差别化监管的税收征管格局。

税收征管局设置局专家岗。

在"一次申报、分步处置"作业模式下，除实体化运作的"两中心（局）"外，现场海关作为两中心（局）完成安全准入风险防控及税收征管工作任务的重要组成部分，为完成相关业务操作也设置了相应岗位，主要有运输工具检查、物流监控、现场综合业务、现场验估、查验等岗位。

（2）"三制度"

"三制度"是指"一次申报、分步处置"，改革税收征管方式和实施协同监管。

相关内容分别见以下"对应海关通关管理'分步处置'模式，实行新的进出口货物通关作业流程""遵循关检融洽，实施海关'一次申报'通关规则，实行进出口货物的'自报自缴'""实施全国通关一体化作业，铸就统一、高效和协同的通关方式"。

2．对应海关通关管理"分步处置"模式，实行新的进出口货物通关作业流程

全国海关通关一体化改革通过前推后移再造通关流程，实现了进出口货物的"一次申报、分步处置"。

（1）"一次申报、分步处置"的含义

这是指改变海关现行接受申报、审单、查验、征税、放行的"串联式"作业流程，基于舱单提前传输，通过风险防控局、税收征管局对舱单和报关单风险甄别和业务现场处置作业环节的前推后移，在企业完成报关和税款自报自缴手续后，安全准入风险主要在口岸通关现场处置，税收风险主要在货物放行后处置的新型通关管理模式。

（2）海关分步处置管理的作业方式

第一步，由风险防控局分析货物是否存在违反禁限管制要求、侵权、逃避检验检疫、品名规格数量伪瞒报等安全准入风险并下达查验指令，由口岸海关通关监管力量实施查验。如果货物通过安全准入风险排查，企业自报自缴税款或提供有效担保后即可予以放行。对存在重大税收风险且放行后难以有效实施海关稽查或追补税的货物，由税收征管局预设放行前验估指令，交由风险防控局统筹下达，实施放行前验估，验估中无法当场做出结论的，通过必要的取样、留像等手段存证后放行货物；对于禁限管制（核生化爆、毒品等）、重大疫情、高风险商品等重大紧急或放行后难以管控的风险，以及法律、行政法规有明确要求的，须在口岸放行前实施"准许入境"监管。

第二步，由税收征管局在货物放行后对报关单税收征管要素实施批量审核，筛选风险目标，统筹实施放行后验估、稽（核）查等作业。由现场海关对非高风险商品检验、风险可控的检疫等其他准入风险可在口岸放行后实施"合格入市"监管。

（3）海关实施分步处置管理的效能

第一步处置是在口岸解决货物"能不能放"的问题，第二步处置是在更大的管理时空，由更多的管理力量解决"缴多少税"和"先放后检"的问题，从而避免货物因涉税、涉检问题滞留口岸，加快货物通关速度。"两中心（局）"分别侧重安全准入风险和税收风险的分析、研判、处置，通过建立联控机制，做到信息共享共用，风险联防联控，使两步处置成为一个整体。

（4）实行分阶段通关作业流程

进出境货物报关单位须顺应海关通关管理"分步处置"的变革，按照新的"前置通关作业""现场通关作业""放行后通关作业"三阶段通关作业流程，完成货物进出口海关手续。

3. 遵循海关"一次申报"通关规则，实行进出口货物的"自报自缴"

（1）"自报自缴"的含义

这是指进出口企业、单位自主向海关申报关单及随附单证、税费电子数据并自行缴纳税费的行为。

（2）"自报自缴"方式的效能

税收征管方式改革后，海关在货物放行前不再逐票审定进出口企业申报的涉税要素是否准确，而是将更多精力投入到货物安全准入甄别中。

进出口企业办理海关预录入环节自行填报报关单各项目，利用预录入系统的海关计税（费）服务工具计算应缴纳的相关税费，并对系统显示的税费计算结果进行确认，连同报关单预录入内容一并提交海关。

进出口企业在收到海关受理回执后，自行办理相关税费缴纳手续。受理企业申报后，不再开具税单进行缴款告知，由企业缴税后自行选择在海关现场打印税单或自行打印税单。同时，自报自缴形式的完税凭证，不再具有海关行政决定的属性。

4. 关检融合，实施统一、高效和协同的通关新方式

在全国海关通关一体化管理模式下，企业的进口货物可按照适用的进出境海关制度，以下列方式办理通关手续：

（1）在全国范围内选择任一海关报关

进出口企业可自主选择向经营单位注册地、货物实际进出境地海关或其直属海关集中报关点办理申报、纳税和检查（查验）放行手续〔实货检查（查验）、企业注册等必须在口岸、属地海关办理的手续除外〕。由此消除了申报关区限制，企业可以根据自身需要在全国选择任意海关报关。

未来终将会实现"全国一关"，海关所有业务现场可以像银行网点一样，"一窗通办"；企业的申报更自由（"互联网+"网上申报、向任一海关申报）、手续更简便（无须在不同海关多次办理繁杂的转关运输手续），通关更顺畅（货物在口岸的放行速度大幅提高，企业通关费用大幅下降）。

（2）适用同一执法口径和监管标准

实施全国海关通关一体化模式后，通过设立"两中心（局）"，全国海关互认价格预审核、原产地预确定，许可证件、归类、价格等专业认定结果，以及暂时进出境等行政许可决定；在银行总担保及汇总征税项目的基础上，实现以企业为单元的海关税款担保，一份税款保函在全国海关互认通用。海关执法将更加统一、高效和协同，相同货物在不同口岸产生归类估价不一致的问题将得到有效解决，同一企业在不同海关面对统一的海关监管规范，享受统一的通关便利待遇。也就是说，企业无论在哪里通关，面对的不再是某一个海关，而是全国海关这个整体，充分享受稳定、透明、可预期的通关便利。

(3) 缴税（或提供税款担保）后货物即可获得放行，之后企业再配合海关对税收要素进行审查。

实施全国海关通关一体化模式后，税收征管方式改为由企业自报、自缴税款，自行打印税单。在"一次申报、分步处置"程序下，海关对税收要素的审查由集中在现场通关环节向全过程转变，由逐票审定向抽查审核转变，绝大多数审核在放行后进行。即进出境企业、单位在货物进出境通关时须自行申报税收要素，自行计算应缴税款额，申报被海关受理，即可缴税且使货物得以放行，之后若被海关抽查，企业再配合海关对税收要素进行审查。这可大幅压缩货物通关时间，降低企业通关成本，提升通关效率。

(4) 关检融合，海关通关作业实现"五个统一"

关检融合，要求海关通关作业以流程整合优化为主线，以风险集中统一防控为重点，以信息系统一体化为支撑，理顺职责关系，优化职能配置，将检验检疫作业全面融入全国通关一体化整体框架和流程，实现"统一申报单证、统一作业系统、统一风险研判、统一指令下达、统一现场执法"。将报检内容整合后的新版报关单具有 56 个项目，新一代通关管理系统（H2018）将海关现场综合业务与检验检疫业务统一在一个系统中办理，口岸型海关和属地型海关分别增加了相应的检验检疫功能和职责，实施"查检合一"统一执法，拓展"多查合一"后续执法。

改革之后，尽管海关的执法内容拓宽，管理手段延伸，但业务架构不变，仍然保持全国通关一体化"中心—现场式"基本架构；作业流程不变，保持"一次申报、分步处置"的基本流程。

为适应国际贸易特点和安全便利需要，在深化海关通关一体化改革及实施通关"一次申报、分步处置"的基础上，海关延续通关作业程序的改革，企业可选择将"一次"变为"两步"，海关通关管理亦需随"两步"申报分阶段办理。

5. 创新通关作业流程和监管方式，全面深化海关通关一体化改革

(1) 持续改革申报制度，实行"两步申报"通关作业流程

①"两步申报"的含义

"两步申报"是中国海关为适应国际贸易特点和安全便利需要，在深化海关通关一体化改革及实施"一次申报、分步处置"通关模式基础上的改革延续，是指货物通关时企业申报由"一次"变为"两步"，即企业可先凭提单进行概要申报，货物符合安全准入条件即可快速提离，在规定时间内再进行完整（补充）申报，海关"口岸现场通关作业阶段"的通关管理，因而需随"两步"申报分阶段办理的新型通关模式。

②"两步申报"的作业方式

第一步：提货申报。企业凭提单信息，提交满足口岸安全准入监管需要等必要信息进行概要申报，无须查验的货物即可放行提离，涉税货物则须提供有效税款担保。

第二步：完整申报。企业在载运相关货物的运输工具申报进境之日起 14 日内，补

充提交满足税收征管、合格评定、海关统计等整体监管需要的全面信息及单证。

③"两步申报"的效益

采用"一次申报、分步处置"通关作业模式，企业须一次性全口径申报，申报信息及单证等准备工作烦琐耗时，易引发申报差错且修撤手续繁杂，既影响口岸通关效率，也影响提前申报应用率。此外，企业自报自缴后自查自纠等权益难以得到有效保障，还担忧申报差错可能导致行政处罚。而采用"两步申报"通关作业模式，通过调整通关环节申报的方式和降低验放的审核要求，企业无须一次性提交全部申报信息及单证，凭提单概要申报即可提货，企业能快速便捷地提取进口货物，缩短货物滞港时间。企业在货物放行后再进行详细申报，报关人员拥有相对较长的自报自缴的准备时间，可有效缓解口岸通关压力。

④"两步申报"与"一次申报、分步处置"的区别

在申报与通关监管形式上的区别。对企业来说，可以不必一次性填报完整105个申报项目，而是先申报一部分必要的信息，在满足相应的监管要求后即可提离货物，再在规定时间内补充完成完整申报及其余通关手续。对海关而言，将实质性的监管要求分解并贯穿于程序性管理的全过程，在货物提离前集中精力进行安全准入风险的研判和处置，把税收征管风险处置和其他管理作业置于海关受理企业完整申报时及其后。

在货物准入与办结通关作业程序上的区别。货物提离加快，降低经营费用。第一步概要申报后，如果货物不需要检查（查验），即可将货物提离海关监管场所；需要检查（查验）的，部分货物也可实现附条件提离。货物待海关检查（查验）完毕后，方可在境内销售或使用。

在涉税货物准入条件及纳税时间上的区别：依托社会信用体系，创新税收担保方式，建立概要申报的税款担保制度。企业在概要申报后，货物经海关审核监管，可在未缴税的情形下先由企业从口岸提离。待企业第二步完整申报后再行缴纳税款。高级认证企业可向海关申请免除税款担保。

在涉证涉检涉税货物确认机制上的区别。监管理念转变，秉承"告知承诺制"，企业在概要申报自行确认是否涉证涉检涉税，这一确认行为视同企业向海关做出守法承诺。

（2）改革通关监管作业，实行"两段准入"监管方式

①"两段准入"的含义

"两段准入"是指海关以进境货物准予提离口岸海关监管作业场所（场地）为界，对部分涉检货物，分段实施"是否允许货物入境"和"是否允许货物进入国内市场销售或使用"两类准入监管的作业方式。

②"两段准入"的作业方式

卡口前实施"准许入境"监管：禁限管制（核生化爆、毒品等）、重大疫情、高风

险商品安全等重大紧急或放行后难以管控的风险，以及法律、行政法规有明确要求的，须在口岸放行前实施"准许入境"监管。口岸不具备监管条件的隔离检疫、冷链仓储、粮谷加工、危化品及其包装检验等，可在卡口外海关指定场所实施"准许入境"监管。在"准许入境"监管中，对检查结果符合规定方可提离的口岸检查货物，实施合规提离；对无须等待检查结果可予提离的口岸检查货物，实施附条件提离，检查结果确定前不准销售或使用。

卡口后实施"合格入市"监管：非高风险商品检验、风险可控的检疫等其他准入风险可在口岸放行后实施"合格入市"监管。"合格入市"监管可在口岸放行前与"准许入境"监管合并实施。

③ "两段准入"的适用

普遍适用。符合条件的进口涉检货物均可以结合实际情况，在选用"两步申报"或"一次申报"通关模式的同时，接受海关两段监管。

变通应用。符合条件的进口涉检货物可以在应用"两段准入"时，采取附条件提离、转场检查、目的地检查等方式快速提离口岸，并由企业自行运输和存放，待接到海关放行通知后再予销售或使用。

④ "两段准入"的效果

适应国际贸易供应链物流特点，以口岸放行为界厘清"两段"的分界点，综合考量风险类型、等级以及紧急状况，通过区分不同通关监管作业环节、不同作业要求实施"两段准入"，最大限度地盘活了口岸通关监管资源，大幅缩减进口货物在港滞留时间，既保障安全准入风险的有效防控，又促口岸快速通关。

5.1.3 进出境通关的作业规范

1. 如实申报，交验单证

（1）申报的一般规定

① 申报的含义

申报是指进出口货物收发货人、受委托的报关企业，依照《海关法》及有关法律、行政法规和规章的要求，在规定的期限、地点，采用电子数据报关单或纸质报关单形式，向海关报告实际进出口货物的情况，并且接受海关审核的行为。

② 申报的适用

除另有规定外，进出口货物收发货人或者其委托的报关企业可以就各类进出口货物向海关办理申报手续。

③ 申报的实施方式

进出口货物收发货人，可以自行向海关申报，也可以委托报关企业向海关申报。

④ 报关单位的备案登记及基本责任

向海关办理申报手续的进出口货物收发货人、受委托的报关企业应当预先在海关依法办理备案登记。

进出口货物收发货人、受委托的报关企业应当依法如实向海关申报,对申报内容的真实性、准确性、完整性和规范性承担相应的法律责任。

⑤ 申报的形式

申报采用电子数据报关单证申报形式或纸质报关单证申报形式。电子数据报关单证和纸质报关单证均具有法律效力。

电子数据申报:电子数据报关单证申报形式是指进出口货物收发货人、受委托的报关企业,通过计算机系统按照《中华人民共和国海关进出口货物报关单填制规范》(以下简称《报关单填制规范》)的要求,向海关传送报关单电子数据及随附单证电子数据的申报方式。

纸质单证申报:纸质报关单证申报形式是指进出口货物收发货人、受委托的报关企业,按照海关的规定填制纸质报关单,备齐随附单证,向海关当面递交的申报方式。

两种申报形式的使用:进出口货物收发货人、受委托的报关企业应当以电子数据报关单形式向海关申报,与随附单证一并递交的纸质报关单的内容应当与电子数据报关单一致;特殊情况下经海关同意,允许先采用纸质报关单形式申报,电子数据事后补报,补报的电子数据应当与纸质报关单内容一致。在向未使用海关信息化管理系统作业的海关申报时可以采用纸质报关单申报形式。

⑥ 报关人员的海关备案

为进出口货物收发货人、受委托的报关企业办理申报手续的人员,应当是在海关备案的报关人员。

(2) 申报的基本要求

① 申报期限

进口申报期限:进口货物收货人、受委托的报关企业应当自运输工具申报进境之日起 14 日内,向海关申报。进口转关运输货物收货人、受委托的报关企业应当自运输工具申报进境之日起 14 日内,向进境地海关办理转关运输手续,有关货物应当自运抵指运地之日起 14 日内向指运地海关申报。

出口申报期限:出口货物发货人、受委托的报关企业应当在货物运抵海关监管场所后、装货的 24 小时以前向海关申报。

进口滞报金:进口货物收货人超过规定期限向海关申报的,由海关征收滞报金。进口货物滞报金按日计征,日征收金额为进口货物完税价格的 0.5‰,以人民币"元"为计征单位,不足人民币 1 元的部分免予计收。滞报金的起征点为人民币 50 元。

② 申报日期

进出口货物收发货人或其代理人的申报数据自被海关接受之日起，其申报的数据就产生法律效力，即进出口货物收发货人或其代理人应当承担"如实申报""如期申报"的法律责任。

申报日期是指申报数据被海关接受的日期。不论以电子数据报关单方式申报或者以纸质报关单方式申报，海关以接受申报数据的日期为申报日期。

正常情况下的申报日期：以电子数据报关单方式申报的，申报日期为海关计算机系统接受申报数据时记录的日期，该日期将反馈给原数据发送单位，或者公布于海关业务现场，或者通过公共信息系统发布。以纸质报关单方式申报的，申报日期为海关接受纸质报关单并且对报关单进行登记处理的日期。

集中申报的申报日期：收发货人办结集中申报海关手续后，海关按集中申报进出口货物报关单签发报关单证明联。进出口日期以海关接受报关单申报的日期为准。

修改退单并重新申报的申报日期：电子数据报关单经过海关计算机检查被退回的，视为海关不接受申报，进出口货物收发货人、受委托的报关企业应当按照要求修改后重新申报，申报日期为海关接受重新申报的日期。海关已接受申报的报关单电子数据，人工审核确认需要退回修改的，进出口货物收货人、受委托的报关企业应当在10日内完成修改并且重新发送报关单电子数据，申报日期仍为海关接受原报关单电子数据的日期；超过10日的，原报关单无效，进出口货物发货人、受委托的报关企业应当另行向海关申报，申报日期为海关再次接受申报的日期。

③ 申报的地点

全国海关通关作业一体化作业模式全面启动后，消除了申报关区限制，除某些特殊况外，进出口企业可在任一海关进行报关，即企业可根据实际需要，自主选择在货物的口岸海关或企业属地海关申报并办理相应的进出口手续。

在口岸海关申报，即报关单位向货物实际进出境地海关办理申报并办理相应的进出口手续，若货物涉及查验，由货物实际进出境的口岸海关实施。

在属地海关申报，即报关单位向企业主管地海关办理申报及相应的进出口手续，货物在口岸海关实际进出境。若货物涉及查验，由货物实际进出境的口岸海关实施。

特殊情况下的申报地点：

指定海关申报。经电缆、管道或其他特殊方式进出境的货物，进出口货物收发货人或其代理人，应向指定海关定期申报。该申报地亦适用于有特殊需要的进出口企业。若货物涉及查验，由货物实际进出境的口岸海关实施。

在货物所在地的主管海关申报。以保税货物、特定减免税货物和暂时进境货物申报进境的货物，因故改变使用目的从而改变性质转为一般进口时，进口货物收货人或其代理人应当在货物所在地的主管海关申报，并办结相应的进口手续。

④ 申报人及其申报责任

收发货人及其申报责任：进出口货物收发货人以自己的名义向海关申报的，报关单应当由进出口货物收发货人签名盖章，并且随附有关单证。

报关企业及其申报责任：

凭授权委托书在授权范围报关。报关企业接受进出口货物收发货人委托，以自己的名义或者以委托人的名义向海关申报的，应当向海关提交由委托人签署的授权委托书，并且按照委托书的授权范围办理有关海关手续。

与收发货人签订报关委托协议。报关企业接受进出口货物收发货人委托办理报关手续的，应当与进出口货物收发货人签订有明确委托事项的委托协议，进出口货物收发货人应当向报关企业提供委托报关事项的真实情况。

接受报关委托应审查的内容。报关企业接受进出口货物收发货人的委托，办理报关手续时，应当对委托人所提供情况的真实性、完整性进行合理审查，审查内容包括：

A．证明进出口货物实际情况的资料，包括进出口货物的品名、规格、用途、产地、贸易方式等；

B．有关进出口货物的合同、发票、运输单据、装箱单等商业单据；

C．进出口所需的许可证件及随附单证；

D．海关总署规定的其他进出口单证。

报关企业接受报关委托的法律责任：报关企业未对进出口货物收发货人提供情况的真实性、完整性履行合理审查义务或者违反海关规定申报的，应当承担相应的法律责任。

⑤ 申报前看货取样

申报前看货取样的书面申请：进口货物收货人，向海关申报前，因确定货物的品名、规格、型号、归类等原因，可以向海关提出查看货物或者提取货样的书面申请。海关审核同意的，派员到场实际监管。

申报前看货取样的规则：查看货物或者提取货样时，海关开具取样记录和取样清单；提取货样的货物涉及动植物及其产品以及其他须依法提供检疫证明的，应当在依法取得有关批准证明后提取。提取货样后，到场监管的海关关员与进口货物收货人在取样记录和取样清单上签字确认。

⑥ 申报的修改和撤销

海关接受进出口货物申报后，报关单证及其内容不得修改或者撤销；符合规定情形的，应当按照进出口货物报关单修改和撤销的相关规定办理。

进出口货物收发货人或其代理人申请修改或撤销。有以下情形之一的，进出口货物收发货人或其代理人可以向原接受申报的海关办理进出口货物报关单修改或者撤销手续：

A. 出口货物放行后，由于装运、配载等原因造成原申报货物部分或者全部退关、变更运输工具的；

B. 进出口货物在装载、运输、存储过程中发生溢短装，或者由于不可抗力因素造成灭失、短损等，导致原申报数据与实际货物不符的；

C. 由于办理退补税、海关事务担保等其他海关手续而需要修改或者撤销报关单数据的；

D. 根据贸易惯例先行采用暂时价格成交，实际结算时按商检品质认定或者国际市场实际价格付款方式需要修改申报内容的；

E. 已申报进口货物办理直接退运手续，需要修改或者撤销原进口货物报关单的；

F. 由于计算机、网络系统等技术原因导致电子数据申报错误的。

发生上述情形及由于报关人员操作或者书写失误造成申报内容需要修改或者撤销的，进出口货物收发货人或其代理人应当向海关提交进出口货物报关单修改/撤销表及相应的证明材料。

海关发现并通知修改或者撤销进出口货物报关单。海关发现进出口货物报关单需要修改或者撤销，会采取以下方式主动要求进出货物收发货人或其代理人修改或者撤销，进出口货物收发货人或其代理人应按下列办法对相关内容进行修改或确认：

A. 海关将电子数据报关单退回，并详细说明修改的原因和要求，进出口货物收发货人或其代理人应当按照海关要求进行修改后重新提交，不得对报关单其他内容进行变更；

B. 海关向进出口货物收发货人或其代理人制发进出口货物报关单修改/撤销确认书，通知其要求修改或者撤销的内容，进出口货物收发货人或其代理人应当在5日内对进出口货物报关单修改或者撤销的内容进行确认，确认后海关完成对报关单的修改或撤销。

海关直接撤销电子数据报关单。除不可抗力因素外，进出口货物收发货人或其代理人有以下情形之一的，海关会直接撤销相应的电子数据报关单：

A. 海关将电子数据报关单退回修改，进出口货物收发货人或其代理人未在10日规定期限内重新发送的；

B. 海关审结电子数据报关单后，进出口货物收发货人或其代理人未在10日规定期限内递交纸质报关单的；

C. 出口货物申报后未在规定期限内运抵海关监管场所的；

D. 海关总署规定的其他情形。

关于修改与撤销的其他规定。海关已经决定布控、查验及涉嫌走私或者违反海关监管规定的进出口货物，在办结相关手续前进出口货物收发货人或其代理人不得申请修改或撤销报关单及其电子数据；已签发报关单证明联的进出口货物，当事人办理报关单修改或者撤销手续时，应当向海关交回报关单证明联；由于修改或者撤销进出口货物报关单导致需要变更、补办进出口许可证件的，进出口货物收发货人或其代理人应当向海关提交相应的进出口许可证件。

修改与撤销两种形式的信息效力。报关单修改与撤销采取无纸化方式，以 HP2015 系统"报关单修改/撤销处理表"为载体，实现电子数据交互流转和业务操作。必须以纸质形式提交的进出口货物报关单修改/撤销表和进出口货物报关单修改/撤销确认书与无纸化形式提交的信息效力一致。

（3）申报的单证

按照进出口货物申报单证的法律效力，申报单证可以分为报关单和随附单证两大类：

① 进出口货物报关单

进出口货物报关单是指进出口货物收发货人或其代理人，按照海关规定的格式对进出口货物的实际情况做出的书面申明，以此要求海关对其货物按适用的海关制度办理进出口手续的法律文书。

进出口货物报关单的项目与格式：基于关检融合的需要，海关按照"依法依规、去繁就简"原则，对海关原报关单和检验检疫原报检单的申报项目进行梳理整合，通过合并共有项、删除极少使用项，将原报关、报检单合计 229 个货物申报数据项精简到 105 个，大幅减少了企业申报项目。整合后的新版报关单以原报关单 48 个项目为基础，增加部分原报检内容，形成了具有 56 个项目的新报关单打印格式，并对布局结构进行优化，版式由竖版改为横版，与国际推荐的报关单样式更加接近，纸质单证全部采用普通打印方式，取消套打，不再印制空白格式单证。

进出口货物报关单的种类：进出口货物报关单分为进口货物报关单和出口货物报关单。带有进出口货物报关单性质的单证，亦具有与进出口货物报关单相同的法律属性。比如特殊监管区域进出境备案清单、进出口货物集中申报清单、暂准进口单证册（简称 ATA 单证册）、过境货物报关单、快件报关单，等等。

② 随附单证

海关通过整合与简化申报随附单证，对企业原报关、报检所需随附单证中的商业（贸易性）单证、贸易管制许可证件等进行梳理，整理随附单证类别代码及申报要求，整合原报关、报检重复提交的随附单证，形成了统一的随附单证类别及其申报规范。

A. 进出境商业单证

进出口货物报关单应当随附的商业单证主要包括合同、发票、装箱清单、载货清单（舱单）、提（运）单等。为持续优化口岸营商环境，进一步提升跨境贸易便利化水平，对企业通过"国际贸易单一窗口"无纸化方式申报的，进口环节无须提交合同、装箱清单、载货清单（舱单）。海关审核时如有需要，再行提交。

B. 进出口许可证件

对列入进出口许可证件管理范围的进出口活动，进出口货物收发货人或其代理企业应当取得国家实行进出口管理的许可证件，凭海关要求的有关许可证件办理进出口货物报关纳税手续。

a. 许可证件的类别。目前，除保密需要等特殊情况外，进出口环节应由海关验核的许可证件有进口许可证、两用物项和技术进口许可证、两用物项和技术出口许可证、出口许可证、纺织品临时出口许可证、濒危物种允许出口证明书、濒危物种允许进口证明书、两用物项和技术出口许可证（定向）等。这些许可证件已全部实现联网核查。

b. 许可证件的联网核查，自动比对验核。依托"国际贸易单一窗口"平台，海关总署与农业农村部、商务部、工业和信息化部、中国人民银行、国家市场监督管理总局等发证机关系统对接和数据互联，企业可采用无纸方式向海关申报相关许可证件。海关对有关进出口许可证件电子数据进行系统自动比对验核。

海关与证件主管部门未实现联网核查，无法自动比对验核的，进出口货物收发货人、受委托的报关企业应当持有关许可证件办理海关手续。

c. 许可证件的分类标识。海关为便于实施计算机系统管理和通关监管需求，对实行进出口许可证件的货物在海关管理环节须验核的各种进出口许可证件进行分类标识，形成监管证件代码表。监管证件代码表由两部分组成，即监管证件代码和监管证件名称。例如，代码"1"为进口许可证，如果某一商品编号后注有监管证件"1"，则说明在规定的监管方式下进口该种商品须申领进口许可证。故进出口许可证件即海关"监管证件"。

C. 海关总署规定的其他进出口单证

海关总署规定的其他进出口单证主要包括：

a. 海关在货物实际进出口前签发的各种审批或证明文件。例如，向海关申请归类预裁定所签发的预裁定决定书，加工贸易货物报关的账册，科教用品、技改设备外商投资企业等减免税货物进口报关的征免税证明等。

b. 需要向海关申报知识产权状况的进出口货物收发货人或受委托的报关企业按照海关要求向海关提供的相关证明文件。

c. 专业性证明，主要包括检验检疫实施准入管理的证明、实施产品资质管理的证明。实施企业资质管理的证明、属于评估或验证类文件资料和涉及国家技术规范强制要求的证明材料、合格保证等。

d. 其他用以证明或反映进出口业务情况的单证，比较重要的有原产地证明（证书）、捐赠证明、礼品证明、免验证明、索赔货物证明、进口军事装备报关证明、委托报关的委托书等证明货物、物品性质的证明、证书。

(4) 特殊申报

① 提前申报

A. 提前申报的凭据

经海关批准，进出口货物收发货人或受委托的报关企业可以在取得提（运）单或者载单（舱单）数据后，向海关提前申报。

B. 提前申报的时限

在进出口货物的品名、规格、数量等已确定无误的情况下，经批准的企业可以在进口货物启运后、抵港前或者出口货物运入海关监管作业场所前3日内，提前向海关办理报关手续，并且按照海关的要求交验有关随附单证、进出口货物批准文件及其他需提供的证明文件。

C. 许可证件有效期与税率、汇率的适用

验核提前申报的进出口货物许可证件有效期以海关接受申报之日为准。提前申报的进出口货物税率、汇率的适用，按照《关税条例》的有关规定办理。

② 集中申报

A. 集中申报的含义

集中申报是指经海关备案，进出口货物收发货人在同一口岸多批次进出口规定范围货物，可以先以《中华人民共和国海关进口货物集中申报清单》或者《中华人民共和国海关出口货物集中申报清单》申报货物进出口，再以报关单集中办理海关手续的特殊通关方式。

B. 集中申报的适用

经海关备案，下列进出口货物可以适用集中申报通关方式：

a. 图书、报纸、期刊类出版物等时效性较强的货物；

b. 危险品或者鲜活、易腐、易失效等不宜长期保存的货物；

c. 公路口岸进出境的保税货物。

失信企业进出口上述货物的，不适用集中申报通关方式。

C. 集中申报的备案

收发货人申请办理集中申报备案手续的，应当向海关提交《适用集中申报通关方式备案表》，同时提供符合海关要求的担保，担保有效期最短不得少于3个月。海关对收发货人提交的备案表进行审核。经审核符合有关规定的，会核准其备案。

D. 集中申报的通关手续

a. 集中申报清单申报。以集中申报通关方式办理海关手续的收发货人，应当在载运进口货物的运输工具申报进境之日起14日内，出口货物在运抵海关监管区后、装货的24小时前填制集中申报清单向海关申报。收货人在运输工具申报进境之日起14日后向海关申报进口的，不适用集中申报通关方式。收货人应当以报关单向海关申报。

b. 交单验放。收发货人应当自海关审结集中申报清单电子数据之日起 3 日内，持集中申报清单及随附单证到货物所在地海关办理交单验放手续。属于许可证件管理的，收发货人还应当取得相应的许可证件，海关将在相关证件上批注并留存复印件。

c. 进出口货物报关单的归并申报。收发货人应当对 1 个月内以集中申报清单申报的数据进行归并，填制进出口货物报关单，一般贸易货物在次月 10 日之前、保税货物在次月底之前到海关办理集中申报手续。一般贸易货物集中申报手续不得跨年度办理。

d. 集中申报的税款缴纳。对适用集中申报通关方式的货物，企业按照接受清单申报之日实施的税率、汇率计税报税。

③ 定期申报

经电缆、管道、输送带或者其他特殊运输方式输送进出口的货物，经海关同意，可以定期向指定海关申报。

④ 补充申报

需要进行补充申报的，进出口货物收发货人或受委托的报关企业应当如实填写补充申报单，并且向海关递交。

有下列情形的，进出口货物收发货人或受委托的报关企业应当向海关进行补充申报：

海关对申报的货物的价格、商品编码等内容进行审核时，为确定申报内容的完整性和准确性，要求进行补充申报的；

海关对申报货物的原产地进行审核时，为确定货物原产地的准确性，要求收发货人提交原产地证书，并进行补充申报的；

海关对已放行货物的价格、商品编码和原产地等内容进行进一步核实时，要求进行补充申报的。

进出口货物收发货人或受委托的报关企业可以主动向海关进行补充申报，并在递交报关单时一并提交补充申报单。补充申报的内容是对报关单申报内容的有效补充，不能与报关单填报的内容相抵触。

⑤ 限定口岸申报

以一般贸易方式进出口钻石的（品目 7102、7104、7105 项下，工业用钻石及加工贸易方式项下除外），应当在上海钻石交易所办理进出口报关手续。加工贸易项下钻石内销的，也应当参照一般贸易方式在上海钻石交易所海关办理报关手续。

汽车整车限定在大连、天津、上海、广州、深圳、青岛、福州、满洲里、阿拉山口等口岸申报。

进口药品和进口麻醉药品、精神药品、蛋白同化制剂、肽类激素指定在北京、天津、上海、大连、青岛、成都、武汉、重庆、厦门、南京、杭州、宁波、福州、广州、深圳、珠海、海口、西安、南宁等城市直属海关所辖的所有口岸及苏州工业园区海关申报。国家药品监督管理局规定的生物制品及首次在中国境内销售的药品和国务院规定的其他药品指定在北京、上海和广州 3 个口岸海关申报进口。

出口麻黄素类产品指定在北京、天津、上海、深圳 4 个口岸海关申报。

2. 自主报税，自缴税款

（1）进出口税费自报自缴的作业方式

进出口货物收发货人或其代理人办理海关预录入时，可利用预录入系统的海关计税（费）服务工具计算应缴纳的相关税费，并对系统显示的税费计算结果进行确认，连同报关单预录入内容一并提交海关。进出口货物收发货人或其代理人在收到海关受理回执后自行办理相关税费缴纳手续。同时，海关受理企业申报后不再开具税单进行缴款告知，由企业缴税后选择在海关现场打印税单或自行打印完税凭证。自主缴税模式报关单，税款缴款书上将注明"自报自缴"字样，该税款缴款书仅为缴税凭证，不再具有海关行政决定属性。

（2）进出口税费自报自缴的作业规范

为适应自报自缴作业方式的实施，进出口货物收发货人或其代理人在申报前须强化对进出口应缴税费的要素核定与税款核算，主要是进出口货物的完税价格和适用税率，而构成应缴税费要素的基础是进出口的商品价格、商品归类和原产地。

① 进出口完税价格的核定

按照本教材第四章"关税及其他税费的计算"相关章节所提及的方式对进出口货物完税价格进行核定，确定完税价格时，进出口货物均应优先使用成交价格方法。

② 适用税率的核定

A. 确定货物的商品归类

一项进口商品可能对应多种计征税率，而要准确核定适用的税率，前提是进出口货物的商品归类。按照归类原则确定商品归类，将应税货物归入恰当的税则号列。

B. 确定货物适用的原产地及常设税率

根据货物原产地相关证明材料及商品归类确定货物对应的常设税率。

C. 按照税率适用规定确定计征税率

根据税率适用的规定，确定货物最终可适用的核算税款用税率。

③ 进出口应缴税款的核算

按照规定的税款计算公式进行税款的计算。

与之有关的具体内容详见本教材第四章"关税及其他税费的计算"。

3. 配合海关检查

（1）海关检查

我国海关按照《全国通关一体化关检业务全面融合框架方案》的要求，推动实施"查检合一"，将原检验检疫现场施检部门的检验、检疫、查验（核对单证）、鉴定、初筛鉴定、抽样送检、合格评定、检疫处理监管、拟证等，并入现场海关查验部门实施，通过联合作业、委托授权、职责调整等步骤，逐步实现将海关查验作业与上述列名的部分检验检疫外勤作业合并成为新的海关现场监管作业。

① 海关检查的含义

海关检查是海关为确定当事人向海关申报的内容是否与进出口货物的真实情况相符，或者为确定商品的归类、价格、原产地，以及为实施卫生检疫、动植物检疫、食品检验和商品检验，依法对进出口货物进行实际核查的执法行为。

海关并非对每一票查验货物都要实施检查，海关对存在禁限管制、侵权、品名规格数量伪瞒报等风险，以及情报反映存在走私违规嫌疑的货物依法进行准入查验；海关对存在归类、价格、原产地等税收风险的货物依法进行验估查验；对列入卫生检疫、动植物检疫、食品检验和商品检验范围的货物实施检验或检疫。

② 海关检查的一般规定

海关实施检查的地点：海关检查应当在海关监管区内实施。因货物易受温度、静电、粉尘等自然因素影响不宜在海关监管区内实施海关检查或者因其他特殊原因，需要在海关监管区外进行海关检查的，经进出口货物收发货人或者其代理人书面申请，海关可以派员到海关监管区外实施海关检查。

口岸检查和目的地检查：在进境环节对货物依法实施"两段准入"监管时，分阶段实施口岸检查和目的地检查。

A. 口岸检查

口岸检查是指针对禁限管制（核生化爆产品、毒品等）、重大疫情、高风险商品安全等重大紧急或放行后难以管控的风险，以及法律、法规有明确要求须在口岸放行前实施的检查，包括检疫、查验及高风险商品的检验。可分以下几种情况实施口岸检查：

a. 口岸检查由进境地主管海关在进境地口岸实施。进境地口岸海关按照口岸检查指令要求实施检疫、查验、检验作业，并将查验情况在系统中反馈。

b. 口岸检查的涉检货物可附条件提离。布控指令要求为检验或检疫目的取样送实验室检测且指令类型为"口岸检查"的进口货物，除《附条件提离商品禁限清单》中货物外，均可以实施检查结果确定前不准销售或使用的附条件提离措施，以减少企业口岸仓储费用及物流时间。

c. 口岸检查的涉检货物可转场实施。对口岸监管区内因检查设施设备不能满足检查需求等不具备检查条件的，由进境地岸海关受理企业转场检查申请。对在《允许转场检查商品清单》内的商品，可转至指定地实施检查。

B. 目的地检查

非高风险商品检验和低风险商品检疫可在口岸放行后由目的地海关实施检查。目的地海关，指收发货人或其代理人申报的进口货物境内销售或使用所在地的主管海关。

C. 口岸检查 + 目的地检查

进口货物既有口岸检查指令，又有目的地检查指令的，如企业在申报环节申请合并在口岸海关实施检查，口岸海关则根据货物情况分别实施口岸检查、附条件提离、转场检查等方式的检查作业。如企业未申请合并检查，则由口岸海关和目的地海关分别实施口岸检查及目的地检查。

海关检查的方法：查验应当由两名以上着海关制式服装人员共同实施，对货物进行检查时可以彻底查验，也可以抽查。按照操作方式，可以分为人工查验和机检查验。海关可以根据货物情况及实际执法需要，确定具体的查验方式。其中，人工查验包括外形查验、开箱查验等方式。目前，海关采用 H986 大型集装箱检查系统对进出口货物进行机检检查。其工作原理与大型 X 光机类似，以辐射成像技术为核心，借助 X 射线的强大穿透力，关员不经过开箱，通过分析系统机检图像就能发现集装箱、车辆等运输设备内的货物、暗格以及违禁品。海关对机检检查结果实施集中审像作业，在全国各海关建立集中审像中心，机检查验正常的可通过计算机系统直接放行货物，货物放行速度大大提升。机检查验与集中审像作业相结合措施使通关速度更快、布控更准、效率更高，大大提升海关智慧监管水平。

海关检验检疫的方法。见本教材本章第三节内容。

D. 复验与径行开验

a. 复验。这是指海关对已经查验过的进出口货物实施的再次查验。适用于海关对经初次查验未能查明货物的真实属性，需要对已查验货物的某些性状做进一步确认的；或货物涉嫌走私违规，需要重新查验的；或进出口货物收发货人对海关查验结论有异议，提出复验要求并经海关同意而再次进行查验的。已经参加过查验的查验人员不参加对同一票货物的复验。

b. 径行开验。这是指当海关认为必要时，即使收发货人或其代理人没有在场，海关也可以对进出口货物进行查验、复验或者提取货样。

③ 海关检查的作业实施

检查作业环节分为前置检查作业、口岸通关现场检查作业和口岸通关现场处置作业三个方面，分别承担安全准入拦截、实货验核、查验后处理等工作。

A. 前置检查作业

对涉及安全准入等需进行拦截处置的进境货物（含公路口岸承运货物的运输工具，下同），海关在其抵达进境口岸后实施前置预防性检疫处理（含检疫处理监管）、前置辐射探测、先期机检等顺势及非侵入的探测和处置。

前置预防性检疫处理、前置辐射探测、先期机检作业主要根据布控指令或结合货物物流顺势实施。

a. 前置预防性检疫处理。即改变以往报检后做卫生处理的检疫监管模式，根据船舶代理提供的舱单信息，提前筛选出需要做检疫处理的货物，在辖区口岸实施前置检疫处理。

b. 前置辐射探测。进入口岸海关监管区的出口集装箱需接受辐射探测监管。当集装箱车辆驶入卡口时，位于通道两侧的第一道门户式辐射检测设备开始自动探测集装箱的放射性，若发生报警，由中央控制室对报警信息进行即时分析判断，对确有嫌疑的集装箱，下达二次检查指令，并下达即决式布控指令。

c. 先期机检作业。充分发挥大型集装箱检查设备的优势，通过应用智能查验设备和人工智能技术，以尽量少干预、不中断物流为原则，对适宜非侵入式查验的货物，优先实施机检查验，尽可能将查验作业嵌入物流运转过程开展顺势监管，积极探索开展先期机检作业，逐步加大非侵入检查比例，在货物运抵尚未进行报关申报，或集装箱从船舶上吊装离场、车辆进场等环节时开展机检，切实提升监管查验效能。

B. 口岸通关现场检查作业

通关现场检查是指在口岸内实施的外勤查验作业，包括：单货、货证核对；卫生检疫、动植物检疫、商品检验；抽样送检；现场即决式鉴定（含现场实验室初筛鉴定）；H986过机检查；现场技术整改，合格评定、拟证；等等。

a. 海关安全准入与验估查验。安全准入查验，是指在进出口货物报关单申报后放行前，对进出口货物中可能存在的禁限管制、侵权、品名规格数量伪瞒报等风险，以及情报反映存在走私违规嫌疑的货物依法进行实际核查。报关单申报后，涉及货物安全准入评估和需要通过实地查看货物以便确定归类、价格，原产地等进行验估的，海关风险防控中心下达查验处置指令。验估查验，是指海关对存在归类、价格、原产地等税收征管风险的货物依法进行实际核查的执法行为。验估查验的目的是通过实地查验货物以验证进出口货物的商品归类、价格和货物原产地等关键涉税要素。此环节的实货验估指令，由口岸海关实施。

b. 商品检验检疫。海关对受理申报的货物，根据对应的检验检疫类别，以及业务信息化管理系统（原主干系统）规则运算的指令，采取相应的施检方式，包括现场感官检验、临床检疫、抽样测试、核查货证等实施监管。符合要求的予以合格判定，允许进出口；不符合要求的，具备条件的进行技术处理，无法技术处理的予以不合格判定，并视情况退货、销毁，或不允许进出口。

c. 商品抽查送检。这是海关现场查验部门依法组织的对目录以外的进出口商品进行有计划的随机检验，并对抽查结果公布和处理的活动，是国家对进出口商品实施质量监督管理的一种重要方式。重点抽查涉及安全、卫生、环保，国内外消费者投诉较多，退货数量较大，发生过较大质量事故及国内外有新的特殊要求的进出口商品。对检验不合格的，海关将依法实施技术整改、不准进出口、退运、销毁、通报市场监管等有关部门的措施。

d. 合格评定。合格评定是借鉴国际通行规则使用的概念，与世界贸易组织《技术性贸易壁垒协定》的规则相同，有利于规范进出口商品检验采取的各种技术措施。在对货物风险、企业信用实施分类管理的基础上，依据合格评定的有关程序对出入境货物实施检验检疫监管，并适用相应的作业流程。合格评定的程序包括：抽样、检验（检疫）和检查；评估、验证和合格保证；注册、认可和批准以及各项的组合。

C. 口岸通关现场处置作业

a. 单证处置：报关单修撤、补证补税、签证；

b. 货物处置：退运、销毁、罚没、口岸隔离检疫、技术整改（不具备现场整改条件的）；

c. 移交处置：移送通关、法规、缉私等处置部门手续办理。对于其中涉嫌走私违法犯罪，案件线索移交缉私部门处理的，涉案货物应当随案移送。

（2）接受并配合海关检查

进出口货物应当接受海关检查。海关检查货物时，报关人应当到场，并负责搬移货物，开拆和重封货物的包装。

① 配合海关检查的意义

海关检查是法律赋予海关的一项重要的执法权力，海关行使权力需要收发货人或其代理人履行义务作为保障。另外，收发货人或其代理人在进出口货物前，经过与境外卖方或买方协商、签订合同的过程，对货物的有关情况最为了解，收发货人或其代理人配合海关实施查验有利于提高海关检查效率，防止因海关检查发生不必要的争议。

② 配合海关检查的作业要求

A. 配合海关检查的准备

海关实施检查时，进出口货物收发货人或其代理人应当抵达海关查验现场，为海关检查做好有关准备工作。

在实际查验中，海关会根据情况对卸货有不同的要求。比如，彻底查验是对货物全部卸开，逐件开箱；抽查是卸下部分货物，有选择地开箱。因此，收发货人或其代理人应根据海关的卸货要求，自行或委托口岸、码头或者仓库的搬运公司搬移、开拆和重封货物，并负责由此产生的相关装卸费用。

作为扶持贸易便利化措施之一，近年来海关积极推行查验时收发货人或其代理人免于到场做法。免于到场的，需要委托监管作业场所经营人代为履行配合查验的相关手续。

B. 及时到场，协助海关检查

海关在确定对货物查验后，收发货人或其代理人应及时派员到达指定的查验作业区配合、协助海关查验，协助查验人员应出示有效证件并负责搬移货物、开拆和重封货物的包装。当海关对相关单证或货物有疑问时，应负责解释说明，回答询问。

C. 配合海关取样送检

海关并非对每一票检查货物都要送检化验。如果海关对货物的性质有怀疑，在实施检查时需要提取货物的样品进行化验，以进一步确定或者鉴别货物的品名、规格等属性的，收发货人或其代理人就有配合海关取样送检的义务。海关化验工作制度规定，海关对进出口货物要求取样送检时，收发货人或其代理人应及时到场；在海关查验人员的监督下按照取样要求进行取样（特殊样品应由相关专业技术人员提取样品），并提供有关单证和技术资料，如产品说明书、生产工艺流程等，协助海关做好取样、化验工作。

D. 配合海关随机抽查检验

被抽查单位对抽查检验应当予以配合，不得阻挠，并应当提供必要的工作条件。无正当理由拒绝抽查检验的单位，其产品将被视为不合格，根据相关规定对拒绝接受抽查检验的企业予以公开曝光。被抽查单位应当妥善保管有关被抽查的证明。

E. 配合海关现场实货验估

进出口货物收发货人或其代理人首先应认真准备相关的单证材料并尽快到通关现场验估岗位递交书面材料，出示有关工作证件、委托书等。如接到海关验估人员现场验货通知，应到查验现场配合海关查验。

F. 核对海关径行开验并签字确认

《海关法》规定，当海关认为必要时，即使收发货人或其代理人没有在场，海关也可以径行开验、复验或者提取货样。比如，收发货人或其代理人超过规定时间不到又没有合理的理由，海关将对货物径行开拆查验，由此可能引起的相关损失由收发货人或其代理人负担。收发货人或其代理人对海关在查验完毕后制作的查验记录，应当在核对后予以签字确认。

③ 海关损坏货物的索赔

A. 向海关索赔的范围

对于查验过程中由于海关工作人员责任造成的货物损失，报关人可以要求海关就货物损坏的实际情况进行赔偿。根据规定，海关赔偿的范围为进出口货物直接的经济损失，间接的经济损失不包括在海关赔偿的范围之内。

以下情况不属于海关赔偿的范围：

a. 报关人搬移、开拆、重封包装或保管不善等自身原因造成的损失；
b. 易腐、易失效货物在海关正常的工作时间内造成的变质或失效；
c. 海关正常查验所造成的不可避免的磨损；
d. 不可抗力造成的损失；
e. 在海关查验之前或之后发生的损失或损坏。

B. 向海关索赔的程序

a. 报关人发现货物在海关查验中被损坏的，可要求海关出具《中华人民共和国查验货物、物品损坏报告书》，以确认货物损坏情况；

b. 报关人持《中华人民共和国海关查验货物、物品损坏报告书》向海关提出索赔请求，并确定赔偿的金额；

c. 报关人应在规定的期限内向海关领取赔偿。

4. 货物获得放行

（1）货物获得放行的含义

货物获得放行是指海关接受进出口货物报关报税，对货物进出境安全准入与税收实施综合甄别，并结合相关风险参数与布控检查指令完成税费征收（或收取担保）以及卡口提离（放行）前后所有检查项目后，由海关信息处理系统自动研判或实施人工系统放行的行为。

（2）货物获得放行适用的情形

① 在"一次申报、分步处置"通关作业流程下，符合口岸提离条件（无布控指令或仅有口岸布控指令且已完成）的，卡口提离（放行）即为货物放行，货物可销售及使用。对在卡口提离（放行）后尚有其他后续检查项目（如附条件提离，目的地检查）的，须完成全部检查作业后方为货物放行，此时可销售及使用。

② 在"两步申报"通关作业流程下，概要申报完成后，符合口岸提离条件（无布控指令或仅有口岸布控指令且已完成）的，货物准予卡口提离（放行），可以销售或使用（涉证或未完成合格评定的除外），并于规定日期之前完成完整申报。完整申报完成后，尚有其他后续检查项目（如附条件提离、目的地检查）的，须完成全部检查作业后方为货物放行，此时可销售及使用。未有后续检查项目的，完整申报系统放行即为货物放行。

故按照以上规定，针对不同货物，因国家管理要求不同，系统指令也不同，货物放行的具体时间各有差异。从全阶段而言，需要完成卡口提离（放行）后的全部检查作业方为货物放行，但针对未有检查要求及许可证件的部分货物而言，卡口提离（放行）即为货物放行。

出口货物，海关系统放行允许货物装载即为货物放行。

（3）货物获得放行的条件

货物获得口岸提离（放行），必须以对报关单数据的风险甄别完毕，根据相关信息能直接排除安全准入和重大税收风险，或者口岸检查处置操作已完成，并且企业缴纳了进出口税费（或提供担保）作为前提条件。货物放行，须完成提离后相关检查手续，系统自行对布控信息进行解控以完成最终的电子放行操作。

① 经海关信息处理系统自动研判符合放行条件的，通常包括但不限于：

A. 未被各类安全准入风险布控命中，或已解除布控；

B. 未被税收征管局事中参数（规则）、指令捕中，或税收征管局已处置完毕；

C. 无须缴纳有关税费，或已按规定完成缴纳，已提供"海关进出口货物征免税证明"，已提供相关担保等；

D. 无须提供有关监管证件，或已提供有效监管证件或电子数据；

E. 有关舱单、监管作业场所（场地）等物流底账核销无误；

F. 有关保税账册等数据核注核销无误；

G. 未进入异常处置程序，或已完成异常处置继续通关；

H. 口岸提离（放行）后续检查作业已完成；

I. 其他应满足的监管条件。

放行条件之间存在特定逻辑关系的，由放行调度模块进行综合研判。

② 除经海关信息处理系统自动研判不符合上述放行条件的，以及有下列情况之一的，海关将不放行进出口货物：

A. 违反海关和其他进出境管理的法律、法规，非法进出境的；

B. 单证不齐或应税货物未办纳税手续，且又未提供担保的；

C. 包装不良，继续运输足以造成海关监管货物丢失的；

D. 尚有其他未了手续尚待处理的［如口岸提离（放行）后续检查作业未完成、违规罚款未交的］等。

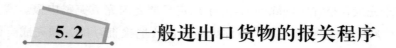 5.2 一般进出口货物的报关程序

5.2.1 通关作业准备

1. 准确识别货物的进出境属性，确定进出口货物的税收状况

每一次进出境报关都需要进出口企业根据进出境货物的经营目标及所具备的通关条件，选择某一适用的海关制度来办理进出境手续。各项海关制度在实体与程序管理上存在的差异，皆因关税征管政策的差别所致；而关税征管政策的制定又受货物在进出境活动中的经济或贸易的目的（经济用途）左右。也就是说，是货物进出境的经济用途及跨境流向直接影响了关税差别政策的制定以及贸易管制制度的实施。

在企业报关准备阶段，为准确适用海关程序性管理制度及正确填报与海关税收征管、贸易管制相关的进出口报关单栏目，可用下列方法先确认报关货物的进出境属性，以此为基础去对应税收征管状态，并借助"关税中心"派生海关制度的规律，选择确定本次报关货物适用的海关程序性管理制度。

（1）以经济用途为标准，准确识别货物的进出境属性

在报关实践中若以经济用途作为确认货物进出境属性的标准，在获取与申报货物相关的信息后，大致可将进出境货物划分为以下四类：

① 实际进出口货物。即商品成交后由境外输入境内或由境内输往境外，其流转呈现单向状态，进口或出口后即投入消费使用，不再复出口或复进口的货物（即狭义的"进出口货物"）。

② 临时进出口货物。这类货物有三种状态：暂时进出口加工的货物（即"加工贸易货物"）；暂时进出口储存的货物（即"保税物流货物"）；暂时进出口使用的货物（即"暂准进出口货物"）。

③ 通过我国关境的货物。即因地理位置或航线的原因，必须经过我国关境才能运达境外目的地的由甲国（地区）向乙国（地区）运送的货物，包括过境、转运、通运三种具体货物。

④ 特殊用途或特殊原因进出境货物。如溢卸、误卸、退运、无代价抵偿以及服务贸易项下进出境的货物等，在这类货物中，一些货物在进出境时会按其最终的经济或贸易目的，重新归属与实际进出口或临时进出口货物相关的类别。

（2）确认货物税收征管的基本形态，提前办妥与税相关的手续

① 货物税收征管的基本形态。货物进出境的海关通关手续在相当程度上取决于进出口关税的征收状况，或者按国际通行的说法，货物进出境的海关程序性管理制度基本上是从所谓的"关税中心"派生出来的。从我国现行的进出境货物海关手续看，除还需受制于进出境贸易管制外，也基本如此。目前，我国海关对进出境货物的关税征收状况，大致包括以下几种，并分别适用于前述按进出境经济用途分类的不同性质货物。

A. 法定征或免税：适用于不享受特定减免税优惠的进口或出口货物。

B. 特定减免税：适用于按国务院特别规定可享受减免税的进口货物。

C. 暂予免税（暂缓办理纳税手续），适用于暂时进出口加工、储存或使用的货物。其中，暂时进出口储存的货物在国际制度中亦称保税，而我国也将暂时进出口加工归入保税范畴。而暂准进出口使用的货物虽未列入保税范畴，但在关税征管的实质意义上，两种提法并无二致。

D. 不予征税：适用通过我国关境的货物。

对进出境货物涉及特定减免税、暂予免税情形的，应在确定适用的海关程序性管理制度后提前办妥相应的"保税""减免税""暂予免税"或担保的前期备案等手续。

②"保税""减免税""暂予免税"或担保的前期备案手续。流程请登录"互联网+海关"门户网站，进入办事指南目录查询。

2. 借助"关税中心"派生海关制度的规律，确定适用的海关程序性管理制度

站在简化归并的角度来观察"关税中心"派生海关制度，可以确定分别适用的海关程序性管理制度：

（1）"进出口货物"适用的海关制度

①"进出口货物"按进出口税法和税收优惠政策，有"应税"或"减免税"之分。货物由于不再复出口或复进口，自然应成为海关进出口关税的征收对象，并应按税则规定的税号归类，按税率计征。但对其中由国务院特别法规订明，为鼓励教育、科技和文化的发展或促进友好的国际关系以及现阶段某些经济的因素，对部分进口的货物应给予有条件的免征或减征关税的优惠。

②"进出口货物"按其"应税"或"减免税"状态，对应不同海关程序性管理制度。虽然都是"进出口货物"，但因关税征收情况不同，特别是对享受特定减免税优惠而进口的货物，海关还负有严格审查确认减免税条件和监督其进口后按限制条件合法正常使用的责任，因而势必造成进出境海关手续在适用程序和监管手段等方面存在较多差异，使海关办理"进出口货物"海关手续实际上分别采用了两种不同的程序性管理制度。前者称为"一般进出口海关制度"，后者称为"特定减免税进口海关制度"。

（2）"暂时进口或暂时出口加工、储存或使用的货物"适用的海关管理制度

这类货物大多是以复出口或复进口作为预先设定的最终去向（部分货物可能转为正式进出口），因而，在关税的征管上采取由经营者在提供某种形式的担保后，可以有条件暂予免纳进出口关税的办法。

① 暂时进出口加工、储存、用于服务贸易的货物适用"保税进出口海关制度"。对暂时进出口加工、储存、用于跨境服务贸易的货物，考虑其进出口较为频繁，加工、储存或用于跨境服务贸易的地点相对集中，宜实行海关严密监控措施，即明确实施保税管理，适用相应的"保税进出口海关制度"。

② 暂时进出境使用的货物适用"暂时进出境海关制度"。暂时进出境使用的货物，虽也具有类似保税的性质，但进出口后使用地点相对分散，使用期间海关较难实施严密监控，因此安全准入和税收风险相对较高，海关须采用更为严格的担保措施来弥补监控条件的不足。因此，对该类暂时进出口使用的货物，按国际惯例，称其为暂时进出境（原状复出进口）货物，并适用相应的"暂时进出境海关制度"。

（3）通过我国关境的"过境、转运、通运货物"适用的海关管理制度

因其并不实际进入境内，故在关税征管上不视其为征税对象。但若进入境内流通领域或将其加工、储存，则该类货物的性质也随之发生变化。为保证通过关境货物如数原状运离关境，海关仍需对其实施严密监管，并采用相对独特的海关监管制度。

（4）"其他以特殊方式或因特殊经济用途进出境的货物"按其实际处置后所确定的税收状态适用相关的海关管理制度

这些特殊货物在进出境时大多都会因不同的处置方法使其得以按经济用途来重新确认进出境的属性，并应按照上述与税收征管基本形态对应，进而适用上述"一般""特定减免税""保税""暂时进出境"中的一项海关管理制度。特殊货物在无法适用上述

四种通关制度的情况下，则应采用与其相关的特别管理规定。这些特殊的海关制度合并划归为"其他方式进出境海关制度"。

3. 准确判断通关货物涉及贸易管制状况，办妥贸易管制许可证件申领手续

（1）贸易管制许可证件须由海关验核

我国对外贸易管制制度是一种综合制度，其中进出口许可制度、对外贸易救济措施等涉及的管制，需要通过报关活动的申报环节由收发货人或其代理人向海关递交事先获得的相关许可证件或批准文件，又通过收发货人或其代理人配合海关的单证核验和检查（查验）货物，来确认"单""证""货"是否相符（进出境检验检疫由海关在进出境货物的通关过程中直接依法实施）。

（2）进出境货物实施贸易管制的基本原则

① "实际进出口"货物的贸易管制

从货物进出境与国内经济间的关系角度考虑，因"实际进出口"的货物，对境内经济秩序、经济循环将产生直接影响，在向海关申报时，若已列入相关的进出境贸易管制商品目录，应交验各类相关许可证件。

② "临时进出境"货物的贸易管制

"临时进出境"的货物，对境内经济秩序、经济循环尚未产生直接影响，在向海关申报时，若已列入相关的进出境贸易管制商品目录，除与公共道德、公共安全、公共卫生相关的进出境管制外，在向海关申报进出口时，原则上可免予交验相关的经济限制性贸易管制许可证件。

（3）判断进出境货物贸易管制状况的主要依据

在实践中，贸易管制的适用货物范围主要是通过各类许可证件管理目录加以列明。与此同时，应根据货物进出境的贸易方式来确认实施贸易管制的项目范围。

（4）确认进出境货物贸易管制实施状态的方法

在货物申报前，进出口企业应核实确认货物的报验状态及其商品编号，比对确认其已列入相关许可证件管理目录，同时通过货物的"贸易方式"，在准确识别货物的"进出境属性"及适用的海关程序性管理制度的基础上，确定应接受全部或部分（仅限与公共道德、公共安全、公共卫生相关）的贸易管制措施。

因此，也可以将贸易管制的实施状态按照货物"实际进出口"与"临时进出口"的"进出境属性"划分为"原则上适用全部贸易管制措施"与"仅须实施涉及公共道德、公共安全、公共卫生等的贸易管制措施"两大类。

4. 准确判断通关货物涉及检验检疫的状况，为通关作业准备必要的报检单证

（1）进出境货物实施检验检疫的基本原则

进出境货物实施检验检疫的基本原则与贸易管制大体相同，即对进出境货物已列入相关检验检疫范围的：

① 属于"实际进出口"的货物,原则上适用与其相关的全部检验检疫措施。

② 属于"临时进出境"的货物,原则上仅须实施涉及公共道德、公共安全、公共卫生等的检验检疫措施。

(2) 判断进出境货物检验检疫实施的主要依据

在实践中,检验检疫的适用货物范围主要是通过各类检验检疫商品管理目录加以列明。

与此同时,应根据货物进出境的"贸易方式"来确认实施检验检疫的项目范围。

(3) 确认进出境货物检验检疫实施状态的方法

在货物申报前,进出口企业应核实确认货物的报验状态及其商品编号,比对确认列入相关检验检疫商品管理目录,同时通过货物的"贸易方式",在准确识别货物的"进出境属性"及适用的海关程序性管理制度的基础上,确定应接受全部或部分(仅限与公共道德、公共安全、公共卫生相关)的检验检疫措施。

5. 准确填报进出口报关单核心栏目

在进出口货物申报前,正确、合理地选择本批货物适用的海关程序性管理制度,有助于进出口企业实现既定的贸易经营目标,有助于提前筹划获取国家的进出口贸易许可和检验检疫的品质认同,核算应缴进出口税费,并为准确填报报关单"监管方式""征免性质"等涉及海关管理程序与管理方式的关键栏目提供依据。选择某批货物适用的海关程序性管理制度后可以按下列顺序进行税、证的申报准备和报关单相关栏目的填报:

第一步,核实确认拟申报货物适用的海关程序性管理制度:确认货物的属性;以货物属性确认税收征管状况;视税收征管状况确认适用的海关程序性管理制度;确定"监管方式""征免方式""备案号"等报关单栏目的填制内容。

第二步,核实确认拟申报货物的商品编号:核实确认货物的报验状态;确认待申报货物的商品编号;确定与商品申报要素有关的报关单栏目填制内容。

第三步,核实确认拟申报货物贸易管制状况:按"商品编号"确定进出口货物是否列入许可证件管理范围;以"贸易方式"判断货物的进出境实际状态并以此确定应否呈验许可证件;确定与贸易管制有关的报关单栏目填制内容。

第四步,核实确认拟申报货物的价格:核定成交价格及其中应当包含或扣除的费用;有疑问时要求委托报关人提供相关资料或价格证明;必要时依次使用估价方法核定申报价格;确定与商品价格有关的报关单栏目填制内容。

第五步,核实确认拟申报货物的检验检疫状况:按"商品编号"确定进出口货物是否涉及检验检疫管理;以"贸易方式"判断进出境实际状态并以此确定应否报验检验检疫;按实施检验检疫进口货物的风险状况确定"两段准入"的检查方式;确定与检验检疫有关的报关单栏目填制内容。

6. 进出口应缴税费的要素核定与税款核算

进出口企业在申报前须核定的应缴税费要素主要是进出口货物的完税价格和适用税

率,而构成应缴税费要素的基础是进出口的商品价格、商品归类和原产地。其作业主要涉及:

进出口完税价格的核定,包括进口货物完税价格的核定、出口货物完税价格的核定。

适用税率的核定,包括确定货物的商品归类、确定货物适用的原产地及常设税率、按照税率适用规定确定计征税率。

进出口应缴税款的核算,包括进口关税的核算(从价税、从量税等)、进口环节海关代征税的核算(进口环节消费税、进口环节增值税等)。

5.2.2 进出口货物"一次申报、分步处置"通关作业流程

1. 前置通关作业

在货物前置通关作业阶段,由口岸海关实施登临检查。无布控或检查无异常的,准许卸货。卸货过程中,海关顺势实施预防性检疫处理、辐射探测、先期机检等监管或处置。同时,经海关同意进口货物收货人及其代理人可查看货物或者提取货样,可以就通关过程中的海关事务申请担保。

(1) 舱单申报与审核反馈

① 舱单传输人的舱单申报

舱单传输人(进出境运输工具负责人、无船承运业务经营人、货运代理企业、船舶代理企业、邮政企业以及快件经营人等舱单电子数据传输义务人)按照规定向海关传输舱单及相关电子数据。海关舱单管理系统实施逻辑监控和审核,对不符合舱单填制规范的,退回舱单传输人予以修改;对通过逻辑监控和审核的,海关进行风险甄别。

② 海关的审核反馈

当海关接收原始舱单及相关数据后,海关以电子数据方式向舱单传输人反馈审核结果。反馈结果包括接受、不接受及原因、不准予装载、不准予卸载、待海关人工审核等审核结果。海关因故无法以电子数据方式通知的,以传真、电话、当面通知等方式通知舱单传输人。

风险防控中心根据预先设定甄别条件,对筛选出的舱单进行分析,自动或人工下达布控查验、货物禁卸等指令。

(2) 配合海关登临检查

① 海关登临检查的作业方式

对海关确定须登临运输工具检查与实施查验的,由口岸海关运输工具检查岗按指令要求对运输工具进行登临检查,记录检查情况,并将检查结果反馈风险防控中心。风险防控中心舱单分析岗根据检查结果提出后续处置要求。

② 配合海关登临检查的作业要求

海关检查运输工具时，运输工具负责人应当到场，并应当按照海关的要求指派人员开启运输工具的舱室、房间、储存处所；有走私嫌疑的，并应开拆可能藏匿走私货物、物品的部位，搬移货物、物料等。必要时，海关有权集中运输工具人员和暂时加封房间或其他部位。海关检查完毕，运输工具负责人应当在海关检查记录上签注。

海关风险防控局根据预先设定的甄别条件，对筛选出的舱单进行分析，自动或人工下达布控查验、货物禁卸等指令。在通过海关对舱单传输及高风险舱单货物查验验证等安全准入审查后或配合海关对相应安全准入问题做出处置后，进出口货物收发货人即可正常向海关申报报关数据。

（3）配合海关申报前拦截处置

对涉及安全准入等需进行拦截处置的进境货物（含公路口岸承运货物的运输工具，下同），海关在其抵达进境口岸后实施前置预防性检疫处理（含检疫处理监管）、前置辐射探测、先期机检等顺势及非侵入的探测和处置。

前置预防性检疫处理、前置辐射探测、先期机检作业主要根据海关布控指令实施，通常嵌入货物物流链条并结合货物运输的路线顺势经过海关检查设施进行，发现检查结果存有异常时，相关场所或场地的负责人或相关企业应配合好海关后续处置。其中，先期机检查验还兼有非侵入、非干扰式查验作用，现场通关环节如有机检查验指令，可不必重复实施。

（4）申报前看货取样

① 申报前看货取样的权责

申报前经海关同意进口货物收货人及其代理人可查看货物或者提取货样，这是进口货物收货人的权利，但作为法律赋予的权利，收货人也可以不予行使或放弃行使。收货人自己放弃行使权利的情况下所产生的法律后果，需由收货人自己承担。

② 申请看货取样的条件

进口货物收货人及其代理人申报前向海关提出查看货物、提取货物样品的申请应具备一定的条件，如果货物进境已有走私违法嫌疑并被海关发现，海关将不予同意。同时，只有在通过外观无法确定货物的归类等情况时，海关才会同意收货人提取货样，法律对进口货物收货人及其代理人借查看货物或提取货物样品之机进行违法活动也有着严厉查处等方面的规定。

③ 看货取样的申请与审批

进口货物收货人及其代理人向海关申报前，因确定货物的品名、规格、型号、归类等原因，可以向海关提出查看货物或者提取货样的书面申请。海关审核同意的，派员到场实际监管。

④ 看货取样的作业实施

查看货物或提取货样时，海关开具取样记录和取样清单。提取货样的货物涉及动植物及其产品，以及其他须依法提供检疫证明的，应当按照国家的有关法律规定，在取得主管部门签发的书面批准证明后提取。提取货样后，到场监管的海关关员与报关人员在取样记录和取样清单上签字确认。

（5）办理海关通关事务担保

① 海关通关事务担保的主要情形

进出境通关过程中海关事务担保主要包括以下两类：一是进出口货物收发货人或其代理人在办结商品归类、估价和提供有效报关单证等海关手续前，向海关提供与应纳税款相适应的担保，申请海关提前放行货物；二是进出口货物收发货人或其代理人申请办理特定海关业务的，应按照海关要求提供担保。

国家对进出境货物、物品有限定性规定，应当提供许可证而不能提供的，以及法律、行政法规规定不得担保的其他情形，海关不予办理担保放行。

② 海关通关事务担保手续

申请提前放行货物的担保：在货物进出境通关过程中，海关对报关人的申报提出质疑或确认报关人申报需要补充相关单证，报关人无法在短期内满足海关要求但需要海关先行放行货物时，可向海关提出担保申请。常见情形主要包括：进出口货物的商品归类、完税价格、原产地尚未确定的；有效报关单证尚未提供的；在纳税期限内税款尚未缴纳的；滞报金尚未缴纳的；其他海关手续尚未办结的。

申请办理特定海关业务的担保：适用某些海关监管方式通关时，海关通关流程要求报关人先行办理担保手续。常见情形主要包括：货物、物品暂时进出境；货物进境修理和出境加工；租赁货物进口；将海关监管货物暂时存放在海关监管区外等。

2. 现场通关作业

（1）自报自缴

自报自缴是指进出口货物收发货人及其代理人向海关申报报关单及随附单证，自行核对及确认申报系统显示的税费电子数据，并自行缴纳税费的行为。

① 自主申报、确认税费

申报：进出口货物收发货人及其代理人在办理海关预录入时，应当如实、规范填报报关项目，利用预录入系统的海关计税（费）服务工具计算应缴纳的相关税费，并对系统的税费计算结果进行确认，连同报关单预录入内容一并提交海关。

确认：进出口货物收发货人及其代理人需在当日对税费结果进行确认，不予确认的，可重新申报。

总担保备案编号的填写：对进出口货物收发货人及其代理人申报时选择"汇总征税"模式的，应提前办理总担保备案。申报时在报关单上填写总担保备案编号。

总担保应当依法以保函等海关认可的形式，保函受益人应包括企业注册地直属海关及其他进出口地直属海关，担保范围为担保期限内企业进出口货物应缴纳的海关税款和滞纳金，担保额度可根据企业税款缴纳情况循环使用。

一份报关单只能填制一个总担保备案编号。报关单打印时会显示"汇总征税"字样。

② 自缴税款、自打税单

A. 自缴税款。进出口货物收发货人及其代理人在收到海关通关系统发送的回执后，自行办理相关税费缴纳手续。

a. 选择电子支付/电子支付担保模式支付。进出口货物收发货人及其代理人登录电子支付平台查询电子税费信息并确认支付，申报地海关现场按相关规定办理后续手续。进出口货物收发货人及其代理人应在电子税费信息生成之日起 10 日内，通过电子支付平台向商业银行发送税费预扣指令；未在上述期限内发送预扣指令的，申报地海关将直接转为柜台支付并打印税款缴款书。

b. 选择柜台支付模式支付。进出口货物收发货人及其代理人在收到申报地海关现场打印的纸质税款缴款书后，到银行柜台办理税费缴纳手续。

c. 选择汇总征税模式支付。海关通过系统自动扣减相应担保额度后，进出口货物收发货人及其代理人按汇总相关规定办理后续手续。企业应于每月第 5 个工作日结束前完成上月应纳税款的汇总支付，且不得再选择电子支付担保方式。税款原则上不得跨年缴纳。企业办理汇总征税时，有滞报金等其他费用的，应在货物放行前缴清。

B. 自打税单。申报地海关关税职能部门负责对税款缴款书打印、核注、税款缴付等方面进行职能监控和业务指导；申报地海关现场负责税款缴款书打印、交接、核注等具体作业，并对税款缴款书超期未核注、超期未领取等问题进行监控、核查。

"自报自缴"模式下，税款缴款书上注明"自报自缴"字样，该税款缴款书属于缴税凭证，不具有海关行政决定属性。

③ 自报自缴时的主动披露

自报自缴模式下，进出口货物收发货人及其代理人主动向海关书面报告其违反海关监管规定的行为并接受海关处理，经海关认定为主动披露的，海关从轻或者减轻处罚。违法行为轻微并及时纠正，没有造成危害后果的，经企业申请，海关可以减免税款滞纳金。

（2）海关通关现场风险排查与处置

① 海关准入查验/验估查验

进出口货物收发货人或其代理人在进出口货物之前，经过了与境外卖方或买方交易协商、签订合同的过程，对货物的情况最为了解，配合海关实施查验有利于提高查验效率，防止因查验发生不必要的争议。

A. 准入查验与验估查验的适用。海关对存在禁限管制、侵权、品名规格数量伪报、瞒报等风险，以及情报反映存在走私违规嫌疑的货物依法进行准入查验；海关对存在归类、价格、原产地等税收风险的货物依法进行验估查验。

B. 配合查验的准备。海关实施查验时，进出口货物收发货人或其代理人应当抵达海关查验的现场，为配合海关查验做好有关准备工作。在实际查验中，海关会根据情况对卸货有不同的要求。比如，彻底查验是对货物全部卸开，逐件开箱；抽查是卸下部分货物，有选择地开箱。因此，收发货人或其代理人应根据海关的卸货要求，自行或委托口岸、码头或者仓库的搬运公司搬移、开拆和重封货物，并负责由此产生的相关装卸费用。

C. 配合查验的作业实施。海关在确定对货物查验后，收发货人或其代理人应及时派员到达指定的查验作业区配合、协助海关查验，协助查验人员应出示有效证件并负责搬移货物、开拆和重封货物的包装。当海关对相关单证或货物有疑问时，应负责解释说明，回答询问。进出口货物收发货人或其代理人对海关在查验完毕后制作的查验记录，应当在核对后予以签字确认。

② 海关现场验估

A. 海关现场验估的目的。海关税收征管作业过程中，现场海关根据海关总署税收征管局预设验估类风险参数及指令，为确定商品归类、完税价格、原产地等税收征管要素，而需要验核进出口货物单证资料或报验状态，并对涉税要素申报的完整性和规范性进行评估。

B. 现场验估适用的情形。现场验估是海关与货主或其代理人对单证流、信息流的当面交流沟通，有时这种交流与沟通还需要对货物进行实际查验后进行。因此，这是一种复杂的通关事务，也是非常重要的一个环节，它适用于一般情况下难以确定归类和价格的报关单，其使用比例在实际通关过程中较低。

C. 海关现场验估作业实施。海关现场验估岗位具体执行验估类参数及指令，实施验估作业并进行相应处置及反馈，包括：验核有关单证资料、样品；验核进出口货物报验状态，做好取样、留像等存证工作或在取样后送检化验；开展质疑、磋商、收集和补充单证资料等工作；录入验估记录及结果，按要求反馈处置结果等。

货物放行前海关对由系统或人工下达实货验估指令的，由查验统筹安排，按照细化的查验要求，由取得验估上岗资质的查验人员实施查验，验估人员提供必要协助。企业须配合海关实施实货验核。货物放行后海关为确定税收征管要素而需要勘验实货的，税收征管局下达稽（核）查指令，由海关稽查人员按照稽查有关规定实施，企业须配合海关实施实货勘验。

对税收征管局要求实施放行前验估（不含实货验估）的报关单以及对被单证验核风险参数（H2）捕中的报关单，由申报地海关验估岗根据参数要求，验核有关单证资料的完整性和规范性，留存有关单证、图像、样品等资料后予以通过。

D. 配合海关现场验估。与此相对应，进出口货物收货人或其代理人首先应认真准备相关的单证材料并尽快到通关现场验估岗位递交有关书面材料，出示有关工作证件、委托书等。如接到验估员现场验货通知，应到查验现场配合海关查验，对海关发出的"质疑通知书"应及时签收，并及时对海关提出的质疑进行书面答复，逾期视为自动放弃有关权利。海关要求就有关价格资料进行磋商时，应准备好资料，及时到验估岗位进行价格磋商。

③ 海关检验检疫

A. 海关现场实验室初筛鉴定（以动植物检为例）。现场实验室初筛鉴定是指口岸海关建立检验检疫初筛鉴定室，并配备解剖镜、超净工作台等初筛鉴定所需仪器设备，以满足口岸常见截获疫情初筛鉴定的需要，保证样品安全，避免有害生物逃逸、交叉感染等生物安全事件。为此，海关还对原有的"口岸查验+统一送样+出具结果+货物放行/检疫处理"动植物检流程进行再造，构建"口岸查验+口岸鉴定室鉴定+货物放行/检疫处理"新式作业流程，将常见有害生物的鉴定工作放在口岸初筛鉴定室，少量疑难杂症的鉴定提交总关动植检中心实验室。

B. 实施各类施检方式。海关对受理申报的货物，根据对应的检验检疫类别以及业务信息化管理系统（原主干系统）规则运算的指令，采取相应的施检方式包括现场感官检验、临床检疫、抽样检测、核查货证等实施监管。符合要求的予以合格判定，向海关系统发送港区预处理指令，或形成出口货物电子底账数据，允许进、出口；不符合要求的，具备条件的进行技术处理，无法技术处理的予以不合格判定，并视情况退货、销毁或不允许出口。

C. 实施检验检疫合格评定。合格评定是借鉴国际通行规则使用的概念，与世界贸易组织《技术性贸易壁垒协定》的规则是相同的，有利于规范进出口商品检验采取的各种技术措施。在对货物风险、企业信用实施分类管理的基础上，依据合格评定的有关程序对出入境货物实施检验检疫监管并适用相应的作业流程。

合格评定的程序包括：抽样、检验（检疫）和检查；评估、验证和合格保证；注册、认可和批准以及各项的组合。

D. 海关实施"先验放后检测"检验监管方式。

a. "先验放后检测"的含义。"先验放"指进口矿产品经现场检验检疫（包括放射性检测、外来夹杂物检疫、数重量鉴定、外观检验以及取制样等）符合要求后，即可提离海关监管作业场所；"后检测"指进口矿产品提离后实施实验室检测并签发证书。

b. "先验放后检测"的适用范围。海关对风险程度较低的进口铁矿、锰矿、铬矿、铅矿及其精矿、锌矿及其精矿，采取"先验放后检测"监管方式。现场检验检疫中如发现货物存在放射性超标、疑似或掺杂固体废物、货证不一致、外来夹杂物等情况，则不适用"先验放后检测"监管方式。

c. "先验放后检测"的效能。新监管方式改变了进口货物必须在完成现场检验检疫、实验室检测、合格评定、签发证书后方可提离海关监管作业场所的传统作业方法，使通关放行时间缩短，港口泊位、堆场利用率和装卸效率得到提高，堆存、船舶滞港等费用得以缩减。

d. "先验放后检测"的实施。"先验放"是指允许提前转运，海关完成合格评定并签发证书后，企业方可销售、使用进口矿产品。监管中发现存在安全、卫生、环保、贸易欺诈等重大问题的，海关将依法依规进行处置，并适时调整监管方式。其他矿种由于风险程度较高，暂不适宜推广。

E. 海关现场快速检测。这是指在采样现场进行的、利用便携分析仪器及配套试剂快速得到检测结果的一种检测方式，对某些货物可以不经送实验室检测即可快速得到检测结果，可有效提高监管效率。

F. 海关实施第三方采信制度。海关引入市场竞争机制，发挥社会检验检测机构作用，在进出口环节推广第三方检验检测结果采信制度。通过加强与国际检验检疫标准与技术法规研究中心合作，积极开展在进出口商品质量安全风险预警和快速反应监管体系下的第三方采信机制专项研究。在总结第三方采信试点经验的基础上，扩大试点范围，选取多种一般风险进出口商品在全国范围内推广试行第三方采信制度。

（3）海关综合事务处理

① 海关取样、存证、留像

海关取样时，收发货人或者其代理人应当到场协助，负责搬移货物，开拆和重封货物包装，并在"中华人民共和国海关进出口货物化验取样记录单"上签字确认。收发货人及其代理人拒不到场或者海关认为必要时，可以径行取样，存放货物的海关监管场所经营人、运输工具负责人应当到场协助，并在取样记录单上签字确认。样品一式两份，一份送抵海关化验中心或者委托化验机构，另一份留存海关备查。

海关对进出口货物取样化验的，收发货人或者其代理人应当按照海关要求及时提供样品的相关单证和技术资料，并对其真实性和有效性负责。因货物取样送检而提供的技术资料涉及商业秘密的，报关人员应事先声明，要求海关保守其商业秘密。货样的化验一般由海关化验中心和委托化验机构负责。

② 海关修撤单、退补税

A. 海关指令要求的修撤单、退补税。经海关对报关单数据的风险甄别，对需修撤相关报关单、退补税等的，将由申报地海关综合业务岗位按照H2018系统提示的指令要求进行操作。对需要进行报关单修撤、退补税的，企业补充提交税款担保等事务性辅助操作以及办理许可证人工核扣等必要手续的无纸报关单，H2018系统将其转入申报地海关综合业务岗进行相应操作，并按照H2018系统提示的指令要求，完成修撤、退补税等事务性辅助操作。

B. 企业向海关申请修撤单、退补税。申请人申请修改或者撤销进出口货物报关单的，应当提交"进出口货物报关撤销申请表"，并根据实际情况提交可以证明进出口实际情况的合同、发票、装箱单等相关单证；外汇管理、国税、银行等有关部门出具的单证；应税货物的海关专用缴款书、用于办理收付汇和出口退税的报关单证明联等海关出具的相关单证。

C. 办理报关单修撤业务的注意事项。进出口货物收发货人及其代理人在办理报关单修撤业务时应注意以下问题：一是须准确填写修改或撤销报关单的理由及需要修改的内容，同时提供书面的情况说明及相关证明资料，减少因填写不规范或资料不齐全导致退单的可能性；二是通过预录入系统留存准确的联系方式，避免由于联系不畅导致审批延误；及时查询预录入系统海关反馈的办理意见，特别对海关发起的报关单修改或撤销要求须在5日内及时确认。

3. 放行后通关作业

（1）海关税收风险排查与处置

① 海关批量复核

在海关接受申报后，除正常放行的进出口货物报关单以外，还有部分报关单在通过系统甄别时被系统预设参数捕中并设置放行后批量审核标志，带有该标志的报关单及其他税收征管局按照相应作业程序规定确定抽核的报关单和放行前实货验估、单证验核后存证放行的报关单，海关在放行后将进行批量复核。

税收征管局复核后的处理主要有：通过涉税风险排查消除疑问；需修撤、退补税的报关单转现场综合岗；需单证验核的，转现场海关验估岗；需实地核查的，转现场海关稽查部门实施；对发现涉嫌违法违规风险线索的，移交缉私部门处置；对发现可能存在安全准入风险的，将有关情况告知风险防控局。

在现场海关综合业务岗、验估岗、稽查部门、缉私部门进行上述处置时，进出口企业应积极予以配合并妥善维护自身权益。在此过程中，报关单位需要及时按照海关要求提供相关材料、说明，做好解释工作。

现场综合业务处置环节涉及事项较多，且报关单修撤、海关事务担保、退补税等事务对进出口企业影响较大，并且有些关键业务，如报关单修改与撤销可能会导致海关认为进出口企业在报关过程中存在违法、违规嫌疑，根据《海关行政处罚实施条例》等规定，现场海关将按照相关规定进行案件移交、处罚。对转入综合业务岗位的单据，但海关相关岗位人员未及时与报关单位取得联系的，报关单位应主动询问原因并做好配合工作。

② 海关单证验核与事后验估

单证验核是指由现场海关在货物放行前，根据单证验核风险参数要求或税收征管局指令要求，对有关单证进行验核，留存有关单证、图像等资料并在货物放行后，根据税收征管局指令要求，验核有关单证资料、样品，协助开展质疑、磋商等工作，录入验估作业记录及结果，按要求反馈处置结果。

事后验估是指报关单放行后，税收征管局实施批量审核、专项审核，对未发现税收风险的报关单数据予以办结，对存在税收风险的，根据审核结果或审核需要下达相关指令转业务现场验估处置。其中，认为可能存在涉税要素申报差错的，现场评估关员需要对进出口单位提供的相关说明材料进行审核确认，并根据核实结果下达报关单修撤、退补税指令，由现场海关综合业务部门办理有关手续；需要通过收集并验核有关单证资料、样品，开展质疑、磋商等方式确定税收征管要素的，税收征管局下达验估指令，由现场海关验估部门按照指令要求进行处置，并反馈结果。

在此过程中，进出口企业要做好配合工作，及时提供海关需要的单证及说明材料。

在货物放行后的海关验估过程中，进出口企业存在的常见问题是配合海关工作不及时，提供的资料不齐全、不完整。货物放行后，因为已经没有了货物通关时效方面的压力，以及随之而来的其他更为需要人手的工作要完成，进出口报关单位往往有意无意地忽视海关事后验估的要求，提供的货物说明资料偏简略、粗糙，无法准确印证原申报货物的归类、价格、原产地等涉税要素情况，导致海关不能及时完成验估作业，经常超出时效要求。对不积极配合事后验估的进出口企业，海关有主权在系统中设置标志，取消该企业的通关便利。

（2）海关使货物准予销售或使用的监管

货物完成卡口放行（提离）并有后续监管要求的，须完成以下操作方可准予销售或使用：

① 完成单证检查或目的地检查

对海关使用"两段准入"监管方式实施进口通关作业的，其中需实施单证检查或目的地检查的，第一段监管结束，海关仅允许货物被提离海关监管现场，第二段监管完成单证检查或目的地检查的，海关系统发送放行信息，准予货物销售、使用。

② 完成对企业自行运输和存放的监管

进口货物准予提离后，由企业自行运输和存放，凭海关放行通知准予销售或使用。其中，属于下列情形的，需办结海关相关手续方可放行：

A. 有海关目的地检查要求的，海关已完成检查；

B. 属于监管证件管理的，海关已核销相关监管证件；

C. 需进行合格评定的，海关已完成合格评定程序。

（3）海关综合事务处理

主要是货物放行后报关单的修改或撤销。

货物放行后报关单修改或撤销的情形主要包括：

① 出口货物放行后，由于装运、配载等因素造成原申报货物部分或者全部退关、变更运输工具的；

② 由于办理退补税、海关事务担保等其他海关手续而需要修改或者撤销报关单数据的；

③ 根据贸易惯例先行采用暂定价格成交、实际结算时按商检品质认定或者国际市场实际价格付款需要修改申报内容的；

④ 现场海关统计监督、后续稽查、归类、估价等工作中发现涉及品名、商品编码、数量价格、原产国（地区）等数据方面的问题，需要修改申报内容的。

其中，前三种情形应由当事人向海关提出修改或撤销报关单的申请，最后一种情形由海关向报关人提出修改或撤销报关单的要求。

当事人申请修改或撤销报关单的，当事人应填写报关单修改/撤销申请表向海关提出申请，同时还需要根据不同的情况提交相应资料。上述情形①应当提交退关、变更运输工具证明材料；情形②应当提交签注海关意见的相关材料；情形③应当提交全面反映贸易实际状况的发票、合同、提单、装箱单等单证，并如实提供与货物买卖有关的支付凭证及证明申报价格真实、准确的其他商业单证、书面资料和电子数据等。

应海关要求修改或撤销报关单的，由海关向经营单位或相关报关企业出具报关单修改/撤销确认书，通知要求修改或者撤销的内容；报关企业协同经营单位在5日内对报关单修改或者撤销的内容进行确认或不予确认。对经过当事人确认的内容，由海关完成对报关单的修改或撤销。当事人不同意修改或者撤销，经海关核实确实无须修改或者撤销的，由海关撤回相关作业；经海关复核认为仍需要修改或者撤销的，海关将对当事人再次发起确认程序。

（4）海关对通关税收风险的稽（核）查

海关将涉税要素的风险排查与处置置于货物放行之后，审核的主要形式有稽查和核查两种。海关依据稽查条例以及稽查条例实施办法来规范稽查程序和稽查方法。而从海关事后审核的实践来看，很多属地海关往往更倾向于通过核查模式开展税收风险的排查。

货物放行后，海关税收征管局若发现通关货物税收风险，且所涉货物已经放行，需开展后续稽（核）查处置的，会向直属海关稽查部门下达稽（核）查指令，对企业的账册单证、资金以及货物流向、经营状况以及有关进出口货物等进行实地稽（核）查。

进出口货物收发货人或其代理人在配合海关稽（核）查时，应该为海关查阅、复制与进出口货物有关的合同、发票、账册等反映买卖双方关系及交易活动的商业单证、书面资料和电子数据提供方便；接受海关调查与询问；配合海关提取货样进行检验或者化验；配合海关进入纳税义务人的生产经营场所、货物存放场所，对与进出口活动有关的货物和生产经营情况实施检查等。

如果确实有事实和法理支持企业的合规性，企业应该据理力争，向海关说明有关情况，使海关也不至于轻易启动稽（核）查程序。如果企业确实存在价格上的问题或者税收遗漏，应在核查环节主动披露有关情况。根据海关规定，主动披露可以从轻或者减轻企业相关法律责任。

5.2.3 "两步申报"通关作业流程

"两步申报"是海关在深化海关通关一体化改革及实施"一次申报、分步处置"通关模式基础上的改革延续。货物通关时，企业申报由"一次"变为"两步"，即在申报环节企业可先凭提单进行概要申报，货物符合安全准入条件的即可快速从卡口提离（放行），在规定时间内企业再进行完整申报。

按照系统设计，"两步申报"模式支持在概要申报阶段即一次性完整录入需申报的全部完整信息。一次性完整录入全部信息的，海关系统优先处置概要申报项目数据，符合条件的完成系统放行，之后处置完整申报数据，企业确认税费及完成其他处置。

1. 第一步：概要申报

第一步概要申报的基本流程为：进口货物概要申报—海关风险甄别排查处置—海关监管证件比对—海关通关现场检查（查验）—口岸提离（放行）货物。

（1）进口货物概要申报

① 概要申报的一般要求

A. 概要申报的时限

企业应自运输工具申报进境之日起 14 日内，按照报关单填制规范完成报关单的概要申报，企业在概要申报货物被允许提离监管场所后，仍需在运输工具申报进境之日起 14 日内，按照现行整合申报的要求向接受概要申报的海关补充申报报关单完整信息及随附单证电子数据。

B. 概要申报的形式

概要申报可采用通关无纸化形式完成，不需要现场交单，报关信息通过"中国国际贸易单一窗口"上传，也可以通过"互联网＋海关"办事平台申报。"两步申报"模式支持一次性完整申报全部信息。

C. 概要申报与提前申报叠加

对于需提前申报的，企业应当先取得提（运）单或载货清单（舱单）数据，于装载货物的进境运输工具启运后、运抵海关监管场所前进行概要申报。海关鼓励企业在概要申报阶段，采用提前申报方式。

② 概要申报的内容

企业在概要申报前应确认向海关申报进口货物是否属于禁限管制、是否依法需要检验或检疫（是否属于《法检目录》内商品及法律法规规定需检验或检疫的商品）、是否需要缴纳税款。

对于不属于禁限管制且不属于依法需检验或检疫的，须申报 9 个项目，并确认涉及物流的 2 个项目；应税的须选择符合要求的担保备案编号；属于禁限管制的须增加申报 2 个项目；依法须检验或检疫的，增加申报 5 个项目。

A. 概要申报的基本项目：境内收发货人、运输方式/运输工具名称及航次号、提运单号、监管方式、商品编号（6 位）、商品名称、数量及单位、总价、原产国（地区）。

其中，商品编号（6 位）填报《进出口税则》和《统计商品目录》确定编码的前 6 位；数量及单位填报成交数量、成交计量单位；总价填报同一项号下进口货物实际成交的商品总价格和币制，如果无法确定实际成交商品总价格则填报预估总价格。其他项目按照《报关单填制规范》要求填写。

B. 货物物流项目：毛重、集装箱号。

C. 属于禁限管理需增加的申报项目：许可证号/随附证件代码及随附证件编号、集装箱商品项号关系。

D. 属于依法需要检验或检疫需增加的申报项目：产品资质（产品许可/审批/备案）、商品编号（10 位）+检验检疫名称、货物属性、用途、集装箱商品项号关系。

③ 概要申报的校验与接受

系统对申报要素进行规范性、逻辑性检查，对舱单、监管证件、担保等进行校验。符合条件的，海关接受申报；不符合条件的，系统自动退单。

加工贸易和海关特殊监管区域内企业及保税监管场所的货物开展"两步申报"时，第一步概要申报环节不使用保税核注清单。

（2）海关风险甄别排查处置

海关对安全准入风险进行甄别，下达货物查验指令并由现场海关实施查验，或下达单证作业指令并由现场海关实施单证作业。被重大税收风险参数捕中的报关单，由税收征管局进行税收风险排查处置。

（3）海关监管证件比对

涉及监管证件且实现联网核查的，系统自动进行电子数据比对。

（4）海关通关现场检查（查验）

① 现场单证核验。申报地海关根据指令要求进行单证作业，进行人工审核；无单证作业指令的，系统自动审核。

② 货物检查（查验）与处置。口岸海关按照指令要求对货物进行查验。完成查验且无异常的，人工审核通过；查验异常的，按异常处置流程处置。

（5）口岸提离（放行）货物

对审核通过的报关单，海关允许货物提离，企业可提离相关货物：

① 无布控放行。货物未被布控命中，且满足口岸放行条件的，企业货物准予提离，可以销售或使用（涉证或未完成合格评定的除外），并于规定日期之前完成完整申报。

② 合规放行。货物被口岸监管区内检查布控命中，检查结果正常，且满足口岸条件的，企业货物准予提离，可以销售或使用（涉证或未完成合格评定的除外），并于规定日期之前完成完整申报。

③ 附条件提离。布控指令要求为检验或检疫目的取样送实验室检测且指令类型为"口岸检查"的进口货物，除《附条件提离商品禁限清单》内商品外，均可以实施附条件提离。

准予企业先行提离的货物，实验室反馈检验检测结果合格后，方可销售或使用，并于规定日期之前完成完整申报。

④ 转场检查。对满足口岸放行条件的，海关向卡口发送"转场检查"指令，企业将货物提离后运至卡口外场地等待海关实施检查。

转场检查后的放行，参照"合规放行"的有关程序实施；若属于《可实施附条件提离监管清单》范围的，参照"附条件提离"的有关程序实施。

⑤ 转目的地检查。货物被目的地检查布控命中，或同时被口岸检查布控命中但已完成口岸检查，且满足口岸放行条件的，准予企业提离货物并运至目的地等待海关检查，目的地海关完成相关检查前，不得销售或使用。

2. 第二步：完整申报

第二步完整申报的基本流程为：进口货物完整申报—海关风险甄别排查处置—海关监管证件比对—缴纳税费—海关通关现场处置—获得报关单放行。

（1）进口货物完整申报

完整申报是针对概要申报报关单的补充申报。企业自运输工具申报进境之日起14日内完成完整申报，向接受概要申报的海关补充申报报关单完整信息及随附单证电子数据。系统对完整申报信息进行规范性、逻辑性检查。不符合条件的，系统自动退单；符合条件的，海关接受完整申报。

加工贸易和海关特殊监管区域内企业及保税监管场所的货物开展"两步申报"时，第二步完整申报环节报关单按原有模式，由保税核注清单生成。

（2）海关风险甄别排查处置

对完整申报的报关单，税收征管局、风险防控部门开展税收等风险甄别和排查处置，下达单证验核指令或稽（核）查指令。

如概要申报时选择不需要缴纳税款，完整申报时经确认为需要缴纳税款的，企业应当按照进出口货物报关单撤销的相关规定办理。

（3）海关监管证件比对

涉及监管证件且实现联网核查的，系统自动进行电子数据比对核查、核扣。

（4）缴纳税费

企业利用预录入系统的海关计税（费）服务工具计算应缴纳的相关税费，并对系统显示的税费计算结果进行确认,在收到海关通关系统发送的回执后,自行办理相关税费缴纳手续。

税款缴库后,企业担保额度自动恢复。

(5)海关通关现场处置

① 海关单证验核

申报地海关验估岗根据税收征管局指令进行单证验核,留存有关单证、图像等资料,进行人工审核;申报地海关综合业务岗根据指令要求进行单证作业,进行人工审核;无单证审核要求的,系统自动审核。

② 海关实施目的地检查

按照"两段准入"监管方式的作业要求,对在"概要申报"完成申报及安全准入监管后可先从口岸提离,须实施"目的地检查"的进口货物,在完整申报后,企业应配合海关按照预约时间上门实施目的地检查,在确认合格后方可进入境内消费流通领域。

(6)获得报关单放行

对系统自动审核通过或经人工审核通过的完整申报报关单,系统自动完成放行。

5.3 一般进出口货物的报检程序

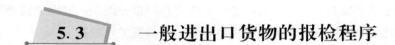

5.3.1 出入境检验检疫概述

出入境检验检疫制度是指由国家出入境检验检疫机构根据我国有关法律和行政法规、政府所缔结或者参加的国际条约和协定,对进出境的货物、物品及其包装物、交通运输设备和进出境人员实施检验检疫监督管理的法律依据和行政手段的总和,其国家主管部门是海关总署。

出入境检验检疫的目的是保护国家经济的顺利发展、保护人民的生命和生活环境的安全与健康。出入境检验检疫的职责由宪法及有关法律和最高国家行政机关的行政法规等赋予。实施出入境检验检疫为世界各国(地区)的通行做法。各国(地区)法律及国际条约、公约、合约、协定、规则、声明都赋予出入境检验检疫以公认的法律职责。2018年4月,出入境检验检疫职责与队伍划入海关。

全国人民代表大会常务委员会先后制定了《中华人民共和国进出口商品检验法》(以下简称《商检法》)、《中华人民共和国进出境动植物检疫法》(以下简称《动植物检疫法》)、《中华人民共和国国境卫生检疫法》(以下简称《卫生检疫法》)、《中华人民共和国食品安全法》（以下简称《食品安全法》）等法律，明确规定了出入境检验检疫的宗旨、管理对象，机构设置及其职权、职责，出入境检验检疫范围、程序、内容，执法监督和法律责任等重要内容，从根本上确定了出入境检验检疫工作的法律职责。

我国进出境检验检疫制度内容包括进出口商品检验制度、进出境动植物检疫制度、国境卫生监督制度、进出口食品安全监管制度等四大管理体系。根据各自的法律法规规章，在涉及人类健康、动植物健康安全、商品质量控制、环境保护等方面分别建立了相应的管理制度，由这些制度共同组成了检验检疫管理体系。

1. 进出口商品检验制度

《商检法》第四条规定："进出口商品检验应当根据保护人类健康和安全、保护动物或者植物的生命和健康、保护环境、防止欺诈行为、维护国家安全的原则，由国家商检部门制定、调整必须实施检验的进出口商品目录（以下简称目录）并公布实施。"第五条规定："列入目录的进出口商品，由商检机构实施检验。前款规定的进口商品未经检验的，不准销售、使用；前款规定的出口商品未经检验合格的，不准出口。"

《进出口商品检验法实施条例》进一步明确：进出口药品的质量检验、计量器具的量值检定、锅炉和压力容器的安全监督检验、船舶（包括海上平台、主要船用设备及材料）和集装箱的规范检验、飞机（包括飞机发动机、机载设备）的适航检验以及核承压设备的安全检验等项目，由有关法律、行政法规规定的机构实施检验。进出境的样品、礼品、暂时进出境的货物以及其他非贸易性物品，免予检验。但是，法律、行政法规另有规定的除外。

进出口商品检验制度是根据《商检法》及其实施条例的规定，海关总署及其口岸进出境检验检疫机构对进出口商品所进行品质、质量检验和监督管理的制度。

商品检验机构实施进出口商品检验的内容包括商品的质量、规格、数量、重量、包装及是否符合安全、卫生的要求。我国商品检验的种类分为四种，即法定检验、合同检验、公证鉴定和委托检验。

（1）商品检验范围

商品检验的范围为列入《法检目录》的商品，以及其他法律法规规定需要实施商品检验的商品，也包括对法定检验以外的进出口商品根据国家规定实施的抽查检验。

（2）商品检验实施主体

根据《商检法》，国务院设立进出口商品检验部门（以下简称国家商检部门，指海关总署），主管全国进出口商品检验工作。国家商检部门设在各地的进出口商品检验机构（以下简称商检机构，指各地主管海关）管理所辖地区的进出口商品检验工作。商检机构和依法设立的检验机构（以下称其他检验机构），依法对进出口商品实施检验。

（3）商品检验的技术依据

对列入《法检目录》的进出口商品，按照国家技术规范的强制性要求进行检验；

尚未制定国家技术规范的强制性要求的，应当依法及时制定，未制定之前，可以参照国家商检部门指定的国外有关标准进行检验。

（4）商品检验的主要方式

商品检验是指确定列入《法检目录》的进出口商品是否符合国家技术规范的强制要求的合格评定活动，包括是否符合安全、卫生、健康、环境保护、防止欺诈等要求以及相关的品质、数量、重量等项目。合格评定程序包括：抽样、检验和检查；评估、验证和保证；注册、认可和批准以及各项的组合。

抽样，一般是指取出部分物质、材料或者商品作为整体的代表性样品进行测试或校准的规定过程，样品的抽取应遵循一定的规范。检验，在合格评定程序中一般是指通过观察和测量、测试、度量等手段，判断某个商品、过程或者服务满足规定要求的程度。检查，在合格评定程序中一般是指对每个单项商品的评估，或者说这是一种严格的达标评估方式。

在合格评定程序中，验证一般是指通过检查和提供论据来证实规定的要求已得到满足；合格保证，则是对商品、过程或者服务满足规定要求的置信程度采取一定的方式做出说明。

注册也作为一种程序，包含在合格评定程序中；认可，是指由权威的团体对团体或个人执行特定任务的胜任能力给予正式的承认的程序；批准，是指允许商品、过程或服务按照其说明的目的或者按照其说明的条件销售、使用。

合格评定程序内容中涉及的技术措施，在实际运用中有些是单项运用，有的则是形成一个组合。

（5）商品检验的地点

法定检验的一般进口商品原则上应当在目的地检验，大宗散装商品、易腐烂变质及已发生残损、短缺的商品，应当在卸货口岸检验。法定检验的出口商品应当在商品的生产地检验；在商品生产地检验的出口商品需要在口岸报关提供电子底账的，由商品生产地海关按照规定签发电子底账。实施商品检验的地点，具体关境、国境，还是在目的地实施检验，主要是统筹考虑风险控制和贸易便利需要做出的决定；海关总署也可以根据便利对外贸易和进出口商品检验工作的需要，指定在其他地点检验。

2. 进出口商品报检程序

进出境检验检疫业务流程一般包括准备申报单证、电子数据录入、上传无纸化单据申报/申请、海关受理检验检疫、审单布控、海关进行现场和实验室检验检疫（企业配合）、卫生除害处理（检疫处理）、综合评定、海关签证放行、企业签领检验检疫单证等环节。

为了适应国际贸易特点和安全便利的需要，海关总署在整合申报基础上又进一步改革现有申报制度，企业根据需要可以实施两步申报，即第一步提货申报（概要申报），第二步完整申报。新的申报模式全面优化了涉及检验检疫作业的申报管理方式。出境检验检疫申请是在出境货物报关前，企业根据相关要求向企业所在地海关申请出境报关申报前监管的过程。需要实施出口检验检疫作业的货物完成出境申报前监管的相关工作方可在口岸办理报关手续。

海关根据企业申报以随机抽查掌控风险防控覆盖面，以精准布控靶向锁定风险目标，构建随机抽查与精准布控协同分工、优势互补的风险统一防控机制，实现对申报数据的科学布控管理。

（1）准备申报单证

申报人员了解出入境货物基本情况后，应按照货物的性质，根据海关有关规定和要求，准备好申报单证，并确认提供的数据和各种单证正确、齐全、真实、有效。需办理检疫审批、强制性认证、卫生注册等有关批准文件的，还应在申报前办妥相关手续。

（2）电子申报数据录入

① 申报人员通过"中国国际贸易单一窗口"预录入系统录入报关数据时，对需要实施检验检疫的货物勾选"涉检"选项，如实录入检验检疫所需数据项，并进行申报。

② 须在规定的申报时限内将相关出入境货物的申报数据发送至申报地海关。

③ 对于合同或信用证中涉及检验检疫特殊条款和特殊要求的，应在电子申报中同时提出。

④ 对经审核不符合要求的电子申报数据，申报人员可按照海关的有关要求对申报数据修改后，再次申报。

⑤ 需要对已发送的电子申报数据进行更改或撤销时，申报人员应发送更改或撤销申请。

（3）上传无纸化单据

根据《关于检验检疫单证电子化的公告》（海关总署公告 2018 年第 90 号）要求，申报人通过"单一窗口"预录入系统进行检验检疫申报时，应通过无纸化上传系统将随附单据电子版上传，无须在申报时提交纸质单证，海关监管过程中按照风险布控、签注作业等要求需要验核纸质单证的，申请人应当补充提交相关纸质单证。

（4）联系并配合海关的现场和实验室检验检疫

海关对已申报的出入境货物，通过感官、物理、化学、微生物等方法进行检验检疫，以判定所检对象的各项指标是否符合有关强制性标准或合同及买方所在国官方机构的有关规定。

目前，检验检疫的方式包括全数检验、抽样检验、型式检验、过程检验、登记备案、符合性验证、符合性评估、合格保证和免予检验等。对须实施实验室检测并出具检测结果的出入境货物，海关工作人员需到现场抽取（采取）样品并进行实验室检测。抽取（采取）的样品不能直接进行检验的，需要对样品进行一定的加工，称为"制样"。根据样品管理的规定，样品及制备的小样经检验检疫后应重新封识，超过样品保存期后方可销毁。同时，按照《卫生检疫法》及其实施细则、《动植物检疫法》及其实施条例的有关规定，检验检疫机构对来自传染病疫区或动植物疫区的有关出入境货物、交通工具、运输工具及废旧物品等实施卫生除害处理。

申报人员应根据海关风险布控指令要求对需要现场查验的货物，主动联系配合海关对出入境货物实施检验检疫；向海关提供进行抽样、检验、检疫和鉴定等必要的工作条件，配合海关提出的检验检疫监管措施和其他有关要求。

根据上述单证审核、现场和实验室检验检疫，以及卫生除害处理等检验检疫作业的相关结果，海关对货物实施综合评定并给出评定结果。

对经检验检疫合格放行的出境货物加强批次管理，不错发、错运、漏发。法定检验检疫的出口货物未经申报前监管的检验检疫或者经检验检疫不合格的，不准出口。未经检验检疫合格或未经海关许可的入境法检货物，不准销售、使用或拆卸、运递。

（5）签证与放行

出境货物，经检验检疫合格的，办理货物通关手续；经检验检疫或口岸核查货证不合格的，签发出境货物不合格通知单。

入境货物经检验检疫合格，或经检验检疫不合格，但已进行有效处理合格的，签发入境货物检验检疫证明。不合格需作退货或销毁处理的，签发检验检疫处理通知书；不合格需办理对外索赔的，签发检验检疫证书，供有关方面办理对外索赔及相关手续。

申报人在领取海关出具的有关检验检疫单证时应如实签署姓名和领证时间。各类单证应按其特定的范围使用。

根据《关于推进（入境货物检验检疫证明）电子化的通知》的要求，自 2020 年 8 月 1 日起，企业进口报关时选择申领入境货物检验检疫证明的，可在线查询入境货物检验检疫证明电子信息。同时，企业仍可根据需要按相关规定申领纸质入境货物检验检疫证明。

根据海关总署公告 2023 年第 27 号《关于开展属地查检业务管理系统及检验检疫证单"云签发"模式试运行的公告》，自 2023 年 4 月 10 日起，进出口货物收发货人或者其代理人可通过"中国国际贸易单一窗口"或"互联网+海关""云签发"模式直接打印海关签发的证书。目前，提供自助打印或现场领证两种方式。

（6）更改、撤销及重新申报

① 更改。有以下两种情形的，经海关审核批准后可以进行更改：

已申报的出入境货物，海关尚未实施检验检疫或虽已实施检验检疫但尚未出具单证的，由于某种原因申报人需要更改检验检疫申报信息的，可以向受理报检的海关申请，经审核批准后按规定进行更改；

检验检疫单证发出后，申报人提出更改或补充内容的，应填写更改申请单，经海关审核批准后,予以办理。

以下两种情形不予更改:

品名、数(重)量、包装、发货人、收货人等重要项目更改后与合同、信用证不符的,或者更改后与输入国(地区)法律法规规定不符的,均不能更改;

超过检验检疫单证有效期的,不予更改、补充或重发。

办理更改应提供以下单据:

填写更改申请单,说明更改的事项和理由;

提供有关函电等证明文件,交原发检验检疫单证机构;

变更合同或信用证的,须提供新的合同或信用证;

更改检验检疫单证的,应交还原单证(含正副本)。确有特殊情况不能书面说明理由,经法定代表人签字、加盖公章,在指定的报纸上声明作废,并可重新签发。

② 撤销。申报人申请撤销检验检疫申报时,应书面说明原因,经批准后方可办理撤销手续。30 天内未联系检验检疫事宜的,做自动撤销申报处理。

③ 重新申报。有下列情况之一的,应重新申报:

超过检验检疫有效期限的;

变更输入国家(地区),并有不同检验检疫要求的;

改换包装或重新拼装的;

已撤销申报的。

3.《法检目录》

《出入境检验检疫机构实施检验检疫的进出境商品目录》通常被简称为《必须实施检验的进口商品目录》或《法检目录》。所谓"法检",是进出口商品必须依照法律进行检验检疫,即法定检验检疫的简化称谓。《法检目录》的作用是明确列入目录的进出口商品应当符合国家技术规范的强制性要求,这也是法定检验检疫的根本目的。

(1)《法检目录》的产生、制定与调整

1999 年,国家出入境检验检疫局根据国家出入境检验检疫局、海关总署联合下发的《关于印发〈进出口商品检验种类表〉〈进出境动植物检疫商品与 HS 目录对照表〉〈进口卫生监督检验食品与 HS 目录对照表〉的通知》,对实施进出境检验检疫的货物以目录形式进行了明确,涉及商品编码 5 249 个。

2000 年,国家出入境检验检疫局、海关总署发布关于《法检目录》调整的公告,将《进口商品检验种类表》《进出境动植物检疫商品与 HS 目录对照表》《进口卫生监督检验食品与目录对照表》合并,调整为《法检目录》。《法检目录》自 2000 年 2 月 1 日起施行,调整后《法检目录》涉及商品编码 4113 个。当时,根据有关法律规定,列入《法检目录》内的进出境商品,出入境时必须向检验检疫机构申报,由检验检疫机构实施检验检疫和监管,海关凭出入境检疫机构签发的入境货物通关单或出境货物通关单办理验放手续。随着 2018 年关检业务融合后,出入境货物通关单退出了历史舞台。

《法检目录》的调整是根据有关法律法规的规定,对外贸易发展和国际动植物疫情的变化情况,由海关总署结合《协调制度》调整的情况,对《法检目录》实施动态的调整。调整包括:将部分编码调入或调出《法检目录》;对部分编码的海关监管条件或检验检疫类别进行调整等。另外,《法检目录》与《协调制度》的调整保持同步。调整内容由海关总署于次年执行。

对未列入《法检目录》,但国家法律、法规、规章规定应当实施出入境检验检疫的进出境商品(包括成套设备),海关应依法实施出入境检验检疫。

海关依据法律、法规的相关规定公布并调整《法检目录》,设定检验检疫类别,开展出入境检验检疫监管工作。《法检目录》所列商品称为法定检验商品,即国家规定实施强制性检验检疫的进出境商品。

随着关检全面融合,海关总署不再对外发布《法检目录》,而是以对外公告的形式发布关于调整必须实施检验的进出口商品目录,如《海关总署关于调整必须实施检验的进出口商品目录的公告》(海关总署公告 2021 年第 81 号)。

(2)《法检目录》的基本结构

《法检目录》的基本结构由商品编码、商品名称及备注、计量单位、海关监管条件和检验检疫类别 5 项组成。

商品编码在原 8 位商品编码的基础上以末位补零的方式补足 10 位码,所有商品编码第 9 位前的小数点,一律取消。

商品名称及备注结合《进出口税则》的货品名称与子目注释,与《商品名称及编码协调制度》(以下简称《协调制度》)对应。

计量单位为《协调制度》第一标准计量单位。

海关监管条件为"A",表示须实施入境检验检疫;海关监管条件为"B",表示须实施出境检验检疫;海关监管条件为"D",表示须实施毛坯钻石进出境检验。

检验检疫类别字母的含义:"M"表示进口商品检验;"P"表示进境动植物、动植物产品检疫;"R"表示进口食品卫生监督检验;"N"表示出口商品检验;"Q"表示出境动植物、动植物产品检疫;"S"表示出口食品卫生监督检验;"L"表示民用商品入境验证;"V"表示进境卫生检疫;"W"表示出境卫生检疫。

(3)法定检验商品以外进出口商品抽查检验

法定检验商品以外进出口商品抽查检验,也叫目录外商品抽查检验,是海关依法对法定检验以外的进出口商品实施的抽查检验。抽查检验重点主要是涉及安全、卫生、环境保护的进出口商品。

2022 年 7 月 13 日,海关总署发布《关于开展 2022 年度法定检验商品以外进出口商品抽查检验工作的公告》(海关总署公告 2022 年第 60 号),公布了 2022 年实施法定检验商品以外进出口商品抽查检验的商品范围，自公告发布之日起开展抽查检验工作。涉及 6 类进口商品（学生文具、婴童用品、家用洗碗机、电子坐便器、口腔器具、仿真饰品等）及 4 类出口商品（儿童玩具、儿童自行车、儿童滑板车、电热水袋等）。

5.3.2 入境检验检疫货物的一般申报要求

1. 入境检验检疫申报

入境检验检疫申报是指法定检验检疫入境货物的货主或其代理人，持有关单证向报关地海关申请对入境货物进行检验检疫以获得入境通关放行凭证，并取得入境货物销售、使用合法凭证的申报。对入境一般检验检疫申报业务而言，签发放行指令由报关地海关完成，对货物的检验检疫由入境口岸海关和（或）目的地海关完成，货主或其代理人在办理完通关手续后，应主动与海关联系落实检验检疫工作。

2. 申报时限和地点

对入境货物，应在入境前或入境时向入境口岸、指定的或到达站的海关办理检验检疫申报手续；入境的运输工具及人员应在入境前或入境时申报。

入境货物需对外索赔出证的，应在索赔有效期前不少于 20 日内向到货口岸或货物到达地的海关进行检验检疫申报。

输入微生物、人体组织、生物制品、血液及其制品或种畜、禽及其精液、胚胎、受精卵的，应当在入境前 30 日申报。

输入其他动物的，应当在入境前 15 日申报。

输入植物、种子、种苗及其他繁殖材料的，应当在入境前 7 日申报。

3. 申报时应提供的单据（含电子单据）

入境货物检验检疫时，应以电子形式提供外贸合同、发票、提（运）单、装箱单等必要的凭证及其他海关要求提供的特殊单证，并根据海关需要提供相关纸质单证。

下列情况申报时还应按要求提供有关文件。

（1）国家实施许可制度管理的货物，应提供有关证明。

（2）品质检验的还应提供国外品质证书或质量保证书、产品使用说明书及有关标准和技术资料；凭样成交的，须加附成交样品；以品级或公量计价结算的，应同时申请重（数）量鉴定。

（3）申请残损鉴定的还应提供"理货残损单""铁路商务记录""空运事故记录"或"海事报告"等证明货损情况的有关单证。

（4）申请重（数）量鉴定的还应提供重量明细单、理货清单等。

（5）货物验收、用货部门验收或其他单位检测的，应随附验收报告或检测结果及重量明细单等。

（6）入境的国际旅行者，国内外发生重大传染病疫情时，应当填写《入境检疫健康申明卡》。

（7）入境的动植物及其产品，在提供贸易合同、发票、产地证书的同时，还必须提供输出国（地区）官方的检疫证书；需办理入境检疫审批手续的，还应提供《中华人民共和国进境动植物检疫许可》（以下简称《进境动植物检疫许可》）。

（8）过境动植物及其产品申报时，应持货运单和输出国家（地区）官方出具的检疫证书；运输动物过境时，还应提交海关总署签发的《进境动植物检疫许可》。

（9）申报入境运输工具、集装箱时，应提供检疫证明，并申报有关人员健康状况。

（10）入境旅客、交通运输工具上的员工携带伴侣动物的，应提供《入境动物检疫证书》及《预防接种证明》。

（11）因科研等特殊需要，输入禁止入境物的，必须提供海关总署签发的"特许审批证明"。

（12）入境特殊物品的，应提供有关的批件或规定的文件。

5.3.3　出境检验检疫货物的一般申报要求

为贯彻落实国务院机构改革要求，进一步深化全国海关通关一体化改革，优化出口货物检疫监管，促进贸易便利化，海关总署发布《关于优化出口货物检验检疫监管的公告》（海关总署公告2018年第89号）。主要内容是从2018年8月1日起，实施出口检验检疫的货物，企业应在报关前向产地、组货地海关申请；海关实施检验检疫监管后建立电子底账，向企业反馈电子底账数据号，符合要求的按规定签发检验检疫证书；企业报关时应填写电子底账数据号，办理出口通关手续。按照出口申报前监管实施方案的要求，将原出口货物的申报、检验检疫、签证等作业转化为出申报前监管，并形成电子底账；同时将出口货物检验检疫的申报要素纳入报关申报内容，报关时可调用电子底账数据，企业无须二次录入；将法定检验检疫出口货物的口岸查验纳入通关作业流程，实现一次查验、一次放行。

1. 出口检验检疫监管的申报

出口检验检疫监管的申报是指法定检验检疫出境货物的货主或其代理人，办理出境货物通关手续前，持有关单证向产地海关申请检验检疫以取得出境电子底账数据号及其他单证的申报。对于出境需要实施检验检疫的货物，产地海关检验检疫合格后，在口岸海关报关时，货主或其代理人凭产地海关签发出境电子底账信息方可向口岸海关报关。

2. 申报时限和地点

出境货物最迟应于报关或装运前7日申报，对于个别检验检疫周期较长的货物，应留有相应的检验检疫时间。

出境的运输工具和人员应在出境前向口岸海关申报。

需隔离检疫的出境动物在出境前60日预报，隔离前7日申报。

法定检验检疫货物，原则上应向产地海关申报并由产地海关实施检验检疫。

3. 申报时应提供的单据

出境货物申报时，应以电子形式提供合同、信用证（以信用证方式结汇时提供）、发票、装箱单等必要的凭证及其他海关要求提供的特殊单证，并根据海关需要提供相关纸质单证。

下列情况申报时还应按要求提供有关文件。

（1）国家实施许可制度管理的货物，应提供有关证明。

（2）出境货物须经生产者或经营者检验合格并加附检验合格证或检测报告；申请重量鉴定的，应加附重量明细单或磅码单。

（3）凭样成交的货物，应提供经买卖双方确认的样品。

（4）出境人员应向海关申请办理国际旅行健康证明书及国际预防接种证书。

（5）申报出境运输工具、集装箱时，还应提供检疫证明，并申报有关人员健康状况。

（6）生产出境危险货物包装容器的企业，必须向海关申请包装容器的性能鉴定；生产出境危险货物的企业，必须向海关申请危险货物包装容器的使用鉴定。

（7）申报出境危险货物时，必须提供危险货物包装容器性能鉴定结果单和使用鉴定结果单。

（8）申请原产地证明书和普惠制原产地证明书的，应提供商业发票等资料。

（9）申报出境特殊物品的，根据法律法规规定应提供有关的审批文件。

【能力提升】

一、单选题

1. 以下进出口货物，在报关工作中不适合"自报自缴"的是（　　）。

A. 涉及公式定价的进口货物　　B. 涉及自动进口许可证的进口货物

C. 出口征税的货物　　D. 暂时进出口货物

2. 出口货物报关单在海关放行后，需要变更运输工具，申报人员向海关申请（　　）。

A. 出口货物查验　　B. 海关验估

C. 报关单修改或撤销　　D. 海关担保

3. 下列对海关实施查验的理解，错误的是（　　）。

A. 查验应当在海关监管区内实施

B. 货物涉嫌走私违规的，海关可以复验

C. 海关实施查验可以彻底查验，也可以抽查

D. 海关复验应由原查验人员实施

4. T公司进口一批货物,载货运输工具于2019年6月15日(星期六)进境,海关于2019年7月2日接受申报。该批货物滞报(　　)天。

A. 3　　　　　　　　　　　　　　B. 4

C. 5　　　　　　　　　　　　　　D. 6

5. 提前申报是指在舱单数据(　　)传输的前提下,进口货物的收货人、受委托的报关企业提前向海关申报,海关提前办理单证审核及税费征收。

A. 无须　　　　　　　　　　　　B. 提前

C. 同步　　　　　　　　　　　　D. 后续

二、简答题

1. 请简要阐述《法检目录》的基本构成。
2. 请简要阐述哪些进出口货物可以适用集中申报通关方式。
3. 请简要阐述哪些情况不属于海关赔偿的范围。
4. 请简要分析"两步申报"和"一次申报,分步处置"的区别?
5. 请简要阐述海关不放行进出口货物的情形。

三、论述题

1. 全国通关一体化改革以"两中心(局)、三制度"为结构支撑,实现海关监管管理体制改革,确保海关全面深化改革的系统性、整体性、协同性。

请阐述上文中"两中心(局)、三制度"的具体含义及其作用。

2. 请论述海关是如何进行税收风险排查与处置。

第6章 保税货物的报关程序

【导入案例】

海关总署推出23条综合保税区改革举措

2023年8月16日,海关总署举行例行记者通报会。新华社记者在海关总署通报会上获悉,为进一步促进综合保税区高质量发展,海关总署日前围绕政策供给、功能拓展、手续简化、流程优化、制度健全五个方面推出23条改革举措。

具体来看,上述改革举措主要包括:调整优化检验检疫作业模式、简化生产用设备解除监管手续、实施卡口分类分级管理、优化境外退运货物监管、支持保税维修提质升级以及调整重点商品管理措施等。

在优化流程监管方面,相关改革举措有优化进出综保区货物核放逻辑,支持多类型货物集拼入出区;优化"一票多车"货物进出区流程,允许特定类型货物整报分送、单车进出区;优化境外退运货物监管,降低现场调查和书面调查比例等。

在功能业态拓展方面,相关改革举措包括推动保税维修目录动态调整,将更多高技术含量、高附加值、符合环保要求的低风险产品纳入保税维修产品目录;支持综保区开展航空飞行模拟器、大型医疗设备的保税培训业务,满足国内市场需求,做大保税培训规模;允许免税店货物经综保区从境外进口,便利企业灵活调整经营策略,拓宽销售渠道,促进免税保税衔接发展等。

下一步,海关总署将按照成熟一项推进一项的原则,组织开展公告拟定、系统调整、宣讲解读等配套实施工作,推动各项改革举措又好又快地落地见效。

以综合保税区为主体的海关特殊监管区域作为对外开放的重要平台,在扩大对外贸易、吸引外商投资和促进产业转型升级等方面发挥着重要作用。截至目前,全国共有各类特殊区域171个,其中综合保税区161个,分布在全国31个省市自治区。

讨论题

1. 根据上述案例，请说说海关对于综合保税区推出了哪些便利措施。
2. 你认为综合保税区的改革举措将会如何促进我国产业转型升级？

6.1 保税加工货物报关程序

6.1.1 保税货物概述

保税制度是我国海关一项主要的业务制度，这一制度所涉及的保税货物成为进出口货物中的一个重要组成部分。保税货物是经海关批准，未办理纳税手续进境，在境内储存、加工、装配后复运出境的货物，分为保税加工货物和保税物流货物两大类。它具有以下三个特征：

① 特定目的。我国《海关法》将保税货物限定于两种特定目的而进口的货物，即进行贸易活动（储存）和加工制造活动（加工、装配）。这样将保税货物与为其他目的暂时进口的货物（如工程施工、科学实验、文化体育活动等）区分开来。

② 暂免纳税。保税货物未办理纳税手续进境，属于暂时免纳，而不是免税，待货物最终流向确定后，海关再决定征税或免税。

③ 复运出境。这是构成保税货物的重要前提。从法律上讲，保税货物未按一般货物办理进口和纳税手续，因此，保税货物必须以原状或加工后产品复运出境，这既是海关对保税货物的监管原则，也是经营者必须履行的法律义务。

1. 保税加工货物的概念

保税加工货物是经海关批准，未办理纳税手续进境，在境内加工、装配后复运出境的货物。保税货物不完全等同于加工贸易货物，经海关批准准予保税进口的加工贸易货物才是保税货物。

2. 加工贸易形式

加工贸易是指经营企业进口全部或者部分原辅材料、零部件、元器件、包装物料（以下统称为料件），经过加工或者装配后，将制成品复出口的经营活动，包括来料加工和进料加工。

来料加工是指进口料件由境外企业提供，经营企业不需要付汇进口，按照境外企业的要求进行加工或者装配，只收取加工费，制成品由境外企业销售的经营活动。

进料加工是指进口料件由经营企业付汇进口，制成品由经营企业外销出口的经营活动。

来料加工与进料加工的区别如表6-1所示。

表6-1 来料加工与进料加工的区别

项目	形式	
	来料加工	进料加工
原料	由境外企业提供，不需付汇购买	由经营企业付汇购买原料
交易	进出口为一笔有关联的交易	两笔货，多笔交易
双方关系	双方为委托加工关系	双方为买卖关系
货物处理	货物未发生所有权的转移，由委托方决定加工品种和工艺要求	货物发生了所有权的转移，企业自定加工要求
利润	企业不负责产品销售，只收取加工费	企业自行销售，自负盈亏

3．保税货物的特征

（1）料件进口。暂缓缴纳进口关税及进口环节海关代征税；除国家另有规定外，免予交验进口许可证。

（2）成品出口。如全部使用进口料件，成品出口无须缴纳关税；如使用国产料件，按国产料征收关税；凡属许可证管理的，必须交验出口许可证。

（3）进出境海关现场放行并未结关。

4．保税货物的范围

（1）专为加工、装配出口产品而从国外进口且海关准予保税的原材料、零部件、元器件、包装物料、辅助材料（简称"料件"）。

（2）用进口保税料件生产的成品、半成品。

（3）在保税加工生产过程中产生的副产品、残次品、边角料和剩余料件。

5．保税货物的管理

（1）基本内容

海关对保税加工进口料件实施保税管理，建立了一整套管理制度对保税加工全过程进行管理。海关保税加工管理主要包括保税加工企业管理，保税加工电子化手册、电子账册设立管理，保税加工货物进出境通关管理，保税加工中后期核查管理，保税加工核销结案管理。

① 保税加工企业管理。保税加工企业包括保税加工经营企业和加工企业。经营企业是指负责对外签订加工贸易进出口合同的各类进出口企业和外商投资企业，以及经批准获得来料加工经营许可的对外加工装配服务公司；加工企业是指接受经营企业委托，负责对进口料件进行加工或者装配，并且具有法人资格的生产企业，以及由经营企业设立的虽不具有法人资格，但实行相对独立核算并已经办理工商营业证（执照）的工厂。开展保税加工业务，经营企业和加工企业必须向海关办理注册登记手续。除另有规定外，经营企业应按规定办理海关事务担保。

海关对加工贸易企业实行信用管理，分为高级认证企业，失信企业、其他海关注册登记和备案企业。对于同一本加工贸易手册，如果经营企业和加工企业的信用类别不一样，海关按照较低的信用类别对企业进行管理。

需注意的是，保税加工的经营企业与加工企业可以是同一家企业，也可以不是同一家企业。

② 保税加工电子化手册、电子账册设立管理。目前，海关对保税加工备案分为以加工贸易合同为单元的电子化手册和以企业为单元的电子账册两种形式。

根据我国相关规定，企业开展保税加工须经商务主管部门审批，商务主管部门审批后，保税加工经营企业须通过设立电子化手册或者电子账册等形式向海关报备，报备的内容主要包括进口料件、出口成品、加工贸易单耗等数据。

单耗是指加工贸易企业在正常加工条件下加工单位成品所耗用的料件量。单耗包括净耗和工艺损耗。

净耗是指在加工后，料件通过物理变化或者化学反应存在或者转化到单位成品中的量。

工艺损耗是指因加工工艺原因，料件在正常加工过程中除净耗外所必需的耗用，但不能存在或者转化到成品中的量，包括有形损耗和无形损耗。

工艺损耗率是指工艺损耗占所耗用料件的百分比。

上述几个概念之间的关系可用公式表示如下：

单耗 = 净耗 + 工艺损耗 = 净耗/（1 - 工艺损耗率）

③ 保税加工货物进出境通关管理。保税加工货物是指加工贸易项下适用保税制度进行管理的进口物料、生产制成品，以及加工过程中产生的边角料、残次品、副产品等。

料件，即专为加工、装配出口产品而从境外进口且海关准予保税的原辅材料、零部件、元器件、包装物料等。

制成品，即用进口保税料件生产的成品、半成品等。

边角料，即保税加工企业从事加工复出口业务，在海关核定的单位耗料量（以下简称"单耗"）内，加工过程中产生的无法再用于加工该合同项下出口制成品的数量合理的废、碎料及下脚料。例如，铁棒切削加工过程中产生的铁屑，服装裁剪加工过程中产生的布条，家具制造业及其他木材加工活动中产生的刨花、锯末及碎木片等。

残次品，即保税加工企业从事加工复出口业务，在生产过程中产生的有严重缺陷或者达不到出口合同标准，无法复出口的制品（包括完成品和未完成品）。

副产品，即保税加工企业从事加工复出口业务，在加工生产出口合同规定的制成品（主产品）过程中同时产生的，且出口合同未规定应当复出口的一个或者一个以上的其他产品。

保税加工货物在进出境通关时，须向海关申报保税加工手册编号等备案信息。料件进境时无须办理缴纳税费手续，除国家另有规定外，属于国家对进口有限制性规定的，免于向海关提交进口许可证件，货物经海关放行可以提取。出口制成品属于应当征收出口关税的，应按照有关规定缴纳出口关税，属于国家对出口有限制性规定的，应当向海关提交出口许可证件。

④ 保税加工中后期核查管理。在保税加工货物生产过程中或生产完成后，海关按照相关规定到加工企业对保税加工货物的进、出、转、存及生产的全过程进行核查。

⑤ 保税加工核销结案管理。保税加工经营活动完成后，经营企业须在规定的时间内向海关申请报核，经海关核销，办结全部海关手续后，海关结束对保税加工货物的监管。

（2）监管模式

海关对保税货物的监管模式主要表现为过程监管和手册监管两个方面，这一监管模式在海关对保税加工业务的监管上体现得尤为明显。

以特殊监管区域外的加工贸易为例，保税加工海关监管的基本模式可以概括为：前期——手（账）册设立，中期——进出口通关，后期——手（账）册核销。

① 电子化手册。电子化手册以加工贸易合同管理为基础，实行电子身份认证，在加工贸易手册备案、通关、核销、结案等环节采用"电子手册+自动核算"的模式取代纸质手册，并通过与其他相关管理部门的联网逐步取消其他的纸质单证作业，实现纸质手册电子化，最终实现"电子申报、网上备案、无纸通关、无纸报核"。

需注意的是，电子化手册备案的前提是海关建立以企业为单元的备案资料库，企业以备案资料库内的数据为基础进行电子化手册备案，这是电子化手册备案模式与传统纸质手册备案模式的主要区别。

② 电子账册。电子账册是海关以企业为管理单元，实施计算机联网，企业通过数据交换平台或其他计算机网络方式向海关报送能满足海关监管要求的物流、生产经营数据，海关对数据进行核对、核算，并结合实物进行核查的一种监管模式。

6.1.2　电子化手册管理下保税加工货物的报关程序

1. 电子化手册管理

电子化手册管理是以企业的单个加工贸易合同为单元实施联网监管的保税货物监管模式。

（1）特点

电子化手册管理的特点包括：① 以合同（订单）为单元进行管理；② 企业通过计算机网络向商务主管部门和海关申请合同审批和备案、变更手续等；③ 加工贸易货物进口时全额保税；④ 凭身份认证卡实现全国口岸报关。

（2）电子化手册的建立

电子化手册的建立要经过加工贸易经营企业的联网监管申请和审批、加工贸易业务的申请和审批、建立商品归并关系和电子化手册三个步骤。

（3）加工贸易担保

在手册设立环节，加工贸易企业必须提供担保的情况包括：

① 涉嫌走私，已经被海关立案侦查，案件尚未审结的。

② 由于管理混乱被海关要求整改，在整改期内的。

此外，根据企业分类、商品分类及其他具体情形，企业也有可能在手册设立环节被要求提供相应的担保。

加工贸易手册通过审批后，金关二期加工贸易系统会根据参数，对须征收担保的自动生成征收担保指令，生成担保征收单。企业可在"单一窗口"企业端加工贸易担保系统模块进行征收单查询，对被担保单位、企业信息、缴款单位、缴款账号等具体的征收单信息进行修改、补充录入，并缴纳相应的保证金或提供保函，待海关在金关二期加工贸易系统内确认完毕后才可正常使用手册。

2. 报关程序

（1）备案

电子化手册的备案分为按合同常规备案和分段式备案两种。按合同常规备案除不申领纸质手册以外，其他要求同纸质手册管理基本一样。分段式备案是指将电子化手册的相关内容分为合同备案和通关备案两部分分别备案，通关备案的数据建立在合同备案数据的基础上。合同备案的内容包括三部分：表头数据、料件表、成品表。需要注意的是，在金关二期加工贸易管理系统中，已经取消备案资料库环节，企业可以直接办理手册设立手续。

（2）进出口报关

① 进出境报关，包括：报关清单的生成；报关单的生成；报关单的修改、撤销。异地报关的报关单被退单，且涉及修改表体商品信息的，应由本地企业从清单开始修改，并重新上传报关单，异地下载后重新申报；如仅需修改表头数据，则可在异地直接修改报关单表头信息后，直接向海关申报。

② 深加工结转报关。深加工结转是指加工贸易企业将用保税进口料件加工的产品转至另一加工贸易企业进一步加工后复出口的经营活动。属于进口许可证件管理的，企业还应当按照规定取得有关进口许可证件。海关对有关进口许可证件电子数据进行系统自动比对验核。其程序包括计划备案、收发货登记、结转报关三个环节。

第一，计划备案——先出后入，包括：转出企业在申请表中填写本企业的转出计划并签章，向转出地海关备案；转出地海关备案后，留存申请表第一联，其他三联退转出企业交转入企业；转入企业自转出地海关备案之日起20日内，持其他三联填制本企业的内容,向转入地海关办理报备手续;转入地海关审核后,将第二联留存,第三、四联交转入、转出企业凭以办理结转收发货登记及报关手续。

第二,收发货登记,包括:转入、转出企业办理结转计划申报后,按照双方海关核准后的申请表进行实际收发货;转入、转出企业每批次收发货记录应当在保税货物实际结转登记表上如实登记,同时注明"退货"字样,并各自加盖企业结转专用名章。

第三,结转报关——先入后出。转入、转出企业实际收发货后,应当按照规定办理结转报关手续:转出、转入企业分别在转出地、转入地海关办理结转手续(实际收发货后的90天内),可分批或集中报关;转入企业凭申请表、登记表等单证向转入地海关办理结转进口报关手续,在结转报关后的第二个工作日内通知转出企业;转出企业自接到通知之日起10日内,凭申请表、登记表等单证向转出地海关办理结转出口报关手续;结转进口、出口报关的申报价格为结转货物的实际成交价格;一份结转进口报关单对应一份结转出口报关单,两份报关单的申报序号、商品编号、数量、价格和手册号应当一致;结转货物分批报关的,企业应同时提供申请表和登记表的原件和复印件。

③ 其他保税货物报关。其他保税货物是指履行加工贸易合同过程中产生的剩余料件、边角料、残次品、副产品、受灾保税货物。其处理方式包括内销、结转、退运、放弃、销毁等。除销毁处理外,其他处理方式都必须填制报关单报关。有关报关单是企业报核的必要单证。

第一,内销报关。海关特殊监管区域外加工贸易保税进口料件或者制成品如需转内销的,海关依法征收税款和缓税利息。进口料件涉及许可证件管理的,企业还应当向海关提交相关许可证件。

加工贸易项下关税配额农产品办理内销手续时,海关验核贸易方式为"一般贸易"的关税配额证原件或关税配额外优惠关税税率配额证原件(以下简称"一般贸易配额证",按关税配额税率或关税配额外暂定优惠关税税率计征税款和缓税利息。无一般贸易配额证的,按关税配额外税率计征税款和缓税利息。

开展加工贸易业务的企业,凭商务主管部门或海关特殊监管区域管委会出具的有效期内的"加工贸易企业经营状况和生产能力证明"到海关办理加工贸易手(账)册设立(变更)手续,海关不再验核相关许可证件,并按"加工贸易企业经营状况和生产能力证明"中列明的税目范围(商品编码前4位)进行手(账)册设立(变更)。涉及禁止或限制开展加工贸易商品的,企业应在取得商务部批准文件后到海关办理有关业务。

为进一步优化营商环境,便利优惠贸易协定项下自海关特殊监管区域和保税监管场所[以下统称区域(场所)]内销货物享受优惠关税待遇,自2020年1月1日起,海关总署决定调整优惠贸易协定项下进出区域(场所)货物申报要求:

A. 对于出区域(场所)内销时申请适用协定税率或者特惠税率的进口货物,除公告第三条规定的情形外，在货物从境外入区域（场所）时，其收货人或者代理人（以下统称"进口人"）不再需要按照《中华人民共和国海关进出口货物报关单填制规范》中有关优惠贸易协定项下进口货物填制要求（以下简称"优惠贸易协定项下报关单填制要求"）填报进口报关单或者进境备案清单。

B. 上述货物出区域（场所）内销时，进口人应按照优惠贸易协定项下报关单填制要求填报进口相关单，并可自行选择"通关无纸化"或"有纸报关"方式申报原产地单证。选择"通关无纸化"方式申报的，进口人应当按照海关总署公告2017年第67号附件规定办理；选择"有纸报关"方式申报的，进口人应按现行规定提交纸质原产地证据文件。

C. 《中华人民共和国政府和新西兰政府自由贸易协定》《中华人民共和国政府和澳大利亚政府自由贸易协定》项下实施特殊保障措施的农产品出区域（场所）内销申请适用协定税率的，进口人仍应当在有关货物从境外首次入区域（场所）时按照优惠贸易协定项下报关单填制要求填报进口报关单或者进境备案清单，并以"通关无纸化"方式申报原产地单证。

D. 预录入客户端的"海关特殊监管区域原产地"功能模块自2019年12月31日18：00起停止使用。对于2019年12月31日前通过该功能模块录入并已部分使用的原产地证据文件电子数据，在原产地证据文件有效期内仍可继续使用；尚未使用的，数据将被删除，进口人按照规定在内销时重新申报。

E. 内销时货物实际报验状态与其从境外入区域（场所）时的状态相比，超出了相关优惠贸易协定所规定的微小加工或处理范围的，不得享受协定税率或者特惠税率。

原产地单证是指原产地证据文件、商业发票、运输单证和未再加工证明等单证。原产地证据文件是指相关优惠贸易协定原产地管理办法所规定的原产地证书和原产地声明。

经批准允许转内销的保税加工货物属进口许可证管理的，企业还应按规定向海关补交进口许可证件；对于剩余料件，金额占实际进口料件总额3%以下及总值在1万元人民币以下（含1万元）的，免审批、免许可证。

经批准正常的转内销征税，适用海关接受申报办理纳税手续之日实施的税率。内销商品属关税配额管理而在办理纳税手续时又没有配额证的，应当按该商品配额外适用的税率缴纳进口税。

第二，结转。加工贸易企业向海关申请将剩余料件结转到另一个加工贸易合同使用。结转的条件：同一经营单位、同样进口料件、同一加工形式。申请结转提交的单证：企业申请剩余料件结转书面材料、企业拟结转的剩余料件清单、海关按规定须收取的其他单证和材料。

符合规定的，海关会做出准予结转的决定，并向企业签发加工贸易剩余料件结转联系单，由企业在转出手册的主管海关办理出口报关手续，在转入手册的主管海关办理进口报关手续。

第三，退运。加工贸易企业因故申请将剩余料件、边角料、残次品、副产品等保税加工货物退运出境的，应持登记手册等有关单证向口岸海关报关，办理出口手续，留存有关报关单证，准备报核。

第四，放弃。企业放弃剩余料件、边角料、残次品、副产品等交由海关处理，须提交书面申请。对符合规定的，海关将做出准予放弃的决定，开具加工贸易企业放弃加工贸易货物交接单，企业凭以在规定的时间内将放弃的货物运至指定仓库，并办理报关手续，留存有关报关单证以备报核。

下列情形不准放弃：申请放弃的货物属于国家禁止或限制进口的货物；申请放弃的货物属于对环境造成污染的；法律、行政法规、规章规定不予放弃的其他情形。

第五，销毁。被海关做出不予结转决定或不予放弃决定的加工贸易货物或因知识产权等原因企业要求销毁的加工贸易货物，企业可以向海关提出销毁申请，海关经核实同意销毁的，由企业按规定销毁，必要时海关可以派员监督销毁。货物销毁后，企业应当收取有关部门出具的销毁证明材料，以备报核。

第六，受灾保税加工货物的报关。加工贸易企业应在灾后7日内向海关书面报告，企业在规定的核销期内报核时，应当提供下列证明材料：商务主管部门的签注意见；有关检验检疫证明文件或者保险公司出具的保险赔款通知书；企业在规定的核销期内报核时，应当提供保险公司出具的保险赔款书和海关认可的其他有效证明文件。

④ 报核和核销。电子化手册采用的是以合同为单元的管理方式，一个企业可以有多本电子化手册，海关根据加工贸易合同的有效期限确定核销日期，对实行电子手册管理的联网企业进行定期核销管理。

6.1.3 电子账册管理下的保税加工货物报关

1. 电子账册管理概述

（1）电子账册管理的概念

电子账册管理是加工贸易联网监管中海关以加工贸易企业整体加工贸易业务为单元对保税货物进行监管的一种模式，海关为联网企业建立电子底账，联网企业只设立一个电子账册。根据联网企业的生产情况和海关的监管需要确定核销周期，并按照该核销周期对实行电子账册管理的联网企业进行核销。

（2）电子账册管理的特点

① 一次审批，不对加工贸易合同逐票审批；② 分段备案，先备案进口料件，生产成品出口前（包括深加工结转）再备案成品及申报实际损耗；③ 滚动核销，180天报核一次；④ 控制周转，根据企业能力控制总额；⑤ 联网核查，通过计算机网络办理审

批、备案、变更等手续；⑥全额保税；⑦凭电子身份认证卡实现全国口岸的通关。

(3) 电子账册的建立

① 联网监管的申请和审批。加工贸易经营企业申请联网监管须具备的条件有：在中国境内具有法人资格，并具备加工贸易经营资格，在海关注册的生产型企业；守法经营，资信可靠，内部管理规范，对采购、生产、库存、销售等实施全程计算机管理；能按照海关监管要求提供准确、完整并具有被核查功能的数据。

联网监管的申请和审批步骤包括：审批经营范围→书面申请→制发联网监管通知书。

第一步，审批经营范围。企业在向海关申请联网监管前，应当先向企业所在地商务主管部门办理前置审批手续，由商务主管部门对申请联网监管企业的加工贸易经营范围依法进行审批。

第二步，书面申请。商务主管部门审批同意后，加工贸易企业向所在地直属海关提出书面申请，并提供联网监管申请表、企业进出口经营权批准文件、企业上一年度经审计的会计报表、工商营业执照复印件、经营范围清单（含进口料件和出口制成品的品名及4位数的HS编码）以及海关认为需要的其他单证。

第三步，制发联网监管通知书。主管海关在接到加工贸易企业电子账册管理模式的联网监管申请后，对申请实施联网监管企业的进口料件、出口成品的归类和商品归并关系进行预先审核和确认，经审核符合联网监管条件的，主管海关制发《海关实施加工贸易联网监管通知书》。

② 加工贸易业务的申请和审批。联网企业的加工贸易业务由商务主管部门审批。商务主管部门总体审定联网企业的加工贸易资格、业务范围和加工生产能力。

商务主管部门收到联网企业的申请后，对非国家禁止开展的加工贸易业务予以批准，并签发"联网监管企业加工贸易业务批准证"。

加工贸易业务的申请和审批步骤包括：申请→商务部审定→制发批准证。

第一步，申请。加工贸易经营企业向商务部门提出申请。

第二步，商务部审定。商务部门审定加工贸易资格、业务范围和加工生产能力。

第三步，制发批准证。商务部门签发联网监管批准证。

③ 建立商品归并关系和电子账册。联网企业以商务主管部门批准的加工贸易经营范围、年生产能力等为依据，建立电子账册取代纸质手册。电子账册包括加工贸易"经营范围电子账册"和"便捷通关电子账册"。"经营范围电子账册"用于检查控制"便捷通关电子账册"进出口商品的范围，不能直接报关。"便捷通关电子账册"用于加工贸易货物的备案、通关和核销。电子账册编码为12位。"经营范围电子账册"第一、二位标记代码为"IT"，因此"经营范围电子账册"也称"IT账册"；"便捷通关电子账册"第一位标记代码为"E"，因此"便捷通关电子账册"也称"E账册"。

电子账册是在商品归并关系确定的基础上建立起来的,没有商品归并关系就不能建立电子账册,所以联网监管的实现依靠商品归并关系的确立。

建立商品归并关系是指海关与联网企业根据监管的需要按照中文品名、HS 编码、价格、贸易管制等条件,将联网企业内部管理的"料号级"商品与电子账册备案的"项号级"商品归并或拆分,建立一对多或多对一的对应关系。

料件归并的原则:HS 编码相同;申报计量单位相同;商品中文名称相同;可满足海关查验和内销征税等监管要求。

需要注意的是,在金关二期加工贸易管理系统中,归并关系由企业自行留存备查,不再向海关申报归并关系。

2. 报关程序

(1) 进出口报关

① 进出口货物报关

A. 报关清单的生成。使用"便捷通关电子账册"办理报关手续,企业应先根据实际进出口情况,从企业管理系统导出料号级数据生成归并前的报关清单,通过网络发送到电子口岸。报关清单应按照加工贸易合同填报监管方式,进口报关清单填制的总金额不得超过电子账册最大周转金额的剩余值,其余项目的填制参照报关单填制规范。

B. 报关单的生成。联网企业进出口保税加工货物,应使用企业内部的计算机,采用计算机数据形成报关清单,报送中国电子口岸。电子口岸将企业报送的报关清单根据归并原则进行归并并分拆成报关单后发送回企业,由企业填报完整的报关单内容后,通过网络向海关正式申报。

C. 报关单的修改、撤销。不涉及报关清单的报关单内容可直接进行修改,涉及报关清单的报关单内容修改必须先修改报关清单,再重新进行归并。

报关单经海关审核通过后,一律不得修改,必须进行撤销重报。带报关清单的报关单撤销后,报关清单一并撤销,不得重复使用。报关单放行前进行修改,不涉及报关单表体内容的,经海关同意可直接修改报关单;涉及报关单表体内容的,企业必须撤销报关单重新申报。

D. 填制报关单的要求。其包括:实际申报内容与备案底账一致;进口报关单总金额不得超过电子账册最大周转金额的剩余值;备案号为"便捷通关电子账册"号 E×××××;其他按保税加工货物来填。

E. 申报方式的选择。联网企业可以根据需要和海关规定分别选择有纸、无纸两种方式申报。

② 深加工结转与纸质手册管理下的深加工结转程序相同。

③ 其他保税加工物报关基本上同纸质手册。经主管海关批准,联网监管企业可按月度集中办理内销手续。缓税利息计息日为上次核销之日。

（2）报核和核销

实施滚动核销，以180日为一个报核周期。

① 企业报核，包括：A. 预报核。自电子账册本次核销周期到期之日起30日内，将本核销期内申报的所有电子账册进出口报关数据按海关要求的内容，包括报关单号、进出口岸、扣减方式、进出标志等以电子报文形式向海关申请报核。B. 正式报核。企业预报核通过海关审核后，以预报核海关核准的报关数据为基础，准确、详细地填报本期保税进口料件的应当留存数量、实际留存数量等内容，以电子数据形式向海关正式申请报核。

② 海关核销，目的是掌握企业在某个时段所进口的各项保税加工料件的使用、流转、损耗情况，确认是否符合以下平衡关系：

进口保税料件（含深加工结转）＝出口成品折料（含深加工结转出口）＋内销料件＋内销成品折料＋剩余料件＋损耗－退运成品折料

6.1.4 加工贸易"放管服"改革

为全面落实党中央、国务院关于扩大高水平开放、深化"放管服"改革的决策部署，海关总署研究决定对部分加工贸易业务办理手续进行精简和规范。

1. 手册设立（变更）一次申报，取消备案资料库申报

企业通过金关二期加工贸易管理系统办理加工贸易手册设立（变更）时，不再向海关申报设立备案资料库，直接发送手册设立（变更）数据，海关按规定对企业申报的手册设立（变更）数据进行审核并反馈。

2. 账册设立（变更）一次申报，取消商品归并关系申报

企业通过金关二期加工贸易管理系统办理加工贸易账册设立（变更）时，不再向海关申报归并关系，由企业根据自身管理实际，在满足海关规范申报和有关监管要求的前提下，自主向海关申报有关商品信息。企业内部管理商品与电子底账之间不是一一对应的，归并关系由企业自行留存备查。

3. 外发加工一次申报，取消外发加工收发货记录

简化外发加工业务申报手续，企业通过金关二期加工贸易管理系统办理加工贸易外发加工业务时，应在规定的时间内向海关申报外发加工申报表，不再向海关申报外发加工收发货登记，实现企业外发加工一次申报、收发货记录自行留存备查。企业应如实填写并向海关申报外发加工申报表，对全工序外发的，应在申报表中勾选"全工序外发"标志，并按规定提供担保后开展外发加工业务。

4. 深加工结转一次申报，取消事前申请和收发货记录

简化深加工结转业务申报手续，海关对加工贸易深加工结转业务不再进行事前审核。企业通过金关二期加工贸易管理系统办理加工贸易深加工结转业务时，不再向海关

申报深加工结转申报表和收发货记录,应在规定时间内直接向海关申报保税核注清单办理余料结转手续,实现企业深加工结转一次申报、收发货记录自行留存备查。企业应于每月 15 日前对上月深加工结转情况进行保税核注清单及报关单的集中申报,但集中申报不得超过手(账)册有效期或核销截止日期,且不得跨年申报。

5. 余料结转一次申报,不再征收风险担保金

简化余料结转业务申报手续,海关对加工贸易余料结转业务不再进行事前审核。企业通过金关二期加工贸易管理系统办理加工贸易余料结转业务时,不再向海关申报余料结转申报表,企业应在规定的时间内向海关申报保税核注清单办理余料结转手续,实现企业余料结转一次申报。取消企业办理余料结转手续须征收担保的相关规定,对同一经营企业申报将剩余料件结转到另一加工企业的、剩余料件转出金额达到该加工贸易合同项下实际进口料件总额 50% 及以上的、剩余料件所属加工贸易合同办理两次及两次以上延期手续的等情形,企业不再提供担保。

6. 内销征税一次申报,统一内销征税申报时限

优化加工贸易货物内销征税手续,企业通过金关二期加工贸易管理系统办理加工贸易货物内销业务时,直接通过保税核注清单生成内销征税报关单,并办理内销征税手续,不再向海关申报内销征税联系单。统一区外加工贸易企业集中办理内销征税手续申报时限,符合条件集中办理内销征税手续的加工贸易企业,应于每月 15 日前对上月内销情况进行保税核注清单及报关单的集中申报,但集中申报不得超过手(账)册有效期或核销截止日期,且不得跨年申报。

7. 优化不作价设备监管,简化解除监管流程

企业通过金关二期加工贸易管理系统办理不作价设备手册设立等各项手续,根据规范申报要求上传随附单证进行在线申报。简化不作价设备解除监管流程,对于监管期限已满的不作价设备,企业不再向海关提交书面申请等纸质单证,通过申报监管方式为"BBBB"的设备解除监管专用保税核注清单,向主管海关办理设备解除监管手续。保税核注清单审核通过后,企业如有需要,可自行打印解除监管证明。不作价设备监管期限未满,企业申请提前解除监管的,由企业根据现有规定办理复运出境或内销手续。

8. 创新低值辅料监管,纳入保税料件统一管理

将低值辅料纳入加工贸易手(账)册统一管理,企业使用金关二期加工贸易管理系统,将低值辅料纳入进口保税料件申报和使用,适用加工贸易禁止类、限制类商品目录等相关管理政策。实现低值辅料无纸化、规范化管理,海关停止签发低值辅料登记表,之前已经签发的企业可以正常执行完毕。

6.1.5 加工贸易内销申报纳税

(1)对符合条件按月办理内销申报纳税手续的海关特殊监管区域外加工贸易企业,

在不超过手（账）册有效期或核销截止日期的前提下，最迟可在季度结束后15天内完成纳税申报手续。

（2）海关特殊监管区域内加工贸易企业，采用"分送集报"方式办理出区进入中华人民共和国关境内（海关特殊监管区域外）手续的，在不超过账册核销截止日期的前提下，最迟可在季度结束后15天内完成申报纳税手续，或按照现行规定进行申报纳税。

（3）按季度申报纳税不得跨年操作，企业须在每年4月15日、7月15日、10月15日、12月31日前进行申报。

6.2 保税物流货物的报关程序

6.2.1 保税物流的概念

保税物流，是指经营者经海关批准，将未办理纳税手续进境的货物从供应地到需求地实施空间位移的服务性经营行为。在供应链上体现为采购、运输、存储、分销、分拨、中转、转运，以及包装、刷唛、改装、组拼、集拼、配送、调拨等简单的流通性业务及其增值服务。就目前而言，主要是指保税货物在口岸与特殊监管区域、保税监管场所之间或在区域、场所内部，以及在这些区域、场所之间的流转。

6.2.2 保税物流海关监管模式

海关对保税物流货物的监管模式可以概括为双线监管加账册管理。"双线监管"中的"双"是指保税物流货物既需要进出境报关（俗称"一线"），又需要进出区域或场所报关（俗称"二线"），因此在"一线"和"二线"都需要遵守相应的海关监管规定。"账册管理"是指对保税物流货物采用设立账册、将报关数据写入账册的方式，将账册作为保税物流货物进出转存的底账以实现对保税物流货物的管理。特别需要注意的是，为改变之前各特殊监管区域和保税物流场所自行开发管理系统的局面，金关二期加工贸易管理系统中开发了全国统一版本的海关特殊监管区域子系统和保税物流管理子系统，将物流账册纳入了系统管理，同时整合了保税核注清单、业务申报表、出入库单、核放单、集中报关等各类功能，有利于规范和促进保税物流业务的开展。

由于海关保税监管场所内只能开展保税物流业务，不能开展保税加工业务，相对于既可以开展保税物流业务又可以开展保税加工业务的海关特殊监管区域来说，更能体现保税物流业务的特点，因此此处将围绕海关保税监管场所介绍海关对保税物流的相关监管规定。

6.2.3 海关保税监管场所

保税监管场所是经海关批准设立由海关实施保税监管的特定场所，主要包括保税仓库、出口监管仓库、保税物流中心（A型）、保税物流中心（B型）四类。

保税监管场所内只能开展保税物流业务，不能开展保税加工业务，但是可以开展流通性简单加工和增值服务，即可以对货物进行分级分类、分拆分拣、分装、计量、组合包装、打膜、加刷唛码、刷贴标志、改换包装、拼装等辅助性简单作业。

每一类型的保税监管场所都有一部与之相对应的部门规章，明确了每一类型的保税监管场所可以存入的货物、海关对保税监管场所的管理要求，以及海关对所存入货物的监管规定等，是海关对保税监管场所实施监管最主要的法律依据，主要包括《中华人民共和国海关对保税仓库及所存货物的管理规定》（海关总署令第105号）、《中华人民共和国海关对出口监管仓库及所存货物的管理办法》（海关总署令第133号）、《中华人民共和国海关对保税物流中心（A型）的暂行管理办法》（海关总署令第129号）、《中华人民共和国海关对保税物流中心（B型）的暂行管理办法》（海关总署令第130号）。

我国海关对保税监管场所的管理规定是根据《京都公约》专项附约"海关仓库"条款制定的。根据《京都公约》对"海关仓库"的定义，货物在进口时，尚不知最后会做何处理，可选择存放一段时间；如准备供境内使用，可推迟到货物真正为境内使用时才缴纳进口税费；进口商还可选择将货物存放在仓库内，以便货物免受有关的限制和禁止规定管制；如货物准备重新出口，则以一种免纳进口税费的海关制度来存放。

保税监管场所的功能主要包括以下三个方面：一是在确定货物供境内使用前，无缴纳进口税费的义务，如重新出口，则免除进口税费；二是为存放货物者提供更多的时间，方便其最终为货物找到最适合的贸易方式；三是不只限于进口货物，原产于本国的拟出口的应缴或已缴国内税费的货物也可存放。可见，保税仓库具备前两项功能，出口监管仓库具备第三项功能，而保税物流中心（A型）和保税物流中心（B型）则基本具备了上述三项功能。

6.2.4 保税仓库及其进出货物的报关程序

1. 相关概念及其他

（1）含义

保税仓库是指经海关批准设立的专门存放保税货物及其他未办结海关手续货物的仓库。我国的保税仓库主要根据使用对象、范围来分类，即分为公用型和自用型两种。但根据货物的特定用途，公用型保税仓库和自用型保税仓库下面还衍生出一种专用型保税仓库，所以目前我国大体上有三种保税仓库。

公用型保税仓库由主营仓储业务的中国境内独立企业法人经营，专门向社会提供保税仓储服务。

自用型保税仓库由特定的中国境内独立企业法人经营，仅存储供本企业自用的保税货物。

专门用来存储具有特定用途或特殊种类的商品的保税仓库称为专用型保税仓库。专用型保税仓库包括液体危险品保税仓库、备料保税仓库、寄售维修保税仓库和其他专用保税仓库；液体危险品保税仓库是指符合国家关于危险化学品存储规定的，专门提供石油、成品油或其他散装液体危险化学品保税仓储服务的保税仓库。

（2）存放货物的范围

经海关批准可以存入保税仓库的货物有保税货物和未办结海关手续的货物，具体包括：加工贸易进口货物；转口货物；供应国际航行船舶和航空器的油料、物料和维修用零部件；供维修外国产品所进口寄售的零配件；外商进境暂存货物；未办结海关手续的一般贸易进口货物；经海关批准的其他未办结海关手续的进境货物。

保税仓库不得存放国家禁止进境货物，不得存放未经批准的影响公共安全、公共卫生或健康、公共道德或秩序的国家限制进境货物以及其他不得存入保税仓库的货物。

2. 保税仓库货物报关程序

保税仓库货物的报关程序可以分为进仓报关和出仓报关。

（1）进仓报关

货物在保税仓库所在地进境时，除国家另有规定的外，免领进口许可证件，由收货人或其代理人办理进口报关手续，海关进境现场放行后存入保税仓库。

货物在保税仓库所在地以外其他口岸入境时，经海关批准，收货人或其代理人可以按照转关运输的报关程序办理手续，也可以直接在口岸海关办理异地传输报关手续。

（2）出仓报关

保税仓库货物出库可能出现进口报关和出口报关两种情况。保税仓库货物出仓根据情况可以逐一报关，也可以集中报关。

① 进口报关

保税仓库货物出仓用于加工贸易的，由加工贸易企业或其代理人按加工贸易货物的报关程序办理进口报关手续；保税仓库货物出库用于可以享受特定减免税的特定地区、特定企业和特定用途的，由享受特定减免税的企业或其代理人按特定减免税货物的报关程序办理进口报关手续；保税仓库货物出库进入国内市场或使用于境内其他方面，由收货人或其代理人按一般进口货物的报关程序办理进口报关手续。保税仓库货物出仓运往境内其他地方转为正式进口的，必须经主管海关保税监管部门审核同意，同时要填制两张报关单，一张办结出仓报关手续，填制出口货物报关单；一张办理进口申报手续，按照实际进口监管方式，填制进口货物报关单。

② 出口报关

保税仓库货物为转口或退运到境外而出库的，保税仓库经营企业或其代理人按一般出口货物的报关程序办理出口报关手续，但可免于缴纳出口关税，免交验出口许可证件。

③ 集中报关

保税货物出库批量少、批次频繁的，经海关批准可以办理定期集中报关手续。

保税仓库与其他海关保税监管场所往来流转的货物，按转关运输的有关规定办理相关手续；保税仓库转往其他保税仓库的，应当各自在仓库主管海关报关，报关时应先办理进口报关，再办理出口报关

3. 监管和报关要点

货物的储存期限为 1 年。如因特殊情况需要延长储存期限，应向主管海关申请延期，经海关批准可以延长，延长的期限最长不超过 1 年。

保税仓库所存货物是海关监管货物，未经海关批准并按规定办理有关手续，任何人不得出售、转让、抵押、质押、留置、移作他用或者进行其他处置。

货物在仓库储存期间发生损毁或者灭失，除不可抗力原因外，保税仓库应当依法向海关缴纳损毁、灭失货物的税款，并承担相应的法律责任。

保税物流货物可以进行包装、分级分类、印刷运输标志、分拆、拼装等简单加工，不得进行实质性加工。

保税仓库经营企业应于每月 5 日之前以电子数据和书面形式向主管海关申报上一个月仓库收、付、存情况，并随附有关的单证，由主管海关核销。

6.2.5 出口监管仓库及其进出货物的报关程序

1. 相关概念及其他

（1）含义

出口监管仓库，是指经海关批准设立，对已办结海关出口手续的货物进行存储、保税货物配送、提供流通性增值服务的海关专用监管仓库。

出口监管仓库分为出口配送型仓库和国内结转型仓库。出口配送型仓库是指存储以实际离境为目的的出口货物的仓库，国内结转型仓库是指存储用于国内结转的出口货物的仓库。

（2）存放货物的范围

经海关批准可以存入出口监管仓库的货物有：一般贸易出口货物；加工贸易出口货物；从其他海关特殊监管区域、场所转入的出口货物；其他已办结海关出口手续的货物。

出口配送型仓库还可以存放为拼装出口货物而进口的货物。但出口监管仓库不得存

放以下货物：国家禁止进出境货物；未经批准的国家限制进出境货物；海关规定不得存放的货物。

2. 出口监管仓库货物报关程序

出口监管仓库货物报关，大体可以分为进仓报关、出仓报关、结转报关和更换报关。

（1）进仓报关

出口货物存入出口监管仓库时，发货人或其代理人应当向主管海关办理出口报关手续，填制出口货物报关单，按照国家规定应当提交出口许可证件和缴纳出口关税的，发货人或其代理人必须提交许可证件和缴纳出口关税。

发货人或其代理人按照海关规定提交报关必需单证和仓库经营企业填制的"出口监管仓库货物入仓清单"。

对经批准享受入仓即退税政策的出口监管仓库，海关在货物入仓办结出口报关手续后予以办理出口货物退税证明手续；对不享受入仓即退税政策的出口监管仓库，海关在货物实际离境后办理出口货物退税证明手续。

经主管海关批准，对批量少、批次频繁的入仓货物，可以办理集中报关手续。

（2）出仓报关

出口监管仓库货物出仓可能出现出口报关和进口报关两种情况。

① 出口报关

出口监管仓库货物出仓并出口时，仓库经营企业或其代理人应当向主管海关申报。仓库经营企业或其代理人按照海关规定提交报关必需的单证，并提交仓库经营企业填制的"出口监管仓库货物出仓清单"。

出仓货物出境口岸不在仓库主管海关的，经海关批准，可以在口岸所在地海关办理相关手续，也可以在主管海关办理相关手续。

入仓没有办理出口货物退税证明手续的，出仓离境海关按规定办理出口货物退税证明手续。

② 进口报关

出口监管仓库货物转进口的，应当经海关批准，按照进口货物的有关规定办理相关手续。用于加工贸易的，由加工贸易企业或其代理人按加工贸易货物的报关程序办理进口报关手续；用于可以享受特定减免税的特定地区、特定企业和特定用途的，由享受特定减免税的企业或代理人按特定减免税货物的报关程序办理进口报关手续；进入国内市场或使用于境内其他方面，由收货人或其代理人按一般进口货物的报关程序办理进口报关手续。

（3）结转报关

经转入、转出方所在地主管海关批准，并按照转关运输的规定办理相关手续后，出口监管仓库之间、出口监管仓库与保税区、出口加工区、保税物流园区、保税物流中心、保税仓库等特殊监管区域、专用监管场所之间可以进行货物流转。

（4）更换报关

对已存入出口监管仓库因质量等原因要求更换的货物，经仓库所在地主管海关批准，可以更换货物。被更换货物出仓前，更换货物应当先行入仓，并应当与原货物的商品编码、品名、规格、型号、数量和价值相同。

3. 监管和报关要点

出口监管仓库必须专库专用，不得转租、转借给他人经营，不得下设分库。

出口监管仓库经营企业应当如实填写有关单证、仓库账册，真实记录并全面反映其业务活动和财务状况，编制仓库月度进、出、转、存情况表和年度财务会计报告，并定期报送主管海关。

出口监管仓库所存货物的储存期限为6个月。如因特殊情况需要延长储存期限，应在到期之前向主管海关申请延期，经海关批准可以延长，延长的期限最长不超过6个月。货物存储期满前，仓库经营企业应当通知发货人或其代理人办理货物的出境或者进口手续。

出口监管仓库所存货物，是海关监管货物，未经海关批准并按规定办理有关手续，任何人不得出售、转让、抵押、质押、留置、移作他用或者进行其他处置。

货物在仓库储存期间发生损毁或者灭失，除不可抗力原因外，保税仓库应当依法向海关缴纳损毁、灭失货物的税款，并承担相应的法律责任。

经主管海关同意，可以在出口监管仓库内进行品质检验、分级分类、分拣分装、印刷运输标志、改换包装等流通性增值服务。

6.2.6 保税物流中心及其进出货物的报关程序

保税物流中心在功能上实现了对保税仓库和出口监管仓库的整合和提升，在区位上是保税物流园区向内地的延伸和补充，在数量上则是对海关特殊监管区域的有益补充，因此具有更大的灵活性和更强的生命力。

1. 相关概念及其他

保税物流中心分为A、B两种类型。A型是指经海关批准，由中国境内企业法人经营、专门从事保税仓储物流业务的海关监管场所，保税物流中心（A型）由一家物流企业经营，糅合、集成、拓展"两仓"功能于一体，既可存放出口货物又可存放进口货物，能够将运输、仓储、转口、简单加工、配送、检测、信息等方面有机结合，形成完整的供应链，充分发挥其在进出口物流中的"采购中心、配送中心、分销中心"的作用，为用户提供辐射国内外的多功能、一体化综合性服务保税场所。A型物流中心按照服务范围分为公用型物流中心和自用型物流中心。B型是经海关批准，由中国境内一家企业法人经营，多家企业进入并从事保税仓储物流业务的海关集中监管场所，它是由多家保税物流企业在空间上集中布局的公共型场所，具有一定规模和综合物流服务功能的联结国内、国外两个市场的保税物流场所。海关对B型保税物流中心按出口加工区监管模式实施区域化和网络化的封闭管理。

2. 海关对存入保税物流中心货物的监管规定

可以存入物流中心的货物包括：国内出口货物；转口货物和国际中转货物；外商暂存货物；加工贸易进出口货物；供应国际航行船舶和航空器的物料、维修用零部件；供维修国外产品所进口寄售的零配件；未办结海关手续的一般贸易进口货物；经海关批准的其他未办结海关手续的货物。

物流中心内货物保税存储期限为2年。确有正当理由的，经主管海关同意可以予以延期，除特殊情况外，延期不得超过1年。

未经海关批准，物流中心内企业不得擅自将所存货物抵押、质押、留置、移作他用或者进行其他处置。

保税仓储货物在存储期间发生损毁或者灭失的，除不可抗力因素外，物流中心内企业应当依法向海关缴纳损毁、灭失货物的税款，并承担相应的法律责任。

3. 进出物流中心货物的报关程序

海关对进出物流中心货物的通关监管，可分成两个环节：一是物流中心与境外之间进出货物的通关，即"一线"进出；二是物流中心与境内中心外之间进出货物的通关，即"二线"进出。

（1）"一线"进出

在该环节，货物是实际进出境的，不实行进出口配额、许可证件管理（特殊规定除外），除物流中心内企业进口自用的货物外，其他货物享受进口全额保税政策。

物流中心与境外之间进出的货物，应当在物流中心主管海关办理相关手续。物流中心与口岸不在同一主管海关的，经主管海关批准，可以在口岸海关办理相关手续。

（2）"二线"进出

货物出物流中心，对物流中心外企业而言视同进口，企业需申报进口报关单，贸易方式根据物流中心外企业的贸易实际填报，如一般贸易、进料加工、来料加工等。海关按照货物出物流中心的实际状态来核定价格、归类，如属进口许可证件管理的商品，还应当向海关出具有效的进口许可证件。

货物进物流中心，对物流中心外企业而言视同出口，企业需申报出口报关单，贸易方式根据企业贸易实际填报。进物流中心的货物如需缴纳出口关税的，物流中心外企业应当按照规定纳税；属许可证件管理商品，还应当向海关出具有效的出口许可证件。

货物在物流中心之间、物流中心与海关特殊监管区域、其他保税监管场所之间的流转按照"保税间货物"进行管理。

还需注意的一点是，除了"一线"和"二线"进出的货物外，物流中心内货物还可以在物流中心内企业之间进行转让、转移并办理相关海关手续。

6.3 综合保税区货物报关

6.3.1 综合保税区的概念

综合保税区（简称"综保区"）是设立在内陆地区的具有保税港区功能的海关特殊监管区域，由海关参照有关规定对综合保税区进行管理，执行保税港区的税收和外汇政策，集保税区、出口加工区、保税物流区、港口的功能于一身，可以发展国际中转、配送、采购、转口贸易和出口加工等业务。

> 【注意】 目前，全国31个省、自治区、直辖市共有海关特殊监管区域171个。其中，综合保税区160个，保税港区2个，保税区7个，出口加工区1个，珠澳跨境工业区（珠海园区）1个。

2019年海关总署在综保区实施"四自一简"监管改革：① 在综保区内实施"四自一简"监管制度，综保区内企业（以下简称"企业"）可自主备案、合理自定核销周期、自主核报、自主补缴税款，海关简化业务核准手续。② 海关认定的企业信用状况为一般信用及以上的企业可适用"四自一简"模式。③ 企业设立电子账册时，可自主备案商品信息。除系统判别转由人工审核的，系统自动备案。④ 企业可根据实际经营情况，自主确定核销周期。核销周期原则上不超过1年，企业核销盘点前应当告知海关。⑤ 企业可自主核定保税货物耗用情况，并向海关如实申报，自主办理核销手续。企业对自主核报数据负责并承担相应法律责任。⑥ 企业可按照"自主申报、自行缴税（自报自缴）"方式对需要缴税的保税货物自主补缴税款。⑦ 简化业务核准手续，企业可一次性办理分送集报、设备检测、设备维修、模具外发等备案手续。须办理海关事务担保的业务，企业按照有关规定办理。

6.3.2 综合保税区内业务及企业管理

1. 综合保税区内业务

为了规范海关对综合保税区的管理，促进综合保税区高水平开放、高质量发展，根据《中华人民共和国海关法》《中华人民共和国进出口商品检验法》《中华人民共和国进出境动植物检疫法》《中华人民共和国国境卫生检疫法》《中华人民共和国食品安全法》及有关法律、行政法规和国家相关规定，制定《中华人民共和国海关综合保税区管理办法》（2022年1月1日海关总署令第256号公布，自2022年4月1日起施行），依法对进出综合保税区的交通运输工具、货物及其外包装、集装箱、物品以及综合保税区内（以下简称"区内"）企业实施监督管理。

> 【注意】 综合保税区实行封闭式管理。除安全保卫人员外，区内不得居住人员。综合保税区的基础和监管设施应当符合综合保税区基础和监管设施设置规范，并经海关会同有关部门验收合格。
>
> 区内企业可以依法开展以下业务：① 研发、加工、制造、再制造；② 检测、维修；③ 货物存储；④ 物流分拨；⑤ 融资租赁；⑥ 跨境电商；⑦ 商品展示；⑧ 国际转口贸易；⑨ 国际中转；⑩ 港口作业；⑪ 期货保税交割；⑫ 国家规定可以在区内开展的其他业务。

2. 综合保税区内企业管理

（1）区内企业及其分支机构应当取得市场主体资格，并依法向海关办理注册或者备案手续。

（2）区内从事食品生产的企业应当依法取得国内生产许可。

（3）区内企业应当依照法律法规的规定规范财务管理，并按照海关规定设立海关电子账册，电子账册的备案、变更、核销应当按照海关相关规定执行。

（4）海关对区内企业实行稽查、核查制度。

（5）区内企业应当配合海关的稽查、核查，如实提供相关账簿、单证等有关资料及电子数据。

（6）区内企业开展涉及海关事务担保业务的，按照海关事务担保相关规定执行。

> 【注意】 海关对区内企业实行计算机联网管理，提升综合保税区信息化、智能化管理水平。

6.3.3 综合保税区内货物的管理

（1）区内企业转让、转移货物的，双方企业应当及时向海关报送转让、转移货物的品名、数量、金额等电子数据信息。综合保税区内货物可以自由流转。

（2）区内企业可以利用监管期限内的免税设备接受区外企业委托开展加工业务。

（3）区内企业开展委托加工业务，应当设立专用的委托加工电子账册。委托加工用料件需使用保税料件的，区内企业应当向海关报备。

区内企业按照海关规定将自用机器、设备及其零部件、模具或者办公用品运往区外进行检测、维修的，检测、维修期间不得在区外用于加工生产和使用，并且应当自运出之日起60日内运回综合保税区。因故不能如期运回的，区内企业应当在期限届满前7

日内书面向海关申请延期，延长期限不得超过30日。

【注意】 货物因特殊情况无法在上述规定时间内完成检测、维修并运回综合保税区的，经海关同意，可以在检测、维修合同期限内运回综合保税区。

更换零配件的，原零配件应当一并运回综合保税区；确需在区外处置的，海关应当按照原零配件的实际状态征税；在区外更换的国产零配件，需要退税的，企业应当按照有关规定办理手续。

（4）区内企业按照海关规定将模具、原材料、半成品等运往区外进行外发加工的，外发加工期限不得超过合同有效期，加工完毕的货物应当按期运回综合保税区。

（5）外发加工产生的边角料、残次品、副产品不运回综合保税区的，海关应当按照货物实际状态征税；残次品、副产品属于关税配额、许可证件管理的，区内企业或者区外收发货人应当取得关税配额、许可证件；海关应当对有关关税配额进行验核、对许可证件电子数据进行系统自动比对验核。

（6）因不可抗力造成综合保税区内货物损毁、灭失的，区内企业应当及时报告海关。经海关核实后，区内企业可以按照下列规定办理：

① 货物灭失，或者虽未灭失但完全失去使用价值的，办理核销和免税手续；

② 境外进入综合保税区或者区外进入综合保税区且已办理出口退税手续的货物损毁，失去部分使用价值的，办理出区内销或者退运手续；

③ 区外进入综合保税区且未办理出口退税手续的货物损毁，失去部分使用价值，需要向出口企业进行退换的，办理退运手续。

（7）因保管不善等非不可抗力因素造成区内货物损毁、灭失的，区内企业应当及时报告海关并说明情况。经海关核实后，区内企业可以按照下列规定办理：

① 区外进入综合保税区的货物按照一般贸易进口货物的规定办理相关手续，并按照海关审定的货物损毁或灭失前的完税价格，以货物损毁或灭失之日适用的税率、汇率缴纳关税、进口环节税；

② 区外进入综合保税区的货物，重新缴纳因出口而退还的国内环节有关税收，已缴纳出口关税的，不予退还。

（8）区内企业申请放弃的货物，经海关及有关主管部门核准后，由海关依法提取变卖，变卖收入按照国家有关规定处理，但法律法规规定不得放弃的除外。

【注意】 除法律法规另有规定外，区内货物不设存储期限。对境内入区的不涉及出口关税、不涉及许可证件、不要求退税且不纳入海关统计的货物，海关对其实施便捷进出区管理。

6.3.4 综合保税区与区外之间进出货物的管理

综合保税区与中华人民共和国境内的其他地区（以下简称"区外"）之间进出的货物，区内企业或者区外收发货人应当按照规定向海关办理相关手续。

（1）货物属于关税配额、许可证件管理的，区内企业或者区外收发货人应当取得关税配额、许可证件；海关应当对关税配额进行验核，对许可证件电子数据进行系统自动比对验核。

> 【注意】 除法律法规另有规定外，海关对综合保税区与区外之间进出的货物及其外包装、集装箱不实施检疫。

（2）综合保税区与区外之间进出的货物，区内企业或者区外收发货人应当按照货物进出区时的实际状态依法缴纳关税和进口环节税。

（3）区内企业加工生产的货物出区内销时，区内企业或者区外收发货人可以选择按照其对应进口料件缴纳关税，并补缴关税税款、缓税利息；进口环节税应当按照出区时货物实际状态照章缴纳。

（4）经综合保税区运往区外的优惠贸易协定项下的货物，符合相关原产地管理规定的，可以适用协定税率或者特惠税率。

（5）以出口报关方式进入综合保税区的货物予以保税；其中区内企业从区外采购的机器、设备参照进口减免税货物的监管年限管理，监管年限届满的自动解除监管，免于提交许可证件；监管年限未满企业申请提前解除监管的，参照进口减免税货物补缴税款的有关规定办理相关手续，免于提交许可证件。

（6）区内企业在加工生产过程中使用保税料件产生的边角料、残次品、副产品以及加工生产、储存、运输等过程中产生的包装物料，运往区外销售时，区内企业应当按照货物出区时的实际状态缴纳税款；残次品、副产品属于关税配额、许可证件管理的，区内企业或者区外收发货人应当取得关税配额、许可证件；海关应当对关税配额进行验核、对许可证件电子数据进行系统自动比对验核。

（7）区内企业产生的未复运出境的固体废物，按照国内固体废物相关规定进行管理。需运往区外进行贮存、利用或者处置的，应按规定向海关办理出区手续。

（8）区内企业依法对区内货物采取销毁处置的，应当办理相关手续，销毁处置费用由区内企业承担。

（9）区内企业可以按照海关规定办理集中申报手续。

（10）除海关总署另有规定外，区内企业应当在每季度结束的次月15日前办理该季度货物集中申报手续，但不得晚于账册核销截止日期，且不得跨年度办理。

（11）集中申报适用海关接受集中申报之日实施的税率、汇率。

综合保税区与其他综合保税区等海关特殊监管区域或者保税监管场所之间往来的货物予以保税，不征收关税和进口环节税。

6.3.5　综合保税区与境外之间进出货物的管理

（1）除法律法规另有规定外，国家禁止进口、出口的货物、物品不得在综合保税区与境外之间进出。

（2）综合保税区与境外之间进出的货物不实行关税配额、许可证件管理，但法律法规、我国缔结或者参加的国际条约、协定另有规定的除外。

（3）综合保税区与境外之间进出的货物，其收发货人或者代理人应当如实向海关申报，按照相关规定填写进出境货物备案清单并办理相关手续。

（4）境外进入综合保税区的货物及其外包装、集装箱，应当由海关依法在进境口岸实施检疫。因口岸条件限制等原因，海关可以在区内符合条件的场所（场地）实施检疫。

综合保税区运往境外的货物及其外包装、集装箱，应当由海关依法实施检疫。

综合保税区与境外之间进出的交通运输工具，由海关按照进出境交通运输工具有关规定实施检疫。

（5）境外进入综合保税区的货物予以保税，但（6）（8）条规定的情形除外。

（6）除法律法规另有规定外，下列货物从境外进入综合保税区，海关免征进口关税和进口环节税：① 区内生产性的基础设施建设项目所需的机器、设备和建设生产厂房、仓储设施所需的基建物资；② 区内企业开展本办法第五条所列业务所需的机器、设备、模具及其维修用零配件；③ 综合保税区行政管理机构和区内企业自用合理数量的办公用品。

（7）在第（6）条所列货物的监管年限，参照进口减免税货物的监管年限管理，监管年限届满的自动解除监管；监管年限未满企业申请提前解除监管的，参照进口减免税货物补缴税款的有关规定办理，属于许可证件管理的应当取得有关许可证件。

（8）境外进入综合保税区，供区内企业和行政管理机构自用的交通运输工具、生活消费用品，海关依法征收进口关税和进口环节税。

【注意】　除法律法规另有规定外，综合保税区运往境外的货物免征出口关税。

6.3.6　简化综合保税区进出区管理

简化综合保税区进出区管理是指允许对境内入区的不涉出口关税、不涉贸易管制证件，不要求退税且不纳入海关统计的货物、物品，实施便捷进出区管理模式。

（1）适用便捷进区管理模式的货物、物品具体范围如下：① 区内的基础设施、生产厂房、仓储设施建设过程中所需的机器、设备、基建物资；②区内企业和行政管理机构自用的办公用品；③区内企业所需的劳保用品；④区内企业用于生产加工及设备维护的少量、急用物料；⑤区内企业使用的包装物料；⑥区内企业使用的样品；⑦区内企业生产经营使用的仪器、工具、机器、设备；⑧区内人员所需的生活消费品。

上述货物、物品可不采用报关单、核注清单方式办理进区手续；如需出区，实行与进区相同的便捷管理模式。区内企业做好便捷进出区的日常记录，相关情况可追溯。

（2）区内企业有下列情形之一的，海关可暂停办理上述货物、物品简化进出区手续：①超出规定范围擅自通过便捷管理模式进出区的；②未如实办理货物、物品便捷进出区的；③涉嫌走私被立案调查、侦查的。

（3）区内增值税一般纳税人资格试点业务、区内企业承接境内（区外）企业委托加工业务、仓储货物按状态分类监管等业务，按照有关规定执行。

【能力提升】

一、简答题

1. 保税加工货物与保税物流货物有什么不同？
2. 加工贸易包括哪些经营方式？
3. 请简要阐述什么是消耗性物料。
4. 请简要阐释什么是料件的单耗及如何计算。
5. 什么是加工贸易电子化手册？它有哪些功能？

二、判断题

1. 非特殊区域及保税监管场所内的加工贸易企业内销进料加工保税货物，如果该货物为残次品，则海关以残次品的实际价值为基础审查确定完税价格。（   ）
2. 经海关批准出境加工，并在规定期限内复运进境的货物，其完税价格应包括境外加工费和料件费，但不应包括该货物复运进境的运输费及保险费。（   ）
3. 原则上"免税不免证"是保税加工进出口监管制度的特征之一。（   ）
4. 目前我国海关通关作业无纸化改革已覆盖全国海关所有通关业务现场和领域。（   ）
5. 进出口企业以海关电子缴税方式缴纳税款后，可以通过"互联网+海关"打印海关专用缴款书。（   ）

三、多选题

1. 根据"两步申报"，下列报关单项目中，（   ）属于"概要申报"时应填报的项目。

A. 境内收发货人 B. 提运单号
C. 监管方式 D. 商品名称

2. 风险类保证金包括（　　）。

A. 对涉及知识产权保护收取的保证金

B. 对加工贸易企业收取的保证金

C. 对同一经营单位申请将剩余料件结转到另一加工厂收取的保证金

D. 对租赁进出口货物、物品收取的保证金

3. 以下适用于集中报关的进出口货物主要有（　　）。

A. 图书、报纸、期刊类出版物等时效性较强的货物

B. 危险品或者鲜活、易腐、易失效等不宜长期保存的货物

C. 公路口岸进出境的保税货物

D. 一般进出口货物

4. 实现"两步申报"的基本要素包括（　　）。

A. 舱单已提前传输

B. 监管证件已经办理且属于联网核查范围

C. 已办好税款担保备案（高级认证企业可以申请免除担保）

D. 涉及检验检疫的货物需确定商品6位编码

5. 以下属于"一步申报、分步处置"及"两步申报"模式申报提离可以销售使用的情况是（　　）。

A. 无海关查验要求

B. 仅有海关口岸查验要求且已完成

C. 仅有海关目的地查验要求

D. 既有口岸查验又有目的地查验要求

四、案例分析题

某塑料袋加工企业R向海关办理了深加工结转转入手续，根据外商订单生产三种颜色大小各异的塑料袋5 000千克，其中红色塑料袋3 000千克，蓝色塑料袋500千克，无色塑料袋1 500千克，三种颜色塑料袋均只使用同一种原材料HDPE无色塑料粒子，对应成品消耗料件清单如下：

成品塑料袋颜色	成品数量/千克	消耗HDPE无色塑料粒子总数量/千克	HDPE工艺性损耗/千克
红色	3 000	3 031	61
蓝色	500	505	10
无色	1 500	1 531	31

在生产过程中，由于客户订单交期紧迫而料件未到货，该企业的供应商A自行采购

了部分国内非保税料件发货给该企业，该企业在知情的情况下生产完成交货并准备向海关申请核销。

请根据上述案例，回答下列各题：

1. 生产红色塑料袋时的HDPE净耗是（　　）。
   A. 0.98　　　　　　　　　　　　　B. 1.01
   C. 0.99　　　　　　　　　　　　　D. 1

2. 生产蓝色塑料袋时的HDPE单耗是（　　）。
   A. 0.98　　　　　　　　　　　　　B. 1.01
   C. 0.99　　　　　　　　　　　　　D. 1

3. 在生产过程中，由于加工厂区突然断电，造成在产的部分塑料袋不满足合同要求且无法再利用，此部分塑料袋处理办法为（　　）。
   A. 认定为边角料，按边角料内销价格征税
   B. 认定为残次品，按残次品内销价格征税
   C. 认定为边角料，按原进口料件申报价格征税
   D. 认定为残次品，按原进口料件申报价格征税

4. 该企业在报核前发生火灾，导致其记载关务数据的电脑在火灾中被烧毁，企业的以下做法不正确的有（　　）。
   A. 向海关说明情况，申请手册延期
   B. 向海关申请新手册，作废在执行手册
   C. 向海关申请抄录进出口数据，进行核销手续
   D. 向海关申请免于核销

5. 对于订单交期紧迫而料件未到货的情况，企业的以下做法不正确的有（　　）。
   A. 要求供应商通过综保区转变货物属性，该企业用手册从综保区进口
   B. 更换其他有库存保税料的供应商向海关办理深加工结转备案，取得备案手续后交货
   C. 要求供应商后续补办结转手续，该企业正常生产核销
   D. 要求延期交货，必须经过手册增补并向海关办理深加工结转申报表后方可交货

6. 在核销时海关发现，该企业单耗申报的工艺损耗实为注塑生产不良率。经查该行为为该企业关务主管为谋求企业奖励金故意为之。据此，海关可以采取的措施是（　　）。
   A. 移交缉私部门处理
   B. 将该企业关务主管移交检察院
   C. 要求企业开除该关务主管
   D. 对该企业进行降级处理

第7章 其他海关监管货物的报关程序

【导入案例】

近年来，我国新能源汽车实现了从全球汽车产业"追赶者"到"引领者"的蜕变，并成为我国外贸出口的"新三样"之一。2023 年 1—4 月，我国汽车出口 149.4 万辆，同比增长 76.5%，其中新能源汽车占汽车出口金额比重提升至 42.9%，对汽车出口增长贡献率达 51.6%。

我国新能源汽车出口市场正逐渐由发展中国家为主的局部市场拓展到欧、亚、非多点开花的多元化市场格局。据泰国汽车协会的数据，中国新能源汽车品牌占泰国新能源汽车总销量的比例超过 90%。2021 年，欧洲取代亚洲成为我国新能源汽车第一出口地区。如今，在欧洲，每 10 辆新能源汽车中就有 1 辆来自中国。阿尔及利亚《东方报》评论说，中国制造的电动汽车在非洲正占据越来越多的市场份额。

A 公司应邀参加 2023 年法国巴黎国际汽车技术展览会，该公司参展商品为某品牌的 5 款新能源乘用车各 1 台，需要在某市国际机场办理出口通关手续，并在展会结束后将参展商品运返国内。可是，展览期间有 3 款车被消费者订购，其余 2 台在展会结束后返运国内。

讨论题：

1. 根据上述案例，请思考 5 款新能源乘用车参加法国巴黎国际汽车技术展览会应按哪种海关监管货物办理通关手续，其具体的通关流程是怎样的。

2. 请思考 3 款在展会期间被消费者订购的新能源汽车应按哪种海关监管货物办理通关手续，其具体的通关流程是怎样的。

3. 展会结束后即将返运国内的 2 台新能源汽车应按哪种海关监管货物办理通关手续？其具体的通关流程是怎样的？

4. 新能源汽车出口至泰国和出口至法国，在准备申报单证方面有什么不同吗？为什么？

7.1 特定减免税货物的报关程序

关税直接影响进出口货物的成本,因而进出口货物能否享受关税减免是重点考虑的问题之一。根据《中华人民共和国海关法》第56条、第57条、第58条的规定,关税减免分为法定减免税、特定减免税和临时减免税。法定减免税是指我国《海关法》《进出口关税条例》《进出口税则》中所规定的给予进出口货物的减免税。进出口货物属法定减免税的,进出口人或其代理人无须事先向海关提出申请,海关征税人员可凭有关证明文件和报关单证按规定予以减免税,海关对法定减免税货物一般不进行后续管理,也不作减免税统计。临时减免税是指法定减免税和特定减免税以外的其他减免税,即由国务院根据《海关法》,对某个单位、某类商品、某个项目或某批进出口货物的特殊情况,需要对其进出口应税货物特别给予的关税减免,具有特殊性、临时性,一般是"一案一批"。临时减免一般必须在货物进出口前,向所在地海关提出书面申请,并随附必要的证明资料,经所在地海关审核后,转报海关总署或海关总署会同国家税务总局、财政部审核批准。总体而言,法定减免税和临时减免税进口货物手续相对简单,因而本节重点介绍特定减免税货物的报关。

7.1.1 特定减免税货物概述

1. 特定减免税货物的含义

特定减免税货物是指国家根据税收政策和政治经济情况发展变化的需要,在法定减免税以外,由国务院或国务院授权的机关颁布法规、规章,对进口后使用于特定地区、特定企业、特定用途的给予进口税收优惠的货物。特定减免税货物进口后海关需要进行后续管理,并进行减免税统计。

特定减免税货物的"特定地区"一般是指我国关境内由行政法规规定的某一特别限定区域,能享受减免税优惠,如保税区、出口加工区等;"特定企业"主要是指外商投资企业,包括中外合资企业、中外合作企业和外商独资企业;"特定用途"是指国家规定可以享受减免税优惠的进口货物只能用于行政法规规定的专门用途,如科研机构及学校进口的专用科研用品、残疾人专用品及残疾人组织和单位进口的货物、国家重点项目进口的设备、人道主义捐赠等。

2. 特定减免税货物报关的通关特点

(1)在特定条件或规定范围内使用可减免进口关税和增值税

特定减免税政策是我国海关关税优惠政策的重要组成部分,是国家向符合条件的进口货物使用企业提供的关税优惠,其目的是优先发展特定地区的经济,鼓励外商在我国直接投资,促进国有大中型企业和科学、教育、文化、卫生事业的发展。因此,只能在国家行政法规规定的特定条件和范围内减免进口货物的关税和增值税。

前期须办理减免税备案,获取《中华人民共和国海关进出口货物征免税确认通知书》,进境时凭以享受税款减免,后续须办理销案。

(2) 不豁免进口许可证

特定减免税货物是实际进口货物,按照国家有关进出境管理的法律、法规,凡属于进口需要交验许可证件的货物,除另有规定外,进口货物的收货人或其代理人应在进口货物申报期限内向海关提交进口许可证件。

(3) 特定的海关监管期限

海关放行的特定减免税进口货物进入关境后,在规定的期限内,只能在规定的地区、企业内和规定的用途范围内使用,并接受海关的监管。减免税进口货物的海关监管期限因货物种类的不同而不同。为支持企业技术改造,加快设备更新,推动产业升级,2017 年 10 月,海关总署调整了进口减免税货物的监管年限:船舶、飞机的监管期限为 8 年,机动车辆的监管期限为 6 年,其他货物的监管期限为 3 年。

特定减免税货物进口后,在海关监管期限内,未经海关许可,未补缴原减征或免征的税款,擅自在境内出售牟利的,属于走私行为。特定减免税货物监管期限到期时,进口货物的收货人或其代理人应向海关申请解除对特定减免税货物的监管。

(4) 超过特定适用范围应补税

特定减免税货物在海关监管期限内,需要将货物移至特定范围以外的,进口货物的收货人或其代理人应事先向海关申请,经海关批准,按货物使用年限折旧后补缴原减征或免征的税款。

3. 特定减免税货物适用的海关监管原则

为鼓励与支持某些产业项目的开发,促进科学、教育、文化、卫生事业的建设发展,特定减免税是国家无偿向符合条件的进口货物使用单位提供的税收优惠。特定减免税货物的海关监管适用原则主要有:

(1) 减免税申请人应具备规定的资格;

(2) 进口货物的使用范围或用途符合规定的要求;

(3) 进口货物不属于国家规定"不予免税的进口商品目录"的范围。

特定减免税货物只有在特定条件或规定范围内使用才可减免进口关税和增值税,且原则上受各项进出境管制规定的约束,货物进口验放后仍受海关监管。一旦脱离特定条件使用,便须补缴进口关税和增值税。

4. 特定减免税货物主要海关监管方式

(1) 投资总额内进口设备、物品。投资总额内进口设备、物品是指外商投资企业投资总额内的资金（包括中方投资）进口的机器设备、零部件和其他建厂（场）物料，安装、加固机器所需材料，以及本企业自用合理数量的交通工具、生产用车辆、办公用品（设备）。

（2）投资总额外自有资金免税进口设备。投资总额外自有资金免税进口设备是指鼓励类和限制类外商投资企业、外商投资研究开发中心、先进技术型和产品出口型外商投资型企业，以及符合中西部利用外资优势产业和优势项目目录的项目，利用投资总额以外的自有资金，在原批准的生产经营范围内，对设备进行更新维修，进口国内不能生产或性能不能满足需要的自用设备及其配套的技术、配件、备件。

（3）减免税设备结转。减免税设备结转是指海关监管年限内的减免税设备，从进口企业结转到另一个享受减免税待遇的企业。

（4）国家或国际组织无偿援助和赠送的物资。国家或国际组织无偿援助和赠送的物资是指我国根据两国政府间的协议或临时决定，对外提供无偿援助的物资、捐赠品或我国政府、组织基于友好关系向对方国家政府、组织赠送的物资，以及我国政府、组织接受国际组织、外国政府或其他组织无偿援助、捐赠或赠送的物资。

（5）进出口捐赠物资。进出口捐赠物资是指境外捐赠人以扶贫、慈善、救灾为目的向我国境内捐赠的直接用于扶贫、救灾、兴办公益福利事业的物资，以及境内捐赠人以扶贫、慈善、救灾为目的向境外捐赠的直接用于扶贫、救灾、兴办公益福利事业的物资。

7.1.2 特定减免税货物的报关程序

特定减免税货物的报关程序有进口前减免税审核确认、货物进口报关和货物的后续处置三大步骤。

1. 进口前减免税审核确认

特定减免税货物申请人按照有关进出口税收优惠政策的规定申请减免税进出口相关货物的，应当在货物申报进出口前，取得相关政策规定的享受进出口税收优惠政策资格的证明材料，向主管海关申请办理减免税审核确认手续，并提供以下材料：

（1）《进出口货物征免税申请表》；

（2）事业单位法人证书或者国家机关设立文件、社会团体法人登记证书、民办非企业单位法人登记证书、基金会法人登记证书等证明材料；

（3）进出口合同、发票以及相关货物的产品情况资料；

（4）由委托代理人办理时，由减免税申请人出具的《减免税手续办理委托书》；

（5）相关政策规定的享受进出口税收优惠政策资格的证明材料。

申请人提交上述证明材料应当交验原件，同时提交加盖减免税申请人有效印章的复印件。

除海关总署有明确规定外，申请人通过"中国国际贸易单一窗口"中的"减免税申请"功能模块向海关提交征免税申请表，同时可自愿选择通过系统提交随附单证资料电子数据，无须以纸质形式提交。

主管海关应当自受理减免税审核确认申请之日起10个工作日内，对减免税申请人主体资格、投资项目和进出口货物相关情况是否符合有关进出口税收优惠政策规定等情况进行审核，审核通过后系统自动生成《中华人民共和国海关进出口货物征免税确认通知书》（以下简称《征免税确认通知书》）编号。

《征免税确认通知书》有效期为6个月，持证人应在自海关签发《征免税确认通知书》的6个月内进口经批准的特定减免税货物。如果情况特殊，可以向海关申请延长，延长期限最多为6个月。

《征免税确认通知书》实行"一证一批"的原则，即一份《征免税确认通知书》上的货物只能在一个进口口岸一次性进口。如果一批特定减免税货物需要分两个口岸进口，或者分两次进口，持证人应事先分别申领《征免税确认通知书》。

2. 货物进口报关

减免税货物的进口报关程序由进口申报、陪同查验、凭证免税、提取货物四个作业环节构成。可参见一般进出口货物的报关程序中的有关内容，但是减免税货物进口报关的有些具体手续与一般进出口货物的报关有所不同：

（1）减免税货物进口报关时，进口货物收货人或其代理人除了向海关提交报关单及随附单证以外，还应当向海关提交《征免税确认通知书》。海关在审单时从计算机查阅《征免税确认通知书》的电子数据。

（2）特定减免税货物进口填制报关单时，报关人员要特别注意报关单中"备案号"栏目应填写《征免税确认通知书》上的12位编码。

（3）特定减免税货物一般应提交进口许可证件，但对某些外商投资和某些许可证件种类，国家规定有特殊政策的，可以豁免进口许可证件。

（4）特定减免税货物享受减税或免税优惠，但一般要缴纳海关监管手续费，而对某些货物根据规定也可以免予征收。

（5）特定情形下，减免税申请人可以办理税款担保手续，先行提货。有下列情形之一，减免税申请人可以向海关申请凭税款担保先予办理货物放行手续：

① 主管海关按照规定已经受理减免税备案或者审批申请，尚未办理完毕的。

② 有关进口税收优惠政策已经国务院批准，具体实施措施尚未明确，海关总署已确认减免税申请人属于享受该政策范围的。

③ 其他经海关总署核准的情况。

需要办理税款担保手续的，减免税申请人应在进口前向主管海关提出，主管海关准予担保的，出具《中华人民共和国海关准予办理减免税货物税款担保证明》。税款担保期限一般不超过 6 个月，但经主管海关核准可以予以延期，延长期限不超过 6 个月。

（6）减免税进口货物可以在两个享受特定减免税优惠的企业之间结转。在海关监管年限内，减免税申请人将进口减免税货物转让给进口同一货物享受同等减免税优惠待遇的其他单位的，不予恢复减免税货物转出申请人的减免税额度，减免税货物转入申请人的减免税额度按照每关审定的货物结转时的价格、数量或者应缴税款予以扣减。

3. 特定减免税货物的后续处置

（1）在海关监管期限内接受监督和核查

我国《海关法》规定，特定减免税货物的收货人有将其用于特定企业、特定用途的义务，未经海关许可并办理相关手续，不得将特定减免税货物出售、转让或移作他用。特定减免税货物虽经海关放行，但仍属海关监管货物，在法律规定的海关监管期限内应接受海关的核查和监督。特定减免税货物在海关监管年限内，减免税申请人应当于每年 6 月 30 日（含当日）以前向主管海关提交《减免税货物使用状况报告书》，报告减免税货物使用状况。超过规定期限未提交的，海关按照有关规定将其列入信用信息异常名录。

对监管期限内因故出售、转让和移作他用的，收货人或其代理人须提前向海关报告并补缴进口关税。在海关监管年限内，减免税申请人发生分立、合并、股东变更、改制等主体变更情形的，或者因破产、撤销、解散或者其他情形导致其终止的，当事人未按照有关规定，向原减免税申请人的主管海关报告主体变更或者终止情形以及有关减免税货物的情况的，海关予以警告，责令其改正，可以处 1 万元以下罚款。

（2）监管期限届满后解除监管，核销结关

特定减免税货物的监管期限到期后，如货物由原使用单位继续使用，通常即可自行结关。

但对监管期满后需出售、转口的，则应在办理解除海关监管的手续后结关。

特定减免税货物在监管期限内，原使用单位如要出售、转让或者作为企业破产清算，应向主管海关报核，由海关核销后解除海关监管，货物方可自由流通。

4. 特定减免税货物与保税货物的异同

（1）性质不同

特定减免税货物是实际进口货物，针对三个特定，在符合条件的情况下给予的税收优惠措施。

保税货物针对进境又复运出境的特点简化了海关税收、监管证件手续的一种制度。

（2）前期准备不同

特定减免税货物前期主要是申领减免税确认通知书。保税货物前期主要是向海关备案，由海关核发加工贸易登记手册或账册。

（3）监管不同

特定减免税货物的海关监管具有明确的时效性，正常情况下监管期满解除监管。保税货物根据最终去向不同分别办理相应的手续。

7.2 暂时进出境货物的报关程序

随着社会经济的不断发展，各国之间贸易、科技、文化等方面的往来日益频繁，人们为了满足各种需求携运某种货物、样品、器材等暂时进出他国。我国《海关法》第五十九条规定，经海关批准暂时进口或者暂时出口的货物，以及特准进口的保税货物，在货物收发货人向海关缴纳相当于税款的保证金或者提供担保后，准予暂时免纳关税。这样的监管规定，为暂时进出境货物提供了通关上的便利，进一步促进国际经济、科技、文化活动的交流。

7.2.1 暂时进出境货物概述

1. 暂时进出境货物的含义

暂时进出境货物是指为了特定的目的经海关批准后暂时进境或暂时出境并在规定的期限内复运出境或复运进境的货物，包括暂时进境货物和暂时出境货物。

2. 暂时进出境货物的范围

根据《中华人民共和国进出口关税条例》第四十二条的规定，暂时进出境货物分为两大类：第一类暂时进出境货物，在进境或出境时向海关缴纳相当于应纳税款的保证金或提供其他担保的，可以暂不缴纳税款；第二类是指第一类以外的暂时进出境货物，如工程施工中使用的设备、仪器及用品，应当按照该货物的完税价格和其在境内滞留时间与折旧时间的比例计算征收进口关税。本节讲解的暂时进出境货物主要是第一类货物。

第一类暂时进出境货物的范围如下：

① 在展览会、交易会、会议及类似活动中展示或者使用的货物；
② 文化、体育交流活动中使用的表演、比赛用品；
③ 进行新闻报道或者摄制电影、电视节目使用的仪器、设备及用品；
④ 开展科研、教学、医疗活动使用的仪器、设备及用品；
⑤ 上述四项所列活动中使用的交通工具及特种车辆；
⑥ 货样；
⑦ 供安装、调试、检测设备时使用的仪器、工具；

⑧ 盛装货物的容器；

⑨ 其他用于非商业目的的货物。

上述九项暂时进出境货物按照我国的监管方式可以归类为：

使用 ATA 单证册报关的暂时进出境货物：主要指使用 ATA 单证册的上述第①项货物。

不使用 ATA 单证册报关的进出境展览品：主要指不使用 ATA 单证册的上述第①项货物。

集装箱箱体：主要指上述第⑧项货物中的暂时进出境集装箱箱体。

其他暂时进出境货物：主要指上述九项货物中除以上监管方式外的其他货物。

3. 暂时进出境货物的通关特点

（1）有条件暂时免予缴纳税费。暂时进出境货物在向海关申报进出境时，可不必缴纳税费，但须向海关提供担保。

（2）免予提交进出口许可证件。暂时进出境货物是非实际进出口货物，一般情况可免予交验进出口许可证件。

（3）必须在规定期限内按原状复运进出境。暂时进出境货物应当自进境或出境起6个月内复运出境或复运进境。因特殊情况需要延期的，收发货人或其代理人应向海关提出申请，经核准后方能延期，延期最多不超过3次，每次延期不超过6个月。国家重点工程、国家科研项目使用的暂时进出境货物及参加展期在24个月以上展览会的展览品，在18个月延长期届满后需要继续延期的，由主管直属海关报海关总署审批。

（4）最终按货物实际流向办结海关手续。暂时进出境货物都必须在规定期限内，由货物的收发货人根据货物不同的情况向海关办理核销结关手续。

7.2.2 暂时进出境货物的报关程序

1. 使用 ATA 单证册货物的报关

（1）ATA 单证册简介

ATA 单证册是"暂时进口单证册"的简称，用于替代各缔约方海关暂时进出境货物报关单和税费担保的国际性报关文件。它既替代了货物在国内报关时所需要的所有报关文件，又使货物免纳进口关税，且无须提供担保金，确保持证人可以快捷方便地办理海关手续。因此，ATA 单证册又被国际经贸界称为"货物护照"（或"货物免税报关证"）。

ATA 单证册的担保协会和出证协会一般是由国际商会国际局的各国海关批准的各国国际商会。中国国际商会是我国 ATA 单证册的担保协会和出证协会。

ATA 单证的有效期我国规定为6个月，超过6个月的可以向海关申请延期，延期最多不超过3次，每次延长期限不超过6个月。18个月延长期限届满后仍需延期的，由主管地直属海关批准，我国海关接受中文或英文填写的 ATA 单证册。

一份 ATA 单证册一般由八页 ATA 单证组成：一页绿色封面单证、一页黄色出口单证、一页白色进口单证、一页白色复出口单证、两页蓝色过境单证、一页黄色复进口单证、一页绿色封底。两页"白色"用于暂时进境并复运出境；两页"黄色"用于暂时出境并复运进境；两页"蓝色"用于过境；剩下的两页"绿色"，一页封面，一页封底，没有实质性作用。

（2）ATA 单证册的适用

ATA 单证册在我国的使用范围仅限于展览会、交易会、会议及类似活动项下的货物。除此之外的货物，我国海关不接受持 ATA 单证册办理进出口申报手续。

（3）使用 ATA 单证册货物的报关程序

① 申领 ATA 单证册

第一步，ATA 单证册申请人提交申请。申请人填写申请表和货物清单，并附申请人的身份证明文件提交给中国国际商会。申请人为自然人的，提供身份证或护照复印件；申请人为企业法人的，提供法人营业执照的复印件；申请人为事业单位的，提供事业单位法人登记证书的复印件。

货物总清单的填写应清晰并不易擦掉。货物品名、标记及编号完全一致的，可使用同一个项号。由若干独立部件（包括零部件和配件）组成的货物，可使用单一项号。同类货物可以合并，但合并后每一货物均须使用单独项号。单证册一经签发，就不得在总清单上做任何修改或增添，总清单上所列货物也不得再进行更换。

第二步，中国国际商会签证。中国国际商会 ATA 处工作人员在收到申请人的申请表及货物清单等信息后进行核查，对申请手续完备的，提供了担保并缴纳 ATA 单证册申报手续费后，中国国际贸易促进委员会将根据申请人的预计离境日期尽快签发单证，加急出证时间最短为 2 小时。

② 进出境报关

进境申报。进境展览品的所有人或其代理人持 ATA 单证册向海关申报进境展览品时，先将 ATA 单证册上的内容预录入海关与中国国际商会联网的 ATA 单证册电子核销系统，然后向展览会主管海关提交纸质 ATA 单证册、提货单等单证。

海关在白色进口单证上签注，并留存白色进口单证正联，退还其存根联和 ATA 单证册其他各联给进境货物收货人或其代理人。

出境申报。出境展览品的所有人或其代理人持 ATA 单证册向海关申报出境展览品时，向出境地海关提交国家主管部门的批准文件、纸质 ATA 单证册、装货单等单证。海关在绿色封面单证和黄色出口单证上签注，并留存黄色出口单证正联，存根联随 ATA 单证册其他各联退还给出境展览品所有人或其代理人。

异地复运出境、进境申报。使用 ATA 单证册进出境的货物异地复运出境、进境申报，ATA 单证册持证人应当持主管地海关签章的海关单证向复运出境、进境地海关办理手续。货物复运出境、进境后，主管地海关凭复运出境、进境地海关签章的海关单证办理核销结案手续。

过境申报。过境货物的承运人或其代理人持 ATA 单证册，向海关申报将货物通过我国转运至第三国参加展览会的，不必填制过境货物报关单。海关在两份蓝色过境单上分别签注后，留存蓝色过境单正联，将存根联随同 ATA 单证册其他各联退还运输工具承运人或其代理人。

③ 结关

结关包括正常结关和非正常结关两种情况。

正常结关。持证人在规定期限内将进境展览品和出境展览品复运进出境，海关在白色复出口单证和黄色复进口单证上分别签注，留存单证正联，将存根联和 ATA 单证册其他各联退还持证人，正式核销结关。

非正常结关。ATA 单证册项下暂时进境货物复运出境时，没有经过我国海关核销或签注的，ATA 核销中心可以依据另一个缔约国家的海关在 ATA 单证册上签注的该批货物，已复运进入该国境内的证明，或者我国海关认可的能够证明该批货物已经实际离开我国境内的其他文件，认定该批货物已经从我国复运出境，对 ATA 单证册予以核销。但是，ATA 单证册持有人应当按照规定向海关缴纳调整费。如果在我国海关尚未发出《ATA 单证册追索通知书》前，持证人凭其他国家海关出具的货物已经运离我国关境的证明要求予以核销 ATA 单证册，则免予收取调整费。

使用 ATA 单证册的暂时进出境货物，因不可抗力的原因受损，而无法原状复运出境或者进境的，ATA 单证册持有人应当及时向主管地海关报告，可以凭有关部门出具的证明材料办理复运出境或者进境手续。因不可抗力的原因灭失或者失去使用价值的，经海关核实后可以视为已经复运出境或进境。不可抗力以外的原因造成的灭失或损失，ATA 单证册持有人应按照货物进出口有关规定办理海关手续。

2. 不使用 ATA 单证册进出境展览品的报关

进境展览品包含在展览会中展示或示范用的货物、物品，为示范展出的机器或器具所需用的物品，展览者设置临时展台的建筑材料及装饰材料，供展览品作示范宣传用的电影片、幻灯片、录像带、录音带、说明书、广告、光盘、显示器材等。

（1）进出境展览品的范围

① 进境展览品

展示或示范用的货物、物品。这类物品包括为示范展出的机器或器具所需用的物品，展览者设置临时展台和建筑材料及装饰材料；供展览品做示范用的电影片、幻灯片、录像带、录音带等。

与展出活动有关的物品。这类物品包括：为展出的机器或器具进行操作示范，并在示范过程中被消耗或损坏的物料；展出者为修建、布置或装饰展台进口的一次性廉价物品，如油漆、涂料、壁纸；参展商免费提供并在展出中免费散发的与展出活动有关的宣传印刷品、商业目录、说明书、价目表、广告招贴、广告日历、未装框照片等；供各种国际会议使用或与其有关的档案、记录、表格及其他文件。

需要指出的是，上述货物、物品应当符合下列条件：由参展人免费提供并在展览期间专供免费分送给观众使用或者消费的；单价较低，做广告样品用的；不适用于商业用途，并且单位容量明显小于最小零售包装容量的；食品及饮料的样品虽未包装分发，但确实在活动中消耗掉的。

展览会中使用的物品，但不是展览品。这类物品包括：展览会期间出售的小卖品，属于一般进口货物范围；展览会期间使用的含酒精饮料、烟草制品、燃料，虽然不是按一般进口货物管理，但海关对这些商品一律征收关税。

② 出境展览品

国内单位赴国外举办展览会或参加外国博览会、展览会而运出境的展览品，以及与展览活动有关的宣传品、布置品、招待品及其他公用物品。

与展览活动有关的小卖品、展卖品，可以按展览品报关出境；不按规定期限复运进境的办理一般出口手续，缴纳出口关税并交验相关出口许可证件。

（2）进出境展览品的报关程序

① 进境申报

展览品进境之前，展览会主办单位应当将举办展览会的批准文件连同展览品清单一起提交主管海关，办理登记备案手续。

展览品进境申报手续可以在展出地海关办理。从非展出地海关进口的，可以申请在进境地海关办理转关运输手续，在海关监管下，将展览品从进境口岸转运至展览会举办地主管海关办理申报手续。

展览会主办单位或其代理人应当向海关提交报关单、展览品清单、提货单、发票、装箱单等。展览品中除涉及易制毒化学品、监控化学品、消耗臭氧层物质和有关核两用品及相关技术管制条例及其他国际公约管制的商品需要提交有关许可证件外，不需交验许可证件。展览品进境时免予缴纳进口关税，但展览会主办单位或其代理人应当向海关提供担保。海关一般在展览会举办地对展览品开箱查验。

② 出境申报

展览品出境申报手续应当在出境地海关办理。在境外举办展览会或参加国外展览会的企业应当向海关提交国家主管部门的批准文件、报关单、展览品清单等单证。

展览品属于应当缴纳出口关税的，向海关缴纳相当于税款的保证金；属于核用品、两用物项及相关技术的出口管制商品的，应当提交出口许可证。

海关对展览品开箱查验，核对展览品清单。查验完毕，海关留存一份清单，另外一份进行"关封"后交还给出境货物发货人或其代理人,凭以办理展览品复运进境申报手续。

③ 进出境展览品的结关

复运进出境。进境展览品按规定期限复运出境,出境展览品按规定期限复运进境后,海关分别签发报关单证明联,展览品所有人或其代理人凭以向主管海关办理核销结关手续。展览品未能按规定期限复运进出境的,展览会主办单位或出国举办展览会的单位应当向主管海关申请延期,在延长期内办理复运进出境手续。

转为正式进出境。进境展览品在展览期间被人购买的,由展览会主办单位或其代理人向海关办理进境申报、纳税手续,其中属于许可证件管理的,还应当提交进口许可证件。出境展览品在境外参加展览会后被销售的,由海关核对展览品清单后要求企业补办有关正式出口手续。

展览品放弃或赠送。展览会结束后,进口展览品的所有人决定将展览品放弃交由海关处理的,由海关变卖后将所得款项上缴国库。有单位接受放弃展览品的,应当向海关办理进口申报、纳税手续。展览品的所有人决定将展览品赠送的,受赠人应当向海关办理进口手续,海关根据进口礼品或经贸往来赠送品的规定办理。

展览品毁坏、丢失。展览品因不可抗力的原因无法原状复运出境、进境的,收发货人应当及时向主管海关报告,凭有关部门出具的证明材料办理复运出境、进境手续。因不可抗力的原因灭失或者失去使用价值的,经海关核实后可以视为货物已经复运出境、进境。因不可抗力以外的其他原因灭失或者受损的,收发货人应当按照货物进出口的有关规定办理海关手续。

3. 集装箱箱体的报关

集装箱箱体既是一种运输设备,又是一种货物。作为运输设备,属于暂时进出境货物,进口免税、免证。作为一种货物,进口须征税。海关监管目的是防止以运输设备为名,进口到国内,逃避关税。这里介绍的是指通常作为运输设备暂时进出境的情况。

境内生产的集装箱及我国营运人购买进口的集装箱在投入国际运输前,营运人应当向其所在地海关办理登记手续。海关准予登记并符合规定的集装箱箱体,无论是否装载货物,海关准予暂时进境和异地出境,营运人或其代理人无须对箱体单独向海关办理报关手续,进出境时也不受规定的期限限制。

境外集装箱箱体暂时进境,无论是否装载货物,承运人或其代理人应当对箱体单独向海关申报,并应当于入境之日起6个月内复运出境。如因特殊情况不能按期复运出境的,营运人应当向暂时进境地海关提出延期申请,经海关核准后可以延期,但不得超过3个月,逾期应向海关办理进口报关纳税手续。

集装箱进出境前、进出境时或过境时,承运人、货主或其代理人(以下简称报检人),必须向海关报检。海关按照有关规定对报检集装箱实施检验检疫。过境应检集装箱，由进境口岸海关实施查验，离境口岸海关不再检验检疫。

4. 其他暂时进出境货物的报关

可暂不缴纳税款的九项暂时进出境货物除上述三种按各自的监管方式由海关进行监管外，即使用 ATA 单证册的暂时进出境货物、不使用 AIA 单证册报关的进出境展览品、集装箱箱体之外，均按其他暂时进出境货物进行监管。

其他暂时进出境货物进出境属海关行政许可项目，海关审核许可的，原则上暂缓缴纳进出口税费，不需交验许可证件，但必须向海关提供担保。

应当自进境之日起 6 个月内复运进出境，超过 6 个月的可以向海关申请延期，延期最多不超过 3 次，每次延长期限不超过 6 个月。18 个月延长期限届满后仍需要延期的，由主管直属海关批准。

其他暂时进出境货物在报关后续阶段均应按货物的实际去向，提供有关单据、单证核销，海关退还保证金等，办理核销结关手续或相关手续。复运进出境的凭复运进出境报关单核销结关；转为正式进出口的提交相关许可证件，缴纳税费；放弃的由海关按放弃货物处理。

7.3 转关运输货物的报关程序

7.3.1 转关运输货物概述

转关运输货物是指进出口货物在海关监管下，由一个海关运往另一个海关办理海关手续的货物。

1. 转关运输货物的种类

转关运输货物包括进口转关货物、出口转关货物和境内转关货物三类。

进口转关货物是指货物由进境地入境后，向进境地海关申请运往另一个设关地点（指运地）办理进口海关手续的进口货物。其中，进境地是指货物进入关境的口岸，指运地是指进口转关货物运抵的报关地点。

出口转关货物是指在境内某一设关地点（启运地）办理出口海关手续后运往出境地，由出境地海关监管放行的出口货物。其中，出境地是指货物离开关境的口岸地点，启运地是指出口转关货物报关发运的地点。

境内转关货物是指从境内某一设关地点运往另一设关地点的海关监管货物。

2. 转关运输货物的范围

进出口货物经收发货人或其代理人向海关提出申请，且满足下列条件者，可核准办理转关运输。

（1）多式联运货物，以及具有全程提（运）单需要在境内换装运输工具的进出口货物，其收发货人可以向海关申请办理多式联运手续，有关手续按照联程转关模式办理。

（2）易受温度、静电、粉尘等自然因素影响或者因其他特殊原因，不宜在口岸海关监管区实施查验的进出口货物，满足以下条件的，经主管地海关（进口为指运地海关，出口为启运地海关）批准后，可按照提前报关方式办理转关手续：① 收发货人为高级认证企业的；② 转关运输企业最近一年内没有因走私违法行为被海关处罚的；③ 转关启运地或指运地与货物实际进出境地，不在同一直属关区内的；④ 货物实际进出境地已安装非侵入式查验设备的。

（3）邮件、快件、暂时进出境货物（含 ATA 单证册项下货物）、过境货物、中欧班列载运货物、市场采购方式出口货物、跨境电子商务零售进出口商品、免税品以及外交、常驻机构和人员公、自用物品，可按照现行相关规定向海关申请办理转关手续，开展转关运输。

属于海关限制转关物品清单范围的下列进出口货物不能办理转关运输手续：进口易制毒化学品、监控化学品、消耗臭氧层物质，进口汽车整车，包括成套散件和二类底盘；必须在口岸检验检疫的商品。

3. 进出口货物办理转关运输的条件

海关对转关运输的条件进行了严格的规定，具体有以下几个方面：

（1）指运地和启运地必须设有海关；

（2）指运地和启运地应当设有经海关批准的监管所；

（3）承运转关运输货物的企业，是在海关注册登记的运输企业；

（4）承运转关的运输工具和装备，具备密封装置和加封条件（超高、超长及无法封入运输装置的除外）。

4. 转关运输的方式

转关运输有提前报关转关、直转转关和中转转关三种方式。

提前报关转关方式是指进口货物在指运地先申报，再到进境地办理进口转关手续；出口货物在货物未运抵启运地监管场所前先申报，货物运抵监管场所后再办理出口转关手续的方式。

进口直转转关是指在进境地海关办理转关手续，货物运抵指运地再在指运地海关办理报关手续的进境货物的进口转关。出口直转转关是指在货物运抵启运地海关监管场所报关后，在启运地海关办理出口转关手续的出境货物的出口转关。

中转转关方式是指在收、发货人或其代理人向指运地或启运地海关办理进出口报关手续后，由境内承运人或其代理人统一向进境地或启运地海关办理进口或出口转关手续。

7.3.2 转关运输货物的报关程序

1. 进口转关货物的报关程序

（1）提前报关的转关

进口货物的收货人或其代理人在进境地海关办理进口货物转关手续前，向指运地海关录入《进口货物报关单》电子数据，指运地海关提前受理电子申报，生成进口转关货物申报单，向进境地海关传输有关数据。提前报关的转关货物收货人或其代理人应向进境地海关提供进口转关货物申报单编号，并提交下列单证办理转关运输手续：进口转关货物核放单（广东省内公路运输的，提交《进境汽车载货清单》）、汽车载货登记簿或船舶监管簿以及提货单。

提前报关的进口转关货物应在电子数据申报之日起5日内，向进境地海关办理转关手续。超过期限仍未到进境地海关办理转关手续的，提前报关的电子数据将被指运地海关撤销。

（2）直转方式的转关

货物的收货人或其代理人在进境地录入转关子数据，持下列单证直接办理转关手续：进口转关货物申报单（广东省内公路运输的，提交《进境汽车载货清单》）和汽车载货登记簿或船舶监管簿。

直转的转关货物收货人或其代理人，应当在运输工具申报进境之日起14日内向进境地海关办理转关运输手续，逾期办理的需要缴纳滞报金。

直转的转关货物应当在海关限定的时间内运抵指运地。货物运抵指运地之日起14日内进口货物的收货人或其代理人向指运地海关申报。逾期申报的需要缴纳滞报金。

（3）中转方式的转关

具有全程提运单、需要换装境内运输工具的中转转关货物的收货人或其代理人向指运地海关办理进口报关手续后，由境内承运人或其代理人向进境地海关提交进口转关货物申报单、进口货物中转通知书、按指运地目的港分列的纸质舱单（空运方式提交"联程运单"）等单证办理货物转关手续。

中转方式的进口转关流程与提前报关转关一致，区别是中转方式的进口转关在进境地海关办理的转关手续由境内承运人或其代理人完成，而提前报关转关所有的手续都是由收货人或其代理人完成。

2. 出口转关货物的报关程序

（1）提前报关的转关

由货物的发货人或其代理人在货物未抵运启运地海关监管场所前，先向启运地海关录入《出口货物报关单》电子数据，由启运地海关提前受理电子申报，生成《出口转关货物申报单》数据，传输至出境地海关。

货物应于电子数据申报之日起5日内,运抵启运地海关监管场所,并持下列单证向启运地海关办理出口转关手续:出口货物报关单、汽车载货登记簿或船舶监管簿以及广东省内公路运输的出境汽车载货清单。

超过期限的,将被启运地海关撤销提前报关的电子数据。货物到达出境地后,发货人或其代理人应持下列单证向出境地海关办理转关货物出境手续:启运地海关签发的出口货物报关单、出口转关货物申报单或出境汽车载货清单以及汽车载货登记簿或船舶监管簿。

(2) 直转方式的转关

由发货人或其代理人在货物运抵启运地海关监管场所后,向启运地海关录入出口货物报关单电子数据,启运地海关受理电子申报,生成《出口转关货物申报单》数据,传输至出境地海关。

发货人或其代理人应持出口货物报关单、汽车载货登记簿或船舶监管簿、广东省内运输的出境汽车载货清单等单证在启运地海关办理出口转关手续。

直转的出口转关货物到达出境地后,发货人或其代理人应持启运地海关签发的出口货物报关单、出口转关货物申报单或出境汽车载货清单、汽车载货登记簿或船舶监管簿等单证向出境地海关办理转关货物的出境手续。

(3) 中转方式的转关

具有全程提运单、需要换装境内运输工具的出口中转转关货物,货物的发货人或其代理人向启运地海关办理出口报关手续后,由承运人或其代理人向启运地海关录入并提交出口转关货物申报单、出境运输工具分列的电子或纸质舱单、汽车载货登记簿或船舶监管簿等单证向启运地海关办理货物出口转关手续。

经启运地海关核准后,签发出口货物中转通知书,承运人或其代理人凭以办理中转货物的出境手续。

7.4 跨境电商货物的报关程序

跨境电商是指分属不同关境的交易主体,通过电子商务平台达成交易、进行支付结算,并通过跨境物流送达商品、完成交易的一种国际商业活动。

7.4.1 跨境电商概述

我国跨境电子商务从进出口贸易的视角,主要分为"出口型"和"进口型"两类;从交易类型的视角,跨境电商可被划分为"基于企业与企业之间(B2B)"和"基于企业对消费者之间（B2C）"两类。由此，跨境电商可分为B2B出口、B2C出口、B2B进口和B2C进口四种模式，其中B2C出口和B2C进口合称跨境电商零售进出口。B2B出口模式，相当于"批发"，企业运用电子商务以广告和信息发布为主，成交和通关流程基本在线下完成，本质上仍属传统贸易，已纳入海关一般贸易统计。B2C出口模式，相当于"零售"，是我国企业直接面对国外消费者，以销售个人消费品为主，物流方面主要采用航空小包、邮寄、快递等方式，其报关主体是邮政或快递公司。

1. **跨境电商海关监管主要方式**

（1）保税电商（监管方式代码1210①）：境内个人或电子商务企业在经海关认可的电子商务平台实现跨境交易，并通过海关特殊监管区域或保税监管场所进口的电子商务零售进境商品。也称备货模式，即跨境电商网站可将尚未销售的货物整批发至国内保税物流中心，再进行网上零售。

（2）保税电商A（监管方式代码1239②）：适用于境内电子商务企业通过海关特殊监管区域或保税物流中心（B型）一线进境的跨境电子商务零售进口商品。

跨境电商新政后，国内保税进口分化为两种：一是新政前批复的具备保税进口试点的城市，二是新政后开放保税进口业务的其他城市。海关在监管时为了将二者区分开来，对于免通关单的试点城市，继续使用1210代码；对于需要提供通关单的其他城市（非试点城市），采用新代码1239。天津、上海、杭州、宁波、福州、平潭、郑州、广州、深圳、重庆等10个城市开展跨境电商零售进口业务暂不适用"1239"监管方式。

（3）电子商务（监管方式代码9610）：该监管方式适用于境内个人或电商企业通过电商交易平台实现交易，并采用"清单核放、汇总申报"模式办理通关手续的电商零售出口商品。即跨境电商直邮模式，也就是我们常说的B2C出口。

（4）跨境电商B2B直接出口（监管方式代码9710）：企业对企业直接出口，简称跨境电商B2B出口。

（5）跨境电商出口海外仓（监管方式代码9810）：指境内企业先将货物通过跨境物流出口至海外仓，再通过跨境电商平台实现交易后从海外仓送达境外购买者。

2. **跨境电商交易企业与服务平台**

（1）从事跨境电商交易的相关企业

① 跨境电商零售企业，是指利用电子商务形式，自境外向境内消费者零售进口商品的境外注册企业（不包括在海关特殊监管区域或保税物流中心内注册的企业），或者

---

① 海关监管方式代码"1210"，全称"保税跨境贸易电子商务"，简称"保税电商"，用于跨境电商进口时仅限经批准开展跨境贸易电子商务进口试点城市的海关特殊监管区域和保税物流中心（B型）。
② 海关监管方式代码"1239"，全称"保税跨境贸易电子商务A"，简称"保税电商A"，适用于经批准开展跨境贸易电子商务进口试点城市外的境内电子商务企业通过海关特殊监管区域或保税物流中心（B型）一线进境的跨境电商零售进口商品。

在境内利用电子商务形式，向境外消费者零售出口商品的企业，为商品的货权所有人。

② 跨境电商平台企业，是指在境内办理工商登记，为交易双方（消费者和跨境电商企业）提供网页空间、虚拟经营场所、交易规则、信息发布等服务，设立供交易双方独立开展交易活动的信息网络系统的经营者。

③ 跨境电商支付企业，是指在境内办理工商登记，接受跨境电商平台企业或跨境电商企业境内代理人委托为其提供跨境电商零售进出口支付服务的银行、非银行支付机构。

④ 跨境电商物流企业，是指在境内办理工商登记，接受跨境电商平台企业、跨境电商企业或其代理人委托为其提供跨境电商零售进出口物流服务的企业。

⑤ 跨境电商企业境内代理人，是指开展跨境电商零售进口业务的境外注册企业所委托的境内代理企业，由其在海关办理注册登记，承担如实申报责任，依法接受相关部门监管，并承担民事责任。

（2）服务平台

服务平台，即跨境电商通关服务平台，是指电子口岸，可实现企业、海关以及相关管理部门之间数据交换与信息共享的平台。

7.4.2 跨境电商企业备案

1. 跨境电商零售进出口企业

跨境电商企业、物流企业等参与跨境电商零售出口业务的境内企业，应当向所在地海关办理信息登记；如需办理报关业务，向所在地海关办理备案。

跨境电商平台企业、物流企业、支付企业等参与跨境电商零售进口业务的境内企业，应当根据海关报关单位备案管理相关规定，向所在地海关办理备案；境外跨境电商企业应委托境内代理人向该代理人所在地海关办理备案。直购进口模式下，物流企业应为邮政企业或者已向海关办理代理报关备案手续的进出境快件运营人。

备案的跨境电商零售企业，纳入海关信用管理，海关根据信用等级实施差异化的通关管理措施。

2. 跨境电商 B2B 出口企业

跨境电商企业、跨境电商平台企业、物流企业等参与跨境电商 B2B 出口业务的境内企业，应当依据海关报关单位备案管理有关规定，向所在地海关办理备案。开展出口海外仓业务的跨境电商企业，应当在海关办理出口海外仓业务模式备案。

7.4.3 跨境电商货物报关程序

1. 跨境电商 B2C 零售出口商品报关程序

跨境电商 B2C 零售出口有一般出口和特殊区域出口两种业务类型。

一般出口（监管方式代码 9610），是指跨境电商企业根据境外消费者的网购订单，直接从境内启运订单商品,从跨境电商零售出口监管场所申报出口,并配送给消费者的跨境电商零售出口业务。

特殊区域出口(监管方式代码1210),是指跨境电商企业以"入区退税"的模式将整批跨境电商零售商品存入海关特殊监管区域或保税物流中心(B型)内,再根据境外消费者的网购订单,办理订单商品的出口申报手续,并配送给消费者的跨境电商零售出口业务。

特殊区域出口一线的货物,入区时以报关单方式进行申报。一般出口以及特殊区域出口二线出区时,跨境电子商务企业境内代理人或其委托的报关企业应提交申报清单,采用"清单核放、汇总申报"模式办理通关手续。

跨境电子商务零售出口商品申报前,跨境电子商务企业或其代理人、物流企业应当分别通过"单一窗口"或跨境电子商务通关服务平台向海关传输交易、收款、物流等电子信息,并对数据真实性承担相应法律责任。跨境电子商务零售商品出口时,跨境电子商务企业或其代理人应提交《跨境电子商务零售出口商品申报清单》(以下简称"申报清单"),采取"清单核放"方式办理报关手续。

跨境电子商务零售商品出口后,跨境电子商务企业或其代理人应当于每月15日前(当月15日是法定节假日或者法定休息日的,顺延至其后的第一个工作日),将上月结关的申报清单依据清单表头同一收发货人、同一运输方式、同一生产销售单位、同一运抵国(地区)、同一出境关别以及清单表体同一最终目的国(地区)、同一10位海关商品编码、同一币制的规则进行归并,汇总形成出口货物报关单向海关申报。跨境电商企业或者平台凭报关单及相应单证资料办理结汇、退税手续。

2. 跨境电商B2C零售进口商品报关程序

跨境电商B2C零售进口分为直购进口商品和网购保税进口商品两种。

直购进口(海关监管代码9610),是指跨境电商企业根据境内消费者的网购订单,直接从境外启运订单商品,从跨境电商零售进口监管场所申报进口,并配送给消费者的跨境电商零售进口业务,采用"清单核放、汇总申报"模式办理通关手续的电子商务零售进口商品。

网购保税进口(海关监管代码1239或1210),是指跨境电商企业先以"入区保税"模式整批进口跨境电商零售商品,存放在海关特殊监管区域或保税物流中心(B型)内,再根据境内消费者的网购订单,办理订单商品的出区申报手续,并配送给消费者的跨境电商零售进口业务。

跨境电商零售进口商品申报前,跨境电子商务平台企业或跨境电子商务企业境内代理人、支付企业、物流企业应当分别通过"单一窗口"或跨境电子商务通关服务平台向海关传输交易、支付、物流等电子信息,并对数据真实性承担相应责任。直购进口模式下,邮政企业、进出境快件运营人可以接受跨境电子商务平台企业或跨境电子商务企业境内代理人、支付企业的委托,在承诺承担相应法律责任的前提下,向海关传输交易、支付等电子信息。

网购保税进口业务,一线入区时以报关单方式进行申报。① 直购进口以及网购保税二线出区时,跨境电子商务企业境内代理人或其委托的报关企业应提交申报清单,采取"清单核放"方式办理报关手续。

对跨境电商直购进口商品及网购保税进口商品(监管方式代码1210),按照个人自用进境物品监管。网购保税进口商品(监管方式代码1239),属于《跨境电子商务零售进口商品清单》内的,免予向海关提交许可证件;一线入区时须按货物监管要求执行,二线出区时参照个人物品监管要求执行。

跨境电商零售进口商品海关放行后30日内未发生退货或修撤单的,代收代缴义务人——在海关备案的跨境电商平台企业、物流企业或申报企业在放行后第31日至第45日内向海关办理纳税手续。跨境电商零售进口税按从价税计征,完税价格为电商平台的实际交易价格。目前跨境电子商务零售进口商品的单次交易限值为人民币5 000元,个人年度交易限值为人民币26 000元。在限值以内进口的跨境电子商务零售进口商品,关税税率暂设为0%;进口环节增值税、消费税暂按法定应纳税额的70%征收,可按以下公式合并计算:

跨境电商零售进口税税额 = 完税价格 × 跨境电商零售进口税税率

其中:

$$\text{跨境电商零售进口税税率} = \frac{\text{进口环节消费税税率} + \text{进口环节增值税税率}}{1 - \text{进口环节消费税税率}} \times 70\%$$

超过单次限值、累加后超过个人年度限值的单次交易,均按照一般贸易方式全额征税。

3. 跨境电商B2B出口货物报关程序

(1)出口模式

跨境电商B2B出口货物分为跨境电商企业对企业直接出口的货物(监管方式代码9710)和跨境电商出口海外仓的货物(监管方式代码9810)两种。

跨境电商企业对企业直接出口模式下,境内企业通过跨境电商平台与境外企业达成交易后,通过跨境物流将货物直接出口送达境外企业,并根据海关要求传输相关电子数据。跨境电商出口海外仓模式下,境内企业将出口货物通过跨境物流送达海外仓,通过跨境电商平台实现交易后从海外仓送达购买者,并根据海关要求传输相关电子数据。

(2)申报流程

跨境电子商务企业或其委托的代理报关企业、境内跨境电商平台、物流企业通过"单一窗口"或"互联网+海关"跨境电商通关服务系统和货物申报系统向海关提交报关单或清单数据、传输电子信息。经校验通过的报关单或清单,由系统自动推送至海关

---

① 从境外进入海关特殊监管区域则先向海关报送保税核注清单数据信息,再办理备案清单申报手续。

H2018通关管理系统（以下简称"H2018系统"）或跨境电商出口统一版系统。对于单票金额超过人民币5 000元，或涉证、涉检、涉税的跨境电商B2B出口货物，企业应当通过H2018系统（报关单模式）办理通关手续。对于单票金额在人民币5 000元（含）以下且不涉证、不涉检、不涉税的低值货物，企业可选择通过H2018系统（报关单模式）或通过跨境电商出口统一版系统（清单申报模式）办理通关手续。

（3）申报规范

跨境电商B2B出口业务分为跨境电商企业对企业直接出口清单申报模式、跨境电商企业对企业直接出口报关单申报模式、跨境电商出口海外仓清单申报模式以及跨境电商出口海外仓报关单申报模式。四种申报模式的申报规范见表7-1。

表7-1　跨境电商B2B出口业务申报规范

模式	清单申报	报关单申报
跨境电商企业对企业直接出口	① 订单类型为B，电商平台代码（对于境外平台等无法提供的情况）可填写"无"，电商平台名称按实际填写； ② 要求货值5 000元人民币及以下且不涉证、不涉检、不涉税； ③ 清单的监管方式为9710，可选《进出口税则》6位税号简化申报； ④ 其他单证和流程，参照跨境电商B2C零售出口。	① 订单类型为B，电商平台代码（对于境外平台等无法提供的情况）可填写"无"，电商平台名称按实际填写； ② 没有货值等要求； ③ 报关单的监管方式为9710； ④ 报关单的随附单证类别代码10000004（跨境电商B2B出口单证），填写电商订单编号； ⑤ 报关单申报环节，进行报关单（表头和表体）与订单（表头和表体）比对校验； ⑥ 报关单可按现有方式录入或导入，也可选择跨境商通道导入报关单，报关单回执原路从跨境电商通道下发； ⑦ 其他参照一般贸易出口。
跨境电商出口海外仓	① 订单类型为W，电商平台代码填写"无"，电商平台名称填写海外仓名称，备注填写海外仓地址； ② 要求货值5 000元人民币及以下且不涉证、不涉检、不涉税； ③ 清单的监管方式为9810，可选《进出口税则》6位税号简化申报； ④ 清单的收发货人（电商企业）或生产销售单位，提前在海关完成申报关区＋海外仓业务备案； ⑤ 其他单证和流程，参照跨境电商B2C零售出口。	① 订单类型为W，电商平台代码填写"无"，电商平台名称填写海外仓名称，备注填写海外仓地址； ② 没有货值等要求； ③ 报关单的监管方式为9810； ④ 报关单的收发货人或生产销售单位，提前在海关完成申报关区＋海外仓业务备案； ⑤ 报关单的随附单证类别代码10000004（跨境电商B2B出口单证），填写海外仓订仓单编号； ⑥ 报关单申报环节，进行报关单（表头和表体）与订单（表头和表体）比对校验（参考跨境电商B2C零售出口清单与订单比对）； ⑦ 报关单可按现有方式录入或导入，也可选择跨境电商通道导入报关单，报关单回执原路从跨境电商通道下发； ⑧ 其他参照一般贸易出口。

注：清单申报模式中，订单的报送须通过数据接入报文方式申报；报关单申报模式中，可通过数据接入报文方式申报，也可从"单一窗口"界面录入。

7.5 其他海关监管货物的报关程序

7.5.1 过境、转运和通运货物的报关

《海关法》第三十六条规定："过境、转运和通运货物，运输工具负责人应当向进境地海关如实申报，并应当在规定期限内运输出境。"从这个意义来说，这类货物也具有暂时进境的性质，但我国海关规定这三类货物不属暂时进出口通关制度的适用范围。

1. 过境货物的报关

（1）含义

过境货物是指从境外启运，在我国境内不论是否换装运输工具，通过我国陆路运输继续运往国外的货物。

（2）范围

① 与我国签有过境货物协定的国家（地区）的货物；

② 与我国签有铁路联运协定的国家（地区）的货物，按照有关协定准予过境；

③ 未签有上述协定的货物，经国家有关部门批准，向入境地海关备案后准予过境。

下列货物禁止过境：

① 来自或运往我国停止或禁止贸易的国家（地区）的货物；

② 各种武器、弹药、爆炸品及军需品（通过军事途径运输的除外）；

③ 各种烈性毒药、麻醉品和鸦片、吗啡、海洛因等毒品；

④ 我国法律、法规禁止过境的其他货物、物品。

（3）海关监管

① 监管目的：防止过境货物在运输过程中滞留在国内；防止国内货物混入过境货物出境；防止禁止过境货物从我国过境。

② 对过境货物经营人的要求：过境货物经营人应当办理注册登记手续；运输工具应当具有海关认可的加封条件或装置。必要时，对过境货物及其装置进行加封；运输部门及过境货物经营人应当负责保护海关封志的完整，不得擅自开启或损毁。

③ 在境内暂存和运输要求：须卸货储存时，应存入海关指定或同意的仓库或场所；按指定的路线运输；海关可根据情况需要派员押运过境货物；装载准许过境货物的运输工具，应当具有海关认可的加封条件或装置。海关认为必要时，可以对过境货物及其装载装置施加封志，未经海关许可，任何单位或个人不得开拆、提取、交付、发运、调换、抵押、转让或者更换标记。

(4) 报关程序

过境货物进境时，经营人或报关单位向进境地海关递交过境货物报关单以及其他单证（运单、装箱单），办理过境手续。进境地海关审核查验无误后，在提运单上加盖"海关监管货物"专用章，并将过境货物报关单和过境货物清单制作"关封"后，加盖"海关监管货物"专用章，连同提运单交经营人或报关企业。

过境货物出境时，经营人或报关单位向出境地海关申报，并递交进境地海关签发的"关封"，及时向出境地海关申报。出境地海关审核，加盖"放行章"，并监管过境货物出境。

海关在对过境货物的监管过程中，除发现有违法或者可疑情形外，一般在做外形查验后，即予以放行。过境货物在境内发生灭失和短少时（除不可抗力的原因外），经营人应当负责向出境地海关补办进口纳税手续。过境货物自进境之日起 6 个月内运输出境，特殊原因可延长 3 个月。如果超过规定期限 3 个月仍未过境的，海关依法提取变卖。

2. 转运货物的报关

(1) 含义

转运货物是指由境外启运，通过我国境内设立海关的地点换装运输工具，不通过境内陆路运输，运往境外的货物。

(2) 申请转运的条件

必须具备下列条件之一，方可按转运货物手续办理：

① 持有转运或联运提单的；

② 进口载货清单上注明是转运货物的；

③ 持有普通提货单，但在卸货前向海关声明转运的；

④ 误卸的进口货物，经运输工具经营人提供证明文件的；

⑤ 因特殊原因申请转运，获海关批准的。

(3) 报关程序

① 转运货物承运人的责任就是确保货物继续运往境外，载有转运货物的运输工具进境后，承运人应当在进口载货清单上载明转运货物的名称、数量、启运地和到达地，并向海关申报进境。

② 转运货物换装运输工具时，申报经海关同意后，在海关指定的地点接受并配合海关的监装、监卸至货物装运出境为止。

③ 转运货物应当在规定时间内运送出境。

(4) 海关监管

海关对转运货物实施监管，主要是防止货物在口岸换装过程中混卸进口或混装出口。海关对转运货物的监管主要包括以下几方面：

① 外国转运货物在中国口岸存放期间，不得开拆、改换装或进行加工；

② 转运货物必须在3个月内办理海关手续并转运出境。超过限期的，海关将按规定提取变卖；

③ 海关对转运的外国货物有权检查，如果没有发现违法或可疑情形的，海关将只作外形查验。

3. 通运货物的报关

（1）含义

通运货物是指从境外启运，不通过我国境内陆路运输，运进境后由原运输工具载运出境的货物。

（2）报关程序

① 运输工具进境时，运输工具的负责人应凭注明通运货物名称和数量的《船舶进口报告书》或国际民航机使用的《进口载货舱单》向进境地海关申报。

② 进境地海关在接受申报后，在运输工具抵、离境时对申报货物予以核查，并监管货物实际离境。

③ 运输工具因装卸货物需搬运或倒装货物时，应向海关申请并在海关的监管下进行。

过境货物、转运货物、通运货物的异同见表7-2。

表7-2 过境货物、转运货物、通运货物的异同

货物类别	运输形式	是否在我国境内换装运输工具	启运地	目的地
过境货物	通过我国境内陆路运输	不论是否换装运输工具	境外	境外
转运货物	不通过我国境内陆路运输	换装运输工具		
通运货物	同一运输工具进、出境	不换装运输工具		

7.5.2 溢装、误卸货物的报关

1. 溢装、误卸货物的含义

溢卸货物是指未列入进口载货清单、提单或运单的货物，或者多于进口载货清单、提单或运单所列数量的货物。

误卸货物是指将运往境外港口、车站或境内其他港口、车站而在本港（站）卸下的货物。

2. 报关程序

（1）溢卸进境货物被原收货人接受的，原收货人或其代理人应填写进口货物报关单，向进境地海关申报，并提供相关的溢卸货物证明；如属于国家限制进口商品，还应提供有关许可证件，海关验核并按规定征税后放行货物。

（2）对运输工具负责人或其代理人要求以溢卸货物抵补短卸货物的，应与短卸货物原收货人协商同意，并限于同一运输工具、同一品种的货物。如非同一运输工具或不同

航次之间以溢卸货物抵补短卸货物的,只限于同一运输公司、同一发货人、同一品种的进口货物。对上述两种情况,都应填报进口货物报关单向海关申报。

(3) 误卸货物,如属于应运往国外的,运输工具负责人或其代理人要求退运至境外时,经海关核实后可退运至境外;如属于运往国内其他口岸的,可由原收货人或其代理人就地向进境地海关办理进口申报手续,也可以经进境地海关同意按转关运输管理办法办理转运手续。

(4) 对溢卸、误卸进境货物,原收货人不接受或不办理退运手续的,运输工具负责人或其代理人可以要求在国内进行销售,由购货单位向海关办理相应的进口手续。

(5) 溢卸、误卸进境货物,经海关审定确实的,由运载该货物的原运输工具负责人自该运输工具卸货之日起3个月内,向海关申请办理退运出境手续;或者由该货物的收发货人,自该运输工具卸货之日起3个月内,向海关申请办理退运或者申报进口手续

(6) 溢卸、误卸进境货物属于危险品或者鲜活、易腐、易烂、易失效、易变质、易贬值等不宜长期保存的货物,海关可以根据情况提前提取,依法进行变卖处理,变卖所得价款按有关规定处理。

7.5.3 无代价抵偿货物的报关

1. 无代价抵偿货物概述

(1) 含义

无代价抵偿货物是指进出口货物在征税或免税放行之后,发现货物残损、短少、品质不良或规格不符,而由原进出口货物的承运人、发货人或保险公司免费补偿或更换的与原货物相同或与合同相符的货物。

(2) 无代价抵偿货物的特征

① 无代价抵偿货物是执行合同过程中发生的损害赔偿,原进出口货物已被海关放行。进出口无代价抵偿货物,海关不征收关税。

② 进出口无代价抵偿货物免交验进出口许可证件。

③ 现场放行后,海关不再进行监管。

(3) 无代价抵偿货物的抵偿形式

① 补缺,即补足短少部分。

② 更换错发货物,即退运错发货物,换进应发货物。

③ 更换品质不良货物,即退运品质不良货物,改换质量合格的货物。

④ 因品质不良而削价的补偿。

⑤ 补偿备件,即对残损的补偿,由买方自行修理。

⑥ 修理,即因残损,原货物运到境外修理后再进口。

收发货人申报进出口的无代价抵偿货物,与退运出境或者退运进境的原货物不完全

相同或者与合同规定不完全相符的，经收发货人说明理由，海关审核认为理由正当且税则号列未发生改变的，仍属于无代价抵偿货物范围。

收发货人申报进出口的免费补偿或者更换的货物，其税则号列与原进出口货物的税则号列不一致的，应当按规定计算与原进出口货物的税款差额，高出原征收税款数额的应当征收超出部分的税款，低于原征收税款，原进出口货物的收发货人、承运人或者保险公司同时补偿货款的，应当退还补偿货款部分的税款。未补偿货款的，不予退还。

2. 无代价抵偿货物的报关程序

（1）申报期限

向海关申报进出口无代价抵偿货物应当在原进出口合同规定的索赔期内，且不超过原货物进出口之日起3年。

（2）注意事项

残损、品质不良或规格不符的原进出口货物的海关手续除短少抵偿外，无代价抵偿货物进出口前，应当先办理被更换的原进出口货物中残损、品质不良或规格不符货物的有关海关手续。

① 退运进出境。被更换的原进出口货物退运出境或进境的，海关不征收进出口关税。

② 放弃交由海关处理。被更换的原进口货物不退运出境，但收货人愿意放弃交由海关处理的，海关应依法处理并向收货人提供依据，凭以申报进口无代价抵偿货物。

③ 不退运，也不放弃交由海关处理。被更换的原进口货物不退运出境且不放弃交由海关处理的，或者被更换的原出口货物不退运进境的，该抵偿货物应当按一般进出口货物办理相关海关手续。

（3）申报时应当提供的单证

① 进口时应提供的单证：原进口货物报关单；原进口货物退运出境的出口报关单或者原进口货物交由海关处理的货物放弃处理证明，原进口货物短少的无须提交；原进口货物税款缴款书或者征免税确认通知书；买卖双方签订的索赔协议；海关认为需要时，收货人还应当提交具有资质的商品检验机构出具的原进口货物残损、缺少、品质不良或者规格不符的检验证明书或者其他有关证明文件。

② 出口时应提供的单证：原出口货物报关单；原出口货物退运进境的进口报关单；因原出口货物短少而出口无代价抵偿货物，无须提交原出口货物退运进境的进口报关单；原出口货物税款缴款书或者征免税确认通知书；买卖双方签订的索赔协议；海关认为需要时，发货人还应当提交具有资质的商品检验机构出具的原出口货物残损、短少、品质不良或者规格不符的检验证明书或者其他有关证明文件。

7.5.4 退运货物报关

退运货物是指货物因质量不良或交货时间延误等原因，被买方拒收退运或因错发、错运造成的溢装、漏卸而退运的货物。退运货物主要包括一般退运货物和直接退运货物。

1. 一般退运货物报关

（1）含义

一般退运货物是指已办理申报手续且海关已放行出口或进口，因各种原因造成退运进口或退运出口的货物。

（2）一般退运货物的报关

① 退运出口

进口货物海关放行后，因故退运出口报关时，原收货人或其代理人应填写货物报关单申报出境，并提供原进境时的进口货物报关单，以及商品检验证书，保险公司、承运人溢装、漏卸证明，与国外发货人索赔的业务函电等有关资料，经海关核实无误后，验放有关货物出境。因品质或者规格原因，进口货物自进口之日起1年内原状复运出境的，不征收出口关税；已征进口关税的货物，原状退货复运出境的，纳税义务人自缴纳税款之日起1年内，可以向海关书面申请并提供原缴税凭证及相关资料办理退税。

② 退运进口

已收汇的原出口货物退运进口。原出口货物被境外退运进口的，若该批出口货物已收汇、核销，原出口货物的发货人在向海关申报进口时，应提供原出口货物报关单，并提供税务机关的"出口商品退运已补税证明"，保险公司证明或境外收货人退运的业务函电，承运人溢装、漏卸的证明等资料，办理退运报关手续，同时海关签发进口货物报关单，经海关核查属实，验放货物进境。

未收汇的原出口货物退运进口。原出口货物退运进口时，若该批货物未收汇，原出口货物的发货人或其代理人在向海关办理退运进口报关手续时，应向海关提供原出口货物报关单、报关单退税联、境外收货人退运的函电等资料，经海关核实，签发进口货物报关单，验放货物进境。

2. 直接退运货物报关

（1）含义

直接退运货物是指进口货物收发货人、原运输工具负责人或者其代理人在有关货物进境后，海关放行前，由于各种原因依法向海关申请将全部或者部分货物直接退运境外，或者海关根据国家有关规定责令直接退运的货物。

（2）直接退运货物的范围

有下列情形之一的，当事人可以向货物所在地海关办理直接退运手续：

① 因为国家贸易管理政策调整，收货人无法提供相关证件的；

② 属于错发、误卸或者溢卸货物，能够提供发货人或者承运人书面证明文书的；

③ 收发货人双方协商一致同意退运，能够提供双方同意退运的书面证明文书的；

④ 有关贸易发生纠纷，能够提供法院判决书、仲裁机构仲裁决定书或者无争议的有效货物所有权凭证的；

⑤ 货物残损或者国家检验检疫不合格，能提供国家检验检疫部门根据收货人申请而出具的相关检验证明文书的。

有下列情形之一的，由海关依法责令当事人将进口货物直接退运境外：

① 进口国家禁止进口的货物，经海关依法处理后的；

② 违反国家检验检疫政策法规，经海关处理并且出具《检验检疫处理通知书》或者其他证明文书后的；

③ 违反国家有关法律、行政法规，应当责令直接退运的其他情形。

（3）直接退运货物的报关

进口货物收发货人、原运输工具负责人或者其代理人申请办理进口货物直接退运手续的，应提交"进口货物直接退运表"、原报关单、合同、发票、装箱单和提运单等资料，向所在的海关申报。对在当事人申请直接退运前，海关已经确定查验或者认为有走私违规嫌疑的货物，不予办理直接退运，待查验或者案件处理完毕后，按照海关有关规定处理。

对需要责令进口货物直接退运的，由海关根据相关政府行政主管部门出具的证明文书，向当事人制发纸质《海关责令进口货物直接退运通知书》。进口货物收发货人、原运输工具负责人或者其代理人自接收到通知书之日起30日内，按照海关要求办理进口货物直接退运手续。

办理进口货物直接退运手续的，除另有规定外，应先填制出口货物报关单，再填制进口货物报关单，并将出口报关单号填报在进口报关单的"关联报关单"栏。

经海关批准或者责令直接退运的货物无须验核进出口许可证或者其他监管证件，免予征收进口环节税费及滞报金，不列入海关统计。

7.5.5 退关货物的报关

1. 含义

退关货物是指出口货物在向海关申报出口后被海关放行，因故未能装上运输工具，发货单位请求将货物退运出海关监管区域不再出口的货物。

2. 报关规定

（1）出口货物的发货人及其代理人应当在得知出口货物未装上运输工具，并决定不再出口之日起3日内，向海关申请退关；

（2）经海关核准且撤销出口申报后方能将货物运出海关监管场所；

（3）已缴纳出口税的退关货物，可以在缴纳税款之日起1年内提出书面申请，向海关申请退税；

（4）出口货物的发货人及其代理人办理出口货物退关手续后，海关应对所有单证予以注销，并删除有关报关电子数据。

7.5.6 出料加工货物的报关

出料加工货物是指我国境内企业运到境外进行技术加工后复运进境的货物。出料加工的目的是借助国外先进的加工技术提高产品的质量和档次，因此只有在国内现有的技术手段无法或难以达到产品质量要求而必须运到境外进行某项工序加工的情况下，才可开展出料加工业务。出料加工原则上不能改变原出口货物的物理形态，完全改变则属于一般出口。

1. 开展出料加工的条件

（1）企业开展出料加工业务，应同时符合下列要求：

① 信用等级为一般认证及以上企业；

② 不涉及国家禁止、限制进出境货物；

③ 不涉及国家应征出口关税货物。

（2）企业有下列情形之一的，不得开展出料加工业务：

① 涉嫌走私、违规，已被海关立案调查、侦查，且案件尚未审结的；

② 未在规定期限内向海关核报已到期出料加工账册的。

出料加工货物不受加工贸易禁止类、限制类商品目录限制，不实行加工贸易银行保证金台账及单耗管理等加工贸易相关规定。

2. 报关期限

出料加工货物自运出境之日起6个月内应当复运进境；因正当理由不能在海关规定期限内将出料加工货物复运进境的，应当在到期之前书面向海关说明情况，申请延期。经海关批准可以延期，延长期限最长不得超过3个月。

3. 报关程序

（1）账册设立

海关采用账册方式对出料加工货物实施监管，企业可通过"单一窗口"办理出料加工电子手册设立手续，并提交下列单证：

① 出料加工合同；

② 生产工艺说明；

③ 相关货物的图片或样品等；

④ 海关需要收取的其他证件和材料。

办理出料加工账册设立手续时，企业应如实申报进出口口岸、商品名称、商品编号、数量、规格型号、价格和原产地等；使用境外料件的，还应如实申报使用境外料件的数量、金额。

（2）进出境申报

① 出境申报。出料加工货物从国内出口，企业填报出口货物报关单，监管方式为"出料加工"（监管方式代码1427），征减免税方式为"全免"，"备案号"一栏填写账册编码，其他项目据实填写。属于许可证件管理的商品，免交许可证件；属于应征出口税的商品，应提供担保。为了有效监管，海关可以对出料加工货物附加标志、标记或留取货样。

② 进境申报。出料加工货物从国外加工完毕后复进口（复进口口岸与出口口岸不要求是同一口岸），企业填报进口货物报关单，监管方式为"出料加工"（监管方式代码1427），"商品编号"栏目按实际报验状态填报，每一项复进口货物分列两个商品项填报，其中一项申报所含原出口货物价值，商品数量填写复进口货物实际数量，征减免税方式为"全免"；另一项申报境外加工费、料件费、复运进境的运输及其相关费用和保险费等，商品数量为"0.1"，征减免税方式为"照章征税"。"备案号"一栏填写账册编码，其他项目据实填写。海关对出料加工复运进口货物，以境外加工费和料件费以及复运进境的运输及其相关费用和保险费审查确定完税价格后征收进口税。

③ 核销结关。出料加工电子账册核销期为1年。出料加工电子账册采取企业自主核报、自动核销模式，企业应于出料加工电子账册核销期结束之日起30日内向主管海关核报出料加工电子账册。

7.5.7 进出境快件的报关

1. 含义

进出境快件是指进出境快件运营人，向客户承诺的以快速商业运作方式承揽、承运的进出境的货物、物品。

2. 分类

进出境快件分为文件类（以下简称"A类快件"）、个人物品类（以下简称"B类快件"）和低值货物类（以下简称"C类快件"）三类。

（1）A类快件是指无商业价值的文件、单证、票据和资料（依照法律、国家有关规定应当予以征税的除外）。

（2）B类快件是指境内收寄件人（自然人）收取或者交寄的个人自用物品（旅客分离运输行李物品除外）。

（3）C类快件是指价值在5 000元人民币（不包括运、保、杂费等）及以下的货物，但符合以下条件之一的除外：

① 涉及许可证件管制的；

② 需要办理出口退税、出口收汇或者进口付汇的；

③ 一般贸易监管方式下依法应当进行检验检疫的；

④ 货样广告品监管方式下依法应当进行口岸检疫的。

3. 海关监管要求

（1）进出境快件通关应当在经海关批准的专门场所内进行，如因特殊情况需要在专门监管场所以外进行的，须事先征得所在地海关同意。运营人应当在海关对进出境快件的专门监管场所设立符合海关监管要求的专用场地、仓库和设备。

（2）进出境快件通关应当在海关正常办公时间内进行，如需在海关正常办公时间以外进行，须事先征得所在地海关同意。

（3）营运人应当按照海关的要求，通过新版快件通关管理系统向海关办理进出境快件的报关手续。

（4）进境快件自运输工具申报进境之日起14日内，出境快件在运输工具离境3小时之前，应当向海关申报。

4. 报关程序

（1）A类快件报关时，快件运营人应当向海关提交《中华人民共和国海关进出境快件KJ1报关单》、总运单（复印件）和海关需要的其他单证。

（2）B类快件报关时，快件运营人应当向海关提交《中华人民共和国海关进出境快件个人物品申报单》、每一进出境快件的分运单、进境快件收件人或出境快件发件人身份证件影印件和海关需要的其他单证。B类快件的限量、限值、税收征管等事项应当符合海关总署关于邮递进出境个人物品相关规定。

（3）C类快件报关时，对关税税额在《进出口关税条例》规定的关税起征数额以下的货物和海关规定准予免税的货样、广告品，应提交《中华人民共和国海关进出境快件KJ2报关单》及每一进境快件的分运单、发票和海关需要的其他单证。对应予征税的货样、广告品（法律、法规规定实行许可证件管理的、需进口付汇的除外），应提交《中华人民共和国海关进出境快件KJ3报关单》及每一进境快件的分运单、发票和海关需要的其他单证。进出境C类快件的监管方式为"一般贸易"或者"货样广告品"，征免性质为"一般征税"，征减免税方式为"照章征税"。

快件运营人应当如实向海关申报，并按照海关要求提供相关材料，快件运营人按照上述规定提交复印件（影印件）的，海关可要求快件运营人提供原件验核。

对上述以外的其他货物，按照海关对进出口货物通关的规定办理。

（4）查验

① 海关查验进出境快件时，营运人应派员到场，并负责进出境快件的搬移、开拆和重封包装。

② 海关对进出境快件中的B类快件实施开拆查验时，营运人应通知进境快件的收件人或出境快件的发件人到场。收件人或发件人不能到场的，营运人应向海关提交委托书，代理收发件人的义务，并承担相应的法律责任。

③ 海关认为必要时，可对进出境快件予以径行开验、复验或者提取货样。

7.5.8 超期未报关货物

1. 含义

超期未报关货物是指收货人自运输工具申报进境之日起，超过规定期限3个月未向海关申报的进口货物。

2. 处理方式

进口货物自运输工具申报进境之日起，超过14日内未向海关申报的，由海关按规定征收滞报金；超过规定期限3个月未向海关申报的，按下列规定处理：

（1）进口货物由海关提取变卖处理；

（2）所得价款在优先拨付变卖处理实际支出的费用后，按下列顺序扣除相关费用和税款：① 运输、装卸、储存等费用；② 进口关税；③ 进口环节海关代征税；④ 滞报金。所得价款不足以支付同一顺序的相关费用的，按照比例支付。

进口超期未报货物如属于危险品或者鲜活、易腐、易烂、易失效、易变质、易贬值等不宜长期保存的货物，则由海关根据实际情况，提前变卖处理。

按照规定扣除费用和税款后，尚有余款的，自货物依法变卖之日起1年内，经进口货物收货人申请，予以发还。其中属于国家限制进口的，应当提交许可证件。不能提供的，不予发还。不符合进口货物收货人资格、不能证明对进口货物享有权利的，申请不予受理。逾期无进口货物收货人申请、申请不予受理或者不予发还的，余款上缴国库。申请人申请发还余款的，应当提供证明其为该进口货物收货人的相关资料。经海关审核同意后，申请人应当按照海关对进口货物的申报规定，取得有关进口许可证件，凭有关单证补办进口申报手续。海关对有关进口许可证件电子数据进行系统自动比对验核。申报时没有有效进口许可证件的，由海关按照《中华人民共和国海关行政处罚实施条例》的规定处理。

【能力提升】

一、单选题

1. 作为特定减免税货物的机动车辆，海关的监管年限为（　　）年。

　A. 1　　　　　　　　　　　　　　B. 5

　C. 6　　　　　　　　　　　　　　D. 8

2. （　　）不按照暂时进出境货物进行管理。

　A. 进出境修理货物　　　　　　　　B. 参加国外展览会的出境货物

　C. 来华参加国际展览会的进境货物　D. 国外来华演出团的进境货物

3. 跨境电商是指分属不同（　　）的交易主体，以互联网为媒介，经电子商务平台达成交易，进行支付结算，并通过跨境物流运营商送达商品，完成交易的一种国际商业活动。

A. 国境　　　　　　　　　　　　B. 关境

C. 平台　　　　　　　　　　　　D. 区域

4. A 企业与 B 企业都属于享受进口减免税优惠的企业，A 企业将特定减免税货物转让给 B 企业，应当由（　　）先向主管海关申领《征免税确认通知书》，凭以办理货物的结转手续。

A. A 企业　　　　　　　　　　　B. B 企业

C. 其他企业　　　　　　　　　　D. 以上答案都不对

5. 特定减免税货物在海关监管期内销售、转让的，企业应向海关办理（　　）。

A. 缴纳进口税费的手续　　　　　B. 缴纳出口税费的手续

C. 不需要办理纳税手续　　　　　D. 以上答案都不对

6. 长春市某进出口公司 A，购买韩国产新闻纸一批。货物进口时由大连口岸转关至长春海关办理该批货物的报关纳税手续。承担该批货物境内转关运输的是大连某运输公司 B。在运输途中，因汽车驾驶员王某吸烟，不慎引发火灾，致使该批新闻纸全部灭失。在这种情况下，关于该批货物的纳税义务，下列表述正确的是（　　）。

A. 新闻纸虽已灭失，但 A 公司是该批货物的收货人，故应由 A 公司承担纳税义务

B. 因火灾是由王某个人造成的，应由王某个人承担该批货物的纳税义务

C. 因货物的转关运输是由 B 公司负责的，且该批货物的灭失发生在运输途中，故应由 B 公司承担纳税义务

D. 因货物已灭失，不会对国内经济造成任何冲击，故该批货物无须缴纳任何税费

7. 不适用暂时进出境通关制度的货物或物品的是（　　）。

A. 展览会期间出售的小商品

B. 在展览会中展示或示范用的进口货物、物品

C. 承装一般进口货物进境的外国集装箱

D. 进行新闻报道使用的设备、仪器

8. 参与跨境电商零售进口业务的企业，应当向（　　）办理注册登记。

A. 入境地海关　　　　　　　　　B. 出境地海关

C. 所在地海关　　　　　　　　　D. 销售地海关

9. （　　）不得向海关申请放弃。

A. 保税货物　　　　　　　　　　B. 在海关监管期限内的特定减免税货物

C. 捐赠进口的医疗废物　　　　　D. 暂时进境货物

10. 从境外启运，在我国境内不论是否换装运输工具，通过我国陆路运输，继续运往国外的货物称为（　　）。

　　A. 转运货物　　　　　　　　　　B. 通运货物

　　C. 过境货物　　　　　　　　　　D. 以上答案都不对

11. 上海某航运公司完税进口一批驳船，使用不久后发现大部分驳船油漆剥落，向境外供应商提出索赔，供应商同意减价60万美元，并应进口方的要求以等值的驳船用润滑油补偿。该批润滑油进口时应当办理的海关手续是（　　）。

　　A. 按一般贸易进口报关，缴纳进口税　　B. 按一般贸易进口报关，免纳进口税

　　C. 按无代价抵偿货物报关，缴纳进口税　D. 按无代价抵偿货物报关，免纳进口税

12. 关于无代价抵偿货物的税、证管理规定中，下列表述中错误的是（　　）。

　　A. 如属国家限制进口商品，与原货品名、数量、价值、贸易方式一样，无论原货是否退还境外，均可免予另办许可证件

　　B. 对外商同意因残损而削价并补偿进口的同品名、同规格货物，如价格未超过削价金额的，可免税

　　C. 对于车辆、家电的无代价抵偿货物，进口时可免税，但其留在国内的原货应视其残损程度估价纳税

　　D. 抵偿货物进口申报时，除进口货物报关单外，应随附原进口货物报关单、税款缴纳证、商检证书或索赔协议书

13. 根据出料加工管理规定，在以下四种情况中，不能申请办理出料加工手续的情况是（　　）。

　　A. 国内的技术手段无法达到产品质量要求

　　B. 国内尚不具备加工设备

　　C. 国内尚无达到产品质量要求的加工企业

　　D. 国内虽具备生产能力和技术条件，但加工费用比国外高

14. 误卸、溢卸、放弃及超期未报货物，海关均可依法变卖处理，但前提条件各不一样，下列表述中错误的是（　　）。

　　A. 误卸、溢卸货物经海关审定确定，当事人又未在规定的期限内向海关申报办理进口或退运手续的，由海关变卖处理

　　B. 因可能对环境造成污染，收货人申明放弃的货物由海关变卖处理

　　C. 进口货物自运输工具申报进境之日起超过3个月未向海关申报，即为超期未报货物，由海关变卖处理

　　D. 保税货物超过规定的期限3个月未向海关申请办理复运出境或其他海关手续的，由海关变卖处理

15. 某纺织品进出口公司在国内收购了一批坯布运出境印染，复运进境后委托某服

装厂加工成服装，然后回收出口。前后两次出口适用的报关程序分别是（　　）。

A. 暂时出境和一般出口　　　　　B. 一般出口和进料加工

C. 出料加工和一般出口　　　　　D. 出料加工和进料加工

二、多选题

1. 关于特定减免税货物的管理，以下表述正确的是（　　）。

A. 应按实际去向办理相应的报关和纳税手续

B. 在特定条件和规定范围内使用可减免进口税费

C. 原则上免予交验进出口许可证件

D. 货物进口验放后仍需受海关监管

2. 海关规定特定减免税货物的海关监管期限是（　　）。

A. 飞机、船舶8年　　　　　　　B. 机动车辆6年

C. 机器设备5年　　　　　　　　D. 其他货物3年

3. 特定减免税货物在海关监管期限内申请解除海关监管的，应按以下方法办理（　　）。

A. 在海关监管期限内，在境内出售的，海关可免征进口关税

B. 在海关监管期限内，在境内转让给同样享受进口减免税优惠的企业，接受货物的企业可以凭《征免税确认通知书》办理结转手续，继续享受特定减免税优惠待遇

C. 可以申请将特定减免税货物退运出境

D. 可以书面申请放弃，交海关处理

4. 属于暂时进出境货物范围的是（　　）。

A. 在展览会、交易会、会议及类似活动展示的货物

B. 文化、体育交流活动中使用的表演、比赛用品

C. 货样

D. 盛装货物的容器

5. 下列货物与展出活动有关，但不是展览品，不按展览品申报进境的是（　　）。

A. 展览会期间出售的小商品

B. 展览会期间使用的含酒精的饮料、烟叶制品、燃料

C. 参展商随身携带进境的含酒精饮料、烟叶制品

D. 供各种国际会议使用或与其有关的档案、记录、表格及其他文件

6. 下列关于《ATA单证册》的表述正确的是（　　）。

A. 是用于替代各缔约方海关暂时进出口货物报关单和税费担保的国际性通关文件

B. 是国际统一通用的海关申报单证

C. 一般由公约的各缔约方海关机构签发

D. 必须使用英语或法语，如果需要，也可以同时用第三种语言印刷

7. 下列货物不得申请转关运输的是（   ）。
   A. 易制毒化学品 B. 监控化学品
   C. 消耗臭氧层物质 D. 汽车类，包括成套散件和二类底盘

8. 跨境电商零售进出口业务类型包括（   ）。
   A. 一般出口 B. 特殊区域出口
   C. 直购进口 D. 网购保税进口

9. 无代价抵偿货物进口，在向海关申报时，应提供（   ）。
   A. 原进口货物报关单
   B. 买卖双方的索赔协议
   C. 原进口货物税款缴纳书
   D. 原进口货物退运出境的《出口货物报关单》

10. 禁止过境的货物包括（   ）。
    A. 各种烈性毒药、麻醉品和毒品
    B. 与我国签有铁路运输联运协议的国家的过境货物
    C. 来自或运往我国停止或禁止贸易的国家和地区的货物
    D. 与我国签有过境货物协定的国家的过境货物

11. 下列暂时进出境货物应当按"暂时进出口货物"申报的是（   ）。
    A. 马戏团演出用动物 B. 安装设备时使用的工具
    C. 进博会上的进口展品 D. 国际车展展台用照明器具

12. 下列关于特定减免税货物管理的表述正确的是（   ）。
    A. 特定减免税的申请首先需要确认减免税的资格，然后是《中华人民共和国进出口货物征免税确认通知书》的申领
    B. 国内投资项目和利用外资项目减免税资格确认的依据是由国务院有关部门或省市人民政府签署的《国家鼓励发展的内外资项目确认书》
    C. 《征免税确认通知书》实行"一证一批"的原则
    D. 《征免税确认通知书》的有效期为6个月，且不得延期

13. 下列关于海关对进出境货物监管期限的表述正确的是：
    A. ATA单证册项下的展览品自货物进境之日起6个月内应当复运出境，但经海关批准后可以延期，延长的期限最长不得超过3个月
    B. 境外集装箱箱体暂时进境，应当于进境之日起6个月内复运出境，但经海关批准后可以延期，延长的期限最长不得超过3个月
    C. 过境货物的过境期限为6个月，但经海关批准后可以延期，延长的期限最长不得超过3个月
    D. 出料加工货物自出境之日起6个月内应当复运进境，但经海关批准后可以延期，

延长的期限最长不得超过 3 个月

14. 下列关于进境快件适用报关单证的表述，正确的是（   ）。

A. 文件类应当适用 KJ1 报关单

B. 个人物品类应当适用快件个人物品报关单

C. 海关规定准予免税的货样、广告品应当适用 KJ2 报关单

D. 其他货物类应当适用 KJ3 报关单

15. 按照海关规定，进出口货物在转关运输期间，关于转关运输的规定以及向海关承担的义务，下列说法正确的是（   ）。

A. 转关货物必须存放在海关指定的仓库、场所

B. 存放转关货物的仓库、场所的负责人，必须按海关规定办理收存、交付手续

C. 未经海关许可，转关货物不得开拆、改装、调换、提取、交付

D. 转关运输途中，货物发生短少、损坏、丢失，应及时向海关报告，除不可抗力原因外，承运人应当尽相应的纳税义务和法律责任

三、综合技能训练

1. 2022 年上海某钢铁集团从南非进口一批铁矿石，分两批各 200 吨由巴拿马籍轮船运进，2022 年 6 月 10 日，第一批货物进口，正好同合同相符，2022 年 9 月 19 日，第二批由于日本的客户不履行合同导致卸在我国港口 250 吨优质铁矿石，经我国钢铁集团和南非出口商协商，以正常价格的 80% 收购多出来的 50 吨铁矿石。某钢铁集团委托上海龙图报关公司代理报关。

根据上述案例，回答下列问题。

(1) 对于那 50 吨不在合同范围以内的铁矿石，称之为（   ）。

A. 通运货物   B. 误卸货物

C. 溢卸货物   D. 转口货物

(2) 对于该批货物，下列说法正确的是（   ）。

A. 由龙图报关公司填写报关单向海关申报，并要提供溢卸证明

B. 按照一般贸易征税，属于限制进口的要提供有关证件

C. 可以直接同其余 200 吨一同进口无须考虑是否单独报关

D. 如果无人收购，出口商过期不作处理，则海关有权变卖

(3) 对于溢卸货物抵补短卸货物，下列说法正确的是（   ）。

A. 限于同一运输工具，同一种货物

B. 不同运输工具的同一种货物

C. 只要货物相同就可以抵补

D. 如非同一运输工具则限于同一运输公司、同一发货人、同种货物

（4）关于溢卸、误卸货物的处理，下列说法正确的是（　　）。

A. 经过正常合理的进口报关手续原收货人可以接受溢卸货物

B. 运往国外的误卸货物，运输工具负责人要求退运境外的，经海关查实可退运境外

C. 运往境内的误卸货物可以由收货人就地报关进口或者办理转关

D. 对于溢卸或者误卸货物，原收货人不接受且不退运的，可以要求在国内销售，由运输工具所有人负责报关

（5）对于溢装和误卸货物的期限，下列说法正确的是（　　）。

A. 原运输工具负责人可在3个月内向海关申请办理退运

B. 经海关批准可以延期6个月办理退运或者进口

C. 该货物的收货人可以在卸货6个月内申报进口

D. 对于危险品或者鲜活、易腐、易贬值等货物，海关可以依法提前提取变卖

2. 北京大学邀请境外一学术代表团来华进行学术交流，通过货运渠道从北京国际机场口岸运进一批讲学必需的设备，其中有一个先进的智能机器人是国内所没有的。货物进口时，北京大学作为收货人委托北京某报关企业在机场海关办理该批设备的进口手续。交流结束后，北京大学同外国代表团协商解决留购该机器人以备研究，并以科教用品的名义办妥减免税手续。其余测试设备在规定期限内经北京国际机场复运出口。

根据上述案例，回答下列问题。

（1）该批设备进口时应按照（　　）申报。

A. 一般进口货物　　　　　　　B. 保税进口货物

C. 特定减免税进口货物　　　　D. 暂时进口货物

（2）该批设备进口时，其税费手续可按（　　）处理。

A. 暂予免缴进口税，但须提供担保

B. 免税，但须在进口前办妥减免税申请手续

C. 保税，但须在进口前办妥登记备案手续

D. 按实际支付的租金额征税，其余货值保税

（3）该机器人留购申报时，应按（　　）向海关申报。

A. 一般进口货物　　　　　　　B. 保税进口货物

C. 暂时进口货物　　　　　　　D. 减免税进口货物

（4）该批设备在境内使用期间，应遵守的海关监管规则是（　　）。

A. 按特定目的使用，并在规定期限内按原状复运出境

B. 若货物留购，须报经海关批准，并按一般进口货物报关（在办妥减免税申请手续的情形下，可按减免税进口）办理海关手续

C. 货物应在规定的5年时限内，接受海关监管

D. 超出特定使用目的的，应按实际使用年限，折旧补税

（5）对留购的智能机器人，应按下列规定办理（　　）。

A. 应按特定减免税货物重新办理进口手续

B. 按其进口完税价格的0.3%缴纳海关监管手续费

C. 若涉及贸易管制，应办妥审批手续，并向海关交验管制证件

D. 应按已使用年限，折旧补税后，再按特定减免税货物重新办理进口手续

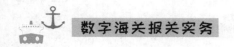

第8章 进出口货物报关单的填制

【导入案例】

某公司进口汽车零配件，其进口总价为 CIF 600 万美元，其中生产成本、费用及利润 500 万美元，专利及专有技术费为 100 万美元。由于零配件进口时已包含特许权使用费，所以海关按照 600 万美元征收其进口关税、增值税。这种情况，汽车零配件的特许权使用费已包含在货款中一并支出，不产生特许权使用费项目的非贸付汇，所以境内企业亦不发生特许权使用费有关的代扣代缴义务。但是，如果该公司将其进口零配件向海关申报的价格改为 500 万美元，并缴纳关税和增值税。另外，专利及专有技术费采取每年按照销售额的 1% 向外方支付，这就产生了特许权使用费项目的非贸付汇。作为关务师，请设计以上两种专利及专有技术费用申报的操作方案。

讨论题

1. 通常情况下，进出口货物收发货人或其代理人如何向海关申报进出口货物的具体情况？

2. 进出口报关单中各栏目的信息来源于哪里？

3. 进出口货物报关单填写有哪些规范？

4. 以上材料中涉及的"特许权使用费项目的非贸付汇"需要向海关申报吗？该如何申报？

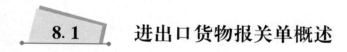

8.1 进出口货物报关单概述

8.1.1 含义

进出口货物报关单指进出口货物的收发货人或其代理人，按照海关规定格式对进出口货物的实际情况做出书面申明,以此要求海关对其货物按适用的海关制度办理通关手续的法律文书。《海关法》规定,进口货物的收货人、出口货物的发货人应当向海关如实申报,交验进出口许可证件和有关单证。

8.1.2 类别

1. 按进出口的流向分类

按进出口流向分类报关单可以分为进口报关单(图8-1)和出口报关单(图8-2)。

2. 按表现形式分类

按表现形式分类,报关单可以分为电子数据报关单和纸质报关单。一张电子数据报关单(即一个报关单编号)对应一份纸质报关单。电子数据报关单由预录入公司或与海关有电子联网的公司录入并发送给海关,海关接受之后就是电子数据报关单。电子数据报关单打印出来即为纸质报关单。

3. 按使用性质分类

按使用性质分类,报关单可以分为进料加工进出口货物报关单、来料加工及补偿贸易进出口货物报关单、一般贸易及其他贸易进出口货物报关单。

图 8-1 进口货物报关单①

---

① 通常情况下,报关单中浅灰色部分被称为报关单的表头,深灰色部分被称为报关单的表体,表头和表体部分是进出口货物需要向海关依法申明的信息。

```
中华人民共和国海关出口货物报关单
```

预录入编号：		海关编号：		
境内发货人	出境关别	出口日期	申报日期	备案号
境外收货人	运输方式	运输工具名称及航次号		提运单号
生产销售单位	监管方式	征免性质		许可证号
合同协议号	贸易国（地区）	运抵国（地区）	指运港	离境口岸
包装种类	件数	毛重（千克）	净重（千克）	成交方式	运费	保费	杂费
随附单证				
标记唛码及备注				

项号	商品编号	商品名称及规格型号	数量及单位	单价/总价/币制	原产国（地区）	最终目的国（地区）	境内货源地	征免

特殊关系确认：	价格影响确认：	支付特许权使用费确认：	自报自缴：
报关人员	报关人员证号	电话	兹申明对以上内容承担如实申报、依法纳税之法律责任	海关批注及签章
申报单位			申报单位（签章）	

图8-2 出口货物报关单

4. 按用途分类

按用途分类，报关单可以分为报关单录入凭单、预录入报关单和电子数据报关单。报关单录入凭单指申报单位按海关规定的格式填写的凭单，作为报关单预录入的依据。预录入报关单指预录入单位录入、打印，并联网将录入数据传送到海关，由申报单位向海关申报的报关单。电子数据报关单指申报单位通过电子计算机系统，按照填制规范的要求，向海关申报的电子报文形式的报关单。

8.1.3 进出口货物报关单各联的用途

纸质进口货物报关单一式五联，分别是海关作业联、海关留存联、企业留存联、海关核销联、进口付汇证明联；纸质出口货物报关单一式六联，分别是海关作业联、海关留存联、企业留存联、海关核销联、出口收汇证明联、出口退税证明联。不同的贸易方式下，具体使用的联数有所不同。

海关作业联、海关留存联和企业留存联这三联属于报关单的基本联。一般贸易进口货物（需要付汇的）增加一联进口付汇证明联；出口货物（需要退税和收汇的）增加出口收汇证明联和出口退税证明联。来料加工贸易和进料加工贸易进出口货物会增加一联海关核销联。

货物报关单出口退税证明联是海关对已实际申报出口并已装运离境的货物所签发的证明文件，是国家税务部门办理出口货物退税手续的重要凭证之一。出口货物发货人或其代理人在载运货物的运输工具实际离境，办理结关手续后，向海关申领出口货物报关单出口退税证明联。对不属于退税范围的货物，海关不予签发该联。

随着网络技术的成熟，上述各报关单证明联已可凭电子数据进行相关作业，纸质报关单证明联在需要时可向海关申领。

8.1.4 海关对填制报关单的一般要求

1. 基本要求

报关人员必须按照《中华人民共和国海关法》《中华人民共和国海关进出口货物申报管理规定》《中华人民共和国海关进出口货物报关单填制规范》的有关规定和要求，如实填写报单关。

（1）报关单的填报必须真实，做到"两个相符"：

① 单、证相符，即所填报关单各栏目的内容必须与合同、发票、装箱单、提单以及批文等随附单据相符；

② 单、货相符，即所填报关单各栏目的内容必须与实际进出口货物情况相符，不得伪报、瞒报、虚报。

（2）报关单的填报要准确、齐全、完整、清楚。报关单各栏目的内容要逐项详细、准确填写。报关单申报后，改单或者删单事关报关单位的报关差错统计和企业评级。

2. 具体要求

（1）不同批文或合同的货物、同一批货物中不同贸易方式的货物、不同备案号的货物、不同提运单的货物、不同征免性质的货物、不同运输方式或相同运输方式但不同航次的货物等，均应分别填写报关单。即报关单表体中除了备注栏，每栏只能填一种情况，涉及多种情况的，只能分成不同的报关单填写。

（2）在反映进出口商品情况的项目中，须分项填报的主要有：商品编号不同的；商品名称不同的；原产国（地区）/最终目的国（地区）不同的。即报关单的表体，每一栏可以分行填写多项内容。一份电子数据报关单最多可以填报 50 项商品。一张纸质报关单最多可打印 6 项商品，可另外附带 8 张纸质报关单。

8.1.5 进出口货物报关单填制前的准备

1. 报关单填制前的单证收集及初核

报关人员在填制报关单前应收集齐所有报关单证，并对报关单证的正确性、齐全性、有效性进行审核，保证申报信息的一致性，符合海关对申报的要求。

2. 了解申报商品、确定商品归类及管制证件

对商品的属性进行了解，保证申报要素的齐全、归类的正确，并确定进出口货物的贸易管制状况，如需要办理相关证件，应及早代为办理或协助进出口单位办理。

3. 查找报关单各栏目的填写信息

按照报关单上栏目设置,分类查找报关单各栏目的填写信息。其主要有:查找与货物成交情况相关的信息,查找与运输和包装情况相关的信息,查找与海关管理相关的信息。通过报关单各栏目信息的查找,确认对应信息是否齐全,为正式进行报关单填制奠定基础。

4. 根据查找信息核实申报内容

在查找完毕报关单各栏目信息后,根据报关单与随附单证的对应关系,确认主要报关内容的一致性及合理性。通过对报关随附单证的审核,准确填制报关单监管方式、征免性质等栏目;核实确认贸易管制状况,确认须交验的许可证件,通过审核发票所表述的有关销售方式、支付条件、折扣、单价、总价、计量单位、包装费用、国际运输费用、保险费用、其他费用,以及卖方、托运人或其代理人有关成交价格的声明来确定进出口货物完税价格等。

5. 填制报关单草单

在核查确认发票、装箱单、提运单中与报关单栏目相对应的信息之后,按照报关单填制规范的要求,在纸质报关单草单上逐栏填写申报内容。①

 进出口货物报关单填制的信息来源

进出口货物报关单的填制主要是根据这批进出口货物的发票、装箱单、提运单、原产地证等有关资料填写。报关单中海关监管要求的货物成交相关信息,如收发货人、合同协议号、贸易国、成交方式、包装种类、件数、重量、品名、数量、价格、币制等在发票和装箱单上查找,进出境关别、运输方式、运输工具名称、提运单号、起运国/运抵国、经停港/指运港、最终目的国等运输信息内容一般在提运单中查找。

8.2.1 商业发票

商业发票(Commercial Invoice),通常简称为发票,是卖方开立的载有货物名称、数量、价格等内容的清单,作为买卖双方交接货物和结算货款的主要单证,是进口国确定征收进口关税的依据,也是买卖双方索赔、理赔的依据。

发票的出票人是判断进出口货物是否发生买卖关系的指标之一。"是否发生买卖关

---

① 本教材关于报关单草单填制要求与实际工作中草单填制操作可能会有所不同,教材要求草单填制时一般均须填写规范的中文名称与代码,例如"一般贸易",按"一般贸易 0110"格式填写,而在工作中实际操作环节,多数草单仅填写为"0110"。出于教学目的,本教材作相关栏目应填写规范的名称与代码的要求。

系"在填制报关单的时候,是用来判断"境外收发货人""贸易国""启运国(地区)"和"运抵国(地区)"等栏填写内容的重要依据。

例如在图 8-3 的发票上面有这样的内容:From New York To Ningbo Via Singapore,说明货物"从纽约经新加坡到达宁波",也就是说进口货物在新加坡进行了中转。在填制进口报关单的时候,根据发票的"出票人"(出票人一般在发票的右下方)来判断货物是否发生了买卖关系。在本发票中,如果发票的出票人是新加坡的公司,则说明货物在新加坡中转时发生了买卖关系。货物是由新加坡的公司卖给我国境内的进口方。这种情况下,进口报关单的"贸易国"填写"新加坡","启运国(地区)"填写"新加坡"。然而,此发票的出票人是韩国的公司,则说明货物是由韩国的公司卖给我国的。此种情况下,进口报关单的"贸易国"填写"韩国","启运国(地区)"填写"美国"。

```
COMMERCIAL INVOICE

Seller:                                    Invoice No. and Date:
KOREA ABC CO., LTD.                        MX736431 15th MAR 2018
13/E, SEOCHO BUILDING SEOUL, KOREA         L/C No.: 82883921

Consignee:                                 Buyer (if any than consignee)
TO THE ORDER OF BANK OF CHINA, KOREA BRANCH   NINGBO DEF CO., LTD.

Vessel:                                    Reference No.:
DA QING HE V.312                           S/C NO.: EER8000009

From:          To:          Via:
NEW YORK       NINGBO       SINGAPORE

Marks & Nos. Kind of Package Goods Description Quantity Unit Price Amount
                                                      CIF NINGBO
DEF              PAINT      28 300LTR    $ 2.00/LTR    $ 26 600
NINGBO
C/NO.:         Country of origin: SINGAPORE

                    Signed by:    KOREA ABC CO.,LTD
```

图 8-3 商业发票

8.2.2 装箱单

装箱单(Packing List)是发票的补充单据,是列明商品不同包装规格、不同花色和不同重量等详细包装事宜的一种单据。它是海关查验和买方收货核对货物的品种、花色、尺寸、规格和海关验收的主要依据。报关单中的毛重、净重、包装种类、件数等信息通常都会出现在装箱单中(图 8-4)。

PACKING LIST	
Seller： KOREA ABC CO., LTD. 13/E, SEOCHO BUILDING SEOUL, KOREA	Invoice No. and Date： MX736431 15th MAR 2018 L/C No.：82883921
Consignee： TO THE ORDER OF BANK OF CHINA, KOREA BRANCH	Buyer (if any than consignee) NINGBO DEF CO., LTD.
Vessel： DA QING HE V.312	Reference No.： S/C NO.：EER8000009
From： To： Via： New YORE NINGBO SINGAPORE	
Marks & Nos. Kind of Package Goods Description Quantity G.W. N.W. Measurement	
480WOODEN CASES　　　　PAINT　　　　　LTR　　KG　　KG 　TOTAL：480WOODEN CASES　　　　　　28 300　41000　4000 　　　　　　　　　　　　　　　Signed by：___KOREA ABC CO., LTD___	

图 8-4　装箱单

8.2.3　提（运）单

这里的提（运）单（Bill of Landing）包括海运中的提单、海运单和其他运输方式下的各种运输单据，是体现进出口货物运输信息的主要单据，也是报关单填制的主要依据（图8-5）。

BILL OF LADING	
Seller： KOREA ABC CO., LTD 13/E. SEOCHO BUILDING SEOUL, KOREA	B/L No.：COSU9292342
Consignee： TO THE ORDER OF BANK OF CHINA, KOREA BRANCH	**COSCO** 中国远洋
Notify Party： NINGBO DEF CO., LTD. 145 RENMIN ROAD, NINGBO CHINA	
Vessel and VOY No.： DA QING HE V.312	Place of Receipt：
Port of Loading： SINGAPORE	Port of Transhipment；
Port of Discharge： NINGBO	Place of Delivery：

续表

Marks & Nos	Number & Kind of Packages	Description of goods	GW	Measurement
DEF NINGBO C/NO.:	SHIPPER LOAD COUNT AND SEALED 3×20′ CONTAINERS 480 CASES FREIGHT PREPAID TOTAL:THREE TWENTY FOOT CONTAINERS ONLY SIZE/TYPE/CONTAINER NO/TARE 20/DRY/CHBU9829299/2000 20/DRY/CHBU9293002/2100 20/DRY/HEXU7262633/2200	PAINT	41 000KG	71CBM
FREIGHT & CHARGES PREPAID COLLECT		AS CARRIER: CHINA OCEAN SHIPPING COMPANY		

图 8-5 提(运)单

8.3 进出口货物报关单的填制

报关单预录入编号和海关编号都是由系统自动生成的 18 位编号。预录入号指预录入的报关单的编号,一份报关单对应一个预录入编号。海关编号指海关接受申报时给予报关单的编号,一份报关单对应一个海关编号。18 位编号的结构是,第 1~4 位为接受申报海关的代码(海关规定的"关区代码表"中相应海关代码),第 5~8 位为申报时的公历年份,第 9 位为进出口标志("1"为进口,"0"为出口;集中申报清单"I"为进口,"E"为出口),后 9 位为顺序编号。

8.3.1 进出口货物报关单表头各栏目的填制

1. 境内收发货人

(1) 含义

境内收发货人指在海关备案的对外签订并执行进出口贸易合同的中国境内法人、其他组织或个人。

(2) 填报要求

本栏目必须"双填",即同时填报其名称及编码。编码填报 18 位法人和其他组织统一社会信用代码,没有统一社会信用代码的,填报其在海关的备案编码。

(3) 编码结构

① 法人和其他组织统一社会信用代码编号。统一社会信用代码由登记管理部门代

码（第1位）、机构类别代码（第2位）、登记管理机关行政区划码（第3~8位）、主体标识码（组织机构代码，第9~17位）、校验码（第18位）五部分组成。

②海关注册编码共10位，由数字和24个英文大写字母（I、O除外）组成。

第1~4位数为企业注册地行政区划代码，其中第1、第2位数表示省、自治区、直辖市、特别行政区，例如北京市为11，广东省为44；第3、第4位数表示省辖市（地区、省直辖行政单位），包括省会城市和沿海开放城市，若第3、第4位数用"90"的，则表示未列名的省直辖行政单位。

第5位数为企业注册地经济区划代码："1"表示经济特区；"2"表示经济技术开发区；"3"表示高新技术产业开发区；"4"表示保税区；"5"表示出口加工区/珠澳跨境工业园区；"6"表示保税港区/综合保税区；"7"表示保税物流园区；"9"表示其他；"W"表示保税物流中心。

例如，珠海市为4404，包括珠海特区44041、珠海保税区44044。

第6位数为企业经济类型代码："1"表示有进出口经营权的国有企业；"2"表示中外合作企业；"3"表示中外合资企业；"4"表示外商独资企业；"5"表示有进出口经营权的集体企业；"6"表示有进出口经营权的民营企业；"7"表示有进出口经营权的个体工商户；"8"表示有报关权而没有进出口经营权的企业；"9"表示其他，包括外国驻华企事业机构、外国驻华使领馆和临时有进出口经营权的单位。

第7~10位数为顺序编号。

（4）特殊情况下填制要求

① 进出口货物合同的签订者和执行者非同一企业的，填报执行合同的企业。

② 外商投资企业委托进出口企业进口投资设备、物品的，填报外商投资企业，并在标记唛码及备注栏注明"委托某进出口企业进口"，同时注明被委托企业的18位法人和其他组织统一社会信用代码。

③ 有代理报关资格的报关企业代理其他进出口企业办理进出口报关手续时，填报委托的进出口企业。

④ 海关特殊监管区域收发货人填报该货物的实际经营单位或海关特殊监管区域内经营企业。

⑤ 免税品经营单位经营出口退税国产商品的，填报免税品经营单位名称。

2. 进出境关别

（1）含义

进出境关别指的是货物实际进出我国关境口岸的海关名称。根据货物实际进出境的口岸海关，填报海关规定的《全国海关关区代码表》中相应口岸海关的名称及代码。

（2）填报要求

① 若有多个海关可以填写，应填报货物实际进出我国关境口岸海关的名称及代码。

例如，货物由天津新港口岸进境，"进口口岸"栏不能填报为"天津关区 0200"，也不能填报为"天津海关 0201"，而应填报为"新港海关 0202"。

② 进口转关运输货物填报货物进境地海关名称及代码，出口转关运输货物填报货物出境地海关名称及代码。按转关运输方式监管的跨关区深加工结转货物，出口报关单填报转出地海关名称及代码，进口报关单填报转入地海关名称及代码。

③ 在不同海关特殊监管区域或保税监管场所之间调拨、转让的货物，填报对方海关特殊监管区域或保税监管场所所在的海关名称及代码。

④ 其他无实际进出境的货物，填报接受申报的海关名称及代码。

3. 日期

报关单上所涉及的日期，包括进出口日期，申报日期、填制日期和放行日期。填制日期是指报关人员填制报关单的日期，电子数据报关单的填制日期由计算机自动生成。放行日期是指海关对接受申报的进出口货物做出放行决定的日期，由海关关员手工签注。

下面重点说明进出口日期和申报日期。

（1）含义

进口日期填报运载进口货物的运输工具申报进境的日期。出口日期指运载出口货物的运输工具办结出境手续的日期，在申报时可免予填报。无实际进出境的货物，填报海关接受申报的日期。

申报日期是指海关接受进出口货物的收发货人或受其委托的报关企业申报的日期。以电子数据报关单方式申报的，申报日期为海关计算机系统接受申报数据时记录的日期。以纸质报关单方式申报的，申报日期为海关接受纸质报关单并对报关单进行登记处理的日期。本栏目在申报时免予填报。

（2）填报要求

① 日期书写规范。进出口日期、申报日期、填制日期和放行日期的栏目均为 8 位数字，顺序为年（4 位）、月（2 位）、日（2 位）。例如：一批进口货物于 2024 年 3 月 19 日运抵，则进口日期填"20240319"，申报日期免予填报。

② 除特殊情况外，进口货物申报日期不得早于进口日期；出口货物申报日期不得晚于出口日期。

4. 备案号

（1）含义

备案号栏填报进出口货物收发货人、消费使用单位、生产销售单位在海关办理加工贸易合同备案或征、减、免税审核确认等手续时，海关核发的加工贸易手册、海关特殊监管区和保税监管场所保税账册、征免税确认通知书或其他备案审批文件的编号。备案号长度为 12 位，其中第 1 位为标记码，如表 8-1 所示。

表 8-1 备案号首位代码

首位代码	备案审批文件	首位代码	备案审批文件
B*	加工贸易手册（来料加工）	RZ	减免税进口货物结转联系函
C*	加工贸易手册（进料加工）	H	出口加工区电子账册
D*	加工贸易不做价设备	Y*	原产地证书
E*	加工贸易电子账册	Z*	征免税确认通知书
RT	减免税进口货物准予退运证明	RB	减免税货物补税通知书

（2）填报要求

① 一份报关单只允许填一个备案号。

② 常用的备案号首位如"B""C""D""E""Y""Z"务必掌握，其他可以了解一些。

③ 要注意"Y"。一般情况下，将备案号12位填在本栏就够了，但"Y"比较特殊。实行原产地证书联网管理的香港、澳门 CEPA① 项下进口货物，本栏填报"Y"+"11位原产地证书编号"；未实际原产地证书联网管理的如曼谷协定项下进口货物，本栏不填，而作为监管证件填在"随附单据"栏。详见"随附单据"栏的填制规范。

④ 加工贸易项下货物，除少量低值辅料按规定不使用《加工贸易手册》及以后续补税监管方式办理内销征税的外，填报《加工贸易手册》编号。

加工贸易成品凭《征免税确认通知书》转为减免税进口货物的，进口报关单填报《征免税确认通知书》编号，出口报关单填报《加工贸易手册》编号。

对加工贸易设备、使用账册管理的海关特殊监管区域内减免税设备之间的结转，转入和转出企业分别填制进、出口报关单，在报关单"备案号"栏目填报《加工贸易手册》编号。

⑤ 涉及征、减、免税审核确认的报关单，填报《征免税确认通知书》编号。

⑥ 减免税货物退运出口，填报《海关进口减免税货物准予退运证明》的编号；减免税货物补税进口，填报《减免税货物补税通知书》的编号；减免税货物进口或结转进口（转入），填报《征免税确认通知书》的编号；相应的结转出口（转出），填报《海关进口减免税货物结转联系函》的编号。

⑦ 免税品经营单位经营出口退税国产商品的，免予填报。

5. 境外收发货人

（1）含义

境外收货人通常指签订并执行出口贸易合同中的买方或合同指定的收货人，境外发

---

① CEPA 是《〈内地与香港关于建立更紧密经贸关系的安排〉货物贸易协议》和《〈内地与澳门关于建立更紧密经贸关系的安排〉货物贸易协议》的英文简称。在该协议下，原产于香港和澳门特别行政区的部分进口货物，适用零关税。

货人通常指签订并执行进口贸易合同中的卖方。

（2）填报要求

① 填报境外收发货人的名称及编码。名称一般填报英文名称，检验检疫要求填报其他外文名称的，在英文名称后填报，以半角括号分隔；对于 AEO 互认国家（地区）企业的编码填报 AEO 编码，填报样式按照海关总署发布的相关公告要求填报（如新加坡 AEO 企业填报样式为：SG123456789012，韩国 AEO 企业填报样式为 KR1234567）；非互认国家（地区）AEO 企业等其他情形，编码免予填报。

② 特殊情况下无境外收发货人的，名称及编码填报"NO"。

6．运输方式

（1）含义

运输方式包括实际运输方式和海关规定的特殊运输方式，前者指货物实际进出境的运输方式，按进出境时所使用的运输工具分类；后者指货物无实际进出境的运输方式，按货物在境内的流向分类。

（2）填报要求

本栏目应根据货物实际进出境的运输方式或货物在境内流向的类别，按照海关规定的《运输方式代码表》选择填报相应的运输方式，如表8-2所示。

特殊情况下运输方式的填报要求：

① 非邮件方式进出境的快递货物，按实际运输方式填报；

② 进口转关运输货物，按载运货物抵达进境地的运输工具填报；出口转关运输货物，按载运货物驶离出境地的运输工具填报。

表 8-2　运输方式代码表及说明

代码	名称	运输方式说明
0	非保税区	非保税区运入保税区和保税区退区
1	监管仓库	境内存入保税仓库和出口监管仓库退仓
2	水路运输	
3	铁路运输	
4	公路运输	
5	航空运输	
6	邮件运输	
7	保税区	保税区运往非保税区
8	保税仓库	保税仓库转内销或转加工贸易
9	其他运输方式	海关特殊监管区域内的流转、调拨货物，海关特殊监管区域、保税监管场所之间的流转货物，海关特殊监管区域外的加工贸易余料结转、深加工结转、内销货物，以及其他境内流转货物

续表

代码	名称	运输方式说明
G	固定设施运输	以固定设施（包括输油、输水管道和输电网等）运输货物
L	旅客携带	
W	物流中心	从境内保税物流中心外运入中心或从中心运往境内中心外
Y	保税港区/综合保税区	保税港区、综合保税区运往境内（区外）（非特殊区域、保税监管场所）或境内（区外）运入保税港区、综合保税区
Z	出口加工区	出口加工区、珠澳跨境工业区（珠海园区）、中哈霍尔果斯边境合作区（中方配套区）与境内（区外）（非海关特殊监管区域、保税监管场所）之间进出
H	边境特殊海关作业区	境内运入深港西部通道港方口岸区
T	综合实验区	经横琴新区和平潭综合实验区二线制定申报通道运往境内区外或从境内经二线制定申报通道进入综合实验区，以及综合实验区内按选择性征收关税申报的货物

7. 运输工具名称及航次号

（1）含义

运输工具是指从事国际（地区）运营业务进出关境和境内载运海关监管货物的工具。

（2）填报要求

本栏目填报载运货物进出境的运输工具名称或编号及航次号。

① 运输工具名称的具体填报要求

直接在进出境地或采用全国通关一体化通关模式办理报关手续的报关单填报要求如下：

水路运输：填报船舶编号（来往港澳小型船舶为监管簿编号）或者船舶英文名称。例如，"SUNSHINE"号轮 HV320W 航次，本栏填报"SUNSHINE/HV320W"。

公路运输：启用公路舱单前，填报该跨境运输车辆的国内行驶车牌号，深圳提前报关模式的报关单填报国内行驶车牌号 + "/" + "提前报关"。启用公路舱单后，免予填报。

铁路运输：填报车厢编号或交接单号。

航空运输：填报航班号。

邮件运输：填报邮政包裹单号。

其他运输：填报具体运输方式名称，例如：管道、驮畜等。

② 转关运输货物的报关单填报要求

转关运输货物的报关单填报要求如下：

A. 进口

水路运输：直转、提前报关填报"@"+16位转关申报单预录入号（或13位载货清单号）；中转填报进境英文船名。

铁路运输：直转、提前报关填报"@"+16位转关申报单预录入号；中转填报车厢编号。

航空运输：直转、提前报关填报"@"+16位转关申报单预录入号（或13位载货清单号）；中转填报"@"。

公路及其他运输：填报"@"+16位转关申报单预录入号（或13位载货清单号）。

以上各种运输方式使用广东地区载货清单转关的提前报关货物填报"@"+13位载货清单号。

B. 出口

水路运输：非中转填报"@"+16位转关申报单预录入号（或13位载货清单号）。如多张报关单需要通过一张转关单转关的，运输工具名称字段填报"@"；中转货物，境内水路运输填报驳船船名；境内铁路运输填报车名（主管海关4位关区代码+"TRAIN"）；境内公路运输填报车名（主管海关4位关区代码+"TRUCK"）。

铁路运输：填报"@"+16位转关申报单预录入号（或13位载货清单号），如多张报关单需要通过一张转关单转关的，填报"@"。

航空运输：填报"@"+16位转关申报单预录入号（或13位载货清单号），如多张报关单需要通过一张转关单转关的，填报"@"。

其他运输方式：填报"@"+16位转关申报单预录入号（或13位载货清单号）。

采用"集中申报"通关方式办理报关手续的，报关单栏目填报"集中申报"。

免税品经营单位经营出口退税国产商品的，免予填报。

无实际进出境的货物，免予填报。

③ 航次号具体填报要求

A. 直接在进出境地或采用全国通关一体化通关模式办理报关手续的报关单

水路运输：填报船舶的航次号。

公路运输：启用公路舱单前，填报运输车辆的8位进出境日期［顺序为年（4位）、月2位）、日（2位），下同］。启用公路舱单后，填报货物运输批次号。

铁路运输：填报列车的进出境日期。

航空运输：免予填报。

邮件运输：填报运输工具的进出境日期。

其他运输方式：免予填报。

B. 转关运输货物的报关单

a. 进口

水路运输：中转转关方式填报"@"+进境干线船舶航次。直转、提前报关免予填报。

  公路运输：免予填报。

  铁路运输："@"+8位进境日期。

  航空运输：免予填报。

  其他运输方式：免予填报。

  b. 出口

  水路运输：非中转货物免予填报。中转货物：境内水路运输填报驳船航次号；境内铁路、公路运输填报6位启运日期［顺序为年（2位）、月（2位）、日（2位）］。

  铁路拼车拼箱捆绑出口：免予填报。

  航空运输：免予填报。

  其他运输方式：免予填报。

  免税品经营单位经营出口退税国产商品的，免予填报。

  无实际进出境的货物，免予填报。

  8. 提运单号

  (1) 含义

  提运单号是指进出口货物提单或运单的编号。一份报关单只允许填报一个提单或运单号，一票货物对应多个提单或运单时，应分单填报。

  (2) 填报要求

  ① 直接在进出境地或采用全国通关一体化通关模式办理报关手续的

  水路运输：填报进出口提单号。如有分提单的，填报进出口提单号+"*"+分提单号。

  公路运输：启用公路舱单前，免予填报；启用公路舱单后，填报进出口总运单号。

  铁路运输：填报运单号。

  航空运输：填报总运单号+"_"+分运单号，无分运单的填报总运单号。

  邮件运输：填报邮运包裹单号。

  ② 转关运输货物的报关单

  A. 进口

  水路运输：直转、中转填报提单号。提前报关免予填报。

  铁路运输：直转、中转填报铁路运单号。提前报关免予填报。

  航空运输：直转、中转货物填报总运单号+"_"+分运单号。提前报关免予填报。

  其他运输方式：免予填报。

  以上运输方式进境货物，在广东省内用公路运输转关的，填报车牌号。

B. 出口

水路运输：中转货物填报提单号；非中转货物免予填报；广东省内汽车运输提前报关的转关货物，填报承运车辆的车牌号。

其他运输方式：免予填报。广东省内汽车运输提前报关的转关货物，填报承运车辆的车牌号。

采用"集中申报"通关方式办理报关手续的，报关单填报归并的集中申报清单的进出口起止日期［顺序为年（4位）月（2位）日（2位）年（4位）月（2位）日（2位）］。

无实际进出境的货物，免予填报。

9. 货物存放地点

（1）含义

货物存放地点指进口货物进境后存放的场所或地点。

（2）填报要求

本栏为进口报关单必填项，填报货物进境后存放的场所或地点，包括海关监管作业场所、分拨仓库、定点加工厂、隔离检疫场、企业自有仓库等。出口报关单不涉及此栏。

10. 消费使用单位/生产销售单位

（1）含义

消费使用单位指已知的进口货物在境内的最终消费、使用单位，包括自行从境外进口货物的单位、委托进出口企业进口货物的单位。

生产销售单位指出口货物在境内的生产或销售单位，包括自行出口货物的单位、委托进出口企业出口货物的单位，包括经营出口退税国产商品的免税品经营单位。

（2）填报要求

① 本栏目填报消费使用单位/生产销售单位的名称和18位法人和其他组织统一社会信用代码。无18位统一社会信用代码的，统一社会信用代码填报"NO"。

② 减免税货物报关单的消费使用单位/生产销售单位应与《征免税确认通知书》的"减免税申请人"一致；保税监管场所与境外之间的进出境货物，消费使用单位/生产销售单位填报保税监管场所的名称［保税物流中心（B型）填报中心内企业名称］。

③ 海关特殊监管区域的消费使用单位/生产销售单位填报区域内经营企业（"加工单位"或"仓库"）。

④ 免税品经营单位经营出口退税国产商品的，填报该免税品经营单位统一管理的免税店。

⑤ 进口货物在境内的最终消费或使用以及出口货物在境内的生产或销售的对象为自然人的，填报身份证号、护照号、台胞证号等有效证件号码及姓名。

11. 监管方式

（1）含义

监管方式是以国际贸易中进出口货物的交易方式为基础，结合海关对进出口货物的征税、统计及监管条件综合设定的海关对进出口货物的管理方式。其代码由4位数字构成，前两位是按照海关监管要求和计算机管理需要划分的分类代码，后两位是参照国际标准编制的贸易方式代码。

（2）填报要求

本栏目应根据实际对外贸易情况按海关规定的"监管方式代码表"（表8-3）选择填报相应的监管方式简称及代码。一份报关单只允许填报一种监管方式。

特殊情况下加工贸易货物监管方式填报要求如下：

① 进口少量低值辅料（即5 000美元以下，78种以内的低值辅料）按规定不使用《加工贸易手册》的，填报"低值辅料"。使用《加工贸易手册》的，按《加工贸易手册》上的监管方式填报。

② 加工贸易料件转内销货物以及按料件办理进口手续的转内销制成品、残次品、未完成品，应填制进口报关单，填报"来料料件内销"或"进料料件内销"；加工贸易成品凭《征免税确认通知书》转为减免税进口货物的，应分别填制进、出口报关单，出口报关单本栏目填报"来料成品减免"或"进料成品减免"，进口报关单本栏目按照实际监管方式填报。

③ 加工贸易出口成品因故退运进口及复运出口的，填报"来料成品退换"或"进料成品退换"；加工贸易进口料件因换料退运出口及复运进口的，填报"来料料件退换"或"进料料件退换"；加工贸易过程中产生的剩余料件、边角料退运出口，以及进口料件因品质、规格等原因退运出口且不再更换同类货物进口的，分别填报"来料料件复出""来料边角料复出""进料料件复出""进料边角料复出"。

④ 加工贸易边角料内销和副产品内销，应填制进口报关单，填报"来料边角料内销"或"进料边角料内销"。

⑤ 企业销毁处置加工贸易货物未获得收入，销毁处置货物为料件、残次品的，填报"料件销毁"；销毁处置货物为边角料、副产品的，填报"边角料销毁"。企业销毁处置加工贸易货物获得收入的，填报为"进料边角料内销"或"来料边角料内销"。

⑥ 免税品经营单位经营出口退税国产商品的，填报"其他"。

表8-3 常见海关监管方式代码表

监管方式代码	监管方式简称	监管方式全称
0110	一般贸易	一般贸易
0214	来料加工	来料加工装配贸易进口料件及加工出口货物
0245	来料料件内销	来料加工料件转内销
0255	来料深加工	来料深加工结转货物
0258	来料余料结转	来料加工余料结转
0265	来料料件复出	来料加工复运出境的原进口料件
0320	不作价设备	加工贸易外商提供的不作价进口设备
0420	加工贸易设备	加工贸易项下外商提供的进口设备
0446	加工设备内销	加工贸易免税进口设备转内销
0456	加工设备结转	加工贸易免税进口设备结转
0466	加工设备退运	加工贸易免税进口设备退运出境
0500	减免设备结转	用于监管年限内减免税设备的结转
0615	进料对口	进料加工（对口合同）
0644	进料料件内销	进料加工料件转内销
0654	进料深加工	进料深加工结转货物
0657	进料余料结转	进料加工余料结转
0664	进料料件复出	进料加工复运出境的原进口料件
0715	进料非对口	进料加工（非对口合同）
0744	进料成品减免	进料加工成品凭征免税证明转减免税
0815	低值辅料	低值辅料
0844	进料边角料内销	进料加工项下边角料转内销
0845	来料边角料内销	来料加工项下边角料内销
0864	进料边角料复出	进料加工项下边角料复出口
0865	来料边角料复出	来料加工项下边角料复出口
1039	市场采购	市场采购
1210	保税电商	保税跨境贸易电子商务
1239	保税电商A	保税跨境贸易电子商务A
1300	修理物品	进出境修理物品
1427	出料加工	出料加工
1500	租赁不满1年	租期不满1年的租赁贸易货物
1523	租赁贸易	租期在1年及以上的租赁贸易货物
2025	合资合作设备	合资合作企业作为投资进口设备物品
2225	外资设备物品	外资企业作为投资进口的设备物品

续表

监管方式代码	监管方式简称	监管方式全称
2600	暂时进出货物	暂时进出口货物
2700	展览品	进出境展览品
2939	陈列样品	驻华商业机构不复运出口的进口陈列样品
3010	货样广告品 A	有经营权单位进出口的货样广告品
3039	货样广告品 B	无经营权单位进出口的货样广告品
3100	无代价抵偿	无代价抵偿进出口货物
3339	其他进出口免费	其他进出口免费提供货物
4500	直接退运	直接退运
4561	退运货物	因质量不符、延误交货等原因退运进出境货物
9610	电子商务	跨境贸易电子商务
9710	跨境电商 B2B 直接出口	跨境电子商务企业对企业直接出口
9810	跨境电商出口海外仓	跨境电子商务出口海外仓
9800	租赁征税	租赁期 1 年及以上的租赁贸易货物的租金

12. 征免性质

（1）含义

征免性质是指海关根据《海关法》《关税条例》及国家有关政策对进出口货物实施的征、减、免税管理的性质类别。

（2）填报要求

本栏目根据实际情况按海关规定的《征免性质代码表》（表 8-4）选择填报相应的征免性质简称及代码，持有海关核发的《征免税证明》的，按照《征免税证明》中批注的征免性质填报。一份报关单只允许填报一种征免性质。

加工贸易货物报关单按照海关核发的《加工贸易手册》中批注的征免性质简称及代码填报。特殊情况填报要求如下：

① 加工贸易转内销货物，按实际情况填报（如一般征税、科教用品、其他法定等）。

② 料件退运出口、成品退运进口货物填报"其他法定"。

③ 加工贸易结转货物，免予填报。

④ 免税品经营单位经营出口退税国产商品的，填报"其他法定"。

表 8-4 常见征免性质代码表

征免性质代码	征免性质简称	征免性质全称
101	一般征税	一般征税进出口货物
201	无偿援助	无偿援助进出口物资

续表

征免性质代码	征免性质简称	征免性质全称
299	其他法定	其他法定减免税进出口货物
399	其他地区	其他执行特殊政策地区出口货物
401	科教用品	大专院校及科研机构进口科教用品
501	加工设备	加工贸易外商提供的不作价进口设备
502	来料加工	来料加工装配和补偿贸易进口料件及出口成品
503	进料加工	进料加工贸易进口料件及出口成品
601	中外合资	中外合资经营企业进出口货物
602	中外合作	中外合作经营企业进出口货物
603	外资企业	外商独资企业进出口货物

13. 许可证号

（1）含义

许可证号是指商务部配额许可证事务局、驻各地特派员办事处及各省、自治区、直辖市、计划单列市及商务部授权的其他省会城市商务厅（局）、外经贸委（厅、局）签发的进出口许可证编号。

（2）填报要求

本栏目填报以下许可证的编号：进（出）口许可证、两用物项和技术进（出）口许可证、两用物项和技术出口许可证（定向）、纺织品临时出口许可证、出口许可证（加工贸易）、出口许可证（边境小额贸易）。

一份报关单只允许填报一个许可证号。

14. 启运港/经停港/指运港

（1）含义

启运港是指进口货物在运抵我国关境前的第一个境外装运港。

经停港是指进口货物在运抵我国关境前的最后一个境外装运港。

指运港是指出口货物运往境外的最终目的港；最终目的港不可预知的，按尽可能预知的目的港填报。

（2）填报要求

① 本栏目应根据实际情况按海关规定的《港口代码表》选择填报相应的港口中文名称及代码。

② 在《港口代码表》中无港口中文名称及代码的，可选择填报相应的国家中文名称或代码。

③ 无实际进出境的，本栏目填报"中国境内"（代码CHN000）。

④ 关于启运港，货物从海关特殊监管区域或保税监管场所运至境内区外的，填报

《港口代码表》中相应海关特殊监管区域或保税监管场所的名称及代码,未在《港口代码表》中列明的,填报"未列出的特殊监管区"及代码。

15. 合同协议号

(1) 含义

合同协议号是指在进出口贸易中,买卖双方或数方当事人根据国际贸易惯例或国家的法律法规,自愿按照一定的条件买卖某种商品所签署的合同协议的编号。

(2) 填报要求

① 填报进出口合同(包括协议或订单)的全部字头和号码。例如:DS－1001。

② 免税品经营单位经营出口退税国产商品的,免予填报。

③ 未发生商业性交易的免予填报。

16. 贸易国(地区)

(1) 含义

贸易国(地区)是指对外贸易中与境内企业签订贸易合同的外方所属的国家(地区)。进口填报购自国,出口填报售予国。未发生商业性交易的,填报货物所有权拥有者所属的国家(地区)。

(2) 填报要求

① 本栏目应按海关规定的《国别(地区)代码表》(部分国别和地区代码如表8-5所示)选择填报相应的贸易国(地区)中文名称及代码。

② 无实际进出境的,填报"中国"(代码142)。

表8-5 部分国别(地区)代码表

代码	中文名称	代码	中文名称
110	中国香港	307	意大利
116	日本	331	瑞士
121	中国澳门	344	俄罗斯联邦
132	新加坡	501	加拿大
133	韩国	502	美国
142	中国	601	澳大利亚
143	台澎金马关税区	609	新西兰
303	英国	701	国(地)别不详
304	德国	702	联合国及机构和国际组织
305	法国	999	中性包装原产国别

17. 启运国(地区)/运抵国(地区)

(1) 含义

启运国(地区)是指进口货物启始发出直接运抵我国或者在运输中转国(地区)

未发生任何商业性交易的情况下运抵我国的国家（地区）。

运抵国（地区）是指出口货物离开我国关境直接运抵或者在运输中转国（地区）未发生任何商业性交易的情况下最后运抵的国家（地区）。

不经过第三国（地区）转运的直接运输进出口货物，以进口货物的装货港所在国（地区）为启运国（地区），以出口货物的指运港所在国（地区）为运抵国（地区）。

经过第三国（地区）转运的进出口货物，如在中转国（地区）发生商业性交易，则以中转国（地区）作为启运/运抵国（地区）。

（2）填报要求

① 按海关规定的《国别（地区）代码表》选择填报相应的启运国（地区）或运抵国（地区）中文名称及代码。

② 无实际进出境的货物，填报"中国"及代码。

18．入境口岸/离境口岸

（1）含义

入境口岸是指进境货物从跨境运输工具卸离的第一个境内口岸。

离境口岸是指装运出境货物的跨境运输工具离境的第一个境内口岸。

入境口岸/离境口岸类型包括港口、码头、机场、机场货运通道、边境口岸、火车站、车辆装卸点、车检场、陆路港、坐落在口岸的海关特殊监管区域等。

（2）填报要求

① 本栏目按海关规定的《国内口岸编码表》选择填报相应的境内口岸名称及代码。

② 入境口岸填报进境货物从跨境运输工具卸离的第一个境内口岸的中文名称及代码；采取多式联运跨境运输的，填报多式联运货物最终卸离的境内口岸中文名称及代码；过境货物填报货物进入境内的第一个口岸的中文名称及代码；从海关特殊监管区域或保税监管场所进境的，填报海关特殊监管区域或保税监管场所的中文名称及代码。其他无实际进境的货物，填报货物所在地的城市名称及代码。

③ 离境口岸填报装运出境货物的跨境运输工具离境的第一个境内口岸的中文名称及代码；采取多式联运跨境运输的，填报多式联运货物最初离境的境内口岸中文名称及代码；过境货物填报货物离境的第一个境内口岸的中文名称及代码；从海关特殊监管区域或保税监管场所离境的，填报海关特殊监管区域或保税监管场所的中文名称及代码。其他无实际出境的货物，填报货物所在地的城市名称及代码。

19．包装种类、件数

（1）含义

包装种类是指进出口货物使用的包装材料种类，包括运输包装和其他包装。运输包装指提运单所列货物件数单位对应的包装。其他包装包括货物的各类包装，以及植物性铺垫材料等。

件数是指进出口货物运输包装的件数（按运输包装计）。

(2) 填报要求

① 包装种类按海关规定的《包装种类代码表》（表 8-6）选择填报相应的包装种类名称及代码。

② 件数填报进出口货物运输包装的实际件数。件数填报数量要求与舱单件数相同。同一提运单下，需要多个报关单申报时，所有报关单的件数合计数量要与舱单件数相同。特殊情况填报要求如下：

A. 舱单件数为集装箱的，填报集装箱个数。

B. 舱单件数为托盘的，填报托盘数。

C. 件数不得填报为零，裸装货物填报为"1"。

表 8-6　包装种类代码表

代码	中文名称	代码	中文名称
00	散装	32	纸制或纤维板制桶
01	裸装	33	木制或竹藤等植物性材料制桶
04	球状罐类	39	其他材料制桶

20. 重量

(1) 含义

报关单中有"毛重（千克）"和"净重（千克）"两个栏目。

毛重是指商品重量加上直接接触商品的包装物料的重量。而商品的毛重减去包装物料的重量，即纯商品的重量，就是净重。

(2) 填报要求

①"毛重"栏填报进（出）口货物的实际毛重，以千克计，不足 1 千克的填报为"1"。

②"净重"栏填报进（出）口货物的实际净重，以千克计，不足 1 千克的填报为"1"。按公量成交的进出口货物，其净重填报公量。按"以毛作净"成交的进出口货物，其净重可填报毛重。

例如，空运进口一批钻石，毛重为 900 克，净重 880 克。则进口报关单中的"毛重"栏填报"1"，"净重"栏填报"1"。

③ 如货物的重量在 1 千克以上且非整数，其小数点后保留 4 位，第 5 位及以后直接略去，不四舍五入。

例如，净重 8.456 78 千克，"净重"栏的正确内容为"8.456 7"。

21. 成交方式

(1) 含义

成交方式是指在进出口贸易中，说明进出口货物的价格构成和买卖双方各自应承担的责任、费用和风险，以及货物所有权转移的专业术语。

(2) 填报要求

① 成交方式应根据实际成交价格条款按海关规定的《成交方式代码表》（表 8-7）填报相应的成交方式代码。

② 无实际进出境的货物，进口按 CIF 填报，出口按 FOB 填报。

表 8-7 成交方式代码表

代码	名称	代码	名称
1	CIF	5	市场价
2	C&F	6	垫仓
3	FOB	7	EXW
4	C&I		

值得注意的是，报关单填制中的诸如"CIF""C&F""FOB"等成交方式是中国海关规定的"成交方式代码表"中所指定的成交方式，与《国际贸易术语解释通则》中贸易术语的内涵并非完全一致。这里的"CIF""C&F""FOB"并不仅限于水路而适用于任何运输方式，主要体现成本、运费、保险费等成交价格构成因素，目的在于方便海关税费的计算。

2020 年《国际贸易术语解释通则》中 11 种贸易术语与报关单"成交方式"栏一般对应关系见表 8-8。

表 8-8 2020 年《国际贸易术语解释通则》11 种贸易术语与报关单"成交方式"栏的对应关系

组别	E 组	F 组			C 组				D 组		
术语	EXW	FCA	FAS	FOB	CFR	CPT	CIF	CIP	DAP	DPU	DDP
成交方式	EXW	FOB			CFR		CIF				

22. 运费、保费、杂费

(1) 含义

运费是指进出口货物从始发地至目的地的国际运输所需要的各种费用。

保费是指被保险人允予承保某种损失、风险而支付给保险人的对价或报酬。进口货物的保费是指货物运抵我国境内输入地点起卸前的保险费用。出口货物的保费是指货物运至我国境内输出地点装载后的保险费用。

杂费是指成交价格以外的，应计入货物价格或应从货物价格中扣除的费用，如手续费、佣金、折扣等。

(2) 填报要求

① 运费、保费、杂费栏目是否填写要根据成交方式而定（表 8-9）。我国规定进口货物按 CIF 价统计，出口货物按 FOB 价统计。因此，凡进口成交价不是 CIF 价的，都必须按规定填写运费、保费或杂费，以便转换成 CIF 价统计；凡出口成交价不是 FOB 价

的，都必须按照规定填写运费、保费或杂费，以便转换成 FOB 价统计。

表 8-9　成交方式、运费、保费各栏目之间的逻辑关系

货物流向	成交方式	运费	保费
进口	CIF	不填	不填
	C&F	不填	填
	EXW/FOB	填	填
出口	EXW/FOB	不填	不填
	C&F	填	不填
	CIF	填	填

② 运费可按运费单价、总价或运费率三种方式之一填报，注明运费标记（运费标记"1"表示运费率，"2"表示每吨货物的运费单价，"3"表示运费总价），并按海关规定的《货币代码表》选择填报相应的币种代码。

运保费合并计算的，运保费填报在运费栏目中。

③ 保费可按保险费总价或保险费率两种方式之一填报，注明保险费标记（保险费标记"1"表示保险费率，"3"表示保险费总价），并按海关规定的《货币代码表》选择填报相应的币种代码。

④ 杂费可按杂费总价或杂费率两种方式之一填报，注明杂费标记（杂费标记"1"表示杂费率，"3"表示杂费总价），并按海关规定的《货币代码表》选择填报相应的币种代码。应计入完税价格的杂费填报为正值或正率，应从完税价格中扣除的杂费填报为负值或负率。具体填写示例见表 8-10。

表 8-10　运费、保费、杂费填写示例

项目	费率（1）	单价（2）	总价（3）
运费	5%→5/1	USD50/MT→502/50/2	HKD2000→3/2000/110
保费	0.27%→0.27/1	/	EUR2000→3/2000/300
应计入的杂费	1%→1/1	/	GBP2000→3/2000/303
应扣除的杂费	1%→－1/1	/	JPY2000→3/－2000/116

⑤ 免税品经营单位经营出口退税国产商品的，运费、保费、杂费免予填报。

23. 随附单证及编号

（1）含义

随附单证选择填报除第十三条"许可证号"规定填报以外的其他进出口许可证件或监管证件、随附单据代码及编号。

（2）填报要求

① 本栏目分为随附单证代码和随附单证编号两栏，其中代码栏按海关规定的《监管证件代码表》（表 8-11）选择填报相应证件代码；随附单证编号栏填报证件编号。

表 8-11 监管证件代码表

代码	监管证件名称	代码	监管证件名称
1	进口许可证	P	固体废物进口许可证
2	两用物项和技术进口许可证	Q	进口药品通关单
3	两用物项和技术出口许可证	R	进口兽药通关单
4	出口许可证	S	进出口农药登记证明
5	纺织品临时出口许可证	U	合法捕捞产品通关证明
6	旧机电产品禁止进口	V	人类遗传资源材料出口、出境证明
7	自动进口许可证	X	有毒化学品环境管理放行通知单
8	禁止出口商品	Y	原产地证明
9	禁止进口商品	Z	赴境外加工光盘进口备案证明
A	检验检疫	b	进口广播电影电视节目带（片）提取单
B	电子底账	c	内销征税联系单
D	出/入境货物通关单（毛坯钻石用）	d	援外项目任务通知函
E	濒危物种允许出口证明书	f	音像制品（成品）进口批准单
F	濒危物种允许进口证明书	g	技术出口合同登记证
G	两用物项和技术出口许可证（定向）	i	技术出口许可证
I	麻醉精神药品进出口准许证	k	民用爆炸物品进出口审批单
J	黄金及黄金制品进出口准许证	m	银行调运人民币现钞进出境证明
L	药品进出口准许证	n	音像制品（版权引进）批准单
M	密码产品和设备进口许可证	u	钟乳石出口批件
O	自动进口许可证（新旧机电产品）	z	古生物化石出境批件

② 加工贸易内销征税报关单（使用金关二期加贸管理系统的除外），随附单证代码栏填报"c"，随附单证编号栏填报海关审核通过的内销征税联系单号。

③ 一般贸易进出口货物，只能使用原产地证书申请享受协定税率或者特惠税率（以下统称优惠税率）的（无原产地声明模式），"随附单证代码"栏填报原产地证书代码"Y"，在"随附单证编号"栏填报"＜优惠贸易协定代码＞（表8-12）"和"原产地证书编号"。可以使用原产地证书或者原产地声明申请享受优惠税率的（有原产地声明模式），"随附单证代码"栏填写"Y"，"随附单证编号"栏填报"＜优惠贸易协定代码＞"、"C"（凭原产地证书申报）或"D"（凭原产地声明申报），以及"原产地证书编号（或者原产地声明序列号）"。一份报关单对应一份原产地证书或原产地声明。

表 8-12　优惠贸易协定代码表

代码	优惠贸易协定	代码	优惠贸易协定
01	亚太贸易协定	14	海峡两岸经济合作框架协议（ECFA）
02	中国-东盟自贸区	15	中国-哥斯达黎加自贸协定
03	内地与香港紧密经贸关系安排（香港 CEPA）	16	中国-冰岛自贸协定
04	内地与香港紧密经贸关系安排（澳门 CEPA）	17	中国-瑞士自贸协定
06	中国台湾农产品零关税措施	18	中国-澳大利亚自贸协定
07	中巴自贸协定	19	中国-韩国自贸协定
08	中智自贸协定	20	中国-格鲁吉亚自贸协定
10	中国-新西兰自贸协定	21	中国-毛里求斯自贸协定
11	中国-新加坡自贸协定	22	区域全面经济伙伴关系协定（RCEP）
12	中秘自贸协定	23	中国-柬埔寨自由贸易协定
13	最不发达国家特别优惠关税待遇		

④ 海关特殊监管区域和保税监管场所内销货物申请适用优惠税率的，有关货物进出海关特殊监管区域和保税监管场所以及内销时，已通过原产地电子信息交换系统实现电子联网的优惠贸易协定项下货物报关单，按照上述一般贸易要求填报；未实现电子联网的优惠贸易协定项下货物报关单，"随附单证代码"栏填报"Y"，"随附单证编号"栏填报"＜优惠贸易协定代码＞"和"原产地证据文件备案号"。

⑤ 各优惠贸易协定项下，免提交原产地证据文件的小金额进口货物"随附单证代码"栏填报"Y"，"随附单证编号"栏填报"＜优惠贸易协定代码＞XJE00000"。

24. 标记唛码及备注

（1）含义

标记唛码是运输标志的俗称。其英文通常为 Marks、Marking、MKS、Marks&Nos、Shipping Marks 等。一般包括收货人、文件号（如合同号等）、目的地和包装件号。

备注是指填制报关单时需要备注的事项，也是其他栏目的补充。

（2）填报要求

① 标记唛码中除图形以外的文字、数字，无标记唛码的填报 N/M。

② 受外商投资企业委托代理其进口投资设备、物品的进出口企业名称。

③ 与本报关单有关联关系的，同时在业务管理规范方面又要求填报的备案号，填报在电子数据报关单中"关联备案"栏。

保税间流转货物、加工贸易结转货物及凭《征免税确认通知书》转内销货物，其对应的备案号填报在"关联备案"栏。

减免税货物结转进口（转入），"关联备案"栏填报本次减免税货物结转所申请的《中华人民共和国海关进口减免税货物结转联系函》的编号。

减免税货物结转出口（转出），"关联备案"栏填报与其相对应的进口（转入）报关单"备案号"栏中《征免税确认通知书》的编号。

④ 与本报关单有关联关系的，同时在业务管理规范方面又要求填报的报关单号，填报在电子数据报关单中"关联报关单"栏。

保税间流转、加工贸易结转类的报关单，应先办理进口报关，并将进口报关单号填入出口报关单的"关联报关单"栏。

办理进口货物直接退运手续的，除另有规定外，应先填制出口报关单，再填制进口报关单，并将出口报关单号填报在进口报关单的"关联报关单"栏。

减免税货物结转出口（转出），应先办理进口报关，并将进口（转入）报关单号填入出口（转出）报关单的"关联报关单"栏。

⑤ 办理进口货物直接退运手续的，填报"＜ZT"＋"海关审核联系单号或者《海关责令进口货物直接退运通知书》编号"＋"＞"。办理固体废物直接退运手续的，填报"固体废物，直接退运表 XX 号/责令直接退运通知书 XX 号"。

⑥ 保税监管场所进出货物，在"保税/监管场所"栏填报本保税监管场所编码〔保税物流中心（B 型）填报本中心的国内地区代码〕，其中涉及货物在保税监管场所间流转的，在本栏填报对方保税监管场所代码。

⑦ 涉及加工贸易货物销毁处置的，填报海关加工贸易货物销毁处置申报表编号。

⑧ 当监管方式为"暂时进出货物"（代码 2600）和"展览品"（代码 2700）时，填报要求如下：

A. 根据《中华人民共和国海关暂时进出境货物管理办法》（海关总署令第 233 号，以下简称《管理办法》）第三条第一款所列项目，填报暂时进出境货物类别，如：暂进六，暂出九；

B. 根据《管理办法》第十条规定，填报复运出境或者复运进境日期，期限应在货物进出境之日起 6 个月内，如：20180815 前复运进境，20181020 前复运出境；

C. 根据《管理办法》第七条，向海关申请对有关货物是否属于暂时进出境货物进行审核确认的，填报《中华人民共和国××海关暂时进出境货物审核确认书》编号，如：＜ZS 海关审核确认书编号＞，其中英文为大写字母；无此项目的，无须填报。

上述内容依次填报，项目间用"/"分隔，前后均不加空格。

D. 收发货人或其代理人申报货物复运进境或者复运出境的：

货物办理过延期的，根据《管理办法》填报《货物暂时进/出境延期办理单》的海关回执编号，如：＜ZS 海关回执编号＞，其中英文为大写字母；无此项目的，无须填报。

⑨ 跨境电子商务进出口货物，填报"跨境电子商务"。

⑩ 加工贸易副产品内销，填报"加工贸易副产品内销"。

⑪ 服务外包货物进口，填报"国际服务外包进口货物"。

⑫ 公式定价进口货物填报公式定价备案号，格式为："公式定价"＋备案编号＋"@"。对于同一报关单下有多项商品的，如某项或某几项商品为公式定价备案的，则备注栏内填报为："公式定价"＋备案编号＋"#"＋商品序号＋"@"。

⑬ 进出口与《预裁定决定书》列明情形相同的货物时，按照《预裁定决定书》填报，格式为："预裁定＋《预裁定决定书》编号"（例如：某份预裁定决定书编号为 R－2－0100－2018－0001，则填报为"预裁定 R－2－0100－2018－0001"）。

⑭ 含归类行政裁定报关单，填报归类行政裁定编号，格式为："c"＋四位数字编号，例如 c0001。

⑮ 已经在进入特殊监管区时完成检验的货物，在出区入境申报时，填报"预检验"字样，同时在"关联报检单"栏填报实施预检验的报关单号。

⑯ 进口直接退运的货物，填报"直接退运"字样。

⑰ 企业提供 ATA 单证册的货物，填报"ATA 单证册"字样。

⑱ 不含动物源性低风险生物制品，填报"不含动物源性"字样。

⑲ 货物自境外进入境内特殊监管区或者保税仓库的，填报"保税入库"或者"境外入区"字样。

⑳ 海关特殊监管区域与境内区外之间采用分送集报方式进出的货物，填报"分送集报"字样。

㉑ 军事装备出入境的货物，填报"军品"或"军事装备"字样。

㉒ 申报 HS 为 3821000000、3002300000 的，属于下列情况的，填报要求为：属于培养基的，填报"培养基"字样；属于化学试剂的，填报"化学试剂"字样；不含动物源性成分的，填报"不含动物源性"字样。

㉓ 属于修理物品的，填报"修理物品"字样。

㉔ 属于下列情况的，填报"压力容器""成套设备""食品添加剂""成品退换""旧机电产品"等字样。

㉕ 申报 HS 为 2903890020（入境六溴环十二烷），用途为"其他（99）"的，填报具体用途。

㉖ 集装箱体信息填报集装箱号（在集装箱箱体上标示的全球唯一编号）、集装箱规格、集装箱商品项号关系（单个集装箱对应的商品项号，半角逗号分隔）、集装箱货重（集装箱箱体自重＋装载货物重量，千克）。

㉗ 申报 HS 为 3006300000、3504009000、3507909010、3507909090、3822001000、3822009000，不属于"特殊物品"的，填报"非特殊物品"字样。"特殊物品"定义见《出入境特殊物品卫生检疫管理规定》（国家质量监督检验检疫总局令第 160 号公布，根据国家质量监督检验检疫总局令第 184 号，海关总署令第 238 号、第 240 号、第 243

号修改)。

㉘ 进出口列入目录《必须实施检验的进出口商品目录》的进出口商品及法律、行政法规规定须经出入境检验检疫机构检验的其他进出口商品实施检验的，填报"应检商品"字样。

㉙ 申报时其他必须说明的事项。

8.3.2 进出口货物报关单表体各栏目的填制

1．项号

(1) 含义

项号指在同一报关单中申报货物的排列序号及其在备案文件中的序号。

(2) 填报要求

① 一般进出口商品，项号栏目只填报货物在报关单中的商品排列序号。如报关单中有五项商品，项号填01到05。

② 已备案的进出口商品，项号栏目必须分两行填报。第一行填报货物在报关单中的商品排列序号；第二行填报货物在备案手册中的序号。如一张加工贸易料件进口报关单上某项商品的项号是第一行为"02"，第二行为"08"，说明其位列报关单申报商品的第二项，且其在加工贸易备案材料中位列第八项。

③ 涉及原产地证书的备案进口商品，实行联网管理的，项号栏目要分行填报，相互对应。未联网管理的，参照一般进口货物，项号栏目不用分行填报，只填报商品在报关单中的排列序号。

2．商品编号

(1) 含义

商品编号亦称商品编码，指按商品分类编码规则确定的进出口货物的商品编号。

(2) 填报要求

填报由10位数字组成的商品编号。前8位为《中华人民共和国进出口税则》和《中华人民共和国海关统计商品目录》确定的编码；9、10位为监管附加编号。

3．商品名称及规格型号

(1) 含义

商品名称指所申报进出口货物的规范的中文名称。

规格型号指反映商品性能、品质和规格的一系列指标，如品牌、等级、成分、含量、纯度、大小、长短和粗细等。

(2) 填报要求

① 本栏目分两行填报及打印。第一行填写进出口货物规范的中文商品名称，第二行填写规格型号。在填第一行时，如果发票中的商品为非中文名称，则须翻译成规范的

中文名填报，仅在必要时加注原文。

② 商品名称及规格型号应据实填报，并与进出口货物收发货人或受委托的报关企业所提交的合同、发票等相关单证相符。

③ 商品名称应当规范，规格型号应当足够详细，以能满足海关归类、审价及许可证件管理要求为准，可参照《中华人民共和国海关进出口商品规范申报目录》中对商品名称、规格型号的要求进行填报。

4. 数量及单位

（1）含义

进出口货物报关单上的数量是指进出口商品的实际数量。

计量单位分为成交计量单位和海关法定计量单位。成交计量单位是指买卖双方在交易过程中所确定的计量单位，可根据发票（装箱单）来确定。法定计量单位又分为法定第一计量单位和法定第二计量单位。海关法定计量单位以《海关统计商品目录》中规定的计量单位为准。

（2）填报要求

① 本栏分三行填报。第一行按进出口货物的法定第一计量单位填报数量及单位，法定计量单位以《中华人民共和国海关统计商品目录》中的计量单位为准。凡列明有法定第二计量单位的，在第二行按照法定第二计量单位填报数量及单位。无法定第二计量单位的，第二行为空。如果成交计量单位与法定计量单位不一致的，须将成交计量单位及数量填报在本栏第三行，否则为空。填报示例如表8-13。

表8-13　数量及单位填报示例

商品名称及规格型号	数量及单位	说明
全棉男式衬衫	122 640 件	第一行，法定第一计量单位及数量
	1 042 千克	第二行，法定第二计量单位及数量
100P. C. Cotton Woven	10 220 打	第三行，成交计量单位及数量

② 成套设备、减免税货物如需分批进口，货物实际进口时，按照实际报验状态确定数量。

③ 具有完整品或制成品基本特征的不完整品、未制成品，根据《商品名称及编码协调制度》归类规则按完整品归类的，按照构成完整品的实际数量填报。

④ 已备案的加工贸易及保税货物，成交计量单位必须与《加工贸易手册》中同项号下货物的计量单位一致，加工贸易边角料和副产品内销、边角料复出口，填报其报验状态的计量单位。

⑤ 优惠贸易协定项下进出口商品的成交计量单位必须与原产地证书上对应商品的计量单位一致。

⑥ 法定计量单位为立方米的气体货物，折算成标准状况（即摄氏零度及1个标准

大气压）下的体积进行填报。

5．单价、总价、币制

（1）含义

单价指以某一种货币表示的商品的一个计量单位的价格。进出口贸易中商品的单价由计价货币、单位价格金额、数量单位和贸易术语四个部分组成。若有佣金或折扣，通常也会体现在单价中。例如，USD 1 000 per metric ton CIFC 3% Hong Kong。

总价指进出口货物实际成交的商品总价，货物的单价与其对应的数量相乘就等于总价。

币制指进出口货物实际成交价格的计价货币。

（2）填报要求

① 单价、总价一般根据发票，填报同一项号下进出口货物实际成交的商品单位价格金额和总价金额。无实际成交价格的，单价、总价填报单位货值。

② 单价、总价如非整数，其小数点后保留 4 位，第 5 位及以后直接略去，不四舍五入。

③ 币制栏根据实际成交情况按海关规定的《货币代码表》选择填报相应的货币名称及代码。如《货币代码表》（表 8-14）中无实际成交币种，须将实际成交货币按申报日外汇折算率折算成《货币代码表》列明的货币填报。

表 8-14　常用货币代码表

代码	中文名称	英文名称	代码	中文名称	英文名称
HKD	港币	Hong Kong Dollar	EUR	欧元	Euro
IDR	印度尼西亚卢比	Rupiah	DKK	丹麦克朗	Danish Krone
JPY	日本元	Yen	GBP	英镑	Pound Sterling
MOP	澳门元	Pataca	NOK	挪威克朗	Norwegian Krone
MYR	马来西亚林吉特	Malaysian Ringgit	SEK	瑞典克朗	Swedish Krona
PHP	菲律宾比索	Philippine Piso	CHF	瑞士法郎	Swiss Franc
SGD	新加坡元	Singapore Dollar	RUB	俄罗斯卢布	Russian Ruble
KRW	韩国圆	Won	CAD	加拿大元	Canadian Dollar
THB	泰国铢	Baht	USD	美元	US Dollar
CNY	人民币	Yuan Renminbi	AUD	澳大利亚元	Australian Dollar
TWD	新台币	New Taiwan Dollar	NZD	新西兰元	New Zealand Dollar

6．原产国（地区）/最终目的国（地区）

（1）含义

原产国（地区）指进口货物的生产、开采或加工制造国家（地区）。

最终目的国（地区）指已知的出口货物的最终实际消费、使用或进一步加工制造的国家（地区）。

（2）填报要求

① 原产国（地区）依据《中华人民共和国进出口货物原产地条例》《中华人民共和国海关关于执行〈非优惠原产地规则中实质性改变标准〉的规定》以及海关总署关于各项优惠贸易协定原产地管理规章规定的原产地确定标准填报。同一批进出口货物的原产地不同的，分别填报原产国（地区）。进出口货物原产国（地区）无法确定的，填报"国别不详"。

② 关于出口货物的最终目的国（地区），如果是不经过第三国（地区）转运的直接运输货物，以运抵国（地区）为最终目的国（地区）；对于经过第三国（地区）转运的货物，以最后运往国（地区）为最终目的国（地区）。同一批进出口货物的最终目的国（地区）不同的，分别填报最终目的国（地区）。进出口货物不能确定最终目的国（地区）时，以尽可能预知的最后运往国（地区）为最终目的国（地区）。例如，苏州的 A 进出口公司与德国 B 公司签订一份出口合同，货物从上海装船，途经我国香港运往英国，则该批货物的最终目的国（地区）既不是香港，也不是德国，而是英国。

③ 原产国（地区）、最终目的国（地区）应按海关规定的《国别（地区）代码表》选择填报相应的国家（地区）名称及代码。

7. 境内目的地/境内货源地

（1）含义

境内目的地指已知的进口货物在国内的消费、使用地或最终运抵地，其中最终运抵地为消费使用单位的所在地。消费使用单位难以确定的，填报货物进口时预知的最终收货单位所在地。

境内货源地指出口货物在国内的产地或原始发货地。出口货物产地难以确定的填报最早发运该出口货物的单位所在地。

（2）填报要求

① 境内目的地/境内货源地应按海关规定的《国内地区代码表》选择填报相应的国内地区名称及代码。境内目的地还须根据《中华人民共和国行政区划代码表》选择填报其对应的县级行政区名称及代码。无下属区县级行政区的，可选择填报地市级行政区。

② 海关特殊监管区域、保税物流中心（B 型）与境外之间的进出境货物，境内目的地、境内货源地填报本海关特殊监管区域、保税物流中心（B 型）所对应的国内地区。

8. 征免

（1）含义

征免是指海关依照《海关法》《关税条例》及其他法律、行政法规，对进出口货物进行征税、减税、免税或特案处理的实际操作方式。同一份报关单上可以有不同的征减免税方式。

（2）填报要求

① 注意将这个栏目与表头中的"征免性质"栏目区别开来。

② 征免应按照海关核发的《征免税确认通知书》或有关政策规定，对报关单所列每项商品选择海关规定的《征减免税方式代码表》（表 8-15）中相应的征减免税方式填报。

③ 加工贸易货物报关单根据《加工贸易手册》中备案的征免规定填报；《加工贸易手册》中备案的征免规定为"保金"或"保函"的，填报"全免"。

表 8-15　征免方式代码表

代码	名称	代码	名称
1	照章征税	6	保证金
2	折半征税	7	保函
3	全免	8	折半补税
4	特案	9	全额退税
5	随征免性质		

9．特殊关系确认

（1）含义

特殊关系确认指根据《中华人民共和国海关审定进出口货物完税价格办法》（以下简称《审价办法》）第十六条，确认进出口行为中买卖双方是否存在特殊关系。

（2）填报要求

① 有下列情形之一的，应当认为买卖双方存在特殊关系，应填报"是"，反之则填报"否"：

买卖双方为同一家族成员的；

买卖双方互为商业上的高级职员或者董事的；

一方直接或者间接地受另一方控制的；

买卖双方都直接或者间接地受第三方控制的；

买卖双方共同直接或者间接地控制第三方的；

一方直接或者间接地拥有、控制或者持有对方 5% 以上（含 5%）公开发行的有表决权的股票或者股份的；

一方是另一方的雇员、高级职员或者董事的；

买卖双方是同一合伙的成员的。

② 买卖双方在经营上相互有联系，一方是另一方的独家代理、独家经销或者独家受让人，如果符合前款的规定，也应当视为存在特殊关系。

③ 出口货物免予填报，加工贸易及保税监管货物（内销保税货物除外）免予填报。

10．价格影响确认

（1）含义

价格影响确认指根据《审价办法》第十七条，确认纳税义务人是否因特殊关系对进口货物的成交价格产生影响。

（2）填报要求

① 纳税义务人能证明其成交价格与同时或者大约同时发生的下列任何一款价格相近的，应视为特殊关系未对成交价格产生影响，填报"否"，反之则填报"是"。

向境内无特殊关系的买方出售的相同或者类似进口货物的成交价格；

按照《审价办法》第二十三条的规定所确定的相同或者类似进口货物的完税价格；

按照《审价办法》第二十五条的规定所确定的相同或者类似进口货物的完税价格。

② 出口货物免予填报，加工贸易及保税监管货物（内销保税货物除外）免予填报。

11．支付特许权使用费确认

（1）含义

指根据《审价办法》第十一条和第十三条，确认买方是否存在向卖方或者有关方直接或者间接支付与进口货物有关的特许权使用费，且未包括在进口货物的实付、应付价格中。

（2）填报要求

① 买方存在需向卖方或者有关方直接或者间接支付特许权使用费，且未包含在进口货物实付、应付价格中，并且符合《审价办法》第十三条的，在"支付特许权使用费确认"栏目填报"是"。

② 买方存在需向卖方或者有关方直接或者间接支付特许权使用费，且未包含在进口货物实付、应付价格中，但纳税义务人无法确认是否符合《审价办法》第十三条的，填报"是"。

③ 买方存在需向卖方或者有关方直接或者间接支付特许权使用费且未包含在实付、应付价格中，纳税义务人根据《审价办法》第十三条，可以确认需支付的特许权使用费与进口货物无关的，填报"否"。

④ 买方不存在向卖方或者有关方直接或者间接支付特许权使用费的，或者特许权使用费已经包含在进口货物实付、应付价格中的，填报"否"。

⑤ 出口货物免予填报，加工贸易及保税监管货物（内销保税货物除外）免予填报。

12．自报自缴

（1）含义

自报自缴指进出口企业、单位自主向海关申报，并自行计算、缴纳税费。自报自缴是海关以企业诚信管理为前提，实施的一项税收征管方式改革措施。

（2）填报要求

进出口企业、单位采用"自主申报、自行缴税"（自报自缴）模式向海关申报时，填报"是"；反之则填报"否"。

8.3.3 进出口货物报关单表尾各栏目的填制

1. 申报单位

自理报关的，填报进出口企业的名称及编码；委托代理报关的，填报报关企业名称及编码。编码填报 18 位法人和其他组织—社会信用代码。

报关人员填报在海关备案的姓名、编码、电话，并加盖申报单位印章。

2. 海关批注及签章

供海关作业时签注。

8.4 与进出口货物检验检疫关联栏目的填制

当进出口货物属于《法检目录》内货物和其他按照有关法律、法规须实施检验检疫的情况时，在"单一窗口"① 左侧点击"进口整合申报"或"出口整合申报"，选择"进口报关单整合申报"或者"出口报关单整合申报"，完成需要填报的检验检疫申报栏目。

8.4.1 检验检疫受理机关

申报法检货物和其他按照有关法律、法规规定必须实施检验检疫的情况时须填报本栏目。

进口货物，一般填报进境口岸所在地的检验检疫机构。出口货物，一般填报属地产地/组货地的检验检疫机构。此栏填报时应根据海关规定的检验检疫机关代码表选择相应检验检疫机关的名称及代码。

8.4.2 企业资质

本栏目分为"企业资质类别"和"企业资质编号"两栏。

"企业资质类别"栏按进出口货物种类及相关要求，选择填报货物的生产商/进出

---

① 目前也可通过"单一窗口"的单独报关、报检界面或者报关、报检企业客户端进行申报，但在进境前或者进境时须办理动植物检疫的大宗散货（HS 编码前两位在 03、04、05、07、08、11、12、14、15、17、20、22、23、41、42、43、44 范围内，运输方式为水运、铁路、公路，包装种类为散装）须使用报关单整合界面进行申报。

口商/代理商必须取得的资质类别。多个资质的须全部填写。

进口货物有多个资质的填报要求如下：

（1）进口食品、食品原料类货物填写：进口食品境外出口商代理商备案、进口食品进口商备案。

（2）进口水产品填写：进口食品境外出口商代理商备案、进口食品进口商备案、进口水产品储存冷库备案。

（3）进口肉类产品填写：进口肉类储存冷库备案、进口食品境外出口商代理商备案、进口食品进口商备案、进口肉类收货人备案。

（4）进口化妆品填写：进口化妆品收货人备案。

（5）进口水果填写：进口水果境外果园/包装厂注册登记。

（6）进口非食用动物产品填写：进口非食用动物产品生产、加工、存放企业注册登记。

（7）进口饲料及饲料添加剂填写：饲料进口企业备案、进口饲料及饲料添加剂生产企业注册登记。

（8）其他填写：进境植物繁殖材料隔离检疫申请、进出境动物指定隔离场使用申请、进境栽培介质使用单位注册、进境动物遗传物质进口代理及使用单位备案、进境动物及动物产品国外生产单位注册、进境粮食加工储存单位注册、境外医疗器械捐赠机构登记、进出境集装箱场站登记、进口棉花境外供货商登记注册、对出口食品包装生产企业和进口食品包装的进口商实行备案。

8.4.3 领证机关

申报法检货物和其他按照有关法律、法规规定必须实施检验检疫的情况时须填报本栏目。

此栏应根据海关规定的检验检疫机关代码表中相应检验检疫机关的名称及代码，填报领取证单的检验检疫机关。

8.4.4 口岸检验检疫机关

申报法检货物和其他按照有关法律、法规规定必须实施检验检疫的情况时须填报本栏目。

此栏应根据海关规定的检验检疫机关代码表中的相应检验检疫机关的名称及代码，填报口岸检验检疫机关。入境填报入境第一口岸所在地检验检疫机关。运往陆港或入境转关货物，选择陆港或指运地对应的机关。出境填报货物离境口岸的检验检疫机关，运往陆港或出境转关货物，选择陆港或启运地对应的机关。

8.4.5 目的地检验检疫机关

申报法检货物和其他按照有关法律、法规规定必须实施检验检疫的情况时须填报本栏目。需要在目的地检验检疫机关实施检验检疫的,在本栏目填写对应的检验检疫机关的名称及代码。

8.4.6 关联号码及理由

若货物不涉及检验检疫,免予填报。进出口货物报关单有关联报关单时,在本栏目中填报关联报关单号码,并在下拉菜单中选择关联报关单的关联理由。

8.4.7 使用人

本栏目分"使用单位联系人"和"使用单位联系电话"两栏,填报进境涉检货物销售、使用单位的联系人名字及其电话。

8.4.8 原箱运输

本栏目为选填项目。申报使用集装箱的涉检货物,根据是否是原集装箱运输,勾选"是"或"否"。

8.4.9 特殊业务标识

本栏目为选填项目。属于国际赛事、特殊进出军工物资、国际援助物资、国际会议、直通放行、外交礼遇、转关等特殊业务,报关人员根据实际情况勾选。

8.4.10 所需单证

进出口企业申请出具检验检疫证单时,应根据相关要求,在本栏目项下的"检验检疫签证申报要素"中,勾选申请出具的检验检疫证单类型,并且同时填写收发货人和商品英文名称。

8.4.11 检验检疫名称

涉及检验检疫的进出口货物须填报本栏目。在"商品编号"栏目输入申报商品的10位编码后,在本栏目下拉菜单中选择正确的名称作为检验检疫名称。

8.4.12 检验检疫签证申报要素

报关人员在确认境内收发货人名称(外文)、境外收发货人名称(中文)、境外收发货人地址、卸货日期和商品英文名称后,根据现行相关规定和实际需要,勾选申请单证类型，确认申请单证正本数和申请单证副本数后保存数据。

8.4.13 检验检疫货物规格

申请检验检疫商品时，在"检验检疫货物规格"项下，填报"成分/原料/组分""产品有效期""产品保质期""境外生产企业""货物规格""货物型号""货物品牌""生产日期"和"生产批次"共九个栏目。

检验检疫货物规格每个栏目的具体填报要求如下：

（1）成分/原料/组分：填报货物含有的成分、货物原料或化学品组分。

（2）产品有效期：有质量保证期的填写质量保证的截止日期。

（3）产品保质期：有质量保证期的填写质量保证的天数，天数按照生产日期计算。

（4）境外生产企业：填写入境货物的国外生产厂商名称，默认为境外发货人。

（5）货物规格：填写货物的规格。

（6）货物型号：填写本项报关货物的所有型号。多个型号的，以";"分隔。

（7）货物品牌：填写货物的品牌名称，品牌以合同或装箱单上显示的信息为准，需要录入中英文品牌的，录入方式为"中文品牌/英文品牌"。

（8）生产日期：填写货物的生产加工日期，例如：2021－06－01（半角符号）。

（9）生产批次：填写本批货物的生产批号。多个生产批号的，以";"分隔。

8.4.14 产品资质

本栏目分为"商品编码""商品名称""检验检疫名称""序号""许可证类别""许可证编号""核销货物序号""核销数量""核销数量单位"九栏。部分栏目填报要求如下：

（1）许可证类别：进出口货物取得了许可、审批或备案等资质，应在本栏填报对应的许可、审批或者备案证件类别及名称，具体包括内容如下：

① 特殊物品：填写出入境特殊物品卫生检疫审批；

② 进口整车：填写免予强制性认证特殊用途进口汽车监测处理程序车辆一致性证书；

③ 入境民用商品验证：填写强制性产品认证证书或免予办理强制性产品认证证明；

④ 入境须审批的动植物产品：填写进境动植物检疫许可证；

⑤ 进口旧机电：填写进口旧机电装运前检验证书；

⑥ 进口化妆品：填写进口化妆品产品备案；

⑦ 实施境外生产企业注册的进口食品：填写进口食品境外生产企业注册。

（2）许可证编号：进出口货物取得了许可、审批或备案等资质时，应在本栏填报对应的许可、审批或备案证件编号。同一商品有多个许可、审批或备案证件号码时，须全部录入。

（3）核销货物序号：进出口货物取得了许可、审批或备案等资质时，应在本栏填报被核销文件中对应货物的序号。并非所有涉及产品资质的商品都须填报本栏，目前必须进行填报的是在产品资质所获取的证书上有核销序号的，如进境动植物检疫许可证、入/出境特殊物品卫生检疫审批单等。

（4）核销数量：进出口货物取得了许可、审批或备案等资质时，应在本栏填报被核销文件中对应货物的本次实际进出口数（重）量。目前必须进行填报的是在产品资质所获取的证书上有核销数量的，如进境动植物检疫许可证、入/出境特殊物品卫生检疫审批单等。

8.4.15 货物属性

申报法检货物和其他按照有关法律、法规规定必须实施检验检疫的情况时须填报本栏目。

根据进出口货物的 HS 编码和货物的实际情况，按照海关规定的货物属性代码表（表 8-16），在本栏目下拉菜单中勾选货物属性的对应代码。有多种属性的要同时选择。

（1）入境强制性产品认证的产品：必须在"入境民用商品认证"（11-3C 目录内、12-3C 目录以外、13-无须由理 3C 认证）中勾选对应项。

（2）食品、化妆品是否预包装、是否首次进口，必须在"食品及化妆品"（14-预包装、15-非预包装、18-首次进口）中勾选对应项。

（3）凡符合海关总署第 243 号令附件《进出境转基因产品检验检疫管理办法》规定含转基因成分须申报的，必须在"转基因"（16 转基因产品、17 非转基因产品）中勾选对应项。

（4）"成套设备""旧机电"产品，必须在"货物属性"（18 首次进出口、19 正常、20 废品、21 旧品、22 成套设备）中勾选对应项。

（5）特殊物品、化学试剂，必须在"特殊物品"（25A 级特殊物品、26-B 级特殊物品、27-C 级特殊物品、28-D 级特殊物品、29-V/W 非特殊物品）中勾选对应项。

（6）木材（含原木）板材是否带皮，必须在"是否带皮木材"（23-带皮木材/板材、24-不带皮木材/板材）中勾选对应项。

表 8-16 货物属性代码表

代码	中文名称	代码	中文名称
11	3C 目录内	21	旧品
12	3C 目录外	22	成套设备
13	无需办理 3C 认证	23	带皮木材/板材
14	预包装	24	不带皮木材/板材

续表

代码	中文名称	代码	中文名称
15	非预包装	25	A 级特殊物品
16	转基因产品	26	B 级特殊物品
17	非转基因产品	27	C 级特殊物品
18	首次进出口	28	D 级特殊物品
19	正常	29	V/W 非特殊物品
20	废品	30	市场采购

8.4.16 用途

根据进境货物的使用范围或目的，按照海关规定的货物用途代码表（表 8-17）在本栏目下拉菜单中选择填报。

表 8-17 货物用途代码表

代码	中文名称	代码	中文名称	代码	中文名称
11	种用或繁殖	19	食品包装材料	27	化妆品
12	食用	20	食品加工设备	28	化妆品原料
13	奶用	21	食品添加剂	29	肥料
14	观赏或演艺	22	介质土	30	保健品
15	伴侣	23	食品容器	31	治疗、预防、诊断
16	实验	24	食品洗涤剂	32	科研
17	药用	25	食品消毒剂	33	展览展示
18	私用	26	仅工业用途	99	其他

8.4.17 危险货物信息

本栏目分为五栏，每一栏具体填制规范如下：

（1）非危险化学品，企业填报的商品编号可能涉及危险化学品的，系统会弹出"危险货物信息"窗口进行提示，对于明确是危险货物的，在本栏填报"否"，反之则填报"是"。

（2）UN 编码[①]：进出口货物为危险货物的，须按照关于危险货物运输的建议书，在本栏填写危险货物对应的 UN 编码。

（3）危险货物名称：进出口货物为危险货物的，须在本栏填写危险货物的实际

---

① UN 编码即联合国危险货物编号，是一组 4 位数字，用以识别有商业价值的危险物质和货物（如爆炸物或有毒物质）。

名称。

（4）危包类别：进出口货物为危险货物的，须按照危险货物运输包装类别划分方法，在本栏中勾选危险货物的包装类别。危险货物包装根据其内装物的危险程度划分为三种包装类别：

① 一类：盛装具有较大危险性的货物；

② 二类：盛装具有中等危险性的货物；

③ 三类：盛装具有较小危险性的货物；

（5）危包规格：进出口货物为危险货物的，须根据危险货物包装规格的实际情况，按照海关规定的危险货物包装规格代码表，在本栏选择填报危险货物的包装规格代码。

【能力提升】

一、单选题

1. 从韩国 AEO 认证企业进口一批商品，韩国企业提供的认证证书编号是 No.1135600，在填写境外收发货人时，填报样式正确的是（   ）。

A. KR＜1135600＞ B. AEO＜1135600＞

C. KR1135600 D. KR

2. 北京某合资企业，经海关同意，将原从日本横滨港（港口航线代码1354），海运进口的投资设备转为内销，其内销进口货物报关单上的"装货港"应填报为（   ）。

A. 日本横滨港 B. 中国 C. 中国境内 D. 横滨港

3. 北京吉普汽车有限公司，经日本（国别代码116）转机，从美国（国别代码502）空运进口汽车零件一批，其进口货物报关单上的"启运国（地区）"应填报为（   ）。

A. 日本（116） B. 美国（502）

C. 东京机场 D. 纽约机场

4.《进境动植物检疫许可证》号应填入报关单（   ）栏目项下。

A. 监管证件 B. 企业资质类别

C. 许可证类别 D. 产品资质

5. 某粮油进出口总公司，海运进口法国产礼品精装葡萄酒一批，其出厂时每12瓶放入一个专用包装纸箱（包装种类代码2）。为运输方便，每20箱码放在一个托盘上（包装种类代码5），并且在外部覆盖防潮塑料布，其进口货物报关单上的"包装种类"应填报为（   ）。

A. 2（纸箱） B. 5（托盘） C. 瓶装 D. 礼品精装

6. 贸易商通过一个公共平台向不同监管机构一次性申报，上述机构使用各自系统分头处理,并通过该平台将处理结果传输给贸易商,这种"公共平台"运行模式被称为(   )。

  A. 单一窗口   B. 单一系统   C. 单一机构   D. 互联互通

7. 某医院进口一套核磁共振成像装置,在海关申请办理了《中华人民共和国进出口货物征免税确认通知书》关税为0%、增值税为13%,报关单征免方式栏应申报为(   )。

  A. 全免   B. 特案   C. 保函   D. 照章征税

8. 某企业从泰国曼谷进口一批货物,运抵我国关境前最后一个装货港为柬埔寨金边港(港口代码表无此口岸代码),报关时经停港应填报为(   )。

  A. 曼谷   B. 金边   C. 柬埔寨   D. 无需填报

9. 某企业从美国进口一批集成电路,该货物由美国的洛杉矶港出口,经新加坡中转,再经宁波港,最终到达上海洋山港。报关单中的经停港应填报(   )。

  A. 洛杉矶   B. 新加坡   C. 宁波   D. 上海

10. 根据进出口货物实际成交价格条款,按海关规定的《成交方式代码表》选择填报相应的成交方式代码。无实际进出境的货物,进口填报(   )。

  A. FOB   B. CIF   C. CFR   D. C&I

11. A公司从马来西亚母公司进口一批塑胶粒,集团内部优惠5%,货物总值324 000人民币(含特许权使用费),在向海关申报时,"特殊关系确认""价格影响确认""支付特许权使用费确认"3个栏目应分别填报为(   )。

  A. 否;否;否   B. 是;否;否
  C. 是;是;否   D. 是;是;是

12. A公司与美国B公司签订贸易合同,购买一台原产于日本的医疗器械,该设备从日本直接运至上海,放行后运至郑州使用。申报时,贸易国、启运国、境内目的地依次分别填写(   )。

  A. 美国 美国 郑州   B. 日本 日本 郑州
  C. 美国 日本 郑州   D. 美国 日本 上海

13. 北京平谷某服装加工贸易企业,在北京海关朝阳办事处(关区代码0118)申报海运转关出口日本服装一批,由天津新港(关区代码0202)装船出境。其转关运输货物报关单上的"出口口岸"应填报为(   )。

  A. 平谷海关(0110)   B. 新港海关(0202)
  C. 北京海关办事处   D. 天津海关办事处

二、根据以下资料填制报关单

  资料1:ABC广州有限公司位于广州经济技术开发区,海关注册编号为440124××××,所申报商品位列B52084400153号登记手册备案料件第13项,法定计量单位为公斤,货物于 2013 年 7 月 16 日运抵口岸,当日向黄埔海关新港办(关区代码为 5202)办理进口申报手续。

保险费率为 0.27%。入境货物通关单编号为 442100104064457

资料 2:

ABC(GUANGZHOU)CO,LTD

NO.×× FENGHUA ROAD,GUANGZHOU,CHINA

COMMERCIAL INVOICE

CONSIGNEE:

ABC(GUANGZHOU)CO,LTD

NO.XX FENGHUA ROAD,GUANGZHOU,CHINA

INVOICE NO.:BL04060643

CONTRACT NO.:ABC-1001

SHIPPER:

ABC(HONGKONG)LTD.

ROOM ×××,SHATINGALLERIA

MEISTREET,FOTAN,N.T,HONGKONG

DATE:07/0704

REFERENCE NO.:HB184004

SHIPMENT FROM KUNSAN,KOREA TO HUANGPU CHINA VIA HONGKONG

SHIPPING MARKS DESCRIPTION QTY UNIT PRICE AMOUNT

N/M "HI-QBRAND" ART PAPER 039-44 16314KG

16ROLLS 0.8040 CFR HUANGPU

US $ 1311**5

TOTAL: 16314KG US $ 1311**5

16ROLLS

资料3：

ABC(GUANGZHOU)CO,LTD

NO. ×× FENGHUA ROAD,GUANGZHOU,CHINA

PACKING LIST

DATE：07/0704

TO：HUANGPU, CHINA

SHIPMENT FROM KUNSAN,KOREA TO HUANGPU CHINA VIA HONGKONG

VESSEL AND ＊＊GE NO.:穗德航30/4Y0708

B/L NO. :SG40746

DESCRIPTION QTY WEIGHT NETWEIGHT MEASUREMENT

"HI-QBRAND" ART PAPER 039－44

H. S:48101300.10 16314KG

16ROLLS 16362 16314

16362 16314

1×20' CONTAINER

TEXU2263978 TAREWGT 2280K

中华人民共和国海关进口货物报关单

预录入编号：　　　海关编号：　　　页码/页数：

境内收货人 1	进境关别 2		进口日期 3		申报日期	备案号 4
境外发货人 5	运输方式 6		运输工具名称及航次号 7		提运单号 8	货物存放地点
消费使用单位 9	监管方式 10		征免性质 11		许可证号 12	启运港 13
合同协议号 14	贸易国（地区）15		启运国（地区）16		经停港 17	入境口岸 18
包装种类 19	件数 20	毛重（千克）21	净重（千克）22	成交方式 23	运费 24	保费 25	杂费
随附单证及编号 26						
标记唛码及备注 27						

项号 28	商品编号 29	商品名称及规格型号 30	数量及单位 31	单价/总价/币制 32	原产国（地区）33	最终目的国（地区）34	境内目的地	征免 35

特殊关系确认：　　价格影响确认：　　支付特许权使用费确认：　　自报自缴：

申报人员　申报人员证号　电话 申报、依法纳税之法律责任 申报单位	兹申明对以上内容承担如实 申报单位（签章）	海关批注及签章